晚商农业及其生产组织研究

Study on Agriculture and its Production Organization of Late Shang

王祁 著

中国社会科学出版社

图书在版编目(CIP)数据

晚商农业及其生产组织研究 / 王祁著. —北京：中国社会科学出版社，2019.5
（中国社会科学博士后文库）
ISBN 978-7-5203-4462-3

Ⅰ.①晚… Ⅱ.①王… Ⅲ.①农业史—研究—中国—商代 Ⅳ.①F329.023

中国版本图书馆 CIP 数据核字（2019）第 092936 号

出 版 人	赵剑英
责任编辑	郭 鹏
责任校对	刘 俊
责任印制	李寡寡

出　　版	中国社会科学出版社
社　　址	北京鼓楼西大街甲 158 号
邮　　编	100720
网　　址	http://www.csspw.cn
发 行 部	010-84083685
门 市 部	010-84029450
经　　销	新华书店及其他书店

印刷装订	北京君升印刷有限公司
版　　次	2019 年 5 月第 1 版
印　　次	2019 年 5 月第 1 次印刷

开　　本	710×1000　1/16
印　　张	21.75
字　　数	363 千字
定　　价	98.00 元

凡购买中国社会科学出版社图书，如有质量问题请与本社营销中心联系调换
电话：010-84083683
版权所有　侵权必究

第七批《中国社会科学博士后文库》编委会及编辑部成员名单

（一）编委会
主　任：王京清
副主任：马　援　张冠梓　高京斋　俞家栋　夏文峰
秘书长：邱春雷　张国春
成　员（按姓氏笔画排序）：
卜宪群　王建朗　方　勇　邓纯东　史　丹
朱恒鹏　刘丹青　刘玉宏　刘跃进　孙壮志
孙海泉　李　平　李向阳　李国强　李新烽
杨世伟　吴白乙　何德旭　汪朝光　张　翼
张车伟　张宇燕　张星星　陈　甦　陈众议
陈星灿　卓新平　房　宁　赵天晓　赵剑英
胡　滨　袁东振　黄　平　朝戈金　谢寿光
潘家华　冀祥德　穆林霞　魏后凯

（二）编辑部（按姓氏笔画排序）：
主　任：高京斋
副主任：曲建君　李晓琳　陈　颖　薛万里
成　员：王　芳　王　琪　刘　杰　孙大伟　宋　娜
　　　　陈　效　苑淑娅　姚冬梅　梅　玫　黎　元

序　言

　　博士后制度在我国落地生根已逾30年，已经成为国家人才体系建设中的重要一环。30多年来，博士后制度对推动我国人事人才体制机制改革、促进科技创新和经济社会发展发挥了重要的作用，也培养了一批国家急需的高层次创新型人才。

　　自1986年1月开始招收第一名博士后研究人员起，截至目前，国家已累计招收14万余名博士后研究人员，已经出站的博士后大多成为各领域的科研骨干和学术带头人。这其中，已有50余名博士后当选两院院士；众多博士后入选各类人才计划，其中，国家百千万人才工程年入选率达34.36%，国家杰出青年科学基金入选率平均达21.04%，教育部"长江学者"入选率平均达10%左右。

　　2015年底，国务院办公厅出台《关于改革完善博士后制度的意见》，要求各地各部门各设站单位按照党中央、国务院决策部署，牢固树立并切实贯彻创新、协调、绿色、开放、共享的发展理念，深入实施创新驱动发展战略和人才优先发展战略，完善体制机制，健全服务体系，推动博士后事业科学发展。这为我国博士后事业的进一步发展指明了方向，也为哲学社会科学领域博士后工作提出了新的研究方向。

　　习近平总书记在2016年5月17日全国哲学社会科学工作座谈会上发表重要讲话指出：一个国家的发展水平，既取决于自然科学发展水平，也取决于哲学社会科学发展水平。一个没有发达的自然科学的国家不可能走在世界前列，一个没有繁荣的哲学社会科学的国家也不可能走在世界前列。坚持和发展中国特色社会主义，需要不断在实践和理论上进行探索，用发展着的理论指导发展着的实践。在这个过程中，哲学社会科学具有不可替代的重要地位，哲学社会科学工作者具有不可替代的重要作用。这是党和国家领导人对包括哲学社会科学博士后在内的所有哲学社会科学领域的研究者、工作者提出的殷切希望！

中国社会科学院是中央直属的国家哲学社会科学研究机构，在哲学社会科学博士后工作领域处于领军地位。为充分调动哲学社会科学博士后研究人员科研创新积极性，展示哲学社会科学领域博士后优秀成果，提高我国哲学社会科学发展整体水平，中国社会科学院和全国博士后管理委员会于2012年联合推出了《中国社会科学博士后文库》（以下简称《文库》），每年在全国范围内择优出版博士后成果。经过多年的发展，《文库》已经成为集中、系统、全面反映我国哲学社会科学博士后优秀成果的高端学术平台，学术影响力和社会影响力逐年提高。

下一步，做好哲学社会科学博士后工作，做好《文库》工作，要认真学习领会习近平总书记系列重要讲话精神，自觉肩负起新的时代使命，锐意创新、发奋进取。为此，需做到：

第一，始终坚持马克思主义的指导地位。 哲学社会科学研究离不开正确的世界观、方法论的指导。习近平总书记深刻指出：坚持以马克思主义为指导，是当代中国哲学社会科学区别于其他哲学社会科学的根本标志，必须旗帜鲜明加以坚持。马克思主义揭示了事物的本质、内在联系及发展规律，是"伟大的认识工具"，是人们观察世界、分析问题的有力思想武器。马克思主义尽管诞生在一个半多世纪之前，但在当今时代，马克思主义与新的时代实践结合起来，愈来愈显示出更加强大的生命力。哲学社会科学博士后研究人员应该更加自觉坚持马克思主义在科研工作中的指导地位，继续推进马克思主义中国化、时代化、大众化，继续发展21世纪马克思主义、当代中国马克思主义。要继续把《文库》建设成为马克思主义中国化最新理论成果的宣传、展示、交流的平台，为中国特色社会主义建设提供强有力的理论支撑。

第二，逐步树立智库意识和品牌意识。哲学社会科学肩负着回答时代命题、规划未来道路的使命。当前中央对哲学社会科学愈发重视，尤其是提出要发挥哲学社会科学在治国理政、提高改革决策水平、推进国家治理体系和治理能力现代化中的作用。从2015年开始，中央已启动了国家高端智库的建设，这对哲学社会科学博士后工作提出了更高的针对性要求，也为哲学社会科学博士后研究提供了更为广阔的应用空间。《文库》依托中国社会科学院，面向全国哲学社会科学领域博士后科研流动站、工作站的博士后征集优秀成果，入选出版的著作也代表了哲学社会科学博士后最高的学术研究水平。因此，要善于把中国社会科学院服务党和国家决策的大智库功能与《文库》的小智库功能结合起来，进而以智库意识推动品牌意识建设，最终树立《文库》的智库意识和品牌意识。

第三，积极推动中国特色哲学社会科学学术体系和话语体系建设。改革开放30多年来，我国在经济建设、政治建设、文化建设、社会建设、生态文明建设和党的建设各个领域都取得了举世瞩目的成就，比历史上任何时期都更接近中华民族伟大复兴的目标。但正如习近平总书记所指出的那样：在解读中国实践、构建中国理论上，我们应该最有发言权，但实际上我国哲学社会科学在国际上的声音还比较小，还处于有理说不出、说了传不开的境地。这里问题的实质，就是中国特色、中国特质的哲学社会科学学术体系和话语体系的缺失和建设问题。具有中国特色、中国特质的学术体系和话语体系必然是由具有中国特色、中国特质的概念、范畴和学科等组成。这一切不是凭空想象得来的，而是在中国化的马克思主义指导下，在参考我们民族特质、历史智慧的基础上再创造出来的。在这一过程中，积极吸纳儒、释、道、墨、名、法、农、杂、兵等各家学说的精髓，无疑是保持中国特色、中国特质的重要保证。换言之，不能站在历史、文化虚无主义立场搞研究。要通过《文库》积极引导哲学社会科学博士后研究人员：一方面，要积极吸收古今中外各种学术资源，坚持古为今用、洋为中用；另一方面，要以中国自己的实践为研究定位，围绕中国自己的问题，坚持问题导向，努力探索具备中国特色、中国特质的概念、范畴与理论体系，在体现继承性和民族性，体现原创性和时代性，体现系统性和专业性方面，不断加强和深化中国特色学术体系和话语体系建设。

新形势下，我国哲学社会科学地位更加重要，任务更加繁重。衷心希望广大哲学社会科学博士后工作者和博士后们，以《文库》系列著作的出版为契机，以习近平总书记在全国哲学社会科学座谈会上的讲话为根本遵循，将自身的研究工作与时代的需求结合起来，将自身的研究工作与国家和人民的召唤结合起来，以深厚的学识修养赢得尊重，以高尚的人格魅力引领风气，在为祖国、为人民立德、立功、立言中，在实现中华民族伟大复兴中国梦征程中，成就自我、实现价值。

是为序。

中国社会科学院副院长
中国社会科学院博士后管理委员会主任
2016 年 12 月 1 日

序

　　王祁的专著《晚商农业及其生产组织研究》能在"博士后文库"出版，很值得高兴。

　　研究商代农业不属于填补空白，前人已有许多研究，如杨升南先生的《商代经济史》无论是深度还是广度都很值得称道。但是，王祁的《晚商农业及其生产组织研究》却推进了相关的研究，做出了相应的学术创新，难能可贵！

　　王祁曾说，他是将商代考古、甲骨文、金文资料和文献资料相结合，对商代晚期的农业及农业社会进行系统研究。这是一种多学科的结合，而且是有机的结合，其中考古学，既包括一般意义上的考古，也包括如浮选法在内的植物考古学。王祁在这样的多学科结合中做出了他的学术创新。比如书中利用植物考古材料，特别是王祁亲自对包括安阳殷墟在内的几处重要遗址进行了植物浮选工作，重建晚商时期农作物结构，得出商文化圈居民以粟为主要农作物的结论；然后将这个结论与甲骨文中以黍为主的农作物结构作对比，进而认为祭祀粮食和日用粮食是分开的，甲骨文中之所以重视黍是因为黍主要用于祭祀，这就很好解决了考古材料与卜辞材料的矛盾，是一大创新，也是该论文区别于其他农业史研究的特色之处。

　　小麦的传入与传播是现今植物考古学的热点，书中认为商代早期商人统治阶层曾有推广小麦种植规模的尝试，但这种推广受中原地区传统饮食文化的抵制，小麦在远离统治中心的地区依旧出土不多，在商代晚期更是彻底失败。王祁抓住了商代各地区小麦出土规模的不均衡性，提出了小麦传播与传统饮食结构的矛盾，是本书的又一创新。

书中从农业生产和管理的角度，对于甲骨文中大量的"受年"卜辞（即甲骨文中对年成占卜的卜辞）进行了系统研究，提出许多新见解：诸如农业收成是早期王权的一个基础，商王朝重视农业与商王是群巫之长也有关系；后期卜辞对农业关注度减弱，与商王世俗王权的增强有关；受年卜辞所涉及的农业生产地分属于国土结构中不同的区域层次及其与内服、外服的关系等。这种多视角思维对今后推进商代农业研究是有启发的。

尤为难能可贵的是，王祁尝试对商代生产组织进行探索，提出了晚商农业生产组织是二元的，着重从王卜辞中与农事活动有关记载加以论述，进而论述晚商时期社会结构的二元说，即在殷墟之外以血缘的族组织为基础，而在殷墟商都地区，既存在小型的血缘组织，也存在超越血缘组织的地缘组织。

王祁在本科是学理工科的；硕士研究生阶段转入考古学，学习植物考古；在攻读博士研究生期间，他补学了甲骨文、金文、历史文献和史学理论等。他能在攻读博士学位期间把自己的知识结构调整得如此合理，与他的刻苦密切相关。他在完成博士学位论文的同时，运用甲骨文金文等材料写了好几篇商周史方面的论文，先后都得到发表，这展现出了青年学子的优秀潜质。也许我们对王祁书中的某些论述不一定赞成，但我们一定会为王祁崭露头角而感到高兴。最近，在与王祁的交谈中得知，他准备在博士后出站之后，考虑做原始社会至战国的先秦农业史的研究。这是一个有价值有意义的项目，我期待着王祁做出新的成绩，使自己的学问更上一层楼。

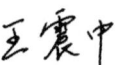

2019 年 4 月 25 日写于
中国社会科学院大学招待所

凡　例

一、本书引用卜辞时，释文一般用宽式。如读为"贞"的"鼎"字释写为"贞"、读为"在"的"才"字释写为"在"、读为"妣"的"匕"字释写为"妣"、读为"祖"的"且"字释写为"祖"等。有争议的字，一般直接截取拓本或摹本。

二、本书的卜辞释文里，"□"表示缺一个字；"☒"表示所缺之字数目不详；字外加"[　]"，表示按照文例拟补的字；异体字、假借字等一般随文注明，用来注释的字外加（）；缀合用"＋"表示，同书缀合，均只写一个书号。

三、本书引用卜辞，命辞末尾一律标句号。

四、本书引用甲骨金文著录等一般采用简称，见后"引书简称"。

五、本书卜辞的类组信息，主要参考黄天树《殷墟王卜辞的分类与断代》，李学勤、彭裕商《殷墟甲骨分期研究》，香港中文大学中国文化研究所与中国古籍研究中心"汉达文库"数据库。各类组卜辞对应的王世，可以参考黄天树《殷墟王卜辞的分类与断代》。

引书简称

《合集》《甲骨文合集》
《合补》《甲骨文合集补编》
《甲编》《殷虚文字甲编》
《乙编》《殷虚文字乙编》
《丙编》《殷虚文字丙编》
《屯南》《小屯南地甲骨》
《北大》《北京大学珍藏甲骨文字》
《上博》《上海博物馆藏甲骨文字》
《京人》《京都大学人文科学研究所藏甲骨文字》
《东京》《东京大学东洋文化研究所藏甲骨文字》
《英藏》《英国所藏甲骨集》
《怀特》《怀特氏收藏甲骨文集》
《天理》《天理大学附属参考馆甲骨文字》
《史购》《史语所购藏甲骨集》
《拾遗》《殷墟甲骨拾遗》
《辑佚》《殷墟甲骨辑佚》
《旅顺》《旅顺博物馆所藏甲骨》
《俄藏》《俄罗斯国立爱米塔什博物馆藏殷墟甲骨》
《屯南》《小屯南地甲骨》
《花东》《殷墟花园庄东地甲骨》
《村中南》《殷墟小屯村中村南甲骨》
《诂林》《甲骨文字诂林》
《综述》《殷虚卜辞综述》

《类纂》《殷墟甲骨刻辞类纂》
《集成》《殷周金文集成》
《铭图》《商周青铜器铭文暨图像集成》
《铭图续》《商周青铜器铭文暨图像集成续编》

摘　要

相对丰富的卜辞材料和考古材料的存在，使晚商成为先秦时期农业状况最易探明的一个阶段，这对我们认识整个先秦时期的农业史有着较为重要的意义。随着新卜辞材料的公布，以及植物考古浮选法的引入，晚商农业史的一些问题有了更深入研究的必要性和可能性，尤其是和农业食谱、生产技术与农具、农业卜辞、生产组织有关的一些问题。循此，本书分五章讨论晚商农业及其生产组织状况。

第一章是绪论部分，主要讨论晚商农业气候，并梳理近百年来晚商农业研究的学术史。第二章以晚商农作物为主题，从卜辞农作物名词、浮选材料所反映的晚商农作物结构两个方面入手，得出卜辞农业食谱体系与浮选农业食谱体系存在差异的结论，并指出这种差异很可能反映了祭祀谷物与生活谷物的不同。在第二章最后一节，本书考察了商代小麦的种植规模，指出商王曾有意识推广小麦种植规模，但这种尝试以失败告终。

第三章以晚商农事活动与生产农具为主题，前者主要依靠甲骨文，按照农事活动的顺序重新梳理相关内容；后者主要依靠考古材料，分析考古遗存中不同型式、不同材质的铲、刀、镰与农业生产的关系。就结论而言，不同型式、不同材质的铲、刀、镰并不都是农具，还可用于非农业生产的铲土、切割、医疗等活动。

第四章分析农业卜辞中的两个案例。第一个案例是考察"受年"卜辞的类组差异，及其所反映的商王对农业占卜态度的变化，在此基础上探索商王王权与农业收成之间的联系。第二个案例主要讨论晚商农业地名与商代服制之间的关系，提出了判断农业地名的两条准则，并认为"受年"卜辞中的农业地名多为内服之地，而"裒田"卜辞中的农业地名既可能是内服之地，也可能是外服之地，还可能是敌对方国之地。

　　第五章主要探索晚商农业的生产组织形式。通过对甲骨文和考古材料的分析可知，晚商确实普遍存在血缘性质的族氏组织结构和管理模式，这同样适用于农业生产组织形式。但是，殷墟各个聚落区的特点是"大杂居小族居"，为了便于管理，殷墟还存在着跨越血缘组织的地缘管理模式，所以王都地区的农业生产组织不仅具有血缘性的一面，还具有地缘性的一面。殷墟的地缘生产组织形式表现为："小耤臣""小刈臣""小众人臣"等不同于族氏组织的职官可以直接指挥"众人"进行农事生产。

　　在以上五章基础上，本书认为晚商农业在农作物、生产工具方面并无根本性前进，但晚商的农业生产组织较之前时期有了很大的改变，正是这种变化为商文明提供了物质基础。

　　总的来说，以甲骨文为核心材料的晚商农业史研究已经是一个较为成熟的领域，本书尝试将考古学材料系统地引入到晚商农业史研究领域，将甲骨文材料与考古学材料融为一体，以期推进晚商农业史研究的进程。

　　关键词：晚商；农业卜辞；生产组织；殷墟；浮选

Abstract

Because the inscriptions material and archaeological materials are relatively abundant, the most easily explored stage of agriculture was late Shang Dynasty in the pre-Qin period. It is important for us to understand the history of agriculture in the pre-Qin period. With the announcement of neworacle inscriptions and the introduction of plant archeology flotation method, some of the details of late Shang agricultural history have the necessity and possibility for further research. In particular, there are some problems related to agricultural cookbooks, production techniques and farm tools, agriculture inscriptions, and production organizations. Based on this, the book is divided into five chapters to discuss the situation of late Shang agriculture and its production organization, and each chapter is a topic.

The first chapter is the introduction about agroclimate and academic history of agricultural research. Chapter two focuses on late Shang crops. Based on crop nouns in oracle inscriptions and late Shang crops structure reflected by flotation materials, the paper concludes that there are differences in the agricultural diet system betweenoracle inscriptions and plant flotation, which may reflect the difference between sacrificial system and the system of life. In the last section of the first chapter, this book examines the scale of wheat planting in the Shang Dynasty, pointing out that the Shang Dynasty had deliberately promoted the scale of wheat planting, but this attempt ended in failure.

Chapter three focuses on agricultural activities and production tools in the late Shang. The former mainly relies on oracle bone inscriptions, and combs relevant contents according to the order of farming activities. The latter mainly depends on archaeological materials to analyze the relationship between agricultural production and shovel, knife and sickle of different shapes and materialsin in archaeological remains. As far as the conclusion is concerned, the shovel, knife and sickle of different types and materials are not all farm tools. Specific problems need specific analysis.

Chapter four has two topics about theagriculture inscriptions. The first topic analyzes the "*Year*" inscriptions from the perspective of agricultural sacrifices. This book is mainly from the difference of classification, sign sequence, deities and place name to analyze the change of "*Year*" inscriptions, and make a new explanation. For the "*Year*" inscriptions, the biggest change is the difference in the times. There are more signs, more various deities and more complex place names in the early inscriptions while late inscriptions is relatively standard and single. This reflects the change of attitude of the Shang King to agricultural divination, and it also implies the consolidation of secular kingship and the reduction of divine power.

The second topic of Chapter four discussesthe relationship between agricultural place names in oracle bone inscriptions and "内外服" of Late Shang. Based on the analysis of the character of agricultural place names, this book puts forward two standards for judging agricultural place names. Firstly, all the names within the scope of "我" in inscriptions should be "内服". Secondly, the place name from "*call someone to plant in some palace*" or "*call someone to till in some palace*" also should be "内服". Based on this, the book think that agricultural place names from "*Years*" inscriptions belong to the system of "内服", and the agricultural place name from "衰田" inscriptions is even more complicated.

Abstract

Chapter five focuses on the forms of social organization in capital area, and explores the form of agricultural production organization in the late Shang. Through the analysis of oracle bone inscriptions and archaeological materials, it is clear that blood related tissue is commonly existed in the late Shang, which is also applicable to the form of agricultural production organization. However, the forms of social organization in capital area are especial. For the convenience of management, the capital area may appear geographical management mode. So the capital area's agricultural production organization not only has blood related tissue, but also has geographical organizational form. This shows that some kinds of "小臣" in inscriptions take part in agricultural production activities.

On the basis of the above five chapters, the book thinks that late Shang agriculture makes no breakthrough progress in crops and tools of production, but the agricultural production organization compared to the period before has a great change in the late Shang. It is this change that provides the material base of Shang civilization.

Generally speaking, archaeology is becoming more and more important for the study of late Shang agriculture history, and using archaeological materials to study the history of late Shang agriculture will be a trend of academic research in the future. This book is an attempt to systematically utilize oracle materials and archaeological materials to explore the history of agriculture in Shang Dynasty.

Keywords: Late Shang; Agricultural inscriptions; Production organization; Yin ruins; flotation

目 录

第一章 绪论 ………………………………………………………… (1)
  第一节 本书要旨 ………………………………………………… (1)
    一 研究意义 ………………………………………………… (1)
    二 概念说明 ………………………………………………… (3)
    三 研究材料 ………………………………………………… (6)
    四 研究方法 ………………………………………………… (9)
  第二节 晚商北方地区农业气候研究 …………………………… (10)
    一 全新世气候大背景下的晚商气候 ……………………… (11)
    二 由甲骨文中降雨意愿推测晚商气候 …………………… (14)
    三 晚商大象的种属与分布 ………………………………… (21)
    四 商代喜暖哺乳动物群分布 ……………………………… (30)
    五 关于晚商北方地区农业气候的几点认识 ……………… (35)
  第三节 晚商农业史研究综述 …………………………………… (36)
    一 研究初始期 ……………………………………………… (37)
    二 研究繁荣期 ……………………………………………… (40)
    三 研究变革期 ……………………………………………… (45)

第二章 晚商农作物结构研究 ……………………………………… (50)
  第一节 考古所见晚商农作物结构 ……………………………… (50)
    一 安阳殷墟三个遗址点和邢台赵村遗址的浮选情况 …… (51)
    二 其他晚商遗址的浮选材料 ……………………………… (57)
    三 考古所见晚商时期商文化圈的农作物结构 …………… (60)
  第二节 甲骨文中的农作物结构及相关问题探讨 ……………… (65)
    一 关于甲骨文中农作物名词的争议 ……………………… (65)

二　再论卜辞中的黍字字形 …………………………………（69）
　　三　甲骨文中的农作物 ……………………………………（71）
　　四　甲骨文中的农作物结构 ………………………………（84）
　　五　对考古与卜辞所见农作物结构差异的解释 …………（86）
　第三节　小麦"崛起"的考古学观察 …………………………（90）
　　一　早期小麦的出土情况 …………………………………（91）
　　二　饮食文化因素对小麦传入的影响 ……………………（95）
　　三　商人统治阶层推广小麦的尝试 ………………………（97）
　小结 ………………………………………………………………（98）

第三章　晚商农事活动与农业生产工具研究 ………………（100）
　第一节　甲骨文所反映的晚商农事活动 ……………………（100）
　　一　开荒 …………………………………………………（100）
　　二　翻耕土地 ……………………………………………（108）
　　三　种植与护苗 …………………………………………（116）
　　四　收获与储藏 …………………………………………（123）
　　五　其他农事活动 ………………………………………（129）
　第二节　晚商石质农具研究 …………………………………（133）
　　一　农具的分类与定名 …………………………………（133）
　　二　晚商石刀的类型学分析 ……………………………（143）
　　三　晚商农具的地域特征 ………………………………（150）
　第三节　晚商青铜农具的再研究 ……………………………（152）
　　一　商文化遗址出土铜锛与铜斧的定名与区别 ………（154）
　　二　所谓"铜钁" …………………………………………（160）
　　三　关于青铜铲的用途 …………………………………（162）
　　四　商代铜耜 ……………………………………………（166）
　　五　关于铜镰 ……………………………………………（168）
　　六　商人对青铜农具的利用 ……………………………（169）
　小结 ……………………………………………………………（173）

第四章　晚商农业卜辞研究两题 ………………………………（175）
　第一节　甲骨文中"受年"卜辞类组差异所反映商王
　　　　　王权的变化 ………………………………………（175）

一　"受年"卜辞数量的类组差异 …………………………（176）
　　　二　"受年"卜辞兆序的类组差异 …………………………（178）
　　　三　"受年"卜辞所见地名的类组差异 ……………………（183）
　　　四　"受年"卜辞类组差异所反映农业贞卜行为
　　　　　减弱之背景 ………………………………………………（185）
　第二节　甲骨文中农业地名研究 ……………………………………（191）
　　　一　甲骨文中农业地名略述 ………………………………（192）
　　　二　甲骨文中农业地名考释及其与田猎地名的关系 ……（197）
　　　三　农业地名与内服和外服的关系 ………………………（198）
　小结 ………………………………………………………………（207）

第五章　晚商农业生产组织形式研究 ……………………………（209）
　第一节　晚商普遍存在的族氏组织及血缘式的农业生产
　　　　　组织形式 ………………………………………………（210）
　　　一　晚商普遍存在的族氏组织 ……………………………（210）
　　　二　甲骨文中以族组织为基础展开的农业生产活动 ……（216）
　第二节　晚商王都地区"二元"农业生产组织形式研究 …………（226）
　　　一　从殷墟族徽墓的分布情况看王都的社会组织结构 …（227）
　　　二　从甲骨文中的"小臣"看王都地区的地缘式农业
　　　　　生产活动 ………………………………………………（237）
　小结 ………………………………………………………………（241）

余论　晚商农业对晚商文明的重要性 ………………………………（243）

附表 ……………………………………………………………………（248）

参考文献 ………………………………………………………………（280）

索引 ……………………………………………………………………（309）

后记 ……………………………………………………………………（315）

Contents

CHAPTER 1 Preface ··· (1)
Section 1 The Gist of the Article ··· (1)
1. Research Significance ··· (1)
2. Concept Description ··· (3)
3. Research Materials ··· (6)
4. Research Methods ··· (9)
Section 2 Study on Agricultural Climate in Northern Area of
    Late Shang ··· (10)
1. Late Shang Climate under Holocene Climate Background ················ (11)
2. Predicting Climate of Late Shang from OBI ······································· (14)
3. Species and Distribution of Elephants in Late Shang ······················ (21)
4. Distribution of Mammals Preferring Warmth in Shang ···················· (30)
5. Some Suggestions on Agricultural Climate in Northern Area of
    Late Shang ··· (35)
Section 3 A Summary of Research on the Late Shang Agricultural
    History ··· (36)
1. Initial Period of Study ··· (37)
2. Boom Period of Study ··· (40)
3. Change Period of Study ·· (45)

CHAPTER 2 Study on the Crops Structure of Late Shang ········ (50)
Section 1 The Crop Structure Reflected by Archaeological
    Materials ··· (50)
1. The Materials Situation of Yin Ruins and Zhao Village Site ············· (51)

2. The Materials Situation of other Late Shang Sites ………… (57)
3. The Crop Structure Reflected by Archaeological Materials in
   Late Shang ……………………………………………………… (60)
Section 2 Discussion on Crops Structure and Related Problems
   Reflected in OBI ……………………………………………… (65)
1. The Dispute about Crop Nouns in OBI ………………………… (65)
2. Re-discussion of "黍" in OBI ………………………………… (69)
3. The Crops in OBI ………………………………………………… (71)
4. The Crop Structure in OBI ……………………………………… (84)
5. The Reasons for the Diversity of Crop Structure in Different
   Systems ……………………………………………………………… (86)
Section 3 Archaeological Observation on the Rise of Wheat …… (90)
1. Excavation of Wheat at Early Stage …………………………… (91)
2. The Influence of Dietary Culture on the Introduction of Wheat" ……… (95)
3. An Attempt of the Ruling Class to Promote Wheat …………… (97)
Brief Summary ……………………………………………………… (98)

CHAPTER 3 Agricultural Activities and Production Tools in the Late Shang ……………………………………………………… (100)

Section 1 Farming Activities in the Late Shang reflected by
   Oracle Bone Inscriptions ……………………………………… (100)
1. Opening up Wasteland …………………………………………… (100)
2. Tillage ……………………………………………………………… (108)
3. Planting and Seedling Protection ……………………………… (116)
4. Harvest and Storage ……………………………………………… (123)
5. Other Farming Activities ………………………………………… (129)
Section 2 Study on Stone Agricultural Tools in Late Shang …… (133)
1. The Classification and Naming of Farm Tools ………………… (133)
2. Typological analysis about Stone Knife in the Late Shang …… (143)
3. Regional Characteristics of Farm Tools in the Late Shang …… (150)
Section 3 Study on Bronze Farm Tools in the Late Shang ……… (152)

1. Naming and Difference between Copper Froe and Copper Axe .... (154)
2. About *Jue* .... (160)
3. On the Use of Bronze Shovel .... (162)
4. *Cha* in Shang Dynasty .... (166)
5. About Copper Sickle .... (168)
6. The Use of Bronze Farming Tools by Shang Dynasty People .... (169)
Brief Summary .... (173)

CHAPTER 4 Study of the Oracle Inscriptions about Late Shang Agriculture .... (175)

Section 1 The Change of Kingship Reflected by the Difference of the Divination Groups of "*Years*" Inscriptions .... (175)
1. Quantitative Difference .... (176)
2. Ordinal Number Difference .... (178)
3. Place Name Difference .... (183)
4. A New Explanation for the Change of "*Years*" Inscriptions .... (185)
Section 2 Research on Agricultural Place Names in Oracle Bone Inscriptions .... (191)
1. The Outline about Agricultural Place Names in Oracle Bone Inscriptions .... (192)
2. The Connection between Agricultural Place Names and Hunting Places Names .... (197)
3. "内服" and "外服" of Agricultural Place Names in Oracle Bone Inscriptions .... (198)
Brief Summary .... (207)

CHAPTER 5 Study on the Form of Agricultural Production Organization in the Late Shang .... (209)

Section 1 Agricultural Production Organization Form Based on Clan and consanguinity in the Late Shang .... (210)
1. Widespread Gens in the Late Shang .... (210)

2. Agricultural Production Activities Based on Clan in OBI .... (216)
Section 2　Research on the Dualistic Organizational Form of
　　Agricultural Production in Capital .... (226)
1. Social Organization Structure of Yinxu from the Distribution of the
　　Family Tombs .... (227)
2. Geographical Agricultural Production Activities of Capital from
　　"小臣" .... (237)
Brief Summary .... (241)

EPILOGUE　The Meaning of Agriculture to the Late Shang
　　Civilization .... (243)

Attached List .... (248)

Reference .... (280)

Indexes .... (309)

Postscript .... (315)

第一章　绪　论

第一节　本书要旨

一　研究意义

古代中国是农业国家，立国之本在立农。《盐铁论·力耕》记载："衣食者民之本，稼穑者民之务也。"《管子·揆度》记载："一农不耕，民有饥者；一女不织，民有寒者。"古人重农重食，为政者劝民安农，富而教之。《汉书·食货志·上》记载，晁错曾说："圣王在上，而民不冻饥者，非能耕而食之，织而衣之也，为开其资财之道也。"

农业生产对古代社会具有显著影响，这种影响在先秦时期尤其明显。《齐民要术·序》谓："盖神农为耒耜，以利天下；尧命四子，敬授民时；舜命后稷，食为政首。"皆以古圣王之功在耕种。因为大量文献材料的存在，秦汉之后的农业状况是较为明朗的，但先秦时期的农业状况因为材料匮乏的缘故而较难探明，以致我们连最基本的先秦农业食谱都不甚清晰。在这种情况下，晚商的相关材料就极其宝贵了。首先，相对西周金文，晚商有着较为详细的甲骨文材料，保留着大量农业卜辞，这使得我们可以依靠"当时"文字材料重建晚商农业状况；其次，就目前的考古材料而言，经过几代考古学家对以殷墟遗址为核心的商文化圈的发掘，晚商农业遗存已经积累出较为详细的实物材料，这为我们从考古上重建晚商农业现状提供了可能。材料的优势，使得晚商成为先秦时期农业状况最可能明晰的一个阶段，这又反过来为了解整个先秦时期农业发展状况提供"方向性标志"。可见，晚商的农业发展状况对我们认识早期农业有着重要价值。

晚商农业及其生产组织研究

而且，晚商农业也对我们丰富生产力学说提供了新的案例。从马克思主义史学观来看，生产工具的革新对生产关系有着重大影响，如马克思在《政治经济学的形而上学》中的论述①：

> 随着新生产力的获得，人们改变自己的生产方式，随着生产方式即保证自己生活方式的改变，人们也就会改变自己的一切社会关系。手推磨产生的是封建主为首的社会，蒸汽机产生的是工业资本家为首的社会。

但是，我们也看到马克思在《资本论》中讨论了作为生产资料的生产工具与作为生产者的工人的生产效率，以及社会的分工、协作等生产管理方面对资本主义社会的影响，他进一步明确指出②：

> 许多人在同一生产过程中，或在不同的但互相联系的生产过程中，有计划地一起协同劳动，这种劳动形式叫做协作……在这里，结合劳动的效果要么是个人劳动根本不可能达到的，要么只能在长得多的时间内，或者只能在很小的规模上达到。这里的问题不仅是通过协作提高了个人生产力，而且是创造了一种生产力，这种生产力本身必然是集体力。且不说由于许多力量融合为一个总的力量而产生的新力量。

在这里，马克思集中讨论了生产力的提高不仅仅依靠生产工具，也可以依靠非物质资料的进步。那么晚商的农业生产技术较之前时期究竟有没有本质提高？晚商的生产方式有没有产生马克思所提到的"协作"生产模式？也就是说，晚商高度发达的青铜文明究竟是由生产工具的改进而产生的，还是由先进的劳作形式积累的，抑或二者兼有？这将是我们理解商文明的重要依托之一，也是本书需要探讨的。

有关晚商农业史，近百年来的研究成果极多。概言之，一是对甲骨文中农业名词全面而深入的考释，这以胡厚宣、于省吾、张政烺、裘锡圭、杨升南、宋镇豪诸先生的成果为代表；二是基于农业技术而对商代生产组

---

① 中央编译局编：《马克思恩格斯选集》第1卷，人民出版社1960年版，第108—109页。
② 中央编译局编：《马克思恩格斯全集》第23卷，人民出版社1972年版，第362页。

织和管理形态的讨论，尤其是与农业社会性质有关讨论成果最多，如20世纪五六十年代社会史论战中唐兰、于省吾等先生对商代是否使用青铜农具及商代是否是奴隶制社会的讨论，20世纪70年代张政烺先生对"裒田"及其相关诸问题的讨论。上述成果让我们重新认识了商代的农业发展水平和农业社会内涵。自21世纪初宋镇豪先生发表《五谷、六谷与九谷——谈谈甲骨文中的谷类作物》一文之后，晚商农业相关研究呈现后劲不足的态势，在考古学研究已经全面深入到商代史研究各个领域的今天，我们仍旧缺乏从考古材料上全面、系统梳理晚商农业史的研究文章，这是十分遗憾的。这种局面固然与材料不足有很大关系，但也与农业史热点课题逐渐冷淡有关，如何寻找新热点、推动农业史研究进度，依旧是摆在我们面前的难题。

综上，研究晚商农业及其生产组织的意义，至少可以概括为以下几点：

第一，有助于明确晚商高度发达青铜文明产生的根本动因是生产工具的革新，还是生产组织的改进；

第二，有助于说明先秦时期农业发展水平；

第三，可以重新构建晚商农业史体系，推动晚商农业研究的深入，探索晚商农业史研究的新热点。

二 概念说明

（一）晚商

本书中"晚商"既是一个时间概念，也是一个政治地理概念。

首先，它在时间上专指晚商时期。邹衡先生提出殷墟文化"四期七组"说①，他将四期中的第一期视为商代前期的晚段②，对应着盘庚、小辛、小乙三王；而殷墟二期至四期则分别对应武丁及其以后诸王。所以邹衡的"晚商"指殷墟文化第二到第四期。郑振香先生随后把殷墟三家庄材料及20世纪30年代"中央研究院"历史语言研究所（简称史语所）发掘之部分小屯早期墓葬划为殷墟文化一期早段，对应着邹衡先生的殷墟文化第一期；而将原来的中国社会科学院考古研究所提出的大司空一到四期依

---

① 邹衡：《试论殷墟文化分期》，《北京大学学报》（哲学社会科学版）1964年第4期。
② 北京大学历史系考古教研室商周组编著：《商周考古》，文物出版社1979年版，第31—32页。

次排为殷墟文化一期晚段到殷墟文化四期,对应着邹衡先生的殷墟文化第二至第四期。① 所以中国社会科学院考古研究所安阳队(简称安阳队,隶属于中国社会科学院考古研究所安阳工作站)提出的"晚商"指的是殷墟文化一至四期。② 随着1997年洹北商城的发掘③,唐际根先生提出中商文化的概念④,从而将包括洹北商城、三家庄遗址在内的殷墟早期遗存视为中商体系下的组成部分。唐际根先生的"晚商"类同于邹衡先生的"晚商",而不同于安阳队原有分期体系。最近安阳队重新构建殷墟文化分期体系,发展唐际根先生中商理念,新体系把原殷墟文化一期早段独立成中商文化洹北期,而称原殷墟文化一期晚段为殷墟文化一期,二、三、四期保持不动,重新回归大司空四期体系。⑤ 不同于考古学家,王震中师认为,历史学的"晚商"始自盘庚迁殷,可见盘庚、小辛、小乙三王都应该归于晚商。⑥ 王震中师因此把洹北商城也放入"晚商"时期。

洹北商城晚期与武丁时期的大司空一期遗存前后相接无缺环,且洹北商城一号和二号宫殿建筑基址的主要使用年代和废弃年代都是洹北商城晚期,所以将洹北商城视为盘庚、小辛、小乙三王的都城较为符合现在的考古发现。⑦ 故此,本书赞同王震中师的观点,认为洹北商城与洹南小屯是前后相继的关系,是殷墟动态发展的两个阶段。⑧ 又因为目前洹北商城公布的考古材料较少,所以本书主要考察殷墟小屯期的考古发现。从这点来说,本书的"晚商"主要指殷墟小屯期。

其次,"晚商"在地缘上,指晚商时期商人的控制地域。"商"可能并

---

① 郑振香:《论殷墟文化分期及其相关问题》,《中国考古学研究》编委会编:《中国考古学研究》,文物出版社1986年版,第116—127页。郑振香先生在此文中不仅修整了殷墟一期,还细化了部分分期,最重要的是利用84小屯H104填补了二三期之间的缺环,提出第二期偏晚阶段。
② 中国科学院考古研究所:《殷墟的发现与研究》,文物出版社1994年版,第37—38页。
③ 中国社会科学院考古研究所安阳队:《1997年安阳洹北花园庄遗址发掘简报》,《考古》1998年第10期;中国社会科学院考古研究所安阳队:《河南安阳市洹北商城的勘察与试掘》,《考古》2003年第5期。
④ 唐际根:《中商文化研究》,《考古学报》1994年第4期;《商王朝考古学编年的建立》,《中原文物》2002年第6期。
⑤ 唐际根、[加]荆志淳、岳洪彬等:《洹北商城与殷墟的路网水网》,《考古学报》2016年第3期。
⑥ 王震中:《"中商文化"概念的意义及其相关问题》,《考古与文物》2006年第1期。
⑦ 何毓灵、岳洪彬:《洹北商城十年之回顾》,《中国国家博物馆馆刊》2011年第12期。
⑧ 具体论述,可参考王祁《殷墟文化分期及相关诸问题再研究》,《中国国家博物馆馆刊》2018年第11期。

第一章 绪论

没有现代民族国家的国界概念，它的势力范围随着中央政府的强弱而时有变动，但它确实有着自己的领土意识，如甲骨卜辞中有与"四土""四方"相对称的"商"（见《合集》36975、《屯南》1126）、西周文献中有"大邦殷"（《尚书·召诰》）。这里的"商"，应该相当于后世文献中的"邦畿千里，维民所止，肇域彼四海"（《诗经·商颂·玄鸟》）的"邦畿"之地，也是汉代学者称的"王畿"。这一"邦畿"或"王畿"的范围，据《战国策·魏策》说，是"殷纣之国，左孟门而右漳、釜，前带河，后被山"；据《史记·孙子吴起列传》，是"殷纣之国，左孟门，右太行，常山在其北，大河经其南"。学术界一般认为这段话暗示晚商"王畿"核心区域在今河南的中部偏北、河北南部之间区域。① 从考古学角度来说，一般认为晚商时期商文化分布范围大致就是商人的控制范围。② 但商文化分布区明显超过了豫北冀南③，针对这一问题，王震中师认为：商代的国家结构分"内服"和"外服"，内服即"王畿"，是商文化的核心区域；"外服"有诸侯和属邦，臣服于中央，"犬牙交错"地分布于商文化范围，"内服"和"外服"共同构筑了晚商时期的复合制国家结构。④ 基于此，本书讨论的"晚商"范围大致就是晚商时期商文化范围。

（二）农业

"农业"，这一概念有古今中外之别。在国外，越来越多学者把"农业"理解为一种动态的栽培与驯化系统，强调人与生态系统的相互作用。⑤ 目前

---

① 彭邦炯：《商史探微》，重庆出版社1988年版，第175—177页；宋镇豪：《商代的王畿、四土与四至》，《南方文物》1994年第1期；王震中：《商代的王畿与四土》，《殷都学刊》2007年第4期。

② 宋新潮：《殷商文化区域研究》，陕西人民出版社1991年版，第220—221页；李伯谦：《从殷墟青铜器族徽所代表的族氏的地理分布看商王朝的统辖范围与统辖措施》，[加]荆志淳、唐际根、高岛谦一主编：《多维视域》，科学出版社2009年版，第139—151页；韦心滢：《殷代商王国政治地理结构研究》，上海古籍出版社2013年版，第353—355页。

③ 晚商时期，商文化东到弥河、淄河流域，南及伏牛山区域，西濒西安附近，北达拒马河流域，参考中国社会科学院考古研究所《中国考古学·夏商卷》，中国社会科学出版社2003年版，第305—320页。

④ 王震中：《商代的王畿与四土》，《殷都学刊》2007年第4期；《论商代复合制国家结构》，《中国史研究》2012年第3期。

⑤ Smith B. D., Niche construction and the behavioral context of plant and animal domestication, *Evolutionary Anthropology*, Vol. 16, 2007, pp. 188-199. Harris, D. R., *Agriculture, Cultivation and Domestication: Exploring the Conceptual Framework of Early Food Production*, Walnut Greek, California: Left Coast Press, 2007, pp. 16-35.

晚商考古发现与相关文献尚不足以完成这一宏阔体系的构建，所以我们还是要立足中国的学术传统，讨论本书所要研究的农业范畴。从传统的农书（如汉代《氾胜之书》《四民月令》、北魏《齐民要术》、元代《农桑辑要》《农书》、明代《农政全书》等）出发，农书中的"农业"活动大致可分两类：一类是农事本体，专门针对农作物而作的，如农作物之选种、播种、栽培和储藏，农具之种类、制作、管理，田地之加护与灌溉等；另一类则是副业之生产，如桑事、畜事、林事等。就现今的学科分类而言，"农业"应该专指农事本体，即以谷物种植、田间管理、农具制作等活动为核心的农事体系。这一体系包罗万象，所以本书必须加以取舍。在本书的研究中，笔者坚持相互关联的专题研究，选取农作物、农事活动与生产工具、农业卜辞、农业生产组织四大专题，逐步解释商人赖以生存的农业基础。

（三）生产组织

"生产组织"，是指与农业生产有关的组织状况，包括生产者与管理者的身份，两者之间的关系，以及生产者以何种组织方式进行生产活动等内容。因为农业生产组织要以整个社会的组织状况为基础，逻辑上必须先明白整个社会的组织状况，才能认识农业的生产组织。所以本书要先从晚商的血缘与地缘组织状况谈起，再一步步深化对农业生产组织的研究。

三　研究材料

本书所用材料，主要由殷墟甲骨文、晚商考古材料和传世文献材料三部分构成，本书以前二种材料为主，以第三种材料为辅。

（一）殷墟甲骨文

甲骨文主要出土于殷墟遗址。自甲骨文被辨识出来后，致力于收集和著录甲骨文材料的学者不下数十家，相关材料过于庞杂且寻找不便，到20世纪五六十年代，中国科学院历史研究所决定重新整理已经出版或保存于各大博物馆内的甲骨文材料，编为《甲骨文合集》13册。[①] 本书所使用之殷墟甲骨文材料，多数出自《甲骨文合集》中。除《甲骨文合集》外，新的甲骨著录还有《东京大学东洋文化研究所藏甲骨文字》《英国所藏甲骨集》《怀特氏收藏甲骨文集》《天理大学附属参考馆甲骨文字》《史语所购藏甲骨集》《殷墟甲骨拾

---

① 王宇信、杨升南主编：《甲骨学一百年》，社会科学文献出版社1999年版，第79—82页。

遗》《殷墟甲骨辑佚》《旅顺博物馆所藏甲骨》《俄罗斯国立爱米塔什博物馆藏殷墟甲骨》《北京大学珍藏甲骨文字》《上海博物馆藏甲骨文字》《殷虚文字甲编》《殷虚文字乙编》《殷虚文字丙编》《小屯南地甲骨》《殷墟花园庄东地甲骨》《殷墟小屯村中村南甲骨》等。

在使用这些材料时，本书参考相关缀合信息，如《甲骨缀合集》（及《续集》）《醉古集》《契合集》《甲骨缀合》（及《续集》）《甲骨拼合集》（及《二编》《三编》《四编》）及中国社会科学院历史研究所先秦史网站等，尽量将卜辞材料收集齐全。

在甲骨文类组方面，本书主要参考黄天树先生[①]、李学勤先生[②]及香港中文大学中国文化研究所与中国古籍研究中心"汉达文库"数据库的分组信息。本书既然使用了甲骨文的"类组"概念，势必就要提前交代不同类组的年代，这里主要使用黄天树先生《殷墟王卜辞的分类与断代》一书中的《殷墟王卜辞的分类及各类所占年代总表》作为断代依据。

（二）考古材料

本书所用之考古材料丰富多样，从都城遗址到区域性中心聚落遗址再到小型聚落遗址，从聚落到遗迹再到各类遗物，几乎无所不括。这其中，与农业考古有关的各类遗存最为笔者关心，会在下文相关章节具体罗列，这里只简单介绍它们的考古背景。

本书所用之考古材料多来自商文化圈，此一文化圈，东到泰沂山脉，北达拒马河流域，西临西安，南至桐柏山附近，其重要者如河南安阳殷墟、郑州人民公园遗址、信阳罗山天湖遗址、山东苏阜屯遗址、前掌大遗址、大辛庄遗址、陕西西安老牛坡遗址等。鉴于商文化圈内发掘材料的不均衡性，本书所用之材料主要来源于殷墟遗址。

殷墟遗址以河南安阳小屯村一带为核心，地跨洹河两岸，面积达30余平方公里。殷墟的考古发掘始自1928年"中央研究院"历史语言研究所派董作宾先生到安阳调查殷墟甲骨出土情形[③]，并随后试掘小屯附近区域，至今已近90年。史语所自1928年到1937年曾以小屯和西北岗为中心进行了15次发掘工作，主要收获有小屯宫殿宗庙区的大型夯土建筑及相关的墓葬、

[①] 黄天树：《殷墟王卜辞的分类与断代》，科学出版社2007年版。
[②] 李学勤、彭裕商：《殷墟甲骨分期研究》，上海古籍出版社1996年版。
[③] 董作宾：《民国十七年十月试掘安阳小屯报告书》，《安阳发掘报告》（第一期），"中央研究院"历史语言研究所1929年版，第3—36页。

西北岗王陵区的商王大墓；其他地点，如大司空村、后岗、四盘磨、王裕口北地、侯家庄南地等都有重要发现。① 这 15 次发掘的详细材料，多已经公布在史语所主编的《中国考古学报告集之二·小屯》《中国考古学报告集之三·侯家庄》《中国考古报告集之四·大司空村第二次发掘报告》三类大型报告集中，其他重要材料还有《中国考古报告集·新编古器物研究专刊》《安阳发掘报告》（一到四期）等。

中华人民共和国成立后，中国科学院考古研究所成立安阳工作站（简称安阳站，下有安阳队），恢复因为战乱而中断的殷墟发掘工作。自此之后，殷墟的发掘主要由安阳站以及河南地方考古机构进行，在 60 余年的时间中，发掘并公布了大量的考古材料。② 除散见于各类期刊、文集中的材料，本书经常使用的考古报告集主要有：《殷墟发掘报告》《殷墟妇好墓》《安阳殷墟郭家庄商代墓葬》《安阳殷墟徐家桥郭家庄商代墓葬》《安阳殷墟花园庄东地商代墓葬》《安阳殷墟小屯建筑遗存》《安阳小屯》《安阳大司空——2004 年发掘报告》《安阳殷墟戚家庄东商代墓地发掘报告》。另外，《殷墟的发现与研究》《殷墟青铜器》《安阳殷墟青铜器》《殷墟新出土青铜器》等材料也是本书重点参考的对象。

最近 20 年，随着聚落考古理念在殷墟考古实践中的应用，安阳队的先生们越来越重视对殷墟居住型遗址的发掘，并开始探索殷墟的布局与都邑结构。③ 这种努力体现在最近出版的《安阳大司空——2004 年发掘报告》中，此报告提供了大量与居址有关的考古材料，为我们研究晚商殷都的农业生产技术与生产组织状况提供了较多的实物材料。

（三）传世文献

本书所利用之传世文献，以先秦文献和历代农书为主，部分地方可能还会利用到出土的简牍。在利用这些传世文献时，需要注意几个原则：

第一，文献的"时间性的等次性"问题，即越早的文献反映的早期信

---

① 中国社会科学院考古研究所：《殷墟的发现与研究》，科学出版社 1994 年版，第 8—13 页。
② 相关发掘史可参考《殷墟科学发掘 80 周年大事记》，中国社会科学院考古研究所编：《殷墟与商文化——殷墟科学发掘 80 周年纪念文集》附录一，科学出版社 2011 年版，第 641—654 页。相关文献可参考《殷墟考古参考文献（1928—2008 年）》，中国社会科学院考古研究所编：《殷墟与商文化——殷墟科学发掘 80 周年纪念文集》附录二，科学出版社 2011 年版，第 655—660 页。
③ 唐际根、何毓灵：《殷墟近十年的考古新收获》，《甲骨文与殷商史》（第六辑），上海古籍出版社 2016 年版，第 298—308 页。

史的可能性就越大；越晚的文献，经后代学者想象的空间就越大。从这点来看，同样是传世文献，《尚书》"商书"和"周书"以及《诗经》自然比战国秦汉文献可靠。

第二，文献的校勘和注疏问题。因为传世文献经过传抄和修订，我们目前所见之定本已经产生了大量讹变、错漏等现象，这就需要借助历代学者的校勘和注疏。对于这一方面，我们尽量使用权威版本，如中华书局整理的阮元校刻的《十三经注疏》（清嘉庆刊本）、中华书局整理的"清人注疏十三经系列"、中华书局点校本《史记》修订本等。

第三，目前战国秦汉时期的简帛文字大量出土，其中往往有传世文献的古本，甚至有大量佚失古书，如清华简中的书类文献和《系年》等。这些简帛文献所记史实的可靠性未必一定高于传世文献，但因为是出土文献，必须加以注意。

第四，后世的农书虽然记载了大量古代农业技术材料，但毕竟去古已远，使用时必须加以抉择和对比，而不能不加考证就进行比附。

四 研究方法

本书在研究的过程中，努力坚持实事求是原则，坚持历史主义原则，在此基础上，本书处理研究材料的原则是：

第一，坚持把甲骨文材料与考古材料结合起来，并参考文献材料、民俗学材料，通过多重对比，所得结论必然更加完备。

第二，对于甲骨文材料，要全面系统地梳理相关卜辞，不作断面式研究；另外，还要区别不同类组王卜辞及非王卜辞中的农业状况。

第三，对于考古材料，在条件满足情况下，要尽量使用第一手材料，如笔者获取的安阳殷墟及河北邢台柏乡遗址的浮选材料；而对于已经发表的考古报告、简报，要全面分析相关材料的考古学背景，不做简单比附。

第四，对于甲骨文材料与考古材料的矛盾之处，要考虑到现实历史与文本历史的差异、商王视角与百姓视角的不同等情况，不能轻易用甲否定乙，或用乙否定甲，一定要综合分析各类可能性，审慎判断。

第二节 晚商北方地区农业气候研究

气候是农业存在与发展的先决条件，农业气候研究是农业史研究的重要组成部分。早在民国时期，学术界已经开始探讨中国历史时期气候变迁，用以解释中国南北时势变迁的内在动力，如竺可桢先生《中国历史上气候之变迁》[1]、蒙文通先生《中国古代北方气候考略》[2] 皆为此一时期有影响力的文章，这类文章使得学者认识到历史时期气候常常变化，未必与今日相同。学术界对于晚商气候的研究，始于徐中舒先生1930年发表的《殷人服象及象之南迁》，徐先生通过甲骨文中的"获象""来象"材料、作为地名的"豫"为象邑合文、甲骨文中"为"字从又（即手形）迁象形等内容论证殷代河南乃大象产地，进而认为殷代河南的气候环境必与今日不同。[3] 徐中舒先生以后，学术界对晚商北方地区气候是否与今日北方地区不同产生了较为广泛的争议，至今仍未获得统一认识。一方面，研究晚商气候最主要的材料是传世文献、甲骨卜辞和动物遗存，不同学者对相同材料有着不同的解读，也就导致研究结论的不同；另一方面，晚商气候是一个大的研究课题，除了分析文献、卜辞和动物遗存外，土壤磁化率、孢粉分析、木炭分析等也相继成为分析晚商气候的手段和方法，这些不同手段和方法的学术背景并不相同，适用的范围也各有差异，新手段和新方法很可能并没有消弭此前的矛盾，反而让晚商气候更加扑朔迷离，所以需要对各种方法所得结论加以分析。

进入21世纪，随着甲骨文材料的不断积累和研究的深入、商代考古遗址的不断发掘，以及新手段和新方法的普及，本书认为有必要进行一个综合研究，以求得一个相对客观、可靠的答案。基于这个目的，本书从三个方面讨论晚商北方地区农业气候：全新世气候研究成果为我们提供了一

---

[1] 竺可桢：《中国历史上气候之变迁》，《东方杂志》1925年第22卷第3号。
[2] 蒙文通：《中国古代北方气候考略》，原载《史学杂志》1930年第2卷3—4期合刊，后收录于《蒙文通文集·第4卷·古地甄微》，巴蜀书社1998年版，第1—3页。
[3] 徐中舒：《殷人服象及象之南迁》，《中央研究院历史语言研究所集刊》第二本第一分册，第60—75页。

个大的气候变化背景，但这一研究领域的多数成果缺乏精细的分期，无法与考古遗址分期体系一一对应；甲骨文中降雨意愿是商人对气候的直观感受，也是学术界讨论最多的部分，受限于甲骨学的发展阶段，在新时期有必要重新整理和研究；商代喜暖哺乳动物群是气候变化最直观的反映，但这类动物遗存出土情况并不均衡，需要与卜辞材料相互参考。以上三个方面，层层叠加，共同构筑商代气候变化框架，缺一不可。

一 全新世气候大背景下的晚商气候

竺可桢先生的《中国近五千年来气候变迁的初步研究》是国内最先构建全新世中晚期气候序列的文章。在这篇影响深远的文章中，竺先生从动植物遗存、甲骨卜辞中的记载推导出自仰韶文化到商末的年平均气温比现在高2℃，正月的平均气温高3℃—5℃，竺可桢先生认为，"在安阳这样的地方，正月平均气温减低3℃—5℃，一定使冬季的雨雪总量有很大的不同，并使人们很容易察觉"。[1] 竺可桢先生得出的新石器时代晚期到夏商时期气候总体偏暖的结论，被学术界称为全新世大暖期[2]，是全新世气候的一个重要特征，具有普遍性。施雅风、孔昭宸等先生利用孢粉、冰芯、古湖泊、古土壤等材料把中国的大暖期时间定为8.5—3.0ka BP[3]，印证了竺可桢先生关于仰韶文化到夏商比现今气温更高的结论。后来，王绍武先生根据施雅风的数据，对全新世中国的温度做了定量的计算，用孢粉和冰芯记录建立了中国10个区的全新世温度，进一步确定8.5—3.0ka BP期间的温度比现今温度更高。[4] 最近，方修琦、侯光良两位先生利用校正数据重建了中国全新世气温序列，把全新世气温分为波动升温期（11.5—8.9ka BP），气温总体低于现代；暖期（8.9—4.0ka BP），气温整体高于现代，其中鼎盛期出现在8.0—6.4ka BP，气温最高时高出现代1.5℃左右；变冷

---

[1] 竺可桢：《中国近五千年来气候变迁的初步研究》，《考古学报》1972年第1期。
[2] Hafsten U., A sub-decision of the Late Pleistocene period on a synchronous basis, intended for global and universal usage, *Palaeogeography Palaeoclimatology Palaeoecology*, 1970, 7, pp. 279 – 296.
[3] 施雅风、孔昭宸、王苏民等：《中国全新世大暖期气候与环境的基本特征》，施雅风主编：《中国全新世大暖期气候与环境》，海洋出版社1992年版，第1—18页。
[4] 王绍武、龚道溢：《全新世几个特征时期的中国气温》，《自然科学进展：国家重点实验室通讯》2000年第4期。

期（4.0ka BP以来），气温略低于现代水平。① 可见，学术界一般认为大暖期结束于4.0—3.0ka BP，这囊括了商代的历史年代。

在大暖期结束时，气候趋于干旱，除了文献中普遍存在的三代大旱的记载外，近十余年发表的高分辨率古环境序列成果也可以证明这一点。王绍武先生将10个地点的孢粉、泥炭$\delta^{13}O$、有机碳总量（TOC）和磁化率数据作为代用材料，构建了中国全新世气候湿润度的对比曲线②，如图1—1所示。

从图1—1可以看出，约距今四千年是一个节点，4.0—2.0ka之间气候持续干旱。在此期间，一方面，干旱化过程中也存在逆向湿润的时段；另一方面，这段时间的湿润度总体还是要高于今日。这是商代气候的大背景。

就晚商气候而言，洹河流域的全新世气候研究已经有了一些成果，可以考察晚商都城附近的气候状况。唐际根、周昆叔两位先生对安阳姬家屯遗址西周文化层下伏生土进行了磁化率分析和孢粉分析，磁化率分析结果显示，大致在二里头文化时期以后磁粒增加，气候逐渐转好，到商末周初又有变坏的趋势；孢粉分析显示，木本花粉大约在西周早期阶段明显较少，喜干凉的蒿、藜、禾本科花粉与卷柏孢子的数量增加，表明此时期气候转凉。③ 另外，李贶家等先生对安阳附近的濮阳地区的钻探结果显示，虽然进入4.0ka后，豫北平原气候整体干冷，但在约3300年前后，该地区气温有转暖的趋势，湿度也在增加，直到晚商中晚期又急剧变坏。④ 从土壤孢粉与磁化率分析结果来看，晚商都城附近的气候应该有一个由湿暖到干冷的转变，湿暖时期的气温应该比现今安阳地区更高。不过，也有学者提出不同的看法。王树芝先生对殷墟刘家庄北地出土木炭遗存的树种进行共存因子分析，认为晚商时期总体气候与现今并无多大不同，且晚商末期降雨量增加，易发洪水。⑤ 这种判断可能是有偏差的。遗址中常见的木炭

---

① 方修琦、侯光良：《中国全新世气温序列的集成重建》，《地理科学》2011年第4期；侯光良、方修琦：《中国全新世分区气温序列集成重建及特征分析》，《古地理学报》2012年第14卷第2期。
② 王绍武：《全新世气候变化》，气象出版社2011年版，第232—233页。
③ 唐际根、周昆叔：《姬家屯遗址西周文化层下伏生土与商代安阳地区的气候变化》，《殷都学刊》2005年第3期。
④ 李贶家、顾延生、刘红叶：《豫北平原全新世孢粉记录气候变化与古文化演替》，《吉林大学学报》（地球科学版）2016年第46卷第5期。
⑤ 王树芝、岳洪彬、岳占伟：《殷商时期高分辨率的生态环境重建》，《南方文物》2016年第2期。

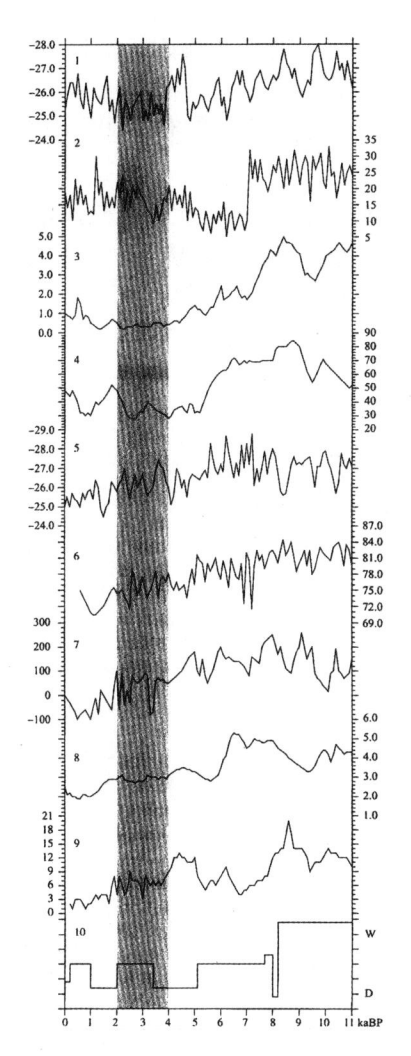

图 1—1 全新世中国气候湿润度的变化曲线

序列：1. 哈尼　2. 阿拉善高原　3. 青海湖　4. 巴谢　5. 洪源　6. 若尔盖　7. 西藏　8. 洱海　9. 湛江　10. 南海　所有曲线向上表示湿润，向下表示干旱。

（采自《中国气候变化》第233页）

可能是古人根据自己的需要选择出来的木材，所以它们并不总是能够反映遗址的气候，比如刘家庄北地中没有出土竹子遗存，并不等于殷墟周边没有竹子的存在（如殷墟郭家庄M160就出土过细竹编织的小竹篓）。而刘家庄北地遗址出土栎属木炭最多，这或许与当时居民喜欢把它们作为薪炭材有关。所以，本书赞同晚商时期殷墟附近气候更加湿热的观点。

二 由甲骨文中降雨意愿推测晚商气候

随着甲骨文考释、断代研究的进步，学术界开始系统利用甲骨文中的气候材料研究殷代气候，如1938年胡厚宣先生在《卜辞所见之殷代农业》"农业环境"一节中就利用甲骨文中的"雨""雪"等气候现象的记载，及法国的德日进和中国的杨钟健两位先生所鉴定之殷墟热带、亚热带动物遗骸推测殷代黄河流域的气候必远较今日为热。[①] 1940年，德国学者魏特夫作《商代卜辞中之气象纪录》，系统收集殷墟卜辞中与气候有关者，通过考察商代雨雪、农业、征伐、游田、骨化石等内容，证明殷代气候较之现今稍微为暖和。[②] 不过，董作宾先生并不赞同胡厚宣、魏特夫二氏论文中的研究方法及所得结论。董先生谓魏氏的研究中缺乏对卜辞的经验性了解，而执着于不甚靠谱的统计，以致得到不甚可靠的"结论"。[③] 董作宾先生这种批评，连带着也否定了胡厚宣先生《卜辞所见之殷代农业》一文中与气候有关的研究成果，再加上当时学术界多有认为商代北方气候并未见与今日有显著不同，所以胡厚宣先生乃重论此问题，在《卜辞所见之殷代农业》"农业环境"一节的基础上作《气候变迁与殷代气候之检讨》以答复学界。

胡厚宣先生从八个方面论证了殷代的气候：第一，卜辞中殷历一月到十三月都有雨或雪之记载，表明殷代终年存在降雨之可能，可见殷代多雨；第二，屡见联雨刻辞，则殷代雨量较为充沛；第三，卜辞中的农作物栽培，黍、稻一年栽培两季，近乎无冬日之状态；第四，稻米之丰富；第五，水牛（即甲骨文中最常见之"牛"字）之普遍；第六，卜辞兕、象之生长；第七，殷墟发掘所得之哺乳动物群，如貘、獐、竹鼠、印度象等；

[①] 胡厚宣：《卜辞所见之殷代农业》，1938年作成，久置未刊，后收录于《甲骨学商史论丛二集》（上册），成都齐鲁大学国学研究所1945年版，第1—142页。
[②] ［德］魏特夫：《商代卜辞中的气象纪录》，陈家芷译，《大学》1942年第1卷第1、2期。
[③] 董作宾：《读魏特夫商代卜辞中的气象纪录》，原刊于《中国文化研究所集刊》1942年第3卷第1、2、3、4期合刊，后收录于《甲骨文献集成》32，四川大学出版社2001年版，第248—250页。后来，董氏弟子张秉权先生作《商代卜辞中的气象纪录之商榷》（原载《学术季刊》1957年第6卷2期）——指摘出魏氏论文中引用卜辞的错误，可作参考。

第八，卜辞中田猎之兽众多，可见殷代森林与草原较为茂盛。① 基于此八方面的原因，胡先生认为殷代的气候至少当与今日长江流域或更以南者相当。这一结论，对商代气候研究有着极大的影响，学术界在讨论商代气候卜辞时往往都要引用胡先生的这一篇文章。

与之相对，董作宾先生很快又写了《再谈殷代气候》以回应，申明他与胡厚宣、魏特夫二氏利用卜辞的不同处。② 董作宾先生认为，证明殷代气候是否与现今不同，不在于殷墟有无热带、亚热带动物群，关键在卜辞。就卜辞而言，不能笼统的把"雨""不雨"视为降雨之可能，要联系全版关键文辞，探求占卜者的意愿，明了"雨""不雨"究竟是想要下雨（对应雨少），还是不想下雨（对应雨多）。董作宾先生统计卜辞中往往不下雨的"卜月雨"与常常会下雨的"卜遘雨"，发现前者集中在一年中的十月到三月，后者集中在四月到九月，所以董作宾先生认为殷代十月至三月雨少、四月至九月雨多天热，殷代气候并不比现今暖、热。

除了董作宾、胡厚宣二位先生，还有学者对卜辞材料能否还原晚商气候表示怀疑，如陈梦家先生认为："关于华北平原的古代气候，虽有人根据卜辞记雨月分加以推测，这些推测既不很准确，对于讨论殷代农业也没有很大的帮助。"③ 这种观点看到了利用卜辞重建晚商气候的困难，但因为困难就一票否决，是较为偷懒的方法。就民国学术界的成就而言，利用卜辞复原晚商气候虽然存在方法上的问题，如胡厚宣、魏特夫二位先生的统计材料错漏颇多，且没有考虑殷人占卜雨雪时期的"经验"与"意愿"；而董作宾先生的"卜月雨""卜遘雨"的区分也并不仅限于他所区分的月份内，二者的月份实际上常常交叉，这点杨升南先生已经做了很好的说明④。但民国学者的研究经验给我们指出了一个很好的方向，若我们能够在当今甲骨学成果的背景下，寻找到一个相对可靠的判断占卜者是否希望下雨的方法，通过这个方法来判断每一个月份雨水的相对多寡，还是对复原晚商气候有帮助的。

使用甲骨文探索晚商气候，难点在于利用经验判断占卜者求雨的意愿，我们比董作宾、胡厚宣两位先生幸运之处在于，有学者在董、胡之后

---

① 胡厚宣：《气候变迁与殷代气候之检讨》，原载《中国文化研究汇刊》1944年第4卷1期，后收录于《甲骨学商史论丛二集》（下册），成都齐鲁大学国学研究所1945年版，第1—64页。
② 董作宾：《再谈殷代气候》，原载《中国文化研究所集刊》1946年第5卷，后收录于《甲骨文献集成》32，四川大学出版社2001年版，第256—262页。
③ 陈梦家：《殷虚卜辞综述》，中华书局1956年版，第523页。
④ 杨升南：《商代经济史》，贵州人民出版社1992年版，第28页。

较好地解决了占卜者意愿问题。比利时裔美国籍学者司礼义神父曾经提出一个极为重要的看法：在一对正反对贞卜辞中，如果一条卜辞用了"其"字，另一条卜辞则不用，用"其"的那条卜辞所说的事情，往往是占卜者所不愿意看到的。①这就是甲骨学界著名的司礼义法则。这一观点对国内学术界有较大影响，裘锡圭先生就认为"这一敏锐的观点也是可信的"。②具体到与求雨有关的卜辞上，若卜辞以"不其雨/雨"对贞，那么占卜者应该是希望下雨的；若卜辞以"其雨/不雨"对贞，那么占卜者应该是不希望下雨的。我们举个胡厚宣、董作宾两位先生都曾关注的例子，来说明卜辞"其"字的意愿：

□□〔卜〕，□贞：今十三月雨。一
己未卜，㱿贞：今十三月不其雨。一
己未卜，㱿贞：今十三月雨。二
贞：十三月不其雨。二
贞：今十三月〔雨〕。〔三〕
贞：今十三月不其雨。三 二告
贞：今十三月不其雨。四
今十三月雨。五
今十三月不其雨。五
唯上甲害雨。
不唯上甲。

《合集》12648【典宾】

这是殷墟第十三次发掘所得一个较为完整的龟腹甲卜辞，董作宾先生已经指出这条卜辞是同一事项占卜五次，不能把求雨之事统计五次。根据司礼义对"其"字研究的结论，"今十三月不其雨"与"今十三月雨"形成对贞，"不其雨"中的"其"字表示不是不想下雨，即这条卜辞有希望下雨的意愿。作为证明司礼义结论的正确性，这条卜辞中的"唯上甲害

---

① Paul L-M. Serruys. , Studies in the Language of the Shang Oracle Inscriptions, *T'oung Pao*, Vol. 60, Livr. 1/3（1974）, pp. 12–120. Paul L-M Serruys, Towards a Grammar of the Language of the Shang Bone Inscriptions,《中央研究院国际汉学会议论文集·语言文字组》，"中央研究院"1981年版，第313—364页。
② 裘锡圭：《七十年代以来殷墟甲骨文研究的进展》，《裘锡圭学术文集·甲骨文卷》，复旦大学出版社2012年版，第461—466页。

雨/不唯上甲"是"不下雨是上甲导致/不下雨不是上甲导致"的意思，"害雨"证明"今十三月雨/今十三月不其雨"表达的是当时天气久不下雨、占卜者希望下雨的意愿。可见，司礼义对"其"字的研究适用于本书所要讨论的气候卜辞，所以本书以此作为判定占卜者是否希望下雨的基础，来探讨甲骨文中不同月份雨多雨少。

商王常常外出田猎，贞人要占卜当日会不会遇雨，如：

乙王其田，不雨。
其雨。　　　　　　　　　　　　　《合集》28549【无名组】
勿省宫田，其雨。
惠丧田省，不雨。
勿省丧田，其雨。
☐王其☐田，☐入，亡〔灾〕，不遘大雨。
　　　　　　　　　　　　　　　　《合集》28993【无名组】
壬王其〔省〕宫田，不雨。
勿省宫田，其雨。吉　　　　　　　《合集》29177【无名组】
☐未卜，在䈞，贞：王步于☐，不遘〔雨〕。
　　　　　　　　　　　　　　　　《合集》36630【黄类】
乙丑〔卜〕，贞：今〔日王田〕☐，不雨。〔兹〕孚。
其雨。
戊辰卜，贞：今日王田臺，不遘雨。
其遘雨。
壬申卜，贞：今日不雨。　　　　　《合集》37647【黄类】

以上卜辞中的"其雨""其遘雨"，很明显是说商王外出不会遇到大雨，贞人的意愿是不希望下雨。商代的雨，常常是商王忧愁的对象，卜辞把不下雨视为"亡忧"，这大概是因为雨水阻碍了商王的某些活动。正是因为雨水可能是商王活动的阻碍，所以商王才不断占卜，表达不希望下雨的意愿，这种愿景是可以视作占卜的月份可能存在降雨状态。从经验出发，如果一段时日内，气候干燥无雨，贞人很可能不会特意占卜天气是否下雨，这种时候胡厚宣先生提出的下雨之可能是成立的。如果某一月份这种不下雨的意愿重复出现，就更有说服力，足以视为当月降雨多少的参考系；反之，对于没有反复出现不下雨意愿的月份，虽然不能证明当月不可能下雨，但足以说明当月下雨可能性较其他月份为小。

本书统计了甲骨文中有明确月份的不希望下雨卜辞，见附表一。在附表一中，宾组卜辞的数量并不很多，师宾间、典宾类、宾三类合计有7辞，其中五月与七月各2辞，二月、三月、六月各1辞，只能表明五月到七月下雨可能性最大，而二、三、六月也都有下雨之可能。

七月前后多雨，这点也可以由没有确凿月份的部分卜辞来证明，如：

戊辰卜，争贞：其雨。
贞：不雨。
庚午卜，内：屯呼步。八月。　　　　　《合集》14201【典宾】

戊辰与庚午相差两日，这条不希望下雨卜辞的时间应该也是八月。再有：

丁未〔卜〕，王贞：余不首获豵。六月。
辛酉卜，𣪘贞：乙丑其雨，不唯我忧。
贞：乙丑其雨，唯我忧。
辛酉卜，𣪘贞：自今至于乙丑其雨。壬戌雨；乙丑阴，不雨。
辛酉卜，𣪘：自今至于乙丑不雨。
壬申卜，𣪘贞：㠯戎，不我翦。七月。　　《合集》6943【宾一】

乙丑日与壬申日在一旬之内，应该同为七月；而辛酉与壬申日分在两旬，辛酉或为六月，或为七月。"自今至于乙丑其雨/自今至于乙丑不雨"，暗示六月末或七月不希望下雨。这条卜辞的验辞是"壬戌雨，乙丑阴，不雨"，表明乙丑日不下雨，但壬戌日下雨。可见，七月前后的月份常见雨水，是较为明了的。

出组卜辞是附表一中的大类，值得我们深入研究。相较于延续时间较长的宾组卜辞，出组卜辞年代较为集中，主要出现于祖庚、祖甲时期。我们按月份把宾出类、出组二类以及无法分类的出组卜辞一起统计，制成出组卜辞不同月份不希望下雨的意愿图，如图1—2所示。由图1—2可知，不希望下雨的意愿在七月份达到顶峰，这与宾组卜辞的结果大致相符。

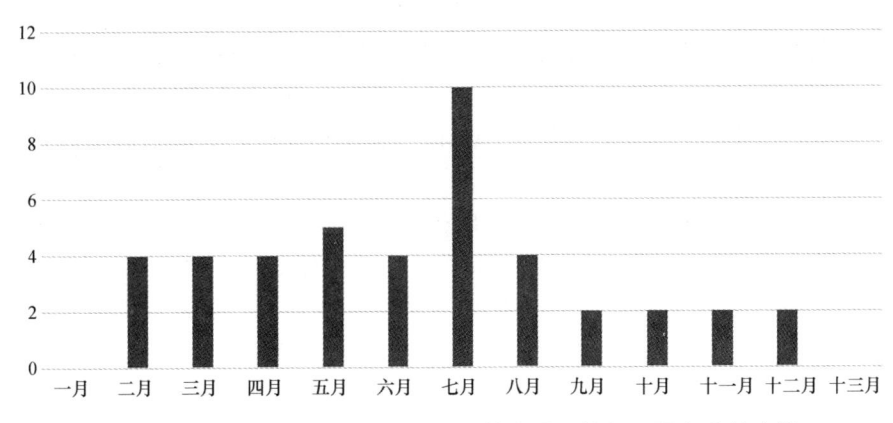

图1—2 出组卜辞不同（殷历）月份出现不希望下雨卜辞的次数

对于图1—2，值得注意的是二、三、四、十、十一、十二几个月份，都有不希望下雨的愿望，仅十三月与一月不存在这种意愿。这暗示晚商前期（指武丁、祖庚、祖甲时期）殷墟附近几乎全年都有降雨可能，且降雨量必不会太小，不然占卜者不会产生不希望下雨的愿望。

杨升南先生曾经统计过卜辞中验辞的降雨情况，如表1—1所示[1]：

表1—1　　　　　　　　　　杨升南先生统计卜辞中降雨月份表

月份 情况	一	二	三	四	五	六	七	八	九	十	十一	十二	十三
"已雨"	23	22	26	17	23	15	11	6	9	10	7	6	6
"不雨"	6	12	18	12	14	3	7	1	2	5	4	2	6
不明	5	7	4	12	5	1	7	3	3	1	4	2	3
小计	34	41	48	41	42	19	25	10	14	16	15	10	15

从验辞入手，确实可以看出占卜的结果，但验辞往往是占卜者希望得到结果的验证，如一到五月的"已雨"与"不雨"都是一年中较多的月份，一个月不可能同时雨多、雨少，表1—1中的"已雨"与"不雨"出现的多寡只能代表占卜者意愿得以实现的多寡。

---

[1] 杨升南：《商代经济史》，贵州人民出版社1992年版，第29页。

结合表1—1与图1—2，可以很清晰地看到：七月是占卜者最不希望下雨的月份，"不雨"的验辞也不是很多，表明七月的雨水确实十分充沛；其他月份的雨水也不少，从验辞来看，一月到五月虽然是最常见的"不雨"月份，但这几个月也是验辞"已雨"最多的月份，表明这些月份的降雨量常常符合占卜者的意愿。

据《安阳县志》，安阳1950—1980年平均降水为606.1毫米，夏季（6—8月）降水最多，平均达391.6毫米，占全年降水量的65%，尤以7、8月最集中；秋季（9—11月）降水最少，平均为112.3毫米，占全年降水量的19%；冬春二季（12月到次年5月）雨雪稀少，两季仅占全年降水量的16%。[1] 如果把安阳这30年的降雨情况与卜辞降雨意愿相比较，我们可以得出卜辞中的四月到十月（殷历[2]）的降雨情况相当于现今夏秋两季降水，其中七月降雨情况对应现今夏季7、8月（公历）降水。所不同者，安阳地区现今降雨量呈现明显的夏多、冬少，二者差异极大，冬季降雨十分稀少，仅占年平均降水量的3%左右[3]，但晚商早期（即宾组与出组卜辞年代）殷墟附近其他月份也不少，与殷历七月相对的殷历一二月份的降雨量并不十分稀少。可见，从晚商早期殷墟附近全年降雨量来看，它与现今安阳地区的差异还是很大的。

从晚商早期殷墟附近降雨情况来看，虽然每月的降雨量有所差异，但总体较为充沛，这与现今安阳地区不同，而与如今江淮地区或长江流域中下游沿岸可能更为接近，如江苏的苏南地区冬季降水量占全年的13%左右，江淮间降雨量约占全年的10%左右[4]，冬季也并不十分缺雨。所以，从甲骨文中的降雨情况来看，本书赞同胡厚宣、魏特夫等先生的结论，晚商早期殷墟附近降雨较现今安阳地区要多，而略似于淮河流域或长江流域。至于晚商晚期的降雨情况，因为缺乏有记月"其雨""不其雨"卜

---

[1] 安阳县志编辑委员会：《安阳县志》，中国青年出版社1990年版，第175—176页。
[2] 关于殷代的岁首，《史记·历书》"夏正以正月，殷正以十二月，周正以十一月"，董作宾先生赞同这一传统说法（《殷历谱》下编卷3《交食谱》，"中央研究院"历史语言研究所1945年版），但现代学术界并不总是以为然，如冯时先生以为建亥（《殷历岁首研究》，《考古学报》1990年第1期）、郑慧生先生以为建未（《"殷正建未"说》，《史学月刊》1984年第1期）等，陈梦家先生甚至以为殷历无固定岁首（《殷虚卜辞综述》，中华书局1956年版）。可见，在没有绝对可靠的材料前提下，诸家争议是不会休止的，本书尽量避免涉及这方面争议。
[3] 韩艳、赵国永：《近63年安阳市旱涝等级研究》，《安阳师范学院学报》2015年第5期。
[4] 江苏省地方志编纂委员会编：《江苏省志·地理志》，江苏古籍出版社1999年版，第153页。

辞，本节暂时搁置不论。

三 晚商大象的种属与分布

因为大型哺乳动物对气候变化较为敏感，所以在讨论晚商气候时，学术界一直很关注大型哺乳动物的种类与分布，这其中大象就是研究的重点。关于晚商大象，目前学术界最关注的问题有两个：其一，晚商大象遗存的种属；其二，北方地区晚商大象遗存是否为本地来源。下面本书从这两个方面讨论晚商大象。

（一）晚商大象遗存的种属

不同种类大象具有差异较大的环境指示意义，如现代的亚洲象栖息于亚洲南部热带、亚热带气候区，若历史上的亚洲象曾出现在北方地区，那么当时北方地区的气候与现代的气候必然不同；而已经灭绝的古菱齿象曾经与披毛犀共存，说明古菱齿象生活在温凉的半干旱半湿润环境[1]，若晚商北方地区曾适合古菱齿象生存，那么就不能说明晚商北方地区气候与今日气候有较大差异。

殷墟出土的大象遗骸，法国的德日进、中国的杨钟健两位先生鉴定为印度象[2]，是亚洲象的一种，所以持商代北方也有亚洲象这一观点的学者自然认为商代气候较今日温暖。但最近李冀先生在一系列文章中指出，先秦时期中国北方野象并不是亚洲象，而应该是古菱齿象，先秦时期北方气候并不适合亚洲象。[3] 这种观点虽然获得一定的支持[4]，不过笔者并不赞同李冀先生的观点。

李冀先生所持观点的理由有这样三条：第一，中国的古菱齿象存在于上新

---

[1] 董明星、张祥信、牛树银、庞其清、边鸿浩、张倩：《河北省石家庄地区晚更新世晚期古菱齿象—披毛犀动物群及其古气候》，《古地理学报》2011年第13卷第4期。

[2] ［法］德日进、杨钟健：《中国古生物志丙种第十二号·安阳殷墟之哺乳动物群》，"实业部"地质调查所1936年版。此书提到日本人松本彦七郎在此之前已经鉴定出安阳大象，但松本彦七郎认为这些化石是更新统之物，不是商代遗物。

[3] 李冀、侯甬坚：《先秦时期中国北方野象种类探讨》，《地球环境学报》2010年第1卷第2期；李冀：《先秦动物地理问题探索》，博士学位论文，陕西师范大学，2013年；J Li, Y Hou, Y Li, J Zhang, The latest straight-tusked elephants (Palaeoloxodon)? "Wild elephants" live 3000 years ago in North China, *Quaternary International*, 2012, 281, pp. 84–88.

[4] 李志文、孙丽、王丰年：《全新世中国东部亚热带地区气候变迁的古生物学证据》，《热带地理》2015年第2期。

世晚期到更新世晚期，没有理由不延续到全新世；第二，先秦时期北方地区气温只比现代高几度，尚达不到亚洲象的生存气候；第三，现有的亚洲象遗骸不仅稀少，且多为破损材料，古生物专家据此作出的种属鉴定是有问题的。对于李冀先生所说的第一条，目前学术界普遍认为古菱齿象灭绝于更新世晚期①，这或许与更新世晚期向全新世过渡期间气候异常有关。在末次冰消期，北半球气温持续升高，降水增加，但距今约一万两千多年前的新仙女木事件造成全球性气温骤降，在短短十年内，地球平均气温下降了大约7℃、8℃，之后进入长达千年的严寒期。这期间，古菱齿象可能由于无法适应这种骤然降温、缺乏食物等原因，最终灭绝。② 李冀先生提出古菱齿象可能进入全新世期间，却没有考虑到全新世末期气候异常，故此与学术界普遍观点相矛盾。

关于李冀先生提到的第二点与第三点，可以通过梳理新石器时期大象遗存③及其共存动物遗存一并回答。中国新石器时代大象遗存主要有：

甘肃秦安大地湾遗址仰韶文化早期文化层肱骨近端一件，被鉴定为真象属，肱骨尺寸接近印度象。④ 秦安大地湾遗址还出土苏门犀、中华竹鼠、獐等喜暖动物遗存。

河南淅川下王岗遗址出土仰韶文化早期象臼齿遗存，贾兰坡先生鉴定为亚洲象。⑤ 下王岗遗址共出的动物遗存还有孔雀、苏门犀、水牛等喜暖动物。

湖北巴东楠木园遗址新石器时期晚于大溪文化的地层中出土象骨六件，被鉴定为亚洲象。⑥

浙江宁波河姆渡遗址新石器时代中期地层出土象的臼齿一枚，左距骨一件，髋臼骨两件，被鉴定为亚洲象。⑦ 河姆渡遗址共出的喜暖动物遗存

---

① 张玉萍、宗冠福：《中国的古菱齿象属》，《古脊椎动物学报》1983年第4期。
② 关于新仙女木事件对古动物的影响，参考曹兴山、赫明林、曹炳媛《河西走廊地质记录中的新仙女木事件及其前后古地理环境演变》，《甘肃地质》2002年第1期。
③ 据裴文中先生鉴定，山西襄汾丁村遗址出土遗存中有亚洲象遗骸（《山西襄汾县丁村旧石器时代遗址发掘报告》），地质时代是晚更新世早期，但张席褆先生将其归为古菱齿象（《中国纳玛象化石新材料的研究及纳玛象系统分类的初步探讨》），可见更新世期间中国大陆有没有亚洲象分布尚需要研究，所以本书只着眼于全新世期间的亚洲象遗存。
④ 甘肃省文物考古研究所：《秦安大地湾：新石器时代遗址发掘报告》，文物出版社2006年版，第873页。
⑤ 贾兰坡：《河南淅川县下王岗遗址中的动物群》，《文物》1977年第6期。
⑥ 国务院三峡工程建设委员会办公室、国家文物局：《巴东楠木园》，科学出版社2006年版，第419—422页。
⑦ 浙江省文物考古研究所：《河姆渡——新石器时代遗址考古发掘报告》，文物出版社2003年版，第160页。

还有苏门犀、爪哇犀、水牛、獐等。

浙江菱湖全新统地层中出土一件象的第三右下臼齿，被鉴定为亚洲象。[1]

上海马桥遗址也出土大象遗骸，被鉴定为亚洲象。[2]

广西桂林甑皮岩遗址出土一件完好的左上第三臼齿，据鉴定，该臼齿不是我国更新世时期广泛存在的纳玛象臼齿（古菱齿象亚属），与现生的亚洲象牙齿仍有一定区别，或可能为现生亚洲象的近代直系祖先。[3]

广西百色革新桥遗址第五层（新石器时代中晚期）两件象牙残片，可能是亚洲象。[4] 百色革新桥遗址第五层还出土犀牛骨骸七件。

福建县石山新石器时代遗址出土一件象的左侧尺骨，被认为是印度象。[5]

以上是中国大陆出土的部分新石器时期亚洲象遗骸，其中有些遗骸因为破损严重，无法进行细致鉴定，只能根据时代与地理位置推测种属，但大部分遗骸都经过正规鉴定。这些大象遗存与新石器时代其他动物遗存相比，固然不多，但也称不上稀少，若按李冀先生所说，古生物学家的鉴定全部可疑，实在难以服众。而且，甘肃与河南出土的大象遗存竟然与苏门犀等喜暖动物群共存，这说明当时大象的生存环境是较为暖热的。我们知道，现生亚洲象主要分布在东南亚和南亚热带地区，与苏门犀分布范围的气候带大致相当，既然新石器时期中国北方地区发现与苏门犀共存的大象遗存，实在没有理由认定这种大象遗存不是亚洲象。实际上，中国北方地区苏门犀遗存不独见于大地湾与下王岗两处遗址，陕西宝鸡关桃园遗址前仰韶第三期[6]、陕西商县紫荆遗址半坡地层[7]都有苏门犀遗存，可见新石器时期早中期北方地区气候足以支持苏门犀的活动，那么出现亚洲象踪迹也

---

[1] 张明华：《浙江菱湖一亚洲象白齿的记述》，《古脊椎动物学报》1979年第2期。

[2] 黄象洪、曹克清：《上海马桥、崧泽新石器时代遗址中的动物遗骸》，《古脊椎动物学报》1978年第1期。

[3] 李有恒、韩德芬：《广西桂林甑皮岩遗址动物群》，《古脊椎动物学报》1978年第16卷第4期。

[4] 广西文物考古所：《百色革新桥》，文物出版社2012年版，第415页。

[5] 祁国琴：《福建闽侯县石山新石器时代遗址中出土的兽骨》，《古脊椎动物学报》1977年第15卷第4期。

[6] 宝鸡市考古工作队、陕西省考古研究院：《宝鸡关桃园》，文物出版社2007年版，第296—297页。

[7] 王宜涛：《紫荆遗址动物群及其古环境意义》，《环境考古研究》（第1辑），科学出版社1991年版，第96—99页。

是毫不奇怪的。李冀先生为了论证先秦时期北方地区气候不适宜亚洲象生存，以至于认定出现在北方地区的苏门犀具有耐寒能力[1]，存在逻辑矛盾。与其认定苏门犀耐寒，何不如直接认定亚洲象耐寒？可见李冀先生的观点不仅缺乏证据，且缺乏必要的逻辑性，中国新石器时代的大象遗存应该是亚洲象。

就晚商而言，唐际根先生在《殷墟：一个王朝的背影》一书中明确指出殷墟出土的幼象被鉴定为亚洲象[2]，鉴定者是周本雄先生。除此之外，古菱齿象头骨高、弯形，有较大的额部突起[3]，但晚商遗址出土的大象艺术形象（如玉象、铜象）中的头部并没有古菱齿象那么高，额部突起也不明显，二者明显不是一个种类。而且，古菱齿象属的象牙异常巨大，苏皖北部发现的晚更新世淮河古菱齿象象牙化石可达4米左右[4]，象牙与象身长度之比较大，这点也不见于晚商出土的大象艺术形象身上。所以，从已有的种属鉴定，以及大象艺术品形象来看，晚商北方大象遗存的种属应该是亚洲象。

（二）北方地区晚商大象遗存的产地

目前，北方地区晚商时期亚洲象遗存主要发现于殷墟遗址。1935年春季第十一次发掘，"中央研究院"历史语言研究所在王陵东区祭祀坑中发现一兽坑，南北宽3.1米，东西长5.7米，底深4.6米，埋象一匹。[5] 1935年秋季第十二次发掘，史语所在王陵东区又发现一长方形象坑，南北长5.2米，东西宽3.7米，深2.3米，埋葬大象一匹，象奴一人。[6] 1978年，中国社会科学院考古研究所安阳工作队在王陵东区发掘近40座祭祀坑，其中有一座长方形象坑，长2.4米，宽1.68米，深1.8米，埋葬一匹身长2米的幼象，脊背处有一铜铃；象的前肢处埋有一小猪，与幼象四肢相对。[7] 除这三处象坑外，1936年法国的德日进和中国的杨钟健两位先生鉴定殷墟

---

[1] 李冀：《先秦动物地理问题探索》，博士学位论文，陕西师范大学，2013年。
[2] 唐际根：《殷墟：一个王朝的背影》，科学出版社2009年版，第94页。
[3] 周明镇、张玉萍：《中国象化石》，科学出版社1974年版，第61页。
[4] 房迎三：《苏皖北部新发现的淮河象化石及其生存环境》，邓涛、王原编：《第八届中国古脊椎动物学学术年会论文集》，海洋出版社2001年版，第177—182页。
[5] 胡厚宣：《殷墟发掘》，学习生活出版社1955年版，第83页。
[6] 同上书，第89页。
[7] 中国社会科学院考古研究所安阳工作队：《安阳武官村北地商代祭祀坑的发掘》，《考古》1987年第12期。

出土一枚破损象臼齿为印度象，这是殷墟发现零碎象骨遗存的例子。①

本书一开始提到，徐中舒先生认为殷代河南地区存在大象，随着北方地区晚商大象遗存出土的增多，以及甲骨文研究的深入，越来越多的学者赞同徐中舒先生的观点。②但是，法国的德日进和中国的杨钟健两位先生在鉴定殷墟大象遗存的同时，明确提出安阳的大象系"自外搬运而来者"，这种观点也有相当多的支持者。③最近，陈絜先生根据他对甲骨文中"泰山田猎区"的研究，认为甲骨文中狩猎大象与"泰山田猎区"地名共版的事实证明商代大象产自今山东泰山附近，而将殷墟出土的大象骨骼视为外来进贡者。④可见学术界对商代北方大象产地的解释不尽相同。

就目前的考古材料来说，安阳殷墟是都城遗址，所以很多学者怀疑该遗址出土的大象遗存或许可能是进贡或贸易所得，这也不是完全没有道理的。故此我们判断晚商北方地区大象遗存产地时还需要别的证据，本书认为甲骨文材料可以提供大象本地来源说的关键证据。

关于甲骨文中的大象问题，王宇信先生做过很好的研究，他令人信服地从甲骨文中证实了殷墟大象本地来源说。⑤但是，王先生的研究中也不是没有问题的，他所引用的甲骨卜辞中，有一些与"象"是无关的。正是从这些有问题的卜辞出发，陈絜先生得出大象来自山东地区的结论。⑥下

---

① [法]德日进、杨钟健：《中国古生物志丙种第十二号·安阳殷墟之哺乳动物群》，"实业部"地质调查所1936年版。此书提到日本人松本彦七郎在此之前已经鉴定出安阳大象，但松本彦七郎认为这些化石是更新统之物，不是商代遗物。

② 胡厚宣：《气候变迁与殷代气候之检讨》，《中国文化研究汇刊》1944年第4卷第1期；文焕然、何业恒、江应梁、高耀亭：《历史时期中国野象的初步研究》，《思想战线》1979年第6期；王宇信、杨宝成：《殷墟象坑和"殷人服象"的再探讨》，胡厚宣编：《甲骨探史录》，生活·读书·新知三联书店1982年版，第470页。

③ 李济：《安阳》，苏秀菊、聂玉海译，中国社会科学出版社1990年版，第81—82页；董作宾：《读魏特夫商代卜辞中的气象纪录》，《甲骨文献集成》32，四川大学出版社2001年版，第248—250页。最近内田纯子研究殷墟王陵区1001号大墓出土雕花骨器时指出："象骨或其他大型哺乳动物的骨骼尺寸巨大，栖息地域限于南方，猎得以及运搬的困难度较高。"（内田纯子：《殷墟西北冈1001号大墓出土雕花骨器的研究》，《中央研究院历史语言研究所集刊》，2013年第84本第4分本，第601—649页），也暗示殷墟大象来自南方地区。

④ 陈絜：《商周东土开发与象之南迁不复》，《历史研究》2016年第5期。黄铭崇先生也认为商代北方大象来自东方，见黄铭崇《商人服象——事实与想象》，http：//kam-a-tiam.typepad.com/blog/2017/09/商人服象事实与想象.html。

⑤ 王宇信、杨宝成：《殷墟象坑和"殷人服象"的再探讨》，胡厚宣编：《甲骨探史录》，生活·读书·新知三联书店1982年版，第470页。

⑥ 陈絜：《商周东土开发与象之南迁不复》，《历史研究》2016年第5期。

面卜辞出现在王宇信先生和陈絜先生的论文中：

> 辛未王卜，贞：田喜，往来亡灾。王占曰："吉。"获🐾十，雉十又一。
>
> 《合集》37364【黄组】
>
> 乙亥王卜，贞：田丧，往来亡灾。王占曰："吉。"获🐾七，雉三十。
>
> 《合集》37365【黄组】
>
> 丁亥卜，贞：王田喜，往来亡灾。擒。唯百三十八，🐾二，雉五。
>
> 《合集》37367【黄组】
>
> ☑〔获〕狐十，麋☑廌一，求一，🐾☑雉十一。
>
> 《合集》37368【黄组】
>
> □□王卜，贞：田㭨，往〔来亡灾〕。王占曰："吉。"兹孚☑百四十八，🐾二。
>
> 《合集》37372【黄组】
>
> 壬午卜，贞：王田㭨，往来亡灾。获隹一百四十八，🐾二。
>
> 《合集》37513＋《合集》37373【黄组】
>
> 壬戌王卜，贞：田喜，往来亡灾。王占曰：吉。获麋五、🐾一、雉六。
>
> 《英藏》2539【黄组】

以上是学术界常常引用的商王狩猎获象卜辞，其中写作"🐾"形的字，被认为是黄组卜辞中"象"字突出长鼻、身作单线的结果。上举卜辞中，"获🐾"地点包括丧、喜、㭨等地，属于陈絜先生划定的"泰山田猎区"，所以陈先生认为商代北方大象的产地在山东泰山附近。但是，本书认为这个"🐾"形字是不能释为"象"的，这点可以由甲骨文中确凿无疑的"象"字字形来证明。

在甲骨文中，"象"字区别其他兽类，在其明显的长鼻、张口、垂尾，如："🐘"（《合集》21472正），习刻，"子象随妊娠之母象"形。象鼻常常上卷，所以"象"字可以写作"🐘"（《合集》1052正）、"🐘"（《合集》10223）；象鼻或可以向下，"象"字由此写作"🐘"（《合集》4611）、"🐘"（《合集》4612）。无名组卜辞中，"象"字写作"🐘"（《屯南》2539)、"🐘"(《屯南》577),这是突出长鼻的字形,但象尾依旧下垂,且象的嘴巴依旧张开,与宾组卜辞"象"字一脉相承。反观黄组卜辞中的"🐘"字,它的尾巴一般笔直上翘,头部呈长方形,与宾组卜辞和无名组卜辞"象"字造型差异较大,不符合大象形体特征。从尾巴与头部两点特征来说,"🐘"字是不应该释为"象"的。而且,这个"🐘"形有一例较为清晰的拓片,作"🐘"(《合集》37372),可以很明显看出两脚有爪,这与大象四肢无爪是不同的。另外,我们看甲骨文中从"象"的"为"字,其所从之"象"也没有写作"🐘""🐘"等形,也可以为证。故此,《新甲骨文编》《甲骨文字编》等书"象"字条下并没有收录"🐘""🐘"等字形。① 是以,将"🐘""🐘"释为象,进而据此判断商代大象的产地,是有问题的。

因此,我们不仅不能据黄组卜辞中与"🐘"字有关卜辞认定商代北方大象产自泰山周围,也不能引这些卜辞证明晚商晚期获象的多少。虽然如此,甲骨文中依旧有可以证明大象来源的记载。

甲骨文中的"象"字主要有两种用法。第一种用法是用为本义,表示大象这种动物,如:

　　□获象。　　　　　　　　　　　　《合集》10222【典宾】
　　□遘□获象□　　　　　　　　　　《怀特》306【典宾】

这是捕获大象的记载。

　　贞:不其来象。
　　壬辰贞:来。　　　　　　　　　　《合集》9173【典宾】

这是进贡大象的记载。

　　丁酉卜,争贞:🐘象。

---

① 单育辰先生在《说"熊""兔"——"甲骨文所见的动物"之三》一文中将"🐘"字释为"兔",《甲骨文字编》与《新甲骨文编》也都是这种观点,可从。不过,《甲骨文字编》"象"字条收录字形依旧多于《新甲骨文编》,其中部分翘尾字形不能释为"象"。

贞：𤉲不其象。　　　　　　　　　　　　　　《合集》1052 正【宾组】

这是用大象祭祀祖先神𤉲的意思，上举殷墟三座象坑即是这类祭祀祖先的证据。

甲骨文中"象"的第二种用法是用为人名，如：

〔贞〕：惠象令。
贞：惠象令比仓侯。
贞：惠象令比仓侯。　　　　　　　　　　　《合集》3291【典宾】

这条卜辞中的"象"字是人名，此人可以"比仓侯"，当是武丁时期重要贵族。按照商代人名、族名同一的原则①，这一贵族所属家族的族徽很可能就是金文中的"象"字，如河南安阳薛家庄东南 M3 出土的象觚、象爵②或许与此家族有关。

卜辞还有：

于癸亥省象，易日。
壬戌卜：今日王省。　　　　　　　　　　　《合集》32954【师历间】

这条卜辞中的"省象"，可能是商王亲至贵族象的领地进行视察的意思，但更可能是省查大象，与卜辞中常见的"省牛""省黍"相似。若是后者，那么商王所"省"之象很可能是豢养之象，管理这群大象的家族或即《合集》3291 中"比仓侯"的象族。

在可以确定的"象"字卜辞中，有两条卜辞值得注意：

贞：生月象至。

---

① 张秉权：《甲骨文所见人地同名考》，李方桂编：《庆祝李济先生七十岁论文集》（下册），清华学报社 1967 年版，第 687—776 页；张政烺：《妇好略说》，《张政烺文集·甲骨金文与商周史研究》，中华书局 2012 年版，第 186—195 页；朱凤瀚：《商周家族形态研究》（增订版），天津古籍出版社 2004 年版，第 34—36 页。
② 中国社会科学院考古研究所安阳工作队：《安阳薛家庄东南殷墓发掘简报》，《考古》1986 年第 12 期。

不其至。

贞：令亢目象，若。　　　　　　　　　　　《合集》4611 正【典宾】

丁未卜：象来涉，其呼⃞射。吉。

□射⃞。

己未卜：象⃞既其呼□。吉。　　　　　　　《屯南》2539【无名组】

《合集》4611 中"生月象至""令亢目象"有两种可能：一种可能是贵族象来王都，商王命令亢观察、侦查象，如卜辞中的"目吾方"（《合集》6194）；另一种可能是大象向王都走来（"至"，应该指至于商的近畿），商王命令亢侦查大象，如卜辞中的"目麋"（《合集》28374）。根据贵族象与商王之间良好的关系，"目象"更可能是侦查大象，而不是侦查贵族象。《屯南》2539 是较为明确的田猎卜辞，"象来涉"是大象涉水过河的意思，本辞没有点明所涉之河，据"来"字，大象所涉之河很可能就是王都附近的洹河或王都东部的黄河古道。这两条卜辞可以说明，晚商王都附近有野象存在。

卜辞还有：

象□其即□

于盂。　　　　　　　　　　　　　　　　《屯南》577【无名组】

此条卜辞与上举《屯南》2539 组类相同、用词相关，或为相关联的事类，不过，虽然此辞出现"盂"地，却无法据此残辞确定大象产地。这是因为，其一，同版卜辞中的地名相互关联是有条件的，并不是地名同版，地理位置一定接近；其二，目前学术界对甲骨文中"盂"地地理位置的认识争议极大，有"沁阳田猎区"[1]"泰山田猎区"[2] 河南睢县[3]等重要观点，目前很难确定"盂"地具体地望。无论如何，《屯南》577 不失为证明晚商北方地区有大象的有力证据。

综上，根据《合集》4611 与《屯南》2539，殷墟附近有野生大象，

---

[1] 陈梦家：《殷虚卜辞综述》，中华书局1956年版，第260页。
[2] 陈絜："泰山田猎区"与商末东土地理，《历史研究》2015年第5期。
[3] 参考《甲骨文字诂林》（于省吾主编，中华书局1996年版）第2656页"盂"字条饶宗颐、张秉权说。

这足以证明殷墟出土的大象遗存可能来自本地，而不是来自南方或东方。需要注意的是，甲骨文中的大象事类只见于殷墟早中期，黄组卜辞不见与大象有关之记载，这是否暗示殷墟末期安阳附近已经不见大象踪迹了？这尚需要更多的证据来证明。

四　商代喜暖哺乳动物群分布

需要说明的是，考虑到农业气候的长时段性，以及动物遗存年代的模糊性，这里把讨论的范围扩展到商代北方地区出土喜暖哺乳动物群。在商代北方遗址发现的动物遗骸中，除大象外还有大量热带或亚热带动物，如野生水牛、犀牛、竹鼠、獐、貘、鳄等。其中，多数商代遗址中的鳄鱼遗存都是鳄鱼的骨板，是鼍鼓的原材料，且出土这些骨板的遗址等级较高，这些制作礼器的鳄鱼骨板并不一定是当地所产。貘仅在殷墟遗址有过发现，数量太少，也不做介绍。所以本书只讨论野生水牛、犀牛、竹鼠、獐，这些动物与大象一起，构成喜暖动物群，是证明商代北方地区气候极好的材料。

本书根据商代遗址是否发现过喜暖动物，按动物种类制成表1—2：

表1—2　　　　　　　　商代遗址中的喜暖动物遗存

遗址名称	水牛	犀牛	竹鼠	獐	时代
河南偃师商城①	√				早商
河南偃师二里头遗址②				√	二里岗晚期
山西垣曲商城③			√		二里岗晚期
河北藁城台西遗址④	√				早商
河南洹北商城遗址⑤	√	√			晚商
河南洹南殷墟遗址⑥	√	√	√	√	晚商

---

① 中国社会科学院考古研究所：《河南偃师商城商代早期王室祭祀遗址》，《考古》2002年第7期。
② 中国社会科学院考古研究所：《二里头：1999—2006》，文物出版社2014年版，第1328页。
③ 中国国家博物馆田野考古研究中心、山西省考古研究所、垣曲县博物馆：《垣曲商城（二）》，科学出版社2015年版，第706—707页。
④ 河北省文物研究所：《藁城台西商代遗址》，文物出版社1985年版，第184页。
⑤ 袁靖、唐际根：《河南安阳市洹北花园庄遗址出土动物骨骼研究报告》，《考古》2000年第11期。
⑥ ［法］德日进、杨钟健：《中国古生物志丙种第十二号·安阳殷墟之哺乳动物群》，"实业部"地质调查所1936年版；杨钟健、刘东生：《安阳殷墟之哺乳动物群补遗》，《中国考古学报》1949年第4册。

续表

遗址名称	水牛	犀牛	竹鼠	獐	时代
山东阳信李屋遗址①			√	√	晚商
山东青州赵铺遗址②				√	晚商
山东桓台前埠遗址③				√	晚商
山东滕州前掌大遗址④				√	商周
陕西西安沣西遗址⑤	√				先周
内蒙古林西县井沟子西梁遗址⑥				√	高台山文化

在表1—2中，部分遗址的动物遗存介绍较为简单，没有出土背景，但也有少量遗址介绍了较为清晰的动物遗存出土背景或骨骼描述，如山东阳信李屋遗址出土82件獐骨，至少代表22个个体，部分骨骼上有食肉动物咬痕，同出的动物骨骼往往成百数千，这表明该遗址内大量的动物堆积可能与宴享有关。如果表1—2喜暖动物与饮食关联密切，那么这些动物很可能是本地的，而不是由外地进贡或贸易而来。更进一步，我们还可以分析表1—2中每一类动物的种属、习性和分布区域，来探索它们与晚商气候的关系。

1. 水牛

现生野生水牛多活动在孟加拉国、印度、尼泊尔、不丹、泰国等热带地区，中国的家养水牛普遍存在于淮河以南地区，这表明水牛需要一个相对温热的生存环境。

中国早期水牛有八个种属，进入全新世后，只有圣水牛广泛分布于新石器时代遗址中，表1—2中的水牛遗存也多被鉴定为圣水牛。目前，学术界对于早期遗址中圣水牛是否是家养的问题争议较大。自德日进、杨钟健鉴定出圣水牛后，学术界普遍认为新石器时代到商代水牛是家养水牛，并与稻作农业相联系，但这一观点在刘莉等人的研究中遭到了强有力的挑

---

① 宋艳波、燕生东：《阳信李屋遗址2003年出土动物遗存分析报告》，《海岱考古》（第八辑），科学出版社2015年版，第65—103页。
② 青州市博物馆：《青州市赵铺遗址的清理》，《海岱考古》（第一辑），山东大学出版社1989年版，第183—201页。
③ 宋艳波等：《鲁北地区殷墟时期遗址出土的动物遗存》，《海岱考古》（第四辑），科学出版社2011年版，第483—500页。
④ 中国社会科学院考古研究所：《滕州前掌大墓地》，文物出版社2005年版，第469页。
⑤ 袁靖、徐良高：《沣西出土动物骨骼研究报告》，《考古学报》2000年第2期。
⑥ 陈全家：《内蒙古林西县井沟子西梁遗址出土的动物遗存》，《草原文物》2006年第2期。

战。美国学者刘莉、加拿大学者杨东亚和中国学者陈星灿三位先生注意到本土水牛的死亡年龄集中在青年/成年阶段,也有较高比例的幼年和少年个体,这种屠宰模式更近似于野生动物,而不同于家养水牛;而且,陕西临潼康家遗址10个样品DNA的D-环形序列属于不同序列组,与现生水牛有明显的不同。① 刘莉等先生还在陕西渭河流域自新石器时代早中期到青铜时代早期七个遗址中的水牛身上成功提取了DNA信息,进一步证明这些水牛并不是现代水牛的祖先,DNA序列单倍型多样性显示这些水牛可能为野生动物。② 陈星灿师指出,水牛是商周青铜器最为常见的纹饰形象,而商周青铜器纹饰往往来源于野生动物形象,罕见家养动物形象,这也说明商周水牛是野生水牛。

据法国学者德日进的鉴定,殷墟曾发现千只以上的圣水牛,这说明殷墟曾经大规模捕猎野生水牛,这必然可以为甲骨文所证明。在甲骨文中,有一个被释为"兕"或"羂"③(为方便计,本书使用"兕")的字形,写作"🐃"(《合集》10407正)、"🐃"(《合集》10450)、"🐃"(《合集》190)、"🐃"(《合补》2472)、"🐃"(《合集》24358)等,这种形态主要见于师祖、宾组和出组卜辞,年代偏早;也可把腹部省成线条,写为"🐃"(《合集》33374反)、"🐃"(《合集》28391)、"🐃"(《合集》37383)等,这种形态主要见于历组、何组、无名组、黄组卜辞,年代偏晚。"兕"字的字形虽然随着时代有日益简化的趋势,但它的特征是不变的,最明显的特征是带有纹理的角。"兕",过去学术界多从唐兰先生的考释,认为是犀牛,而否定陈梦家先生野牛的看法。④ 后来,法国学者雷焕章从"兕"字的字形特征、"兕"字形态与商代艺术品上牛的造型、字音、卜辞用例等方面论证"兕"指的是野生水牛,而不是犀牛。⑤ 雷氏论据充足,不独考古学家多已经接受了这一观点⑥,且研究甲骨文的学者也

---

① [美]刘莉、[加]杨东亚、陈星灿:《中国家养水牛起源初探》,《考古学报》2006年第2期。
② DY Yang, L Liu, X Chen, CF Speller, Wild or domesticated: DNA analysis of ancient water buffalo remains from north China, *Journal of Archaeological Science*, 2008, 35 (10), pp. 2778-2785.
③ 唐兰:《获白兕考》,《史学年报》1932年第4期。
④ 于省吾主编:《甲骨文字诂林》,中华书局1996年版,第1602—1604页。
⑤ [法]雷焕章:《商代晚期黄河以北地区的犀牛和水牛——从甲骨文中的🐃和兕字谈起》,葛人译,《南方文物》2007年第4期。
⑥ [美]刘莉、[加]杨东亚、陈星灿:《中国家养水牛起源初探》,《考古学报》2006年第2期;王娟、张居中:《圣水牛的家养/野生属性初步研究》,《南方文物》2011年第3期。

赞同这一结论①。目前看来，"兕"为野生水牛的证据越来越充足，法国学者雷焕章的考证结果应该是没有问题。

在甲骨文中，商王常常捕获兕，这种捕猎活动极其频繁，且持续到黄组卜辞，说明商代殷墟附近田猎地中的野生水牛一直保持着一定的数量，直到商末也没有消失。在田猎卜辞中，获兕的月份较为分散，有一月（2次）、二月（3次）、五月（1次）、六月（1次）、七月（2次）、八月（1次）、十月（3次）、十一月（2次）、十二月（1次），几乎全年都有获兕记载。水牛喜欢暖热气候，卜辞全年可以猎兕，排除了华北平原的水牛是迁徙而来的可能，进一步证明晚商华北平原气候较今日暖热。

结合甲骨文中的猎兕记载与藁城台西出土的水牛遗存，可以确定商代野生水牛的北界大约在太行山东麓平原一线。

2. 犀牛

亚洲现生犀牛多分布在南亚、东南亚温暖区，有大独角犀（印度犀）、小独角犀（爪哇犀）、双角犀（苏门犀）三个种属，在我国全新世时期都有分布。② 那么商代的犀牛属于哪一种呢？目前缺乏商代犀牛遗存的种属鉴定材料，幸好有青铜器上的犀牛形象，可以帮助我们认识商代犀牛的种属。

在商代青铜器中，有一件著名的小臣艅尊（《中国青铜器全集·4》图134），是犀牛的写生造型，其头部两角，当是双角犀。商代青铜提梁卣上，有装饰犀首的，如北京故宫博物院藏的四祀邲其卣（《中国青铜器全集·3》图130）、日本出光美术馆藏（《中国の工艺：出光美术馆藏品图录》图71），额上都有两角，也当是双角犀。故此，学者多认为商代的犀牛是双角犀，即苏门犀。③ 过去，学术界认为商代北方地区有很多犀牛，并引甲骨文中获兕记载为证，卜辞中常有猎获十多头，甚至二十头犀牛的记载。但苏门犀是独居动物，仅在发情与抚养幼仔时相聚，这决定了狩猎时很难同时猎获多只苏门犀，所以法国学者雷焕章关于兕是野生水牛的观点更有说服力。

---

① 杨杨：《田猎卜辞中的动物》，《郑州师范教育》2017年第1期。
② 文焕然、何业恒、高耀亭：《中国野生犀牛的灭绝》，《湖北大学学报》（自科版）1981年第1期。
③ ［日］林巳奈夫：《从商、西周时期动物纹饰中所见的六种野生动物》，陈起译，《南方文物》2013年第3期；孙机：《古文物中所见之犀牛》，《文物》1982年第8期。

排除掉"兕",甲骨文中并没有明确的犀牛信息,但殷墟出土的犀牛遗存、晚商时期以犀牛为饰的殷墟风格铜器都可以证明商代华北平原曾经存在过苏门犀。苏门犀栖息于沼泽或距离水源很近的丘陵,每天可吃掉50千克的植物,它的存在,说明晚商华北平原不仅气候温暖,且有足够的植被。

3. 竹鼠

竹鼠因吃竹子而得名,它的分布与气候关系密切,现今的竹鼠最北只能抵达甘肃、陕西南部,止于暖温带的南界。中国早期考古遗址中出土的竹鼠遗存一般被认为是中华竹鼠[①],可以食用。《本草纲目》谓"竹鼠肉甘,平,无毒,补中益气,解毒",但中华竹鼠成兽体重不到一公斤,实在算不上什么珍稀佳肴。所以,商代北方地区的竹鼠遗存,应该是本地来源,而不是外地贡纳。从这一点看,竹鼠较之其他大中型喜暖动物,是反映当地气候的最好指标。

商代的竹鼠,最北界可以到河南北部与山东北部,远比现生竹鼠分布范围更广,这说明商代豫北和鲁北一线有着丰富茂密的竹子,可以供竹鼠食用。根据现生竹鼠分布的范围,中国现生竹子主要分布在珠江流域和长江流域,秦岭以北虽然可以种竹,但量少个矮,并不适合竹鼠生存。所以,商代竹林的北界既然可以延伸至豫北、鲁北一线,则商代华北地区的气温大体相当今日长江中下游沿岸。

4. 獐

獐是小型鹿科动物,其现生种主要生活在长江中下游及东南沿海一带的近水地,也是喜暖动物。史前山东大汶口文化和龙山文化流行用獐牙器随葬[②],龙山末期出现频率减少,王青先生认为獐的出现、繁盛与消亡过程与气候变迁大体一致[③]。所以,商代獐遗存的出土频率重新增多,暗示商代气温有变暖趋势。就商代獐遗存分布情况来看,林西县井沟子西梁遗址位置较为特殊,远远偏离獐的活动范围,不好定论,其他遗址集中在河南、山东两地,进一步说明商代河南、山东气温比今日暖热。

《说文·鹿部》:"麇,麞也。从鹿,囷省声。"麇在古书上指獐子。麇所从的"鹿"指的是没有角的鹿,在甲骨文中写作"𢒉",它加上角,写

---

① 何业恒:《中国竹鼠分布的变迁》,《湘潭大学学报》(哲学社会科学版)1980年第3期。
② 王永波:《獐牙器——原始自然崇拜的产物》,《北方文物》1988年第4期。
③ 王青、李慧竹:《海岱地区的獐与史前环境变迁》,《东南文化》1994年第5期。

作䍿形，就形成了"麋"，代表麋鹿；写作䍿形，就形成了"鹿"，表示梅花鹿。甲骨文有从鹿从禾的字，写作"䍿"，是在鹿的形象上加了声符，成为"䴠"，但这个字在甲骨文中多用为人名或地名，而没有用为动物名称的例子。从这点看，"䍿"字是有可能表示没有角的獐。最近，杨杨先生提出，甲骨文中被隶定为"龟"（䍿）的字形应该就是獐①，但"龟"并不是在"䍿"基础上产生的字，也与"麋"的字形相距甚远，应该不可以表示獐。

如果我们把"䍿"视为獐，那么甲骨文中捕获獐的记载就不算少了。如师小字类卜辞有获獐百头（《合集》20723）的记载、师宾间类卜辞有获獐127头（《合集》10197）的记载、宾组卜辞有获獐159头（《合集》10199）、300头（《合集》10970）的记载；宾组以后，黄组卜辞也有获獐的记载，但数量较少，往往低于3头，少数卜辞有获得5头（《英藏》2539）、8头（《合集》37380）的记载。有两种可能的原因造成了早晚卜辞获獐数量的差异：其一，因为早期大规模狩猎，晚期獐的数量锐减；其二，因为气候变冷，獐的分布线向南退却。无论哪种理由，獐在晚商确实存在于华北平原，且数量不少。

可见，除大象外，诸如野生水牛、犀牛、竹鼠、獐等喜暖动物也会频繁出现在商代的华北平原，并为商人所捕杀，这暗示当时的气候比今日华北平原更为暖热。

五 关于晚商北方地区农业气候的几点认识

通过对晚商北方地区气候的综合研究，我们可以得出以下几个结论：

第一，全新世气候研究成果显示，晚商是中国全新世大暖期的结束时期，气候复杂多变，但仍然比现在要温暖。

第二，甲骨文的材料可以证明，晚商前期的贞人不仅长年有不希望下雨的意愿，且殷墟附近有长年降雨的事实，所以晚商前期殷墟附近的雨量实在要比今日安阳地区更多，而与今日长江下游、淮河一带的降雨相似。

第三，晚商大象的艺术形象和象骨遗存可以证明，大象遗存的种属确实是亚洲象，而不是古菱齿象，这对我们研究晚商气候是有意义的。

---

① 杨杨：《田猎卜辞中的动物》，《郑州师范教育》2017年第1期。

第四，在甲骨文中，只有长鼻垂尾的一类字形是"象"，"𢒟"字并不是象字。甲骨文中存在狩猎大象的记载，还有大象出没于殷墟附近的记载，这足以证明晚商北方地区的大象遗存是本地来源的。

第五，除亚洲象外，商代北方地区不仅普遍存在圣水牛、苏门犀、中华竹鼠、獐遗存，且青铜器或甲骨文材料足以证明这些喜热动物是本地来源。

以上五点，构成了相互关联的证据链，共同证明晚商气候较今日更为温暖。所以本书赞同胡厚宣、竺可桢等先生对商代气候的判断。

到了商末，卜辞中猎获的喜暖动物日趋减少，这固然可能是人口增加、动物减少的结果，也有可能有气候转冷因素存在。所以，《太平御览》卷八三皇王部引《纪年》曰："太丁三年，洹水一日三绝。"《淮南子·俶真训》说："逮至殷纣，峣山崩，三川涸。"《国语·周语上》载："昔伊、洛竭而夏亡，河竭而商亡。"可见商末气候有转冷的趋势，以致殷墟附近几条大河都有干涸的记载，甚至成为商亡的标志。唐际根、周昆叔对安阳古土壤的孢粉分析和磁化率分析也可以较好地显示商末周初气温日趋干冷的事实。是以，本书认为晚商气候是一个由暖热转干冷的动态过程。

第三节　晚商农业史研究综述

在甲骨文被发现与释读之前，我们对晚商农业状况的认识仅仅来源于《尚书》《史记》等典籍中的寥寥几笔。[①] 这个时期对商王朝农业状况的认识都只是猜测，除了一些与农业有关名词的考证外，并无实质性进展；而那些与农业有关名词的考证，譬如程瑶田的《九谷考》[②]，虽然历来为商代农业研究者所重视，然其研究着眼点并非放在商代农业名词上，故也不能

[①] 如《尚书·盘庚》"若农服田力穑，乃亦有秋""堕农自安，不昏作劳，不服田亩，越其无有黍稷"，是直接描写商人农业情形的。《史记·殷本纪》提到"钜桥之粟"，也可证明商人食粟。

[②] 《九谷考》见于《程瑶田全集》（三），黄山书社 2008 年版，第 3—104 页。关于《九谷考》的评论性文字，可以参考齐思和《毛诗谷名考》，《中国史探研》，中华书局 1981 年版，第 1—26 页。

纳入我们的回顾史中。孔子说："夏礼吾能言之，杞不足征也；殷礼吾能言之，宋不足征也。文献不足故也。足，则吾能征之矣。"（《论语·八佾》）直到19世纪末甲骨文被发现与释读之后，学术界才有了认识晚商农业的第一手资料，晚商农业研究才真正走入学术界的眼中，所以本书将甲骨文发现视为晚商王朝农业研究的真正起点。

本书依据研究成果和研究方法将商王朝晚期农业研究史分三个阶段：中华人民共和国成立前、20世纪50—90年代初期、20世纪90年代后期至今。中华人民共和国成立前是晚商农业研究的初始期，是晚商农业研究逐渐走入成熟的过程；20世纪50—90年代初期是晚商农业研究的繁荣期，是晚商农业专题研究成果最多的时期；20世纪90年代中后期至今是晚商农业研究的变革期，考古学的新进展逐渐成为晚商农业研究中的新动力。

一 研究初始期

第一本甲骨文研究著作是孙诒让先生1904年写的《契文举例》，该书最初影印于罗振玉先生《吉石盦丛书》（1917）。在这本书里，孙诒让据《说文》将"𠂤"释为"秊"（年之古字），乃谷物成熟之意，进而认为卜辞中与此相关内容多是祈求谷物丰收。① 这是很有见地的，也是晚商农业名词中第一份有意义的考释。在19世纪末到20世纪初的20年时间中，甲骨文研究受清代朴学影响甚大，文字考释是研究的重点，这也反映在与晚商农业相关的研究中。这一时期，许多重要的农业名词被释读和认识，除了孙诒让对"年"的考释，还有罗振玉（1915）对黍、来、麦、米等字的考释②，王襄先生（1925）对"叠田"的考释③，都对后来学者的研究产生重要影响。此为研究初始期的第一阶段，这一阶段主要为以后的研究扫清了文字障碍，影响深远。

到20世纪20年代末，学者开始用甲骨文讨论上古社会状况，这就不可避免地涉及农业部分，比如程憬先生在1928年发表的《殷民族的社

---

① 孙诒让：《契文举例》，该书于1917年影印于《吉石盦丛书》，今据齐鲁书社1993年版，第55页。
② 罗振玉：《殷虚书契考释》，该书1915年印于永慕园，今据《殷虚书契考释三种》，中华书局2006年版，第178—179页。
③ 王襄：《簠室殷契征文·岁时》，天津博物院石印1925年版。

会》。该文利用甲骨文论述商代农业取得的重要成果，然程憬同时认为殷墟时期的商人处于一种粗疏、幼稚的农业阶段，渔猎与畜牧仍然在社会中占有重要之地位。① 这其实是当时疑古思潮下普遍的学术观点。1929 年，郭沫若先生发表了他的《中国古代社会研究》，在这部名著中，郭沫若对商代农业的评价与程憬相似，他认为"商代的末年还是以牧畜为主要的生产……农业虽已经发明，但所有的耕器还显然在用耨器或石器，所以农业在当时尚未十分发达"。② 可见彼时学者虽然已经开始利用甲骨文对晚商的农业做较为深入的研究，但就晚商的农业状况，却常常因为文献中商人与畜牧业的密切关系而认为晚商的农业处于较粗疏的幼稚阶段。③ 除了在社会史研究中讨论晚商农业，20 世纪 30 年代晚商农业开始成为学术界关注点之一，出现了专门的农业史研究论文，如万国鼎先生 1930 年发表的《商民族之农业》（《金陵光》1930 年第 17 卷第 1 期）、马元材先生 1930 年发表的《卜辞时代的经济生活状态》（《飞跃双周刊》1930 年第 2 卷第 1 期）、吴其昌先生 1937 年发表的《甲骨金文中所见的殷代农稼情况》（《张菊生先生七十生日纪念论文集》，商务印书馆 1937 年版），都是对商代农业的总体把握。万、马、吴诸家对晚商农业状况的判断与较早之程憬、郭沫若等先生基本相似。

除综合性研究外，20 世纪 30 年代的专题研究尚需注意，这其中较重要的成果有徐中舒先生 1930 年发表于《史语所集刊》的《耒耜考》④、郭沫若先生 1931 年发表的《释𠚣勿》⑤、唐兰先生 1934 年发表的《释𤇾》⑥等。徐中舒先生《耒耜考》以古文字、文献和考古材料为基础，从形制、演变、通行地域考证耒和耜的差异，并涉及先秦耕作技术与牛耕起源等重大问题，是一篇至今仍有影响力的学术名作。郭沫若先生在《甲骨文字研

---

① 程憬：《殷民族的社会》，《国立中山大学语言历史研究所周刊》第二集第十六期，1928 年版。
② 郭沫若：《中国古代社会研究》，该书 1930 年初版于上海联合书店，今据《郭沫若全集·历史编·第一卷》，人民出版社 1982 年版，第 19 页。
③ 关于 20 世纪 20 年代末到 30 年代晚商农业史之研究状况，可参考胡厚宣《卜辞中所见之殷代农业》，《甲骨学商史论丛二集》，1945 年成都齐鲁大学国学研究所石印，今据《甲骨学商史论丛初集》（外一种），湖北教育出版社 2002 年版，第 595—597 页。
④ 徐中舒：《耒耜考》，《国立中央研究院历史语言研究所集刊》，1930 年第 2 本第 1 分册，第 11—59 页。后又连载于《农业考古》1983 年第 1、2 两期。
⑤ 郭沫若：《释𠚣勿》，原载《甲骨文字研究》，上海大东书局 1931 年版，今据《郭沫若全集·考古编·第一卷》，科学出版社 1982 年版，第 83—92 页。
⑥ 唐兰：《殷虚文字记》，1934 年北京大学石印本。

究·释🗚勿》一文中认为"🗚"是"犁"的初文,从"牛"的"🗚""🗚"是牛耕的专字,牛耕在殷代已经存在。唐兰先生的《释🗚》将"🗚"读为"稻",是甲骨文中谷物名词考释的重要成果。

较之20世纪前20年,20世纪30年代的甲骨文研究已经有了很大的发展,但整个甲骨学研究尚处于较为粗疏阶段,学者利用这样的甲骨文去研究晚商农业,就免不了有先入为主的缺憾,以致产生商人依旧处于畜牧渔猎的原始生涯印象。此十年时间里已经开始出现针对晚商农业而作的专门文章,且能够利用甲骨文讨论晚商农业中的一些重大问题,取得了一定的成就,部分结论对后来的研究产生了较大的影响力。故此,20世纪30年代为晚商农业研究初始期的第二阶段。

20世纪30年代末,胡厚宣先生感慨"又念研治甲骨文字,倘欲免断章取义,穿凿附会之嫌,则所见材料必多",故"发奋搜集所有国内外公私已否著录之材料,先作一总括之研究"[1],遂作商史论文近百万字,并于战时后方整理出版成集,这就是在甲骨学史上占有重要地位的《甲骨学商史论丛初集》及《二集》。其与农业主题有关者以《初集》中的《殷代焚田说》[2]和《二集》中的《卜辞中所见之殷代农业》[3]为代表,全面构建晚商农业史体系,为推动晚商农业深入发展打下基础。

晚商农业经过40余年之研究,至胡厚宣先生《卜辞中所见之殷代农业》出,始真正成熟起来,所以后来张秉权先生评价《卜辞中所见之殷代农业》的价值时说:"胡氏的这篇文章……不但对以前种种歪曲事实的说法,有摧陷廓清之功,而且对以后的研究,开辟了一条正确的途径。"[4]基于此,本书认为20世纪30年代末至中华人民共和国成立前是晚商农业研究初始期的第三阶段。

---

[1] 胡厚宣:《甲骨学商史论丛初集·自序》,齐鲁大学国学研究所1944年版,第3页。
[2] 胡厚宣:《殷代焚田说》,原载《甲骨学商史论丛初集》,1944年成都齐鲁大学国学研究所石印,今据《甲骨学商史论丛初集》(外一种),湖北教育出版社2002年版,第153—157页。
[3] 胡厚宣:《卜辞中所见之殷代农业》,原载《甲骨学商史论丛二集》,1945年成都齐鲁大学国学研究所石印,今据《甲骨学商史论丛初集》(外一种),湖北教育出版社2002年版,第595—810页。
[4] 张秉权:《殷代的农业与气象》,《中央研究院历史语言研究所集刊》第42本第2分本,"中央研究院"历史语言研究所1970年版,第267—336页。

二　研究繁荣期

中华人民共和国成立后，商代农业成为商代史领域的热点，究其原因，主要有三：首先是中华人民共和国成立后史学观念的改变，马克思主义史学极其重视经济基础的研究，对商代社会性质的讨论自然离不开对相关农业的研究；其次是甲骨文释读能力的提高，经过几代学者半个世纪的努力，甲骨文之著录和考释成果斐然，许多非甲骨文专家也可以正确使用甲骨文进行研究，这为商代农业史研究的前进提供了技术条件；再次是新材料的公布，尤其是《殷虚文字甲编》《殷虚文字乙编》《殷虚文字丙编》的出版，对商代史研究起着不言自明的推动作用。

这一时期商代农业研究的主要内容和主要成就体现在专题研究上[1]，且可依靠学术发展的动态分为1950—1970年与1972—1994年两个阶段。

（一）1950—1970年

新中国成立后，随着甲骨文材料和考古材料的积累，越来越多的学者关注晚商农业研究，并出现一系列很有影响力的专题研究。这期间，耕作之法是争议最多的，如关于"耦耕"与"耒耜"的关系，孙常叙先生认为是一人跖耒入土、一人曳绳拉耒发力[2]，万国鼎先生视其为一人耕一人耰配合进行的耕作法[3]，何兹全先生则认为是两人共执一耜、并力发土[4]。再如牛耕，对于郭沫若先生提出的牛耕始于殷代说，此时期也有很热烈的讨论，陆懋德先生[5]、倪政祥先生[6]持赞同观点，徐中舒先生[7]持反对观点。

在农作物与农业生产工具方面，于省吾先生对农作物谷物的考释、唐兰先生对青铜工具的讨论都对后来的研究产生过重要影响。在民国时期，

---

[1] 中华人民共和国成立前，徐中舒《耒耜考》、齐思和《牛耕之起源》（《经济研究季报》1941年第1卷第1期）、陆懋德《中国发现上古铜犁考》（《燕京学报》1949年第37期）都可视为这种专题研究的先声。
[2] 孙常叙：《耒耜的起源和发展》，《东北师大学报科学集刊》1956年第2期。
[3] 万国鼎：《耦耕考》，中国农业遗产研究室编：《农史研究集刊》（第一册），科学出版社1959年版，第75—81页。
[4] 何兹全：《谈耦耕》，《中华文史论丛》1963年第3辑，第101—110页。
[5] 陆懋德：《古代农业上的铜犁问题》，《光明日报》1950年4月26日第3版。
[6] 倪政祥：《牛耕与犁的起源和发展》，《文史哲》1964年第3期。
[7] 徐中舒：《论东亚大陆牛耕的起源》，《成都工商导报·学林副刊》1951年12月23日，后收录于《徐中舒历史论文选辑》，中华书局1998年版，第814—828页。

学术界已经认识到甲骨文中存在多种谷物，如胡厚宣先生《卜辞所见之殷代农业》谓殷代有四种谷物：黍（󰀀）、稻（󰀀）、麦（󰀀）、秕（󰀀）。中华人民共和国成立后，于省吾先生详细梳理卜辞中谷物名词，又从黍字中辨出䄜（即稷，卜辞作󰀀、󰀀）与秾（即秾，卜辞作󰀀、󰀀），从麦中分出大麦（󰀀）、小麦（来），并认为󰀀字当释为菽。于省吾先生的考释，对卜辞中谷类作物的细化有着重要的影响，其后学者无论赞成与否，都认识到卜辞中谷类作物字体上的差异。同样，开启新研究的还有唐兰先生。在唐兰先生之前，一般认为晚商的农具主要是木石骨制品，即使有少量铜工具，也无足轻重。但唐兰先生根据社会生产力学说，从文献和古文字材料中寻找商周时期曾大规模使用青铜农具的材料，并解释商周时期青铜农具出土不多的原因。他认为：商周时期的青铜工具由奴隶制贵族集中管理，青铜又是贵重资源，不允许随意丢失，即使用坏了，也可重新熔铸，这就导致遗址中很少出现青铜农具。经唐兰先生分析，商周时期是否大规模使用青铜农具，重新成为学术界关注的重点。

除了专题研究，陈梦家先生《殷虚卜辞综述》中"农业及其他"一章（1956）[1]是继胡厚宣先生《卜辞中所见之殷代农业》之后又一篇重要的晚商农业综合性研究，创见甚多。

（二）1972—1994 年

1972 年，《考古》《考古学报》和《文物》三大期刊相继复刊，于省吾先生的《从甲骨文看商代的农田垦殖》[2]和张政烺先生的《卜辞裒田及其相关诸问题》[3]随之发表。这是两篇重要论文，尤其是张政烺先生的文章，对晚商农业生产组织的研究贡献很大。《卜辞裒田及其相关诸问题》一开始只是考证了卜辞中"裒田"的内涵，但它逐渐扩展到对与"裒田"有关的生产者身份与劳役状况的讨论，并在"十进制"组织的基础上论证了生产者的组织状况，这些都极大地推动了晚商农业乃至整个商代史研究的进程。

20 世纪 70 年代末，晚商农业史的研究正式进入繁荣时期，一方面体现在 1981 年《农业考古》和《中国农史》创刊，这是农业史研究的大事，

---

[1] 陈梦家：《殷虚卜辞综述》，科学出版社 1956 年版，第 526—529 页。
[2] 于省吾：《从甲骨文看商代的农田垦殖》，《考古》1972 年第 4 期。
[3] 张政烺：《卜辞裒田及其相关诸问题》，《考古学报》1973 年第 1 期。

从此农业史研究有了自己的期刊；另一方面则体现在此后十多年晚商农业史研究论文的数量激增。这些论文中直接以晚商农业为研究对象的有张政烺先生《甲骨文"肖"和"肖田"》（1978）①、《关于肖田问题——答张雪明同志》（1979）②、《释甲骨文"尊田"及"土田"》（1983）③、《殷契剳田解》（1983）④，张雪明先生《释"尼田"——与张政烺先生商榷》（1978）⑤，赵峰先生《清江陶文及其所反映的殷代农业和祭祀》（1976）⑥，王贵民先生《就甲骨文所见试说商代的王室田庄》（1980）⑦，李民先生《〈尚书〉所见商代之农业》（1980）⑧，胡厚宣先生《再论殷代农作施肥问题》（1981）⑨，酉代锡先生《从甲骨文所见试论殷代的农业经济》（1982）⑩，陈旭先生《商代农耕与农业生产状况》（1982）⑪，唐云明先生《河北商代农业考古概述》（1982）⑫，范毓周先生《殷代的蝗灾》（1983）⑬，彭邦炯先生《商人卜螽说》（1983）⑭，徐云峰先生《武丁时代稻谷生产中的一次旱灾》（1983）⑮、《稻作史的一项珍贵史料》（1984）⑯、《甲骨文中所见之耖田术》（1988）⑰，安金槐先生《商代的粮食量器》

---

① 张政烺：《甲骨文"肖"和"肖田"》，《历史研究》1978年第3期。
② 张政烺：《关于肖田问题——答张雪明同志》，《武汉大学学报》（人文科学版）1979年第1期。
③ 张政烺：《释甲骨文"尊田"及"土田"》，中国历史文献研究会编：《中国历史文献研究集刊》（第三集），湖南人民出版社1983年版，第11—15页。
④ 张政烺：《殷契剳田解》，胡厚宣主编：《甲骨文与殷商史》，上海古籍出版社1983年版，第1—12页。
⑤ 张雪明：《释"尼田"——与张政烺先生商榷》，《武汉大学学报》（人文科学版）1978年第4期。
⑥ 赵峰：《清江陶文及其所反映的殷代农业和祭祀》，《考古》1976年第4期。
⑦ 王贵民：《就甲骨文所见试说商代的王室田庄》，《中国史研究》1980年第3期。
⑧ 李民：《〈尚书〉所见商代之农业》，《山西大学学报》（哲学社会科学版）1980年第4期。
⑨ 胡厚宣：《再论殷代农作施肥问题》，《社会科学战线》1981年第1期。
⑩ 酉代锡：《从甲骨文所见试论殷代的农业经济》，《湘潭大学社会科学学报》（哲学社会科学版）1982年第2期。
⑪ 陈旭：《商代农耕与农业生产状况》，《郑州大学学报》（哲学社会科学版）1982年第3期。
⑫ 唐云明：《河北商代农业考古概述》，《农业考古》1982年第1期。
⑬ 范毓周：《殷代的蝗灾》，《农业考古》1983年第2期。
⑭ 彭邦炯：《商人卜螽说——兼说甲骨文的秋字》，《农业考古》1983年第2期。
⑮ 徐云峰：《武丁时代稻谷生产中的一次旱灾》，《农业考古》1983年第2期。
⑯ 徐云峰：《稻作史的一项珍贵史料》，《中国农史》1984年第1期。
⑰ 徐云峰：《甲骨文中所见之耖田术》，《农业考古》1988年第2期。

（1984）①，夏麦陵先生《殷商牛耕说献疑》（1984）②，刘欣先生《殷商井田助耕制的性质》（1984）③，裘锡圭先生《甲骨文中所见的商代农业》（1985）④，彭邦炯先生《从甲骨文的"秅"字说到商代农作物的收割法》（1986）⑤、《商代农业新探》（1988）⑥、《商代农业新探》（续）（1989）⑦、《甲骨文农业资料选集考辨》（1988—1984）⑧，胡厚宣先生《从甲骨文字看殷代农业的发展》（1986）⑨，陈文华先生《畓田新解》（1988）⑩，李绍连先生《商代农业生产者的身份初辨》（1988）⑪，李学勤先生《力、耒和踏锄》（1990）⑫，彭明瀚先生《浅议殷人的田祭》（1992）⑬。其中裘锡圭先生《甲骨文中所见的商代农业》是此时期晚商农业研究的集大成之作，该文分门别类，系统详尽，考证有方，对农作物、农具和农业生产过程都有创见，是晚商农业研究的重要参考文献。

以上列举论文，涉及晚商农业的多个方面，但影响力最大的成果仍推与甲骨文有关之农业名词的研究，如张政烺先生对衰田、肖田、尊田、土田、畓田等词的考释，以及张雪明、陈文华、彭明瀚、裘锡圭诸先生对此问题进一步的研究，这些都有力地推动了晚商农事活动的研究进度。

20世纪70年代末到80年代，古史分期的讨论再次兴起⑭，再加上考古发现的增多，青铜农具也成为学者讨论的热点，这必然涉及晚商农具的

---

① 安金槐：《商代的粮食量器——对于商代陶大口尊用途的探讨》，《农业考古》1984年第2期。
② 夏麦陵：《殷商牛耕说献疑》，《农业考古》1984年第2期。
③ 刘欣：《殷商井田助耕制的性质》，《财经科学》1984年第3期。
④ 裘锡圭：《甲骨文中所见的商代农业》，《殷都学刊》1985年增刊，第198—244页。
⑤ 彭邦炯：《从甲骨文的"秅"字说到商代农作物的收割法》，胡厚宣主编：《甲骨文与殷商史》（第2辑），上海古籍出版社1986年版。
⑥ 彭邦炯：《商代农业新探》，《农业考古》1988年第2期。
⑦ 彭邦炯：《商代农业新探》（续），《农业考古》1989年第1期。
⑧ 彭邦炯：《甲骨文农业资料选集考辨》（连载），《农业考古》，发表在1988—1994年，合12期。彭先生将这些成果汇集成《甲骨农业资料考辨与研究》一书，吉林文史出版社1997年版。
⑨ 胡厚宣：《从甲骨文字看殷代农业的发展》，《中国农史》1986年第1期。
⑩ 陈文华：《畓田新解》，《农业考古》1988年第2期。
⑪ 李绍连：《商代农业生产者的身份初辨》，《农业考古》1988年第2期。
⑫ 李学勤：《力、耒和踏锄》，《农业考古》1990年第2期。
⑬ 彭明瀚：《浅议殷人的田祭》，《农业考古》1992年第3期。
⑭ 《敢于冲破禁区 勇于百家争鸣——中国古代史分期问题学术讨论会述评》，《社会科学战线》1978年第4期。

讨论。讨论的重点是包括晚商在内的早期中国有没有大量使用过青铜农具，主要论文有陈振中先生《殷周的銍艾——兼论殷周大量使用青铜农具》（1981）①、《殷周的钱、镈——青铜铲和锄》（1982）②、《青铜农具镈（续）》（1992）③，陈文华先生《试论我国农具史上的几个问题》（1981）④，张鸣环先生《商周没有大量使用青铜农具吗？——与陈文华同志商榷》（1983）⑤，赵世超先生《殷周大量使用青铜农具说质疑——与陈振中同志等商榷》（1983）⑥，王克林先生《殷周使用青铜农具之考察》（1985）⑦，白云翔先生《殷代西周是否大量使用青铜农具的考古学观察》（1985）⑧、《殷代西周是否大量使用青铜农具之考古学再观察》（1989）⑨。相关论文以唐兰的研究为起点，以考古材料为主要研究对象，以考古学或历史学问题为讨论目标，所得答案逐渐趋向一致。

此一时期的两部综合性著作也涉及晚商农业，即温少峰与袁庭栋二位先生合著的《殷墟卜辞研究——科学技术篇》⑩、杨升南先生《商代经济史》⑪。《商代经济史》是一部综合近百年商代史研究成果的著作，其中农业史部分既保留了重视甲骨文材料的学术传统，也逐渐吸收考古学的成果，创见颇多。作为一部系统性研究著作，《商代经济史》中的农业史部分可以作为晚商农业研究繁荣期向新时期转变的节点，其后罕见系统性讨论晚商农业的作品。⑫

---

① 陈振中：《殷周的銍艾——兼论殷周大量使用青铜农具》，《农业考古》1981年第1期。
② 陈振中：《殷周的钱、镈——青铜铲和锄》，《考古》1982年第3期。
③ 陈振中：《青铜农具镈（续）》，《古今农业》1992年第1期。
④ 陈文华：《试论我国农具史上的几个问题》，《考古学报》1981年第4期。
⑤ 张鸣环：《商周没有大量使用青铜农具吗？——与陈文华同志商榷》，《农业考古》1983年第2期。
⑥ 赵世超：《殷周大量使用青铜农具说质疑——与陈振中同志等商榷》，《农业考古》1983年第2期。
⑦ 王克林：《殷周使用青铜农具之考察》，《农业考古》1985年第1期。
⑧ 白云翔：《殷代西周是否大量使用青铜农具的考古学观察》，《农业考古》1985年第1期。
⑨ 同上。
⑩ 温少峰、袁庭栋：《殷墟卜辞研究——科学技术篇》，四川省社会科学院出版社1983年版，第166—180页。
⑪ 杨升南：《商代经济史》，贵州人民出版社1992年版，第111—131页。
⑫ 杨升南、马季凡合著的《商代经济与科技》，其农业史部分基本沿袭《商代经济史》的论述和结论。

三　研究变革期

20世纪90年代之前的晚商农业研究方法一直是以甲骨文与文献记载为主要线索，考古材料为辅助证据，且考古发现多被用于与生产工具有关的研究中。凭借几代学者的不懈努力，晚商农业研究已经取得巨大成就，基本完成对甲骨文与文献中相关内容的考释与解读，那些争议较大的问题往往又因为材料不足而无法进一步研究，晚商农业史研究需要新方法、新材料。正在此时，以浮选法为核心的植物考古研究方法被引入到中国，晚商农业史研究逐渐走向它的变革期。这一时期，国内学者可以较为全面、系统地收集某一遗址的植物遗存，可以较为准确地判断该遗址的农业状况，进而连点成面，梳理清楚整个早期农业的发展状况。[①] 本书认为，正是植物考古学在国内的兴起，包括晚商农业在内的早期农业研究进入一个转型的时期，这一时期的研究方法将越来越倚重考古出土的农业遗存。[②] 下面从传统和变革两个方面简述最近20年的晚商农业史研究成果。

在传统领域，自杨升南先生《商代经济史》之后，晚商农业研究的综合性论文开始减少，研究方式朝着精细化发展。此一时期，较有代表性的论文有彭明瀚先生《田字本义新释》（1995）[③]，刘兴林先生《论商代农业的发展》（1995）[④]，郭旭东先生《甲骨文"稻"字及商代的稻作》（1996）[⑤]、《甲骨文中的求年、受年卜辞》（2006）[⑥]，沈志忠先生《有关甲骨文引用材料的两则辨误》（1997）[⑦]，冯好和徐明波二位先生《甲骨文

[①] 关于中国植物考古学的发展和成果，可以参考赵志军《植物考古学简史》一文，见赵志军《植物考古学：理论、方法和实践》，科学出版社2010年版，第3—10页。
[②] 我们可以从两篇文章上看出植物考古在重建中国农业史上的巨大潜力，加拿大学者凯利·克劳福德、赵志军等：《山东日照市两城镇遗址龙山文化植物遗存的初步分析》，《考古》2004年第9期；李炅娥、［加拿大］盖瑞·克劳福德（原文如此）等：《华北地区新石器时代早期至商代的植物和人类》，《南方文物》2008年第1期。
[③] 彭明瀚：《田字本义新释》，《考古与文物》1995年第1期。
[④] 刘兴林：《论商代农业的发展》，《中国农史》1995年第4期。
[⑤] 郭旭东：《甲骨文"稻"字及商代的稻作》，《中国农史》1996年第2期。
[⑥] 郭旭东：《甲骨文中的求年、受年卜辞》，《农业考古》2006年第1期。
[⑦] 沈志忠：《有关甲骨文引用材料的两则辨误》，《中国农史》1997年第4期。

所见商代击打式脱粒农具及相关问题——兼释攴、殳》(1999)[1]、徐云峰先生《连枷在甲骨文中的造型及穀字——兼答冯好和徐明波先生》(2000)[2]、宋镇豪先生《甲骨文中反映的农业礼俗》(1999)[3]、《五谷、六谷与九谷——谈谈甲骨文中的谷类作物》(2002)[4]、范毓周先生《关于商代麦类作物的几个问题》(2002)[5]、日本的末次信行先生《殷代支配阶级的主食》(2003)[6]、陆忠发先生《论水稻是商代主要的农作物》(2008)[7]、王星光先生《商代的生态环境与农业发展》(2008)[8]、王进锋先生《"侵我田"卜辞与商代农业》(2009)[9]、吴燕先生《甲骨文"黍"字考》(2009)[10]、黄树余先生《简析商代农业的生产技术》(2010)[11]、张兴照先生《商代稻作与水利》(2010)[12]、杜小钰先生《试论殷墟卜辞中的"虹"——殷人农业中的旱神》(2010)[13]、王星光、张军涛二先生《甲骨文与殷商农时探析》(2016)[14]、曹鹏先生《商代赣西土田探析》(2016)[15]。这些论文在不断深化晚商农业史研究深度的同时，也出现了碎片化的倾向。

在考古学领域，虽然植物考古学引入中国是在20世纪90年代，但它被用于讨论晚商农业的时间却是在21世纪之后，不过带来的成果也是显

---

[1] 冯好、徐明波：《甲骨文所见商代击打式脱粒农具及相关问题——兼释攴、殳》，《农业考古》1999年第3期。
[2] 徐云峰：《连枷在甲骨文中的造型及穀字——兼答冯好和徐明波先生》，《农业考古》2000年第3期。
[3] 宋镇豪：《甲骨文中反映的农业礼俗》，王宇信、宋镇豪主编：《纪念殷墟甲骨文发现一百周年国际学术研讨会论文集》，社会科学文献出版社2003年版，第361—401页。
[4] 宋镇豪：《五谷、六谷与九谷——谈谈甲骨文中的谷类作物》，《中国历史文物》2002年第4期。
[5] 范毓周：《关于商代麦类作物的几个问题》，《中国农史》2002年第1期。
[6] [日] 末次信行：《殷代支配阶级的主食》，王宇信、宋镇豪主编：《纪念殷墟甲骨文发现一百周年国际学术研讨会论文集》，社会科学文献出版社2003年版，第402—414页。
[7] 陆忠发：《论水稻是商代主要的农作物》，《农业考古》2008年第4期。
[8] 王星光：《商代的生态环境与农业发展》，《中原文物》2008年第5期。
[9] 王进锋：《"侵我田"卜辞与商代农业》，《青海社会科学》2009年第1期。
[10] 吴燕：《甲骨文"黍"字考》，《东南大学学报》2009年S1期。
[11] 黄树余：《简析商代农业的生产技术》，《传承》2010年第12期。
[12] 张兴照：《商代稻作与水利》，《农业考古》2010年第4期。
[13] 杜小钰：《试论殷墟卜辞中的"虹"——殷人农业中的旱神》，《中国农史》2010年第4期。
[14] 王星光、张军涛：《甲骨文与殷商农时探析》，《中国农史》2016年第2期。
[15] 曹鹏：《商代赣西土田探析》，《农业考古》2016年第1期。

著的。① 2003年和2005年山东大学发掘山东济南大辛庄遗址，陈雪香师采集大量浮选土样，鉴定该遗址所见炭化植物种子与果实的种类和数量，并试图复原山东地区新石器时代到晚商的生业经济变迁。② 大约与陈雪香师在大辛庄遗址进行工作同时，伦敦大学学院考古研究所傅稻镰先生主持的颍河中上游谷地植物考古调查项目也涉及部分商代植物考古成果③，傅稻镰鉴定了颍河中上游谷地13个不同遗址22个样品，通过一个长时段的浮选结果考察该区域的生业与早期国家社会的关系。2007年另一项与商代植物考古有关的浮选成果是赵志军先生和方燕明先生发表的《登封王城岗遗址浮选结果及分析》④，这次鉴定工作包括龙山晚期到春秋时代不同时期、不同性质的遗迹现象，较为全面地反映了王城岗遗址的生业经济变迁。另外，河南登封南洼遗址也包含一定数量的殷墟时期的植物遗存，为晚商农业研究提供了重要材料。⑤

20世纪90年代发生的晚商农业研究方式的变革除了体现在植物考古学的引入外，还包括C/N稳定同位素在食谱分析中的应用，如张雪莲先生对河南安阳殷墟遗址⑥、山东滕州前掌大遗址⑦同位素数据的分析，为我们认识商代先民的饮食结构提供了直观材料。

总的来说，20世纪90年代之后的晚商农业史研究充满了变革和突破，一方面利用甲骨文研究晚商农业的方式更加精细化，另一方面则是植物考古和人骨C/N稳定同位素分析给晚商农业提供了更为系统、准确的实物材

---

① 最近，陈雪香师就利用考古材料重建青铜时代小麦生产规模，成果显著，见陈雪香《中国青铜时代小麦种植规模的考古学观察》，《中国农史》2016年第3期。
② 陈雪香：《海岱地区新石器至青铜时代农业稳定性考察——植物考古学的个案分析》，博士学位论文，山东大学，2007年。又见陈雪香《从济南大辛庄遗址浮选结果看商代农业经济》，《东方考古》（第4集），科学出版社2008年版，第47—68页。
③ [英] 傅稻镰等：《颍河中上游谷地植物考古调查的初步报告》，北京大学考古文博学院、河南省文物考古研究所编：《登封王城岗考古发现与研究（2002—2005）》（附录四），大象出版社2007年版，第916—958页。
④ 赵志军、方燕明：《登封王城岗遗址浮选结果及分析》，《华夏考古》2007年第2期，第78—89页。
⑤ 吴文婉、张继华、靳桂云：《河南登封南洼遗址二里头到汉代聚落农业的植物考古证据》，《中原文物》2014年第1期。又可参考正式报告《登封南洼——2004—2006年田野考古报告》，科学出版社2014年版，第693—694页。
⑥ 张雪莲、王金霞、冼自强、仇士华：《古人类食物结构研究》，《考古》2003年第2期。
⑦ 张雪莲、仇士华、钟建、梁中合：《山东滕州市前掌大墓地出土人骨的碳氮稳定同位素分析》，《考古》2012年第9期。

料，这便于学者直接重建某一遗址甚至某一地区的生业经济。但20世纪90年代之后的晚商农业史研究同样存在不足，一方面利用甲骨文研究晚商农业的力度较之20世纪90年代之前相对较弱，包括农作物、栽培过程在内的诸多重大问题较之20世纪90年代以前并无多少推进；另一方面，以植物考古和人骨C/N同位素分析为核心的考古新技术的应用和实践成果尚有待于扩展，相信未来会有更多令人振奋的晚商农业新发现。

总结百余年的学术历程，经过数代学者的努力，晚商农业史积累了丰厚的研究成果，甲骨文中与农业生产有关的名词多已被考释和解读，这为晚商农业史的研究打下坚实的基础，此乃晚商农业研究的第一大收获。晚商农业史研究的第二个主要收获是专题史研究的横向扩展和纵向深入，举凡与晚商农业史有关的课题，都被学者不断讨论，这对我们认识晚商农业的发展水平至关重要。晚商农业史研究的第三个主要收获是探索了晚商农业的组织和生产方式，这方面的学者以张政烺先生为代表，张先生对"裒田"生产者的身份、地位、组织方式的全面而深入考察是这方面研究的经典之作。晚商农业史研究的第四个收获是考古新技术的引入及其相关重要发现，这也是未来推动晚商农业史研究的重要力量。

考古新技术引入到晚商农业史的研究，其结果不仅是农业史研究增加了许多新的材料，更重要的是晚商农业史研究方法的扩展。20世纪90年代以前，学者限于客观材料的不足，只能依靠甲骨文复原晚商农业状况，考古发现往往只是处于辅助和验证的地位。而且，部分甲骨文专家和农业史专家在使用考古材料时，也往往忽略相应考古背景，这就使得考古材料的学术价值进一步降低。20世纪90年代以后，包括浮选法和稳定同位素在内的新技术和新方法引入农业史研究领域，考古学者逐渐可以利用考古发现独立完成对晚商生业经济的建构，本书介绍的陈雪香师对大辛庄遗址生业状况的复原就是一个例子。虽然依靠考古发现建构晚商生业经济或农业发展状况是一项很有诱惑力的工作，但我们也要看到其中的危险，这是因为目前参与这种构建工作的学者多是来自考古学领域，很少有学者从历史学角度参与这项工作，这就不可避免地失去了包括甲骨文在内的文献材料的支撑。部分考古学家即使利用甲骨文材料去讨论农业问题，也常存在释读上的问题。

从以上两个角度来说，晚商农业史的研究既不能脱离甲骨文的支撑，也不能缺少包括浮选法和稳定同位素在内的新技术和新方法的参与。现今的学术界虽然不能将两者完美地结合起来，但这必须是我们以后工作的方向，这就是本书将 20 世纪 90 年代之后的晚商农业研究称为变革期的原因。出于对这种学术趋势的认知，本书在讨论晚商农业史相关课题时，会自发地结合甲骨文成果与考古新发现，以理性的态度判断二者的异同。

第二章　晚商农作物结构研究

民以食为天，农业的基础是农作物，所以本书先讨论晚商的农作物情况。经过胡厚宣、唐兰、于省吾、裘锡圭、宋镇豪等先生的考释，晚商农作物，尤其是甲骨文中的农作物名词的研究已经取得较多成果，留给我们进一步研究的空间已经很小；但尚没有学者系统地从考古学角度探讨这一问题，这是本书可以为之努力的部分。基于晚商农作物研究现状，本章首先根据考古材料构建晚商农作物结构的一般状况，然后将其与甲骨文材料中的农作物结构对比，讨论两种材料农作物结构差异的原因。又因为小麦是青铜时代较为引人注目的一类农作物，所以本章还将讨论小麦在商代种植规模问题。本章使用"农作物结构"表示农作物的组合及各类作物的比例关系。

第一节　考古所见晚商农作物结构

自从浮选法传入中国后，考古学家越来越重视考古遗址中的植物遗存，并在早期农业起源、农业与国家起源关系等重大课题上取得丰硕成果。[1] 随着浮选材料的积累，学术界已经大体能够重构重点区域先秦时期（包括史前）农作物的分布和组合情况[2]，表明植物考古学已经能够承担复

---

[1] 赵志军：《植物考古学及其新进展》，《考古》2005年第7期。最近几年的植物考古学新进展，只要看一下植物考古学大会的议题就可知道，如陈雪香、吴文婉《多学科交叉研究古代植物遗存——农业起源与传播暨中国植物考古学新进展国际学术研讨会会议综述》，《中国农史》2013年第6期；陈旭高、李永迦《稻作农业起源与传播学术研讨会暨中国考古学会植物考古专业委员会成立大会在余姚召开》，《农业考古》2014年第6期。
[2] 刘兴林：《先秦两汉农作物分布和组合的考古学研究》，《考古学报》2016年第4期。

原早期农业的重责。可惜的是，晚商时期植物考古数据较为缺乏，我们无法详细说明这一时期中原地区先民们农作物结构状况，更加无法审视晚商在粟作农业向麦作农业转变大势下的具体地位。是以，本书系统梳理已经公布的与晚商文化有关的植物浮选材料，以期复原晚商时期商文化分布圈的农作物结构。

一 安阳殷墟三个遗址点和邢台赵村遗址的浮选情况

（一）安阳殷墟三个遗址点的浮选

作为晚商的国都，殷墟曾经零星出土过植物遗存，见诸报道的有：水稻（史语所发掘[1]）、小麦（安阳队1997年浮选[2]）、粟类（后岗圆形祭祀坑[3]、76小屯西北地H30[4]、刘家庄北地H2498[5]、安阳队1997年浮选[6]）。其中，部分早年鉴定为粟类遗存的单位未尝不可能包括黍粒。基于殷墟遗址的重要性，以及浮选材料的缺乏，笔者2015年夏天亲自在安阳工作站内对安阳队发掘之刘家庄北地、大司空村、新安庄三个遗址点（图2—1）的样品进行浮选，希望取得较为系统的植物遗存证据。现根据这三个遗址点的植物遗存研究报告[7]，简单介绍各个遗址点情况和浮选结果，并进行讨论。

1. 刘家庄北地遗址点

刘家庄北地遗址点位于安钢大道以南同乐花园社区内，2015年夏，在某个工程施工时发现一个金属窖藏坑，随后由中国社会科学院考古研究所安阳工作队发掘。该遗址点主要文化内涵包括：金属窖藏坑（内含大量铅、铜锭）、灰坑、房址、水井、墓葬等。从遗址的性质来说，刘家庄

---

[1] 李济：《安阳最近发掘报告及六次工作之总估计》，《安阳发掘报告》（第四期），南天书局有限公司1978年再版，第576页。
[2] 唐际根：《殷墟：一个王朝的背影》，科学出版社2009年版，第79页；赵志军：《关于夏商周文明形成时期农业经济特点的一些思考》，《华夏考古》2005年第1期。
[3] 中国社会科学院考古研究所：《殷墟发掘报告》，文物出版社1987年版，第278页。
[4] 中国社会科学院考古研究所：《安阳小屯》，世界图书出版公司2004年版，第176页。
[5] 中国社会科学院考古研究所安阳工作队：《河南安阳市殷墟刘家庄北地2010—2011年发掘简报》，《考古》2012年第12期；何毓灵：《殷墟刘家庄北地青铜窖藏坑性质探析》，《南方文物》2014年第1期。
[6] 唐际根：《殷墟：一个王朝的背影》，科学出版社2009年版，第79页。
[7] 王祁、唐际根、岳洪彬、岳占伟：《安阳殷墟刘家庄北地、大司空村、新安庄三个遗址点出土晚商植物遗存研究》，《南方文物》2018年第3期。

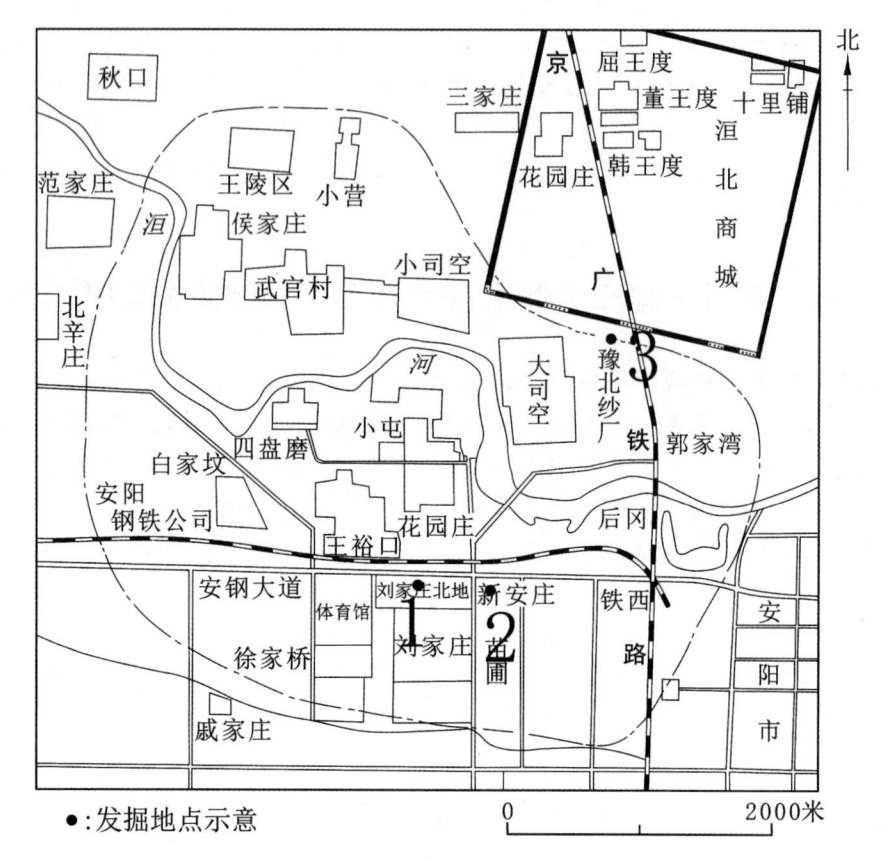

图 2—1　安阳殷墟三个遗址点位置示意图

（据《安阳大司空——2004 年发掘报告》第一章图一修订而成）

北地遗址点靠近苗圃北地铸铜作坊区①，且出土大量金属锭，可见刘家庄北地应该是与铸铜作坊有关的功能区，遗址内出土的农作物遗存或与工匠和手工业管理者的饮食生活有关。刘家庄北地遗址点浮选 24 个遗迹单位，80 份土样，土样总量近千升。

从刘家庄北地遗址点的鉴定结果来看，该遗址点 80 份土样共出土 2400 多粒可鉴定种属的植物种子遗存，植物杂草数量较少，仅占全部种子的 14.3%；绝大多数都是农作物种子，占全部种子的 85.7%。农作物种

---

① 孟宪武、李贵昌、李阳：《殷墟都城遗址中国家掌控下的手工业作坊》，《殷都学刊》2014 年第 4 期。

子具体情况见表2—1。

表2—1　　　　　　刘家庄北地遗址点农作物遗存统计表

农作物	粟	黍	大豆	小麦	水稻	合计
数量/粒	1980	57	44	1	3	2085
农作物百分比	96.2%	2.77%	2.14%	0.05%	0.15%	—
出土概率	94.9%	39.2%	21.5%	1.3%	3.8%	—

由表2—1可知，无论是农作物数量百分比[①]，还是出土概率[②]，粟都是该遗址点最为重要的农作物品种，所以刘家庄北地遗址点的农作物结构应该是以粟为主。虽然大豆在数量上与黍相近，但大豆的出土概率远低于黍，可见黍是刘家庄北地遗址点最为重要的辅助作物，大豆的地位则次于黍。水稻和小麦无论是数量还是出土概率都远无法与粟、黍、大豆相比，所以它们只能起到一定的辅助作用。故此，刘家庄北地遗址点的饮食结构是以小米类的粟为主，以黍和大粒作物（大豆、小麦、水稻）为辅。值得注意的是，刘家庄北地遗址点出土的大豆分布在多个灰坑单位内，但以H81、H92最为集中，表明这两个单位周围遗迹的特殊性。

2. 大司空村遗址点

大司空村是殷墟考古另一个十分重要的发掘地点，位于洹河北岸，自20世纪30年代[③]，一直持续发掘到如今[④]。这些发掘显示，大司空遗址

[①] "农作物百分比"是指单一农作物数量与所有农作物数量的比值，用以衡量出土作物遗存的绝对值大小。

[②] "出土概率"是指出土某类作物的样品数与浮选样品数的比值，用以减少绝对数量可能造成的数据集中的误差。

[③] 董作宾：《安阳侯家庄出土之甲骨文字》，《田野考古报告》（第一册），商务印书馆1936年版，第91—102页；高去寻遗稿，李永迪整理：《大司空村第二次发掘报告》，"中央研究院"历史语言研究所2012年版。

[④] 20世纪50年代之后，重要的发掘有：马得志、周永珍、张云鹏：《1953年安阳大司空村发掘报告》，《考古学报》第九册，1955年版，第25—90页；中国社会科学院考古研究所：《殷墟发掘报告：1958—1961》，文物出版社1987年版，第70—84页；中国社会科学院考古研究所安阳发掘队：《1962年安阳大司空村发掘简报》，《考古》1964年第8期；中国社会科学院考古研究所：《安阳大司空——2004年发掘报告》，文物出版社2014年版；中国社会科学院考古研究所安阳工作队：《河南安阳市大司空村东地商代遗存2012—2015年的发掘》，《考古》2015年第12期。

(可能是多个小聚落的集合)功能区分明显,豫北纱场及纱场以北是墓葬、居址杂居之地,纱场以南洹河以北是手工业作坊区,这种布局显示手工业作坊对水源的需求。本次浮选的土样来自 2014—2015 年发掘区,分布于豫北纱场的北地,主要遗迹类型包括:道路、房址、灰坑、窖穴、水井和墓葬等。发掘者在现场选取 21 个单位采集土样,由笔者使用浮选仪浮选其中 45 份、500 余升土样。

从大司空遗址点的浮选状况来看,45 份样品共鉴定出可知种属植物炭化种子约 3000 粒,其中农作物种子近 2000 粒,占全部植物种子的 63.93%;杂草种子 1000 余粒,占全部植物种子的 36.07%。值得注意的是,农田伴生杂草禾本科植物种子遗存竟然多达 630 余粒,这个比例远高于刘家庄北地遗址点的禾本科植物种子数,表明这次的浮选点具有强烈的普通居住遗址倾向,居民点周围很可能也是农作物加工场所。①

表 2—2　　　　　　　　大司空遗址点农作物遗存统计表

农作物	粟	黍	大豆	总计
数量/粒	1845	47	26	1918
农作物百分比	96.2%	2.45%	1.36%	—
出土概率	95.3%	41.9%	32.6%	—

从浮选结果上看(表 2—2),大司空遗址点出土的农作物中,粟无论是农作物百分比,还是出土概率,都处于绝对支配性的地位,可见该遗址点也是一处以粟为主食的遗址。不过,该遗址点中的黍和大豆的出土概率也不可小视,表明黍和大豆是该遗址点重要的辅助作物。大司空遗址点与刘家庄北地遗址点不同之处在于没有出土水稻和小麦遗存,这或许与样品量的多寡有关,而不代表两个遗址点有着根本不同的农作物结构。

3. 新安庄遗址点

新安庄遗址点位于刘家庄北地遗址点的东侧,是苗圃北地作坊群中的铁三路骨器作坊区的重要组成部分,也与苗圃北地铸铜作坊有所关联,遗存内涵包括房址、灰坑、窖穴、水井、祭祀坑、墓葬等,可见这也是一处

---

① 刘兴林:《农田杂草考古研究的意义》,《古今农业》2016 年第 2 期。

与手工业作坊区有关的"居葬合一"场所。[①] 本次浮选土样来自2015年度的发掘,发掘者在现场取18个单位20份样品,总土样量约150余升。

因为新安庄遗址点较少,所得植物种子遗存也不多(农作物种子数量见表2—3),共计150粒可鉴定种属种子,其中杂草仅14粒,仅占全部可鉴定种子遗存的9.33%,这相符于遗址的作坊性质,且类似于刘家庄北地遗址点的杂草与农作物的比例,而与大司空遗址点略有不同。表2—3显示,大新安庄遗址点的农作物结构与表2—3的大司空遗址点类似,都是以粟为主,以黍与大豆为辅。

表2—3　　　　　　　　新安庄遗址点农作物遗存统计表

农作物	粟	黍	大豆	合计
数量/粒	130	4	2	136
农作物百分比	95.6%	2.94%	1.47%	—
出土概率	85%	20%	10%	—

另外,除了农作物结构外,以上资料还可以看出殷墟居民加工谷物差异的线索。综合考虑殷墟三个遗址点的性质以及出土植物种子遗存情况,我们可以很明显看出杂草(尤其是农田伴生杂草)/农作物种子的数值与遗址的性质有着密切的一致性。在遗址的居住区附近,农田杂草的数量相对较多,显示居民点可能存在农作物生产与加工工作(如脱离、脱壳过程中就很容易产生这些伴生杂草种子);而在手工业作坊区附近,虽然也可能存在农作物生产与加工的证据,但杂草的数量百分比要远低于居住区,表明手工业工匠的粮食可能有部分来源于专门的粮食供给。这大约就是新安庄遗址点和刘家庄北地遗址点中杂草数量百分比低于大司空遗址点中杂草数量百分比的原因。

(二)赵村遗址的浮选情况

赵村遗址位于河北邢台柏乡县政府西约五公里,是一处洹北时期到殷墟早期的村邑式聚落遗址,2015年由河北邢台柏乡县文物保管所发掘,主要文化内涵有灰坑、灰沟、房址、墓葬等。发掘者在发掘时共采5个单位

[①] 中国社会科学院考古研究所安阳发掘队:《河南安阳市殷墟新安庄西地2007年商代遗存发掘简报》,《考古》2016年第2期。

28份样品，土样量总计250余升，发掘者现场使用浮选仪浮选后，由笔者将轻浮部分带回山东大学考古实验教学中心的植物考古实验室进行植物种属鉴定。①

赵村遗址五个浮选单位共出土可鉴定种属植物种子遗存7000余粒，可分为农作物、果实和杂草几类。其中，杂草种子共计2299粒，占全部植物种子遗存的32%，这个比例是非常高的，表明赵村遗址与上文提到的殷墟大司空遗址点类似，存在明显的谷物加工行为，当是一处居住区。另外，赵村遗址还出土果实4枚，其中可以鉴定种属的仅葡萄属一种，表明该遗址有食用水果的证据。

表2—4　　　　　　　　赵村遗址农作物遗存统计表

农作物	粟	黍	大豆	小麦	水稻	合计
数量/粒	4534	68	267	17	1	4887
农作物百分比	92.8%	1.39%	5.46%	0.35%	0.02%	—
出土概率	100%	100%	100%	60%	20%	—

赵村遗址农作物共计4887粒，占全部植物种子遗存的67.9%，分粟、黍、大豆、小麦、水稻五类（见表2—4）。其中炭化粟的出土数量达4534粒，占农作物比例的92.8%，出土概率100%，证明粟在赵村遗址出土农作物中占有绝对地位。值得注意的是，赵村遗址浮选农作物中，大豆出土概率与黍相同，但绝对值百分比则远高于黍，这表明该遗址点对大豆的重视程度要高于黍。另外，小麦的地位虽然较大豆和黍要低，但高于水稻的地位，这也是需要注意的。

综上，通过对殷墟三个遗址点和邢台赵村遗址的出土农作物状况分析，我们知道：两地的先民都是以粟为主要粮食，麦和稻都处于不怎么重要的辅助地位；但两地的黍、大豆地位略有偏差，殷墟居民对黍更为重视，黍在殷墟的地位仅次于粟；而赵村遗址的先民更重视大豆，该遗址大豆的地位仅次于粟。

---

① 王祁、史云征：《河北邢台柏乡县赵村遗址出土植物遗存研究》，《华夏考古》2019年第1期。

二 其他晚商遗址的浮选材料

在进一步分析晚商农作物结构前，我们需要参考以往学者所做的工作。就已经报道的情况来看，傅稻镰先生主持的颍河中上游谷地植物考古调查项目①、赵志军先生主持的河南登封王城岗遗址植物考古工作②、张居正等先生进行的新密古城寨遗址植物浮选工作③以及吴文婉等先生主持的河南登封南洼遗址的植物考古工作④中都涉及少量商代植物遗存，但只有陈雪香师2003年和2005年在山东济南大辛庄遗址的工作才是目前所见最为系统的以复原商代（更偏重于晚商）遗址农业状况为目的的植物考古学工作。⑤另外，陈雪香师指导的硕士研究生宫玮的硕士论文也包含了大辛庄遗址一个季度的浮选材料⑥，该硕士论文还涉及了济南刘家庄遗址的植物考古学研究，也是需要重视的浮选材料。因为大辛庄遗址和刘家庄遗址浮选资料齐备，下面先重点介绍这两处遗址的浮选情况，再讨论登封南洼遗址和新密古城寨遗址浮选结果。

（一）大辛庄遗址浮选情况

以济南大辛庄遗址为代表的大辛庄类型一直是商文化重要的地域类型，即使在晚商时期，大辛庄遗址及其附近刘家庄遗址也是该地区重要的中心性聚落遗址。⑦山东大学考古系一直在进行这两个遗址的植物考古学

---

① ［英］傅稻镰等：《颍河中上游谷地植物考古调查的初步报告》，北京大学考古文博学院、河南省文物考古研究所编：《登封王城岗考古发现与研究（2002—2005）》（附录四），大象出版社2007年版，第916—958页。
② 赵志军、方燕明：《登封王城岗遗址浮选结果及分析》，《华夏考古》2007年第2期。
③ 陈微微、张居中、蔡全法：《河南新密古城寨城址出土植物遗存分析》，《华夏考古》2012年第1期。
④ 吴文婉、张继华、靳桂云：《河南登封南洼遗址二里头到汉代聚落农业的植物考古证据》，《中原文物》2014年第1期。又可参考正式报告《登封南洼——2004—2006年田野考古报告》，科学出版社2014年版，第693—694页。
⑤ 陈雪香：《海岱地区新石器至青铜时代农业稳定性考察——植物考古学的个案分析》，博士学位论文，山东大学，2007年。又见陈雪香《从济南大辛庄遗址浮选结果看商代农业经济》，《东方考古》（第4集），科学出版社2008年版，第47—68页。
⑥ 宫玮：《济南大辛庄、刘家庄商代先民食物结构研究——植物大遗存与碳、氮稳定同位素结果》，硕士学位论文，山东大学，2016年。该文研究成果已正式发表。
⑦ 中国社会科学院考古研究所：《中国考古学·夏商卷》，中国社会科学出版社2003年版，第313—315页。

工作，其中陈雪香师完成了2003年（包括少量2005年样品）大辛庄遗址的植物分析工作，宫玮完成了2010年大辛庄遗址的植物分析工作，本书将直接借用她们的工作成果。

大辛庄遗址是一处持续时间较长的遗址，从二里岗上层一直延续到商末[1]，其植物遗存的年代自然也是从中商持续到晚商，我们很难对所有浮选单位作一番年代区分，也没有这个必要，所以本书讨论的大辛庄遗址的植物遗存是包括中商部分的。大辛庄遗址两次植物考古工作共计浮选331份商代样品，总土样量达2400余升，涉及的文化遗存有灰坑、房址、墓葬、路面、窑、地层等，样品覆盖整个遗址的生活面貌。两次浮选结果略有差异，2003年共发现植物种子约7000粒，其中农作物占植物种子总数的83.5%，杂草占植物种子总数的12.8%，杂草种子数量较少；2010年共发现植物种子约24700余粒，其中农作物占植物种子总数的70.3%，杂草占植物种子总数的29.4%，略微接近殷墟大司空遗址点和赵村遗址的农作物与杂草的比例。

单就农作物而言，大辛庄遗址两次浮选结果也不尽相同，如表2—5所示：

表2—5　大辛庄遗址2003年度和2010年度浮选所得农作物遗存统计表

	农作物	粟	黍	水稻	小麦	大豆	合计
2003年度	数量/粒	5602	70	44	22	7	5745
	农作物百分比	97.51%	1.22%	0.77%	0.38%	0.12%	—
	出土概率	69.7%	18.2%	11.5%	3.6%	1.8%	—
2010年度	数量/粒	14115	1128	1161	22	951	17377
	农作物百分比	81.23%	6.49%	6.68%	0.13%	5.47%	—
	出土概率	98.8%	68.7%	39.9%	8.4%	70.5%	—

在表2—5中，2003年度的浮选结果显示，粟的绝对值比例以及出土概率都显示其主导地位，剩下的黍、稻、麦、豆无论是数量还是出土概率都远远无法与粟相比，所以黍、稻、麦、豆都是辅助性粮食作物。在辅助

---

[1] 山东大学东方考古研究中心：《大辛庄遗址1984年秋试掘报告》，《东方考古》（四），科学出版社2008年版，第503—510页；方辉：《大辛庄遗址的考古发现与研究》，《山东大学学报》（哲学社会科学版）2004年第1期。

性粮食作物中，黍的数值和出土概率都高于水稻，表明黍的地位仅次于粟，但高于水稻；而水稻的地位又高于小麦和大豆。2010年度的浮选状况又略有不同，一方面是各类农作物出土概率都有所提高，表明浮选点有着特殊性；另一方面则是辅助作物中，大豆的地位提高，接近于黍，而水稻的地位下降[1]，但依旧高于小麦。

（二）刘家庄遗址浮选情况

济南刘家庄遗址位于大辛庄遗址以西数十里地，在20世纪70年代曾出土近20件青铜器[2]；2010—2011年，济南市考古研究所为配合棚户改造工程对该遗址进行大规模发掘，发掘居住遗址和墓葬若干，其中以M121、M122最为重要[3]，宫玮的浮选土样即来自此次发掘。此次浮选128份样品，来自刘家庄遗址82个灰坑，总土样量829升，出土炭化植物种子遗存8500余粒，其中农作物共计5131粒，占种子总数的60.05%；杂草类种子3360粒，占种子总数的39.33%。

表 2—6　　　　　　　　济南刘家庄遗址农作物遗存统计表

农作物	粟	黍	大豆	小麦	合计
数量/粒	4829	126	167	9	5131
农作物百分比	94.11%	2.46%	3.25%	0.18%	—
出土概率	99.2%	32.8%	39.8%	5.5%	—

单就农作物而言（见表2—6），刘家庄遗址的浮选结果与大辛庄遗址2010年度浮选结果较为相似，都是以粟为主，以黍和大豆为重要辅助性作物，以小麦为一般性辅助作物。不同的是，刘家庄遗址没有发现水稻，这是值得注意的。

（三）登封南洼遗址与新密古城寨城址的浮选情况

以上殷墟、赵村、大辛庄、刘家庄四处遗址的浮选情况都是较为系统

---

[1] 2010年度浮选出水稻的比重虽然也有增加（高达1161粒），但其中883粒均出于H918，若排除这个特殊值，2010年度浮选出的水稻比重要远低于黍和大豆。
[2] 李晓峰、杨冬梅：《济南刘家庄商代青铜器》，《东南文化》2001年第3期。
[3] 郭俊峰、房振：《刘家庄遗址的跌宕发掘》，《大众考古》2014年第2期；济南市考古研究所：《济南市刘家庄遗址商代墓葬M121、M122发掘简报》，《中国历史博物馆馆刊》2016年第7期。

地以晚商遗址为对象展开的植物考古工作，资料较为详尽，所以着墨较多。上文还介绍一系列部分涉及晚商文化遗存的浮选工作，其中河南登封王城岗遗址只浮选两份殷墟时期土样，颍河中上游谷地植物考古调查项目中的河南禹州杜岗寺遗址浮选一份殷墟时期土样，土样量太少，不具有统计意义，所以本书不讨论这两处遗址的浮选情况。这里以表格的形式展现河南登封南洼遗址与新密古城寨城址的浮选结果（见表2—7，遗址等级由遗址的文化内涵决定），对遗址的浮选情况不再作详细叙述。

表2—7　　　　河南两处遗址出土晚商农作物数值与出土概率表

遗址名称	样品数量（份）	粟	黍	大豆	小麦	水稻	农作物/所有种子	晚商遗址等级	来源
河南登封南洼遗址	12	847	39	28	16	—	62.88%	一般性聚落	《中原文物》2014年第1期
		83.3%	58.3%	16.7%	33.3%				
河南新密古城寨城址	11	463	21	—	2	—	87.88%	一般性聚落	《华夏考古》2012年第1期
		72.7%	36.4%		9.1%				

表2—7中两处遗址皆位于河南中部地区，与殷墟有着密切关系，如南洼遗址晚商时期文化遗存就与殷墟遗址多有相似之处[①]，可作为殷墟遗址农作物结构的参照系。虽然这两处遗址的浮选工作不是以晚商文化遗存为重心展开的，但南洼遗址与古城寨城址十多份土样的浮选规模也可以反映一个小型聚落遗址的农作物结构。从表2—7可以看出，粟在河南中部地区晚商遗址中的地位依旧是第一，黍是重要的辅助作物，大豆和小麦的地位没有黍高，两处遗址基本不见水稻遗存。

三　考古所见晚商时期商文化圈的农作物结构

以上是殷墟遗址、赵村遗址、大辛庄和刘家庄遗址、南洼遗址、古城寨城址的浮选结果，我们可以综合相关情况，讨论这几处商王朝控制范围内的农作物结构情况。图2—2分别是几处样品较多遗址的农作物出土概

---

① 郑州大学历史学院考古系：《河南登封南洼遗址殷墟文化遗存发掘简报》，《中原文物》2011年第5期。

率（图2—2：a）及几处出土农作物数量较多遗址的农作物数量百分比（图2—2：b），从中可以看出：虽然各个遗址点的农作物结构存在细微差异，但粟在商文化遗址中占据着绝对的支配地位，表明商文化圈是粟作农业圈；而且，黍在图2—2所有遗址中都处于一个较高的地位，表明粟作农业圈也囊括了黍，粟、黍共同构成小米类农业圈。

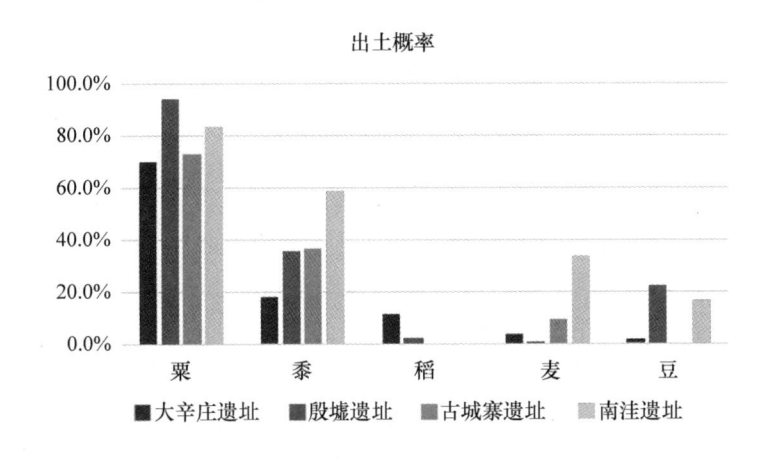

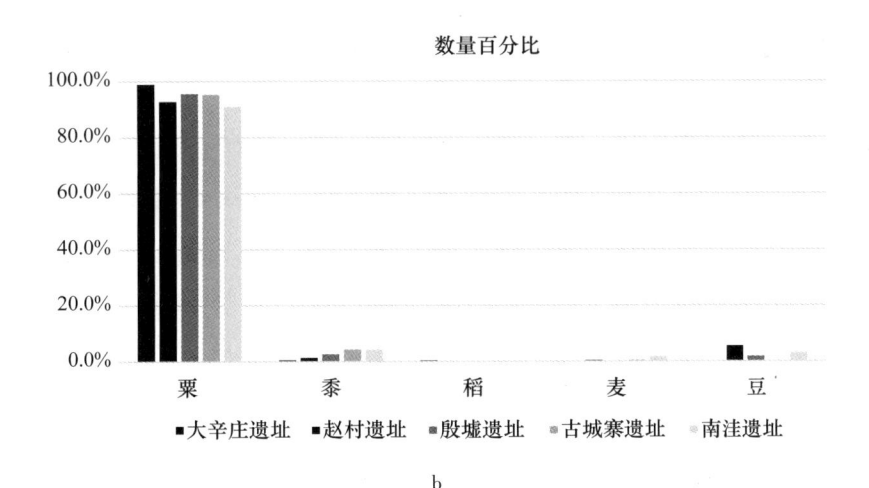

图2—2 不同遗址农作物结构百分比图

图2—2中，各个遗址等级不同，殷墟三个遗址点属于都城内的居民区，而济南大辛庄与刘家庄遗址属于区域性中心聚落或次级聚落，其他遗址依据目前的考古发现只能被定义为一般性聚落。此图除了直观反映各个遗址农作物百分比外，还有两点值得探讨的。其一，大豆在图2—2大多数遗址中都处于一个与黍相仿的重要地位，但大辛庄遗址2003年度仅发现7粒大豆，新密古城寨城址甚至没有出土大豆，这既可能与发掘区的功能、性质有关，也可能与发掘点古人的饮食选择有关。其二，相较于图2—2其他遗址，大辛庄遗址的水稻较为独特，不仅数量较多，且出土概率也不低，在植硅体材料中有所体现[1]，这都需要有合理的解释。

山东地区有着稻作农业的传统，早在后李文化时期，济南月庄[2]、西河[3]两处遗址就已经发现了北方地区最早水稻遗存；在龙山时代的日照两城镇遗址中，水稻无论是绝对数量还是出土概率，都在农作物结构中处于一个极高的位置[4]，稳定同位素数据也显示了这一点[5]，所以山东地区更易接受水稻的传播。而在距今5000年左右的中原地区，虽然稻作农业又一次尝试进入黄河流域，但中原地区已经形成了较为传统的粟、黍旱作农业传统，水稻在中原地区浮选材料中的比例一直较低[6]，这表明水稻在中原地区的传播很可能受到了旱作文化传统的抵制。这就解释了为何水稻遗存在中原地区商代遗址较为罕见，而在海岱地区较为常见。

当然，大辛庄遗址较多的水稻遗存，也可能与该遗址较高的等级有

---

[1] 靳桂云、方辉：《济南大辛庄商代遗址植硅体研究》，《东方考古》（第4集），科学出版社2008年版，第30—46页。

[2] Gary W. Crawford、陈雪香、栾丰实、王建华：《山东济南长清月庄遗址植物遗存的初步分析》，《江汉考古》2013年第2期。

[3] GuiYun Jin, WenWan Wu, KeSi Zhang, ZeBing Wang, XiaoHong Wu, 8000 - Year old rice remains from the north edge of the Shandong Highlands, *Journal of Archaeological Science*, Vol. 51, 2014, pp. 34 – 42.

[4] 赵志军：《两城镇与教场铺龙山时代农业生产特点的对比》，《东方考古》（第1集），科学出版社2004年版，第210—224页；[加拿大]凯利·克劳福德、赵志军等：《山东日照市两城镇遗址龙山文化植物遗存的初步分析》，《考古》2004年第9期。

[5] Lanehart、Rheta E.、Tykot、Robert H.、方辉、栾丰实、于海广、蔡凤书、文德安、[美]加里·费曼、[美]琳达·尼古拉斯：《山东日照市两城镇遗址龙山文化先民食谱的稳定同位素分析》，《考古》2008年第8期。

[6] 秦岭：《中国农业起源的植物考古研究与展望》，《考古学研究》（九），文物出版社2012年版，第260—315页；钟华：《中原地区仰韶中期到龙山时期植物考古学研究》，博士学位论文，中国社会科学院研究生院，2016年。

关。该遗址出土大量青铜器、玉器，且出土甲骨卜辞，是商王朝在东方地区扩张的军事重镇。我们知道，水稻在先秦北方地区十分珍贵，以致孔子有"食夫稻，衣夫锦，于女安乎"（《孔子·阳货》）的感慨，水稻可以称得上是具有阶级性的食物。[①] 与大辛庄遗址相比，虽然殷墟遗址是都城，但殷墟出土的水稻遗存百分比低于大辛庄遗址，这不意味着殷墟遗址贵族食用的水稻一定比大辛庄遗址少。张雪莲先生进行了殷墟花东M54人骨的稳定同位素分析，结果显示，虽然墓主人与人殉、人牲都是以C_4类植物为主，但墓主人食物结构中的C_3类植物比例明显较高，显示墓主人主食的多样化。[②] 而水稻就是C_3类植物中极为重要的一种农作物。可见，文化传统与聚落等级共同决定了大辛庄遗址居民较多食用水稻的状况。

基于以上讨论，笔者对商王朝晚期农作物结构的认识是：晚商时期商文化圈内的先民以农作物为主要食量，农作物中粟占主导地位；黍和大豆是两种重要的辅助粮食作物，小麦的地位略低于黍和大豆，而高于水稻；水稻具有地域性、文化性、等级性等特点。

这一结论也可以从人骨同位素分析获得。目前，进行过人骨同位素分析的晚商遗址主要有安阳殷墟遗址与滕州前掌大遗址。张雪莲先生测量了39个殷墟遗址的人骨$\delta^{13}C$数据和1个$\delta^{15}N$数据[③]，36个山东滕州前掌大遗址的人骨$\delta^{13}C$数据和48个$\delta^{15}N$数据[④]。殷墟$\delta^{15}N$数据较低，表明殷墟人更偏重食用农作物。殷墟39个$\delta^{13}C$数据中，有38个趋近于C_4类植物[⑤]，C_4类植物在主食中的比例约为93%，表明这38具人骨是以食用粟类为主；还有1例趋向于C_3类的$\delta^{13}C$数据，或为外来人口。前掌大遗址30多个$\delta^{13}C$数据也都趋近于C_4类，C_4类植物在主食中的平均比例约为85%，

---

① 曾雄生：《食物的阶级性——以稻米与中国北方人的生活为例》，《中国农史》2016年第1期。
② 张雪莲、徐广德、何毓灵、仇士华：《殷墟54号墓出土人骨的碳氮稳定同位素分析》，《考古》2017年第3期。
③ 张雪莲、王金霞、冼自强、仇士华：《古人类食物结构研究》，《考古》2003年第2期。另外，唐际根先生在《殷墟：一个王朝的背景》一书中公布了五例殷墟人骨同位素材料，这五例数据的结果也都表明殷墟居民以C_4类植物为主。
④ 张雪莲、仇士华、钟建、梁中合：《山东滕州市前掌大墓地出土人骨的碳氮稳定同位素分析》，《考古》2012年第9期。
⑤ 所谓"C_4类植物""C_3类植物"，是两种指向性不同的$\delta^{13}C$数据，在农业社会，前者更多的与粟、黍、玉米、高粱等作物对应，后者则与水稻和小麦对应，见张雪莲《碳十三和氮十五分析与古代人类食物结构研究及其新进展》，《考古》2006年第7期。

而 C_3 类植物的平均比例约为 15%。针对这种差异，张雪莲先生认为前掌大遗址的居民饮食结构虽然依旧是以粟类为主，但他们对水稻的利用程度要高于殷墟遗址。这个发现与图 2—2 中大辛庄遗址的浮选结果相一致。

最近，张婷婷（Christina Cheung）、荆志淳、唐际根团队连续发表三篇与殷墟人骨同位素有关的文章[①]，从 C、N、S 稳定同位素角度系统讨论了殷墟居民的食物结构问题与殷墟人牲人殉来源问题。在这三篇文章中，张婷婷共公布了 54 例普通居址附近墓葬和灰坑内人骨同位素数据，以及 64 例王陵区祭祀坑或大型墓葬内人牲人殉的同位素数据。就结果而言，普通居址附近的居民与人殉人牲们都主要以 C_4 谷物及其副产品维生，但普通居址附近居民的平均 $δ^{13}C$ 数值要比人牲人殉的低 1‰ 左右，这一显著性的差异暗示殷墟居民亦同时进食了少量的带 C_3 讯号的食物。

另外，宫玮进行了刘家庄遗址的人骨同位素分析（包括 20 例 $δ^{13}C$ 数据和 20 例 $δ^{15}N$ 数据）、方方进行了大辛庄遗址人骨与动物遗存的同位素分析[②]，结论也是这两处遗址的先民主要以 C_4 类植物为主，同时摄入一定比例的 C_3 类植物。可见，人骨同位素信息同样反映了商文化圈的饮食结构是以粟黍类为主，以大粒作物为辅。

造成商文化区内相似的农作物结构的原因是多方面的，地理与环境的差异应该是先决条件；另外，文化与社会结构对不同群体饮食结构的影响也是显而易见的。所以我们可以看到非商文化区农作物结构呈现一种不尽相同的面貌。如江西牛城遗址是深受商文化影响的一个遗址，该遗址的浮选结果虽然也是以粟为主，但水稻在农作物结构中扮演着不逊于粟的作用，且牛城遗址除了粟、黍外，没有发现其他旱作粮食。[③] 牛城遗址位于

[①] Christina Cheung, Zhichun Jing, Jigen Tang, etc., Examining social and cultural differentiation in early Bronze Age China using stable isotope analysis and mortuary patterning of human remains at Xin'anzhuang, Yinxu, *Archaeological & Anthropological Sciences*, 2017, 9 (5), pp. 799 – 816. Christina Cheung, Zhichun Jing, Jigen Tang, etc., Social dynamics in early Bronze Age China: A multi-isotope approach, *Journal of Archaeological Science Reports*, 2017, 16, pp. 90 – 101. Christina Cheung, Zhichun Jing, Jigen Tang, etc., Diets, social roles, and geographical origins of sacrificial victims at the royal cemetery at Yinxu, Shang China: New evidence from stable carbon, nitrogen, and sulfur isotope analysis, *Journal of Anthropological Archaeology*, 2017, 48, pp. 28 – 45.

[②] 常怀颖：《首届中国考古学大会夏商考古专业委员会分组讨论纪要》，中国考古网，http://www.kaogu.cn/zixun/shoujiezhongguokaoguxuedahui/zwhfztl/20160602/54168.html，2016 年 6 月 2 日。

[③] 陈雪香、周广明、宫玮：《江西新干牛城 2006—2008 年度浮选植物遗存初步分析》，《江汉考古》2015 年第 3 期。

赣江流域，地理与环境面貌与商文化区不同，所以该遗址有着不同于商文化区的农作物结构；但该遗址又深受商文化影响，所以它的农作物结构也显示了中原旱作农业的影响。而陕西周原遗址王家嘴地点先周时期的浮选结果显示，该遗址点虽然以粟为主，但小麦占据着仅次于粟的地位，而高于黍和大豆[1]，这与关中盆地的生态环境有很大关系。总之，不同文化圈的农作物结构有着较大差异。

第二节 甲骨文中的农作物结构及相关问题探讨

对于商文化区的农作物结构，除了从考古材料对其进行重建外，还需要考虑到甲骨文中相关记载。在晚商，与农业有关卜辞极其繁多，其中有大量直接记载农作物名称的卜辞材料，是我们研究晚商农作物结构的"一手"材料。但考虑到卜辞主要是记载祭祀事项的载体，卜辞中的农作物结构是否可以视为真实农作物结构的反映，尚是有疑问的。是以，本节主要讨论甲骨文中的农作物结构及相关问题。

一 关于甲骨文中农作物名词的争议

自胡厚宣先生全面梳理甲骨文中农业名词后，学术界一直不断深化对农作物名词的考释，较为重要的综合性研究成果有陈梦家先生《殷虚卜辞综述》（1956）[2]、于省吾先生《商代的穀类作物》（1957）[3]、裘锡圭先生《甲骨文中所见的商代农业》（1985）[4]、杨升南先生《商代经济史》（1992）[5]、宋镇豪先生《五谷、六谷与九谷——谈谈甲骨文中的谷类作

---

[1] 赵志军、徐良高：《周原遗址（王家嘴地点）尝试性浮选的结果及初步分析》，《文物》2004年第10期。
[2] 陈梦家：《殷虚卜辞综述》，科学出版社1956年版，第526—529页。（下文不再另注）
[3] 于省吾：《商代的穀类作物》，《吉林大学社会科学学报》1957年第1期。（下文不再另注）
[4] 裘锡圭：《甲骨文中所见的商代农业》，此文最早载于1985年《殷都学刊》增刊，今据《裘锡圭学术文集·甲骨文卷》，复旦大学出版社2012年版，第233—269页。（下文不再另注）
[5] 杨升南：《商代经济史》，贵州人民出版社1992年版，第111—131页。（下文不再另注）

物》（2002）①。虽然诸家所用材料基本一样，但得出的结论却不尽相同，学术界对晚商甲骨文中农作物名词并没有统一的认识，对部分字词的解读争议甚大。下面简要归纳学术界对不同甲骨文名词的认识（对于没有争议的字直接写释文，对于有争议的字以字形代替）。

禾类。可以确定为禾的字形有⚘、⚘、⚘。卜辞中有很多"受禾"记载，其意思当与"受年"相似。陈梦家先生认为卜辞中"受年"之"年"与"受禾"之"禾"都是针对专门的谷子（小米，下文中的小米主要指粟）而言的，而"黍年"与"秬年"之年则是泛称谷物。于省吾先生则认为卜辞中没有专门的"受禾年"，卜辞中的"禾"都是泛称谷物。后来裘锡圭先生找到两例"禾"作粟讲卜辞，其中有"盂田禾⚘"（《合集》28203），可能当作狭义的小米讲；裘先生还认为卜辞中之所以没有专门的"受禾年"，是因为禾的种植远较其他作物普遍，故此不需要专门的贞问"受禾年"。其后杨升南先生引用卜辞中的"蒸禾"（《合集》36318）、"王禾"（《合集》19804）等例子支持裘说，可见卜辞中的"禾"虽然大部分都是广义的谷物总称，但仍有部分"禾"可表示小米。

黍类。可以确定为黍的字形有两类：一类从水，作⚘、⚘、⚘等形；一类不从水，作⚘、⚘等形。②将这两类字体解释为黍类作物没什么问题，但学术界尚对黍的使用方式存在争议。陈梦家先生和裘锡圭先生认为该类作物是供贵族享用的珍贵粮食，于省吾先生则认为黍是商代平民的主食。后来杨升南先生认为从水的黍和不从水的黍是两种黍的变种，从水的黍（⚘、⚘、⚘）是《说文》中的"黍"，具有黏性；而不从水的黍（⚘、⚘）则被读为《说文》中的穄，不具黏性。③宋镇豪先生认同杨升南先生关于黍的变种说，但又认为黍的变种未必一定要按是否具有黏性区分，也可以按照成色或形态区分，这一问题尚待出土资料来证明。④另外，郭旭

---

① 宋镇豪：《五谷、六谷与九谷——谈谈甲骨文中的谷类作物》，《中国历史文物》2002年第4期。相关观点同样见于《夏商社会生活史》（增订本），中国社会科学出版社2005年版，第352—368页。（下文不再另注）
② 见罗振玉《殷虚书契考释三种》，中华书局2006年版，第178—179页。（下文不再另注）
③ 杨升南：《商代经济史》，贵州人民出版社1992年版，第111—131页。（下文不再另注）
④ 宋镇豪：《夏商社会生活史》，中国社会科学出版社1994年版，第353—368页。（下文不再另注）

东先生认为从水的▨形等应该是"稻",而不是黍。① 郭旭东先生的考证明显是有问题的,吴燕先生已经做了反驳。②

▨、▨类。陈梦家先生认为▨、▨可能是粱字,即一种小米。于省吾先生则明确将▨、▨从黍类作物中区分开来,隶定为𪗉,即《说文》中的"稷",又据齐思和先生《毛诗谷名考》认为稷就是粟。后来温少峰、袁庭栋二先生合著的《殷墟卜辞研究——科学技术篇》一书不同意将▨、▨字释为𪗉,而是据形态直接将其隶定为粟,乃"谷子"的专称。③ 裘锡圭先生复又将▨、▨归于黍的异体。裘锡圭先生这种观点并没有被所有学者接受,王贵民先生仍释其为稷④,即后世小米,彭邦炯先生从之⑤;杨升南先生释为秫,乃粟之变种,宋镇豪先生从之⑥。

麦类。可以确定为麦类的字形有两组:第一组是▨、▨,释麦;第二组是▨、▨,释来。罗振玉先生最先将其与小麦联系在一起,于省吾先生认为卜辞中的"来"与"麦"分别是小麦与大麦,但温少峰先生和袁庭栋先生怀疑"来"是青稞,即无稃的大麦,而卜辞中的"麦"才是小麦。罗琨先生认为"来"象小麦植株的形态,后假借为往来之"来",作小麦讲的"来"字演变为卜辞中的秾(即▨、▨)与麦(即▨、▨),卜辞中尚未见被释为大麦的字。⑦ 宋镇豪先生则认为卜辞以麦、来区分大小麦不仅符合古书上以"牟""来"分大小麦的传承,而且考古遗址中也发现这两类作物,故宋先生断定"来"为小麦,"麦"为大麦。

▨、▨类。于省吾先生认为此字实为"乘",乃《说文》秾字,即小麦之专称,此又区别了作为大麦的"麦"字。于省吾先生之后,多数学者从之。⑧

---

① 郭旭东:《甲骨文"稻"字及商代的稻作》,《中国农史》1996年第2期。
② 吴燕:《甲骨文"黍"字考》,《东南大学学报》2009年第S1期。
③ 温少峰、袁庭栋:《殷墟卜辞研究——科学技术篇》,四川省社会科学院出版社1983年版,第166—180页。(下文不再另注)
④ 王贵民:《商代农业概述》,《农业考古》1985年第2期。(下文不再另注)
⑤ 彭邦炯:《甲骨文农业资料考辨与研究》,吉林文史出版社1997年版,第544—551页。(下文不再另注)
⑥ 宋镇豪先生将▨、▨与▨、▨归于一组,释为粱或秫。
⑦ 罗琨:《甲骨文"来"字辨析》,《中原文物》1990年第3期。(下文不再另注)
⑧ 可参考杨升南《商代经济史》,贵州人民出版社1992年版,第111—131页;彭邦炯《甲骨文农业资料考辨与研究》,吉林文史出版社1997年版,第544—551页。

裘锡圭先生比较了✽、✤与黍的不同字形，认为✽、✤是黍的异体。但宋镇豪先生则将其与✾和✿归为一组，释秫或粱。罗琨先生认为该字由"来"字衍变，是小麦的专称。

❀类。一般释为稌，王贵民先生认为是糯稻，宋镇豪先生从之。

❁类。胡厚宣先生释为"秈"，读为"稗"①，陈梦家先生释为"稂"，但没说明是什么作物，于省吾先生从陈释，认为即《说文》中的野生稻。游修龄先生则从作物的栽培史角度认为稂是野生粳稻②，王贵民先生认为是野生旱稻，杨升南先生提出稂既为商人栽培，则不能称为野生稻，而当是栽培稻在商代的名称。

❂类。最早系统考释此字的学者是唐兰先生，他将"❂"隶为"萱"，"覃"音，根据《仪礼·士虞礼记》注"古文襌或为导"认为"萱"可以读为"稻"，即水稻。③ 陈梦家先生不同意此说，他认为"❂"是一种黑黍，即文献中的"秬"，用于酿酒。于省吾先生认为该字从米从罩，"罩"隶变为厚，与菽古音可通，"米"旁则据段玉裁"麦豆亦得云米"谓"豆可称米"，故"❂"为大豆。④ 裘锡圭先生认为唐兰、陈梦家、于省吾诸先生的考释虽然都有合理的成分，但证据都不够充足，究竟萱为何种作物，尚难下结论。后来彭邦炯、杨升南、宋镇豪诸先生皆从于省吾早年之说。

❃类。陈梦家先生隶定为畬，猜测是《说文》中的"齎"字，即稷，或写作穄。温少峰、袁庭栋二位先生不同意陈梦家将其视为"齎"的看法，认为此字所从"令"乃"余"字异体，故❃当隶定为"畬"，读为"稌"，即水稻。裘锡圭先生倾向陈梦家的隶定，训为"稷"，但稷为何物，裘先生倾向程瑶田的高粱说，杨升南先生从之。宋镇豪先生认为该字可释为"齎"，当是高粱。

以上大致是学术界对甲骨文中不同字形的谷类作物的看法，可以看出，甲骨文中的农作物名词往往形近而意异，所以学者对其考释也不尽相同。在以上列举农作物名词中，✤、✽、❀、❁、❂、✾、✿、❃、

---

① 胡厚宣：《卜辞中所见之殷代农业》，《甲骨学商史论丛初集》（外一种），湖北教育出版社 2002 年版，第 595—597 页。
② 游修龄：《殷代的农作物栽培》，《浙江农学院学报》1957 年第 2 期。
③ 唐兰：《殷虚文字记》，中华书局 1981 年版，第 31—38 页。
④ 此说并没有被收录到于先生《甲骨文字释林》，似于先生晚年放弃此说。

、🌾、🌿、🍀等形的考释是大家较少有异议的，可谓定论；🌱、🌾、🍃等形则因为卜辞较少，且字形较难考证，成为农作物名词中最难考订的字形，若无新材料，此等字形实难有所突破；🌱、🌿、🍀、🌾等形虽然存在得较多，但因为各家考证方法的不同而有不同的解读，成为农作物名词中较有争议的字形，所以也是本节考察的重点。

就结论而言，诸家对🌱、🌿、🍀、🌾等字形的认识大致可以分两种：第一种观点以陈梦家、于省吾、杨升南、宋镇豪等先生为代表，认为🌱、🌿、🍀、🌾等字形是不同几类作物；另一类观点以裘锡圭先生为代表，认为🌱、🌿、🍀、🌾等形都是黍的异体，这种意见为《甲骨文字编》和《新甲骨文编》所采用。① 裘锡圭先生对甲骨文中农作物名词的考释之所以能够得到新出文字编的认同，不仅是因为裘文考证详实，更是因为裘文在考证文字时能够尽量做到联通所有相关材料，从不同类组字形出发分析每一例农业卜辞的异同。故裘文的考释结论在古文字考释逐渐"精密化"的今天更易让甲骨学专家认同。本书也接受裘锡圭先生对"黍"字的考释成果，并简单讨论相关理由。

二 再论卜辞中的黍字字形

"黍"，《说文·黍部》："🌾。禾属而黏者也。以大暑而穜，故谓之黍。从禾，雨省声。孔子曰：'黍可为酒，禾入水也。'"小篆的写法是从禾雨省声，"雨"形应该是"禾"字繁笔后形成的，类似的还有"黍"的异体字"黍"（《增广字学举隅·卷二》）、"黍"（《玉篇·黍部》）、"黍"（《汉隶字源·上声·语韵·黍字》引《白石神君碑》）等。秦简中的"黍"写作"黍"（《睡地虎秦简文字编》第111页），楚简中的"黍"写作"黍"（《楚系简帛文字编》第596页），西周金文中的"黍"写作"黍"（《新金文编》第974页），皆是从"禾"的。甲骨文中的"黍"，罗振玉先生谓"黍为散穗"②，所以自于省吾先生以来，很多学者都只将🌱、🌾、🍀等"散穗"的字形释为"黍"，但这种"黍"字与金文、简牍和《说文》小篆、后世"黍"的异体字

---

① 裘锡圭先生对"黍"字的考释影响很大，现在基本为强调字形作用的甲骨学者所遵从，如王子杨《甲骨文字形类组差异现象研究》，中西书局2013年版，第333—335页。
② 见罗振玉《殷虚书契考释三种》，中华书局2006年版，第178—179页。

都不同，很难将甲骨文中的"散穗"的黍视作后世黍的源头。

但如果我们考虑裘锡圭先生的意见，那么这个问题就很好解释了。裘先生列举了黍的几类字体，如下：

1a ✦ 1b ✦ 1c ✦
2a ✦ 2b ✦ 2c ✦
3a ✦ 3b ✦ 3c ✦
4a ✦ 4b ✦ 4c ✦ 4d ✦ 4e ✦ 4f ✦
5 ✦

大量带"散穗"的黍字只频繁出现于宾组和师宾间组，而大量出现于历组和师历间组的✦、✦、✦等字与"散穗"的黍字用法相似，裘先生认为这种现象只能说明第 1 到 5 号所有字形都是黍字。如卜辞有"白✦""白✦"：

惠白✦登。　　　　　　　　　　　　《合集》32014【历一】
叀白✦。　　　　　　　　　　　　　《英藏》2431【历二】

在同文卜辞《合集》9520—9524 中，除了 9520 片中有一个"✦"形，其他 9 个字形都作"✦"，这说明《合集》9520 中的"✦"形就是"✦"字。"✦"与"✦"字形相同，所以"✦"也是象"来"形的。《英藏》2431 中的"✦"字的字形与常见的"✦"字略有差别，但二字都是弯头折枝，应该是同一个字，这进一步证明"白✦""白✦"是一种谷物。卜辞还有"白✦"：

丁卯□登□于□二
叀白✦。　　　　　　　　　　　　《合集》34601【历二】

这条卜辞与《英藏》2431 组类、辞例完全一致，但字形却作"✦"，这就表明象"来"形的"✦、✦"与从"禾"形的"✦、✦"是一种谷物。所以将"✦、✦"释秾、将"✦、✦"释粱的意见是不可取的，反而裘锡圭先生将其都释为黍的观点更加能够说明问题。也只有将※、※、※、※等字形都释为黍，才能给金文、简帛、小篆中的"黍"形找到源头。这点还可以由新近公布的伯克父甘娄盨进一步证明：

> 唯伯克父甘娄自作馈盨，用盛秊稷稻粱，用之征行，其用及百君子宴飨。
>
> 伯克父甘娄盨，《铭图续》474、475

"秊"字与甲骨文中的从禾从点的"※"字是一样的，因为伯克父甘娄盨已经有"稷""粱"字，那么"秊"在伯克父甘娄盨中就不能再释作"稷"或"粱"了。古人"黍稷"连用，如《尚书·盘庚》"越其罔有黍稷"、《尚书·酒诰》"纯其艺黍稷"；不但"黍稷"可以连用，"黍稷稻粱"也常见于典籍，如《诗经·小雅·甫田》"黍稷稻粱，农夫之庆"。这证明"秊稷稻粱"就是"黍稷稻粱"，而"秊"只能释为黍字。所以它的甲骨文源头，"※"字也应该是"黍"字，这同样证明裘锡圭先生的释读是正确的。

三　甲骨文中的农作物

以上从后世黍字字形逆推甲骨文中的黍字，进一步证明※、※、※、※等字形皆是黍字，这对于我们进一步认识甲骨文中的农作物种类是很有意义的。下面按谷物种类讨论谷类卜辞，谷物种类可以分：粟类、黍类、麦类、其他谷物。

（一）粟类作物

粟即稷，《齐民要术》："谷，稷也，名粟。谷者五谷之总名，非仅谓粟也。"脱皮的粟俗称小米，《说文》说"禾，嘉谷也"，段注"今俗云小米是也"，可见狭义的禾也可指粟的苗秀。① 甲骨文中的禾主要有两种形态，多见※（《合集》33242，变体有※20575）形，少见※②（《合集》

---

① 《王祯农书》："粟五变，一变而以阳生，为苗；二变而秀为禾；三变而粲然，谓之粟；四变入臼，米出甲；五变而蒸饭可食。"
② 裘锡圭先生在《甲骨文中所见的商代农业》一文中提到，有学者将此字形释为"穗"，不知系何人所倡。

9464）形。裘锡圭先生认为粟的穗是聚而下垂的，正与 ♃ 形相符。历组卜辞中常见"受禾"（"禾"基本作 ♃ 形），如：

  壬申贞：今岁受禾。
  不受禾。   《屯南》1063【历二】

历组的"受禾"可以与宾组的"受年"相对应，如：

  己巳卜，㱿贞：我受年。
  贞：我不其受年。   《合集》6460【宾一】

年是收成，《说文》"年，谷孰（熟）也"，可见"受年"与"受禾"是不同组类祈求农业丰收的相同词语。"年"是一切谷物之收成，故"受禾"中的禾一般认为是谷物的总称，所以于省吾先生说卜辞中没有专门的"受禾年"。

虽然卜辞无"受禾年"，但也有学者认为部分卜辞中的"禾"不是谷物的总称，如裘锡圭先生找到两例卜辞，"盂田禾🔣"（《合集》28203）、"🔣用禾延🔣"（《合集》28233），其中"禾"有可能当作狭义的谷子讲。除了裘先生的两例卜辞，杨升南先生补充了两例：

  甲午卜，王：禾。 《合集》19804（禾作 🔣 形）【师组肥笔】
  贞：今秋禾，不遘大水。 《合集》33351（禾作 ♃ 形）【无名】
  另外，下列卜辞中的"禾"也可能是粟：
  己酉卜，亘贞：赐禾。
  ☐弜赐禾。   《合集》9464（禾作 🔣 形）【典宾】
  ☐今秋晶禾，九［月］。 《合集》9615（禾作 🔣 形）【宾出】

"🔣"形禾的流行，大概是为了区别泛指谷物的"♃"形。甲骨文中还有一段与禾有关的句子：

  丙辰：🔣禾。   《合集》22536【师肥】

即攴，《说文》："攴，小击也。""攴禾"似是一种处理谷子的方式，黄天树先生认为是谷物脱离。① 这里的"禾"也是具体的农作物，而非泛称。

需要说明的是，以上被认为是具体农作物的"禾"也未尝不可能是泛称，即使把它们理解为一般意义的庄稼，也是符合卜辞的语境。也就是说，在没有明确的"受禾年"卜辞存在的前提下，以上卜辞只是提供了"禾"作为具体农作物的一种可能性，而不是必然的结论。

（二）黍

黍是卜辞中最常见的谷物，它有三种形态：第一种，散穗的 ⿻、⿻。第二种，从禾形的 ⿻、⿻。第三种，弯头折枝的 ⿻、⿻。这三类黍字数量都很多，依据姚孝遂先生主编的《殷墟甲骨刻辞类纂》，散穗黍出现158次，从禾形的黍出现72次，从来形的黍出现24次。下面分别论之。

1. ⿻、⿻。这种字形的黍是甲骨文中最常见的谷物，相关记载包括：

（1）受年：

  □弗其受黍年。   《合集》22345【师小字】
  受黍年。
  受年。一月。
  贞：不其受年。   《合集》9824【典宾】
  丙辰卜，㱿贞：我受黍年。
  丙辰卜，㱿贞：我弗其受黍年。四月。 《合集》9950【典宾】
  贞：京受黍年。   《合集》9981【宾出】
  癸卯卜，大贞：今岁受黍年。十月。 《合集》24431【出一】

（2）用为祭品：

  贞：登黍。
  弜登黍。   《合集》235 正【典宾】
  贞：登黍于祖乙。
  ［贞］：弜［登黍］于［祖］乙。 《合集》6657 反【典宾】
  ［己］丑卜，宾贞：翌乙［未］酒黍登于祖乙□。

---

① 黄天树：《〈说文解字〉部首与甲骨文》，《黄天树古文字论集》，学苑出版社2006年版，第330页。

王占曰：有祟，不其雨。六日［甲］午夕月有食。乙未酒，多工率造（遭）遗。

《合集》11484 正【典宾】

□□［卜］，争贞：［翌］乙亥登南囧黍［于］祖乙。

《合集》1599【宾三】

（3）种植：

贞：叀小臣令众黍，一月。　　　　　　《合集》12【宾三】
庚戌卜，㱿贞：王立黍受年。
贞：王弜立黍，弗其受年。
贞：王立黍，受年。一月。
立黍，弗其受年。　　　　　　　　　　《合集》9525【典宾】
贞：呼黍于北，受年。　　　　　　　　《合集》9535【典宾】

（4）收割：

贞：王往立刈黍于☐　　　　　　　　　《合集》9558【宾出】
庚辰卜，宾贞：叀王叙南囧黍，十月。　《合集》9547【宾三】

杨升南先生认为从水的黍（𱍠），可以按照《说文》"从禾入水"，是"禾属而黏者"，即一种有黏性的黍子；不从水的黍（𱍡），则是一种没有黏性的黍，即《说文》中的穄。宋镇豪先生则认为黍也可以据成色或形态来区分，可备一说。

另外，《花东》有"𱍢"形字：

癸亥，岁子癸牝一，宜自丁①𱍢。　　　　　　　　《花东》48
丙辰卜，子其响𱍢于妇，惠配乎。用。

---

① 关于《花东》中"丁"的释读，陈剑先生认为当是武丁，刘源先生认为部分"丁"当是祊，本辞中的"丁"还是解释为武丁更合理。见陈剑《说花园庄东地甲骨卜辞的"丁"——附：释"速"》，《故宫博物院院刊》2004年第4期；刘源《再谈殷墟花东卜辞中的"☐"》，《甲骨文与殷商史》（新一辑），线装书局2008年版，第131—160页。

丙辰卜，子㞢，丁往于🉆。
不其往。　　　　　　　　　　　　　　　　　《花东》379

《花东》还有🉆、🉆两形字，整理者将🉆、🉆、🉆等形都隶定为糅，认为是采摘加工后的谷粒，是正确的。"🉆"有两种可能，一种是黍的繁体，一种是"黍米"合文。笔者认为前一种可能性更大。上文提到的伯克父甘娄盨（《铭图续》474、475）中，其"黍"字写作"🉆"形；而同人所作曾伯克父甘娄簠（《铭图续》518）却写作"🉆"，是"黍"字下面也加了"米"。如果"🉆"字的结构是黍字的繁化，表示用于祭祀的黍米，那么《花东》中"🉆"字自然也是黍的繁化，而不能视为合文。

2. 🉆、🉆。上文已经论证🉆、🉆型谷物是"黍"字异体，它应该就是《说文》"禾入水"的源头。卜辞中有关这一黍形的记载较多，可大致分为如下几类：

（1）受年：

癸亥卜，争贞：我黍受有年。一月。　　　《合集》787【典宾】

（2）用为祭品：

辛丑卜，㱿：酌黍登。辛亥，十二月。
辛丑卜，于一月辛酉酌黍登。十二月卜。
　　　　　　　　　　　　　　　　　　　《合集》21221【师小字】
丙辰卜：其登黍于㝬。　　　　　　　　　《合集》30981【历无】
丁卯☒登☒于☒
叀白黍。　　　　　　　　　　　　　　　《合集》34601【历二】

（3）进贡：

☐☐［卜］，大贞：见新黍。翌☒　　　　《合补》2506【出一】

（4）种植：

乙亥贞：来甲申酒禾，秦于䧹，尞。
戊寅卜，贞：叀王黍。
戊寅卜，贞：王弜黍，令。
己卯贞：秦禾于䧹，其酒。　　　　《合集》32212+33334【历二】
壬辰贞：在囧禺来告㞢，王其黍。　　《合集》33225【历二】

3. 𣏂、𣏟。从字形上说，𣏂、𣏟从"来"形，所以有学者将其释作"秾"，但我们前文已经考释，这两个字也是"黍"的异体。这种字形的黍字较少，其事项主要有以下几类：

（1）受年：

乙亥卜：受黍禾。　　　　　　　　　《合集》33260【师历】
甲戌卜，宾贞：甫受黍年。
贞：甫不其受黍年。　　　　　　　　《合集》10022【宾一】

（2）种植：

丙戌卜，宾贞：令众黍，其受有年。　《合集》14【典宾】

（3）省视：

弜立黍。　　　　　　　　　　　　　《合集》249【典宾】

（4）用作祭品：

癸未卜：登黍于二示。
甲辰卜：酒黍，登祖乙，巳。　　　　《合补》9016【历一】
辛未卜：酒黍，登祖乙，乙亥。　　　《合集》32534【历一】
癸卯卜，登黍乙酉。　　　　　　　　《合集》27826反【历一】
惠白黍登。　　　　　　　　　　　　《合集》32014【历一】

惠白黍。 《英藏》2431【历二】

《花东》还出现了可能是小麦脱皮后的一个字：

庚寅，岁妣庚小牢，登自丁☒。 《花东》416

"☒"，应该也是黍的异体。

从以上看来，甲骨文中的黍字分三种字形，且各个字形的用法、辞例大致相同，进一步证明裘锡圭先生对黍的考释是正确的。不过，从组类上看，☒形黍与☒形黍也有部分共存，甚至二者同版：

庚申卜：☒受年。
庚申卜：弜☒。
庚申卜：我受☒年。
[庚申]卜：我[不]其受☒年，十二月。

《合集》10020【师宾】

这是否也暗示这三种字形的黍是不同亚种？我们认为这种可能性是存在的，但还需要更多实物证据来证明这点，这将是以后研究的方向。

（三）麦类

1. 来。《说文·禾部》有云："秾，齐谓麦秾也。从禾来声。"段玉裁注："齐谓麦秾也，来之本义训麦，然则加禾旁作，来俗字而已。盖齐字也。"故学者多认为卜辞中的"来"字是小麦的本义。卜辞中的"来"一般作往来讲[1]，如：

癸卯卜，今日雨。其自东来雨。其自西来雨。其自北来雨。其自南来雨。

《合集》12870【师宾】

甲子卜，争：雀弗其呼王族来。
雀其呼王族来。 《合集》6946 正【宾一】

---

[1] 罗振玉：《增订殷虚书契考释》（中），东方学会石印1927年版，第34页下。

除了用为往来之"来",卜辞也有一部分"来"用指谷物的:
辛亥卜,贞:咸刈来。　　　　　　　　《合集》9565【师宾】

"刈"是收割谷物的意思,卜辞有"刈黍"(《合集》9558、9559),确证"刈来"就是收割小麦的意思。

另外,有六例与"来"有关的卜辞,杨升南认为其中的"来"可能就是小麦:

①□□卜,古贞:☒我田㞢来☒　　《合集》10553 正【典宾】
②秦年来,其卯上甲,舌,受年。
其卯于示壬,弜受年。　　　　　　《合集》28272【无名】
③曰:以来,廼往于敦。　　　　　《合集》11406【典宾】
④戌卜,狄贞:冟弜以来。　　　　《合集》28011【何组】
⑤以来。　　　　　　　　　　　　《合集》914【宾组】
⑥来。　　　　　　　　　　　　　《合集》914【宾组】

以上六例卜辞,其中的"来"字似无一例可以确定为小麦者。第①例卜辞反面有"☒来三十",则"我田其有来"似乎是"我的甸有进贡"。第②例中"秦年来"似乎指祈求来年丰收,我们暂时还找不到"秦年+谷物"的例子;且甲骨文中有明确的"来岁豖"(《合集》28208),罗琨先生认为"来岁"之来与"来日""来春"一样①,甚确。第③④辞例相同,可以一起讨论,以资料较为丰富的第④辞为例:

壬戌卜,狄贞:不遘方。
壬戌卜,狄贞:其遘方。
壬戌卜,狄贞:又出方,其以来奠。
壬戌卜,狄贞:冟弜以来。　　　　《合集》28011【何组】

《合集》28011 乃一天内同一贞人占卜之事,彼此之间似有联系,其中"又出方,其以来奠"与"冟弜以来"似是一事的正反占问,"出"与

---

① 罗琨:《甲骨文"来"字辨析》,《中原文物》1990 年第 3 期。

第二章 晚商农作物结构研究

"来"对应,"其以来奠"与"取弜以来"中的"来"还是用作往来之来。

第⑤⑥辞同版,同版卜辞有:

食来。
不其来。
亚以来。
父乙来。   《合集》914【宾组】

"食来"容易被误解为食小麦,但《合集》914以千里路为中心形成对贞,"来"字明显作"往来"之"来"讲。可见"食来"不是食小麦。这里的"食"也不是"吃食"的"食",而可能是族名或人名。卜辞有"娘":

☑御妇娘于祖丁,七月。   《合集》2787【师宾】
戊辰卜,争贞:弜豐妇娘子子。   《合集》2783【宾三】

一般认为"妇娘"是食地或食族女子,就如妇妌乃井地或井族女子一样。古代族名与地名一致,所以本书猜测"食"可以作地名或人名。卜辞确有可以作人名的"食",如《合集》19504"弗其比食"。"比",据林沄先生研究,有联合的意思①,则"比食"即联合食族首领的意思。所以《合集》914中的"食来。不其来"乃卜问食这个人来不来。

通过以上分析,可知除裘锡圭先生所举"咸刈来"外,卜辞中确实罕见"来"作小麦例。最近新公布的《村中南》提供了新材料,其中有:

卜,贞:受来禾。
贞:受禾。   《村中南》附录二

此辞中的"受来禾"就如同前文"受黍禾"一样,"来"也是谷物名词,"受来禾"明确为小麦丰收祈祷,故这是另一个"来"作小麦讲的例子。

---

① 林沄:《甲骨文中的商代方国联盟》,《林沄学术文集》,中国大百科全书出版社1998年版,第69—84页。

2. 麦。除了"来",甲骨文中还有用作农作物的"麦"。如:

月一正,曰食麦。　　　　　　　　　　　《合集》24440【出二】

"月一正,曰食麦"是一片干支表的开头,郭沫若先生引《月令》"孟春之月,食麦与羊",认为"食麦"就是食麦子。① 《花东》475:"往罙妇好于受麦。"黄天树先生认为这里的"麦"是种麦的意思。②

"麦"与"来"是什么关系?于省吾先生认为甲骨文中的"麦"指大麦,宋镇豪先生也认为"麦"指大麦;罗琨先生则认为"来"指小麦,麦则泛指麦类作物;杨升南先生、冯时先生③都认为"来"与"麦"都是小麦;裘锡圭先生认为"麦"与"来"的关系尚需要继续讨论。笔者认为卜辞中的"麦"更可能是小麦的意思,具体原因有三点。其一,卜辞中的麦除了从禾的形态外,其余形态多从"来"从"夂",如 (《合集》9620)、 (《屯南》736),"来"的本意是小麦,"夂"表示麦根④,则从"来"的字当不能独指大麦。且最近发现的《花东》34、149、550等版卜辞中"往来"之"来"写作"麦"字,说明麦、来本相通,这就进一步证明"麦"的字形是由小麦演变而来的。笔者猜测,"来"字本来可能是"一形多读"⑤,表示小麦时读为"麦",表示往来时读为"来"。后来,为了区别往来之义,才在"来"下加麦根形成"麦"。其二,齐思和先生已经详细考证过先秦麦类作物⑥,他认为先秦的小麦可以称"来"或"秾",独称"麦"时一般指小麦,而大麦一般称为"牟",后人加麦写成"䵺",所以《广雅》说"大麦,䵺也"。齐先生的考证已经证明了先秦典籍中的麦不可能指大麦,所以甲骨文中的"麦"是大麦的说法也就失去了论证的基础。其三,据本章第一节浮选材料来看,商文化区遗址极少发现大麦遗存。故此,本书认为甲骨文中的"麦"也是小麦。

---

① 郭沫若:《卜辞通纂考释》,科学出版社1983年版,第2页。
② 黄天树:《说文解字通论》,北京大学出版社2014年版,第99页。
③ 冯时:《商代麦作考》,《东亚古物》(A),文物出版社2004年版,第212—223页。
④ 王襄:《古文流变臆说》,龙门联合书局1961年版,第69—70页。
⑤ 古文字中的"一形多读"例子较多,可参考裘锡圭《文字学概要》(修订本),商务印书馆2013年版,第5—6页;林沄《王士同源及相关问题》,《林沄学术文集》,中国大百科全书出版社1998年版,第22—29页。
⑥ 齐思和:《毛诗穀名考》,《中国史探研》,中华书局1981年版,第1—26页。

另外，卜辞中还有"告麦"：

甲午卜，宾：[翌]乙未[有告]麦。允有告[麦]。
乙未卜，[宾：翌]丙[申无]其[告]麦。
[己]亥卜，宾：翌庚子有告麦。允有告麦。
庚子卜，宾：翌辛丑有告麦。
翌辛丑无其告麦。　　　　　　　　　　　《缀遗》81【宾一】
己酉卜，宾贞：翌庚有告麦。
翌己酉无其告麦。　　　　　　　　　　　《合集》9621【典宾】

卜辞中的"告麦"怎么解释，诸家虽然争议很大，但一般认为"告麦"之"麦"是谷物。本书认为这尚有讨论的余地。在甲骨文中，"来"与"麦"常常通用，"告麦"有没有可能用为"告来"？卜辞中存在"告来执"（《合集》21928）、"告方来"（《合集》33052、《屯南》243）、"告发来"（《花东》85），那么"告麦"用为"告来"也不是不可能的。是以，在有更确凿的证据前，我们还是不能确定"告麦"之"麦"就是指小麦。

（四）其他作物

甲骨文中除粟、黍、麦三类外，还有一些重要作物，限于资料困乏，不能如讨论粟、黍、麦三类作物一般详尽，这里一并简略叙述。

1. 🌾。卜辞有许多求🌾受年的记载：

贞：今岁我受🌾年。　　　　　　　　　　《合集》10040【典宾】
甲子卜，宾贞：我受🌾年。
贞：我不其受🌾年。　　　　　　　　　　《合集》10042【典宾】
贞：不其受黍年。
贞：我受黍年。
贞：我不其受🌾年。
贞：我受🌾年。　　　　　　　　　　　　《合集》10043【典宾】
癸未卜，争贞：受🌾年。
贞：弗其受🌾年。二月。
癸未卜，争贞：受黍年。

贞：弗其受黍年。二月。　　　　　　　　　《合集》10047【宾三】

"㊅"是甲骨文中争议最大的谷类作物，唐兰先生释为稻①，于省吾先生释为豆，陈梦家先生释为秬②，裘锡圭先生认为三家之说都不可视为定论，此字究竟指什么，尚需进一步研究。

虽然㊅究竟指什么作物尚无法确定，但㊅的重要性却毋庸置疑，"受㊅年"常与"受黍年"同版，除了上面引用的卜辞，还有《合集》303、10050、10051，说明㊅在商王心中的重要性。除了受年，卜辞中的㊅还包括下列两类：

（1）种植：

　　己丑卜，贞：㊅于亳。二月。　　　　　　　《合集》9551【典宾】

（2）用作祭品：

　　☐其取㊅于示。　　　　　　　　　　　　　《合集》15685【典宾】

以上卜辞暗示㊅的种植时期是殷历二月，这或许会为我们求证㊅的种类提供条件。

2. ㊅。除了㊅，卜辞中还有一类地位重要的农作物，即㊅。㊅也常与黍同版，如：

　　己巳卜，㱿贞：我受黍年［在㊅］
　　贞：我受㊅年在㊅。
　　☐受㊅年。
　　☐弗其受㊅年。　　　　　　　　　　　　 《合集》9946【典宾】

"㊅"，陈梦家先生释为畬，认为是稷③；袁庭栋先生认为￠乃余字异

---

① 唐兰：《殷虚文字记》，中华书局1981年版，第31—38页。
② 陈梦家：《殷虚卜辞综述》，科学出版社1956年版，第526—529页。
③ 同上。

体，畬字从余从田，当隶定为畬，读为稌①；裘锡圭先生释为䆃，读为稷，认为稷是高粱，杨升南、宋镇豪二先生赞同裘先生的观点。从形态上说，裘先生的高粱说似乎更符合畬之象形，然我们并不能够确定商代已经存在高粱。是以，关于此字，我们还需要进一步的研究。

3. 秜。下面是一片引用率较高的卜辞：

  丁酉卜，争贞：呼甫秜于姐，受有年。 《合集》13505【宾一】

"秜"，在这里名词用作动词，是"种秜"的意思，则"秜"也是一种农作物。此字，胡厚宣先生释为"秅"，读为"稗"；于省吾先生从陈梦家先生，释为"秜"，认为"秜"是《说文》中的野生稻；杨升南先生指出，"秜"既为商人栽培，则不能称为野生稻，而当是栽培稻在商代的名称。从字形上看，陈梦家先生隶定的"秜"是没有问题的。虽然《说文》认为秜是野生稻，但商人既然"甫秜于姐"，秜当是栽培稻。

4. 秂。卜辞还有一个"秂"字：

  丁酉卜，在䒑□秂芳，弗悔。 《合集》37517【黄组】

"秂"，一般释为秫，然此字从余从黍，似不能据字形定为秫，究竟何字，尚待研究。

5. 大麻

在早期农作物体系中，大麻是较为特殊的种类。在先秦文献中，"麻"有时是"五谷"中的一员，并常常与其他谷物并列出现，如《诗经·豳风·七月》"禾麻菽麦"。在中国国家博物馆收藏的两汉之交始建国元年铜方斗中，"嘉麻"与"嘉禾""嘉麦""嘉豆""嘉黍"并列，可以进一步说明先民们以"麻"为食。《国风·陈风·东门之池》有"东门之池，可以沤麻"，这是用水浸泡以剥麻皮的意思，其目的是为了织麻布，可见"麻"也是先民纺织的原料。当然，大麻的作用不仅在于食用和提取植物纤维，《神农百草经》关于麻贲（大麻仁带壳称麻贲）的记载有："多食，

---

① 温少峰、袁庭栋：《殷墟卜辞研究——科学技术篇》，四川省社会科学院出版社1983年版，第166—180页。

令人见鬼狂走。久服，通神明，轻身。"可见，大麻还是常见的致幻剂，这对于巫术昌明的商代，无疑是上好的沟通鬼神的灵药。①

在中国，大麻实物至少存在于新石器时期，如甘肃东乡林家马家窑文化遗址陶罐中发现炭化大麻种子②、荥阳青台遗址出土仰韶文化时期麻织品③、新疆孔雀河墓地发现大麻纤维④。到了商代，藁城台西遗址就出土过几块麻布残片⑤，确证商人使用大麻制作服饰。殷墟也曾出土过麻织品痕迹，如后岗圆形祭祀坑内曾出土成束的麻绳和麻布片⑥，妇好墓中部分铜器上的纺织品痕迹中就包含麻织品⑦，都可以证明商代已经较为普遍地利用麻布纺织技术。另外，济南大辛庄遗址曾发现110粒大麻遗存⑧，值得关注。

在殷墟甲骨文中，《合集》24440是较为特殊的一片卜辞，该辞不仅有"月一正曰食麦"，还有"二月父𣏾"。根据张军涛先生的研究，"𣏾"从糸从禾，是会意字，义即能产丝麻之禾，乃"枲"（大麻的雄株）的本字。⑨"父"，张军涛先生认为是"斧"的初字，"斧枲"就是砍伐雄株大麻的意思。根据这一考释，商代甲骨文中也存在商人利用大麻的证据，且证明商人收获大麻的时间是在殷历二月。

四 甲骨文中的农作物结构

笔者在前辈学者研究成果基础上重新梳理了甲骨文中相关农作物名词，并将这些农作物名词分为粟类、黍类、麦类、其他谷物四种。根据本书的考释，笔者以姚孝遂先生主编的《殷墟甲骨刻辞类纂》为统计对象的，统计各类谷物在卜辞中出现的次数，制作表2—8如下：

---

① 张光直：《商代的巫与巫术》，《中国青铜时代》，生活·读书·新知三联书店2013年版，第261—290页。
② 王庆瑞、敦德勇：《甘肃东乡林家马家窑文化遗址出土的稷与大麻》，《考古》1984年第7期。
③ 张松林、高汉玉：《荥阳青台遗址出土丝麻织品观察与研究》，《中原文物》1999年第3期。
④ 王炳华：《新疆农业考古概述》，《农业考古》1983年第1期。
⑤ 高汉玉、王任曹、陈云昌：《台西村商代遗址出土的纺织品》，《文物》1979年第6期。
⑥ 中国社会科学院考古研究所：《殷墟发掘报告》，文物出版社1987年版，第278页。
⑦ 中国社会科学院考古研究所：《殷墟妇好墓》，文物出版社1984年版，第17—18页。
⑧ 陈雪香：《从济南大辛庄遗址浮选结果看商代农业经济》，《东方考古》（第4集），科学出版社2008年版，第47—68页。
⑨ 张军涛：《释甲骨文"斧枲"——兼论殷商大麻栽培技术》，《中国农史》2016年第5期。

表 2—8　　　　　　　　甲骨文中常见农作物名词简表

属性	禾①	黍			麦类作物		水稻	其他作物			
					来	麦	秜				
字形	✦	✦✦	✦✦	✦✦	✦	✦	✦	✦	✦	✦	✦
次数	7	158	72	24	2	1	1	23	5	1	1

表 2—8 中的每一种作物字形出现的次数并不相同，其中出现次数最多的是黍，合计 254 次，其次是 ✦，剩下谷物出现的次数都远远小于黍、✦。这基本反映了甲骨文中的农作物结构。表 2—8 中的农作物结构给我们提供了一个很重要的问题：考古材料中的农作物结构以粟为主，黍的地位并不突出，它只是辅助性作物中相对重要的一种，为何黍在甲骨文中占有这种绝对性地位？

一种可能性是黍与酿酒关系密切，《说文》引孔子语，谓"黍可爲酒"，黍既然可以酿酒，则黍自然能够为商王重视，以致不断询之以贞卜。②《说文》酉字条下有"八月黍成，可爲酎酒"，《礼记·内则》记"黍醴清糟"，皆可为证。但是，从反面来说，段玉裁注谓："穄（糯）与秫皆宜酒。"郑玄《聘礼》注："凡酒，稻为上，黍次之，粱次之。"可见，黍酒并不是最好的。商代已经发现相当数量的水稻遗存，且水稻在高等级聚落出现的可能性更大，表明水稻具有阶级属性。如此，使用水稻酿酒岂不是更能满足商王的口腹之欲？所以商王因为对酒的需求而关心黍子收成的说法尚待进一步验证。

另一种可能性是黍的口感比一般的谷物要好，是贵族食物，因此被商王重视。③ 如《诗·周颂·良耜》："或来瞻女，载筐及筥。其饟伊黍，其

---

① 有学者认为，卜辞中"受年""受禾"，若没有指明具体农作物，则都是针对"粟"的受年、"受禾"（《殷虚卜辞综述》，第 526 页）。本书不赞同这种观点，没有多少证据可以证明这一点，如果把"受年"只看作对"粟"的贞问，那么实在不易理解商人基于什么理由把大量黍、✦、✦ 等非粟作物与只被视为对粟贞问的"受年"联系在一起。

② 胡厚宣：《卜辞中所见之殷代农业》，《甲骨学商史论丛初集》（外一种），湖北教育出版社 2002 年版，第 595—597 页；齐思和：《毛诗榖名考》，《中国史研探》，中华书局 1981 年版，第 1—26 页；于省吾：《商代的榖类作物》，《吉林大学社会科学学报》1957 年第 1 期。

③ 温少峰、袁庭栋：《殷墟卜辞研究——科学技术篇》，四川省社会科学院出版社 1983 年版，第 171—172 页；裘锡圭：《甲骨文中所见的商代农业》，《裘锡圭学术文集·甲骨文卷》，复旦大学出版社 2012 年版，第 237 页。

·85·

笠伊纠。"郑注:"筐筥,所以盛黍也。丰年之时,虽贱者犹食黍。"《正义》:"《少牢》《特牲》大夫士之祭礼食有黍,明黍是贵也。《玉藻》云:'子卯,稷食菜羹。'为忌日贬而用稷,是为贱也。贱者当食稷耳,故云'丰年之时,虽贱者犹食黍'。"但《诗经》只说"其饟伊黍",并未提到黍的贵贱,郑玄的注解未必没有望文生义之嫌。而且,孔子说"食稻衣锦",先秦学者一般认为水稻很贵重,尚不见先秦文献中以黍为贵者。

笔者认为,甲骨文既然是祭祀贞卜的产物,则甲骨文中的农作物粮食结构必然要立足于卜辞的祭祀属性,即我们要从卜辞本身去讨论甲骨文中农作物结构形成的原因。

五　对考古与卜辞所见农作物结构差异的解释

晚商时期,以谷物祭祀祖先的例子较多,如1959年在安阳后岗南坡发现一处祭祀坑遗存,该祭祀坑的堆积可分五层,其中第三层为灰黄土堆积,发现大量陶片,有些陶片(特别是罐的底部和腹部)粘有很多谷物,表明埋入时是装有谷物的。① 另外,祭祀坑出土的铜鼎与戈上也有谷物的印迹,有些保存较好,能够观察出籽粒形状,发掘者据此推测应是粟粒。② 后岗祭祀坑很明显是一处遗址类祭祀遗存,其祭祀的物品中就包含谷物。

过去,安阳殷墟灰坑和墓葬中常发现所谓"绿灰土堆积",常被怀疑是谷物腐朽痕迹。后来,中国社会科学院考古研究所安阳工作队在殷墟小屯东北地丁组基址F1门前两座人牲坑内发现人架头前有很厚的绿灰土,内有谷壳碎末,发掘者取样作硅酸体分析,确定其为粟类,坑内所出也似粟的外壳。③ 这就可以证明,谷物可以与人牲一起,献祭于祖先。

再如,2010年发掘的刘家庄北地H2498位于F79院落的中部偏北,是一处不规则窖穴,东西长2.6米、南北宽1.65米、深2米,坑内出土大块的红烧土块、墙皮及少许陶片,并在坑底清理出铜尊、铜斝和陶罍等四

---

① 中国社会科学院考古研究所:《殷墟发掘报告:1958—1961》,文物出版社1987年版,第265—267页。
② 同上书,第278页。
③ 中国社会科学院考古研究所安阳工作队:《河南安阳殷墟大型建筑基址的发掘》,《考古》2001年第5期。

件器物，铜器体外有炭化植物梗茎及粟。① 何毓灵先生认为刘家庄北地H2498是用于储藏粮食的窖藏坑，在周人灭商的过程中把铜器藏于窖藏坑内，则H2498并不是祭祀坑。② 但H2498的开口并不规则，西宽东尖，与殷墟常见的食物储藏坑形制不类，似乎也不能视为食物储藏坑。实际上，殷墟非墓葬类遗迹使用铜器祭祀的现象是较多的，这种现象最早可以追溯到三家庄窖藏坑③，并在甲骨文中也有所体现，上文介绍的后岗祭祀坑内的铜鼎、铜卣及铜爵也属于此类现象。这些因为祭祀活动而被埋藏的铜器证明，刘家庄北地H2498出土的铜器应该也是祭祀活动的一部分祭品。也就是说，H2498铜器内的谷物是祭祀所用粢盛。

除了祭祀坑、灰坑内有谷物祭祀现象，墓葬中也有这类证据。2000年中国社会科学院考古研究所安阳工作队在殷墟小屯村南的花园庄东地发掘一座殷墟二期晚段高等级贵族墓葬，命名为花东M54，出土大量精美铜器、玉器。该墓青铜容器中，有两件形制相似的青铜簋，这两件青铜簋内积土相似，分为两层，上层为较薄的一层粉砂粘土，土质纯洁，下层是一堆松散的颗粒状物。经赵志军先生判断，为经过烹饪后谷物（即粟、黍类）颗粒，无法判断具体种属。④ 这表明，殷墟墓葬祭祀中的农作物可以以谷粥的形式存在。

除了祭祀类遗存中可见谷物祭祀证据外，卜辞中也有类似的记载，如：

甲寅卜：黍母庚。用。　　　　　　　　　《怀特》78【宾一】
□□〔卜〕，大贞：见新粱，翌☒　　　　　《合补》2506【出组】

"黍母庚。用"之"黍"，是名词作动词例，有用黍祭祀的意思；"见新粱"，即进献新粱于祖先。以上两辞，都是用谷物祭祀祖先的意思。

再如，花东卜辞有：

癸亥，岁子癸牝一，♀（皀）自丁黍。　　　《花东》48
乙巳，岁祖乙三豕，子祝，♀（皀）黍。在□。　《花东》171

---

① 中国社会科学院考古研究所安阳工作队：《河南安阳市殷墟刘家庄北地2010—2011年发掘简报》，《考古》2012年第12期。
② 何毓灵：《殷墟刘家庄北地青铜窖藏坑性质探析》，《南方文物》2014年第1期。
③ 孟宪武：《安阳三家庄发现商代窖藏青铜器》，《考古》1985年第12期。
④ 中国社会科学院考古研究所：《安阳殷墟花园庄东地商代墓葬》，科学出版社2007年版，第327页。

辛卜，岁祖□羌一，𥃲（登）自丁黍。在𠭯，祖甲征。

《花东》363

庚寅，岁妣庚小宰，𥃲（登）自丁黍。 《花东》416

“𥃲”，即簋的初文，《花东》编者认为“形似盛了食物的簋，作祭品或祭名”；黄天树先生认为是“名动相因”现象，即名词作动词，“簋黍”是用簋盛黍祭祀的意思①；宋镇豪与沈培二位先生比较上两辞，认为“𥃲”与“登”用法相同，都可释为“登”②，即登荐之礼。笔者认为这宋、沈二位先生的解读是正确的，“登自丁黍”所用之器皿或许就是簋，正对应花东 M54 两件盛谷粥的青铜簋。另外，2004 年大司空 M303 出土一对铜簋③，其口部用布蒙着，颈部用绳子束扎，器内所盛全部朽尽，不像其他器内常见动物骨骼，很可能里面是盛装植物类食物的，或者带有汤类的食物，具体是什么食物还有待残渣分析。可为旁证。

在卜辞中，与谷物祭祀有关的祭祀动词是“𢍏”字，从収从豆，象人手捧豆进祭形；或加米形作“𥁕”，或加“示”旁繁化为“𥛱”。“𢍏”字，一般释为“登”“烝”（《诂林》第 1032 号）。从字音与字义的角度，“登”“烝”都是蒸部字，也都有献和升的意思，所以作为祭祀动词讲的“登”“烝”应该可以通用，“𢍏”之读为“登”“烝”似乎都无问题。本书从《甲骨文字编》《新甲骨文编》，将“𢍏”读为“登”。

在王卜辞中，与谷物祭祀有关的记载集中于登祭卜辞，这包括：

1. 黍

前文已经表明，卜辞中有三种形态，它们都被用作登祭用谷，如：

贞：登黍。

弜登黍。 《合集》235 正【典宾】

① 黄天树：《殷墟甲骨文中所见的“名动相因”现象》，《首都师范大学学报》（社会科学版）2013 年第 3 期。

② 宋镇豪：《花东甲骨文小识》，《东方考古》（第四集），科学出版社 2008 年版，第 204—206 页；沈培《殷墟花园庄东地甲骨“𥃲”字用为“登”证说》，《中国文字学报》（一），商务印书馆 2006 年版，第 40—52 页。

③ 中国社会科学院考古研究所安阳工作队：《殷墟大司空 M303 发掘报告》，《考古学报》2008 年第 3 期。

［己］丑卜，宾贞：翌乙［未］酚❋登于祖乙☐。

王占曰：有𠭯，不其雨。六日［甲］午夕月有食。乙未酚，多工率造（遭）遭。　　　　　《合集》11484 正【典宾】

辛丑卜，㑰：酚❋登。辛亥，十二月。

辛丑卜，于一月辛酉酚❋登。十二月卜。

《合集》21221【师小字】

丁卯☐登☐于☐

叀白❋。　　　　　　　　　　　《合集》34601【历二】

辛未卜：酒❋，登祖乙，乙亥。　　《合集》32534【历一】

据笔者统计，王卜辞中登❋、❋形黍5例，登❋、❋形黍者有34例，登❋、❋形黍者7例，"登黍"辞合计46例。

2. 禾

☐☐卜，其登新禾①，升②，惠翌☐　　《村中南》42【无名】

以上是"登禾"，1例，禾在这里做专有名词，指粟。

根据以上简单统计，王卜辞中登祭用谷以黍为主，其他谷物极少有用于登祭。这点显示了商人谷物祭祀中的特殊性。③

在商文化遗址内，五谷都有发现，但卜辞却主要用黍祭祀登祭，很可能暗示晚商时期商人（尤其是以商王代表的统治阶层）最常用的祭祀谷物就是黍，而较少用粟、麦、稻④等。也就是说，正是黍在祭祀活动中的特

---

① 此字，拓片不清楚，摹本作"❋"，但与之对贞的这个字却摹作"❋"，此字是否释为禾字，还有待检验原甲骨。
② 原报告摹本作"❋"，据拓本，似是"升"字。
③ 我们看传世文献与西周金文，谷物祭祀主要以黍稷稻粱为主，如"黍稷非馨，明德惟馨"（《尚书·君陈》）、"用盛黍稷稻粱"（曾伯克父簠，《铭图续》518）、"用盛黍稷稻粱"（伯克父甘娄盨，《铭图续》474），可见周人较少有专门用黍祭祀的例子。
④ 根据偃师商城王室祭祀遗址中水稻与小麦遗存的发现，早商时期的统治阶级也曾大量使用水稻与小麦祭祀祖先，但甲骨文中较少见用水稻祭祀祖先的例子，殷墟浮选材料也很难发现水稻与小麦遗存，这很可能意味着早商到晚商期间商人统治阶层有一个祭祀用谷的转变，晚商时期殷墟商王室或许已经"因地制宜"地放弃了大量使用水稻与小麦祭祀祖先的习俗。不过，这一观点尚需要更多考古材料印证。

殊性，才是商王极度关注黍类作物的根本原因。

这里需要指出的是，殷墟遗址过去发现的祭祀谷物种类往往以粟为主，而殷墟甲骨文中的祭祀谷物种类往往以黍为主，如何理解这种差异呢？这里可能存在两种解释。第一，殷墟遗址过去发现的祭祀谷物种类多为早年鉴定，其所谓"粟"类，未必不包含黍，这就要求将来的鉴定工作更为精细。第二，这种祭祀谷物种类的差异也可能是等级不同所造成的，王卜辞是以商王为主体的一类卜辞，它反映了商王的祭祀习惯，而遗址中的谷物祭祀遗存则往往是普通贵族、平民的祭祀遗留，二者并不总是对等。是以，殷墟遗址中祭祀谷物种类往往以粟为主的现象并不一定意味着殷墟卜辞中商王以黍为主要祭祀谷物的结论有误，这更可能是因为不同材料的背景差异导致的。随着考古学与历史学的不断融合，理解不同材料差异的背景与原因是我们越来越需要注意的问题。

第三节 小麦"崛起"的考古学观察

作为当今中国北方地区最重要的谷物，小麦的传入与传播一直都是学术界关注的重点。随着近年来与小麦有关考古发现的增多，学术界普遍认为夏商时期小麦的种植规模有增强的趋势。[①] 但是，我们也要看到，小麦在商代不同地区、不同时代的出土数量和出土概率有着较为明显的不均衡性，陈雪香师已经注意到青铜时代小麦传播过程中的地域不均衡性，并由此认为小麦在夏商时期种植规模的局部扩大是一个自上而下的过程。[②] 不过，由于缺乏殷墟等商文化核心区的植物考古材料，陈师的结论只适合于早商时期。现在，根据最新的植物考古材料，本书可以对商人推广小麦规模的努力和结果做出细致考察，并尝试寻找背后的原因。为了更好了解商代小麦种植规模的变动，我们需要先对小麦传入中国后的历程做一番梳理。

---

① 刘兴林：《先秦两汉农作物分布组合的考古学研究》，《考古学报》2016年第4期。
② 陈雪香：《中国青铜时代小麦种植规模的考古学观察》，《中国农史》2016年第3期。

一 早期小麦的出土情况

（一）仰韶时期出土的小麦遗存

仰韶文化时期的一些遗址有报道过小麦遗存的踪迹，如渭河流域的蓝田新街遗址仰韶晚期 H11 中发现小麦种子 1 粒、小麦穗轴 2 粒[①]，但该遗址的小麦遗存未经测年，材料存疑。再如，钟华先生在仰韶中期的河南灵宝西坡遗址中发现小麦 5 粒，在仰韶晚期的洛阳王圪垱遗址中发现小麦 1 粒，但西坡遗址的小麦年代落在西周时期。[②] 可见仰韶时期遗址并没有出土确凿无疑的同时期小麦遗存。

（二）龙山时期出土的小麦遗存

龙山文化时期发现更多小麦的遗址，且分布范围较广。在甘肃，天水西山坪遗址通过环境考察从沉积剖面中获得小麦遗存，根据剖面沉积物的沉积速率推算出小麦最早年代为 4650 cal a BP。[③] 在最新的测年数据中，西山坪遗址的 4 粒小麦年代都落入东周纪年[④]，表明西山坪遗址的小麦遗存并不是早期小麦。虽然西山坪遗址小麦年代偏晚，但并不代表该地区没有早期小麦。在约翰·多德森（John Dodson）2013 年针对中国早期小麦的一系列测年数据中[⑤]，甘肃地区多个遗址出土的小麦遗存年代都比较早，如酒泉火石梁遗址小麦年代为 2135—1896 BC、凉州皇娘娘台遗址小麦年代为 2172—1746 BC、金塔缸缸瓦小麦年代为 2026—1759 BC，显示出甘肃存在龙山时代小麦遗存的可能性。

著名的甘肃民乐东灰山遗址在上世纪报道出距今 5000 年的文化遗存中出土数量较多的小麦颗粒[⑥]，对中国小麦起源有着较大的影响。后来，东灰

[①] 钟华、杨亚长、邵晶、赵志军：《陕西省蓝田县新街遗址炭化植物遗存研究》，《南方文物》2015 年第 3 期。

[②] 钟华：《中原地区仰韶中期到龙山时期植物考古学研究》，博士学位论文，中国社会科学院研究生院，2016 年。

[③] 李小强、周新郢、张宏宾、周杰、尚雪、John Dodson：《考古生物指标记录的中国西北地区 5000 aBP 水稻遗存》，《科学通报》2007 年 52 卷第 6 期。

[④] XY Liu, DL Lister, ZJ Zhao, etc., The virtues of small grain size: Potential pathways to a distinguishing feature of Asian wheats, *Quaternary International*, v. 426, 2016 Dec 28, pp. 1–13.

[⑤] Dodson, J., Li, X., Zhou, X., Zhao, K., Sun, N., Ata-han, P., Origins and spread of wheat in China, *Quat Science Reviews*, 72, 2013, pp. 108–111.

[⑥] 李璠、李敬仪、卢晔、白品、程华芳：《从东灰山新石器遗址古农业遗存探讨黄河流域农业起源和形成》，《大自然探索》1989 年第 3 期。

山小麦经过一系列的测年分析，数据差异较大。在《民乐东灰山考古》一书中，木炭测年结果显示该遗址的年代距今约3500年（经树轮校正后约3800年），但北京大学考古系年代测定实验室对该遗址出土小麦进行直接测定，发现小麦的年代却可以达到4230±250 B.P.（未经树轮校正）。[1] 直到21世纪，考古学家重新对东灰山遗址多次采样、浮选，并对获得的具有明确单位的小麦遗存进行系列样品测定[2]，不断证明东灰山小麦的年代多落在距今四千年以后的年代范围中，大体相当于中原王朝的夏商时期，终于解决了困扰学术界的东灰山小麦年代之谜。这里需要指出的是，东灰山遗址后来出土的小麦多属于四坝文化时期，但该遗址出土小麦的测年数据也有早于四坝文化的例子，甚至2010年美国学者傅罗文（Flad）测量的小麦年代中也有1粒落在龙山时期（实验室编号BA92101），李水城先生认为这些年代较早的小麦是上游早期小麦在洪水作用下沉积而来的，并不是原生堆积。[3] 可见，即使东灰山遗址龙山时期小麦遗存不是本地堆积，也可以证明小麦传入甘肃地区的年代不会晚于龙山时期。

在山东，日照两城镇遗址H42中一件龙山时代的陶罐（4号罐）内出土1粒小麦，灰坑和柱洞内各出土1粒小麦，可惜测年结果没有公布。[4] 聊城校场铺、临沭东盘遗址都有龙山文化遗存出土的小麦遗存[5]，根据最近测年数据，可以知道其中这些小麦的年代落在两周时期[6]，而不是原来认为的龙山时期。海岱地区最值得关注的史前小麦遗存来自胶州赵家庄遗

---

[1] 甘肃省文物考古研究所、吉林大学北方考古研究室：《民乐东灰山考古》，科学出版社1998年版，第190页。

[2] Flad, R., S.C. Li, X.H. Wu, Z.J. Zhao, Early wheat in China: results from new studies at Donghuishan in the Hexi Corridor, *The Holocene*, 20 (6), 2010, pp. 955–965. Dodson, J., Li, X., Zhou, X., Zhao, K., Sun, N., Ata-han, P. Origins and spread of wheat in China, *Quat Science Reviews*, 72, 2013, pp. 108–111.

[3] 李水城、莫多闻：《东灰山遗址炭化小麦年代考》，《考古与文物》2004年第6期；李水城、王辉：《东灰山遗址炭化小麦再议》，《考古学研究》（十），科学出版社2013年版，第399—405页。

[4] 中美联合考古队：《两城镇：1998—2001年发掘报告》，文物出版社2016年版，第1083页。

[5] 赵志军：《两城镇与教场铺龙山时代农业生产特点的对比分析》，《东方考古》（第1集），科学出版社2004年版，第210—224页；王海玉、刘延常、靳桂云：《山东省临沭县东盘遗址2009年度炭化植物遗存分析》，《东方考古》（第8集），科学出版社2011年版，第357—372页。

[6] XY Liu, DL Lister, ZJ Zhao, etc., The virtues of small grain size: Potential pathways to a distinguishing feature of Asian wheats, *Quaternary International*, v. 426, 2016 Dec 28, pp. 1–13.

址，该遗址龙山时代灰坑中浮选出小麦遗存，测年结果显示，小麦遗存的年代为2500BC—2270 BC（校正年代）。[1] 另外，龙腾文（Tengwen Long）公布了邹平丁公遗址两粒小麦的测年数据，其年代分别为2201BC—1980BC（校正年代）、2194BC—1954BC（校正年代）[2]，处于龙山文化晚期。赵家庄遗址与丁公遗址小麦的测年结果证明小麦传入海岱地区的年代不会晚于龙山时期。

除了山东与甘肃，新疆地区出土的早期小麦遗存也值得关注，其中最为重要的遗址是新疆吉木乃县通天洞遗址。[3] 通天洞遗址早期铁器和青铜时代地层堆积浮选出碳化小麦，小麦的测年数据为距今5000—3500年（校正值）。如果小麦的测年数据能够精确到距今5000年，那这批材料将会是中国境内年代最早的小麦遗存，对我们探索早期小麦的传播具有重要意义。

另外，还有一些遗址报道过龙山时期小麦，但未必不存在问题。在陕西，武功赵家来客省庄二期墙皮草拌泥中发现小麦秆印痕[4]，不过赵志军先生认为大多数谷物的茎秆即便是在新鲜状况下仅凭外观也很难进行种属鉴定[5]，所以赵家来遗址小麦秆印痕的鉴定结果很可能是有问题的。在河南，博爱西金城遗址[6]、禹州瓦店遗址[7]、邓州八里岗遗址[8]都曾在龙山文化遗存中出土小麦遗存，其中禹州瓦店遗址小麦测年数据明显晚于龙山时期，所以我们对中原地区早期小麦的年代要保持审慎的态度。在福建，霞浦黄瓜山遗址发现了小麦植硅体，其中相关地层的测年结果为2480—2220BC[9]，但缺乏直接的植物大遗存证明。另外，关中地区案板二期、三期遗

---

[1] 靳桂云、燕生东、刘长江：《山东胶州赵家庄遗址发现龙山文化小麦遗存》，《中国文物报》2008年2月22日第7版。
[2] Tengwen Long, Christian Leipe, Guiyun Jin, Mayke Wagner, etc., The early history of wheat in China from 14C dating and Bayesian chronological modelling, *Nature Plants*, vol 4, 2018 May, pp. 272 - 279.
[3] 于建军、何嘉宁：《新疆吉木乃通天洞遗址发掘获重要收获》，《中国文物报》2017年12月1日第8版；于建军：《2016—2017年新疆吉木乃县通天洞遗址考古发掘新发现》，《西域研究》2018年第1期。
[4] 黄石林：《陕西龙山文化遗址出土小麦（秆）》，《农业考古》1991年第1期。
[5] 赵志军：《小麦传入中国的研究——植物考古资料》，《南方文物》2015年第3期。
[6] 陈雪香、王良智、王青：《河南博爱县西金城遗址2006—2007年浮选结果分析》，《华夏考古》2010年第3期。
[7] 刘昶、燕明：《河南禹州瓦店遗址出土植物遗存分析》，《南方文物》2010年第4期。
[8] 邓振华、高玉：《河南邓州八里岗遗址出土植物遗存分析》，《南方文物》2012年第1期。
[9] Tianlong Jiao, *The Neolithic of Southeast China*, New York：Cambria Press, 2007, pp. 245 - 252.

址都出土小麦遗存①、周原遗址王家嘴地点出土1粒龙山时期小麦②,但也都没有经过碳十四测年,所以这些小麦遗存的年代依旧存疑。

早期小麦传入中国的路径问题是目前学术界的一个热点,本书认为这一问题还有待更多新的发现才有确论。早期小麦的发现偶然性太大,即使经过几十年的发现,目前确定无疑出土龙山时期小麦遗存的地区也只有甘肃、山东少数几处。新疆通天洞遗址的小麦遗存尚需要更详细的报道,才能知道它们的确切年代,这是讨论该遗址小麦遗存意义的基础。总之,中国境内的早期小麦不可能是凭空产生的,它们的出现必然符合一定的逻辑规律,这一规律只有依据未来更多的新发现和大量的测年数据才可以解答。就目前的材料,无论是小麦传入的丝绸之路说,还是海路说、欧亚草原说,都为时过早。

(三) 夏时期的小麦遗存

进入到传统的夏代纪年(夏商周断代工程定为公元前2027—1600年),各地区出土的小麦遗存普遍增多。在西北地区,新疆小河墓地、古墓沟墓地、新塔拉遗址、甘肃黑水国遗址、火石梁遗址、皇娘娘台遗址、缸缸瓦遗址、砂锅梁遗址、青海金蝉口遗址出土的小麦遗存的测年数据多落入夏代纪年③,表明小麦在整个西北地区的重要性有了较大的增长。与之相对,海岱地区岳石文化的小麦遗存也有增多趋势,章丘马安遗址出土5粒小麦④、牟平照格庄遗址出土16粒小麦⑤、宿州杨堡遗址岳石文化遗存出土48粒小麦⑥,皆可为证。

这一时期,中原地区也出现小麦遗存,如新密新砦遗址出土4粒小麦⑦、登封王城岗遗址出土1粒小麦⑧、登封南洼遗址二里头期遗存出土小

---

① 刘晓媛:《案板遗址2012年发掘植物遗存研究》,硕士学位论文,西北大学,2014年。
② 赵志军、徐良高:《周原遗址(王家嘴地点)尝试性浮选的结果及初步分析》,《文物》2004年第10期。
③ XY Liu, DL Lister, ZJ Zhao, etc., The virtues of small grain size: Potential pathways to a distinguishing feature of Asian wheats, *Quaternary International*, v. 426, 2016 Dec 28, pp. 1–13.
④ 陈雪香、郭俊峰:《山东章丘马安遗址2008年浮选植物遗存分析》,《东方考古》(第5集),科学出版社2008年版,第368—371页。
⑤ 农业研究课题组:《中华文明形成时期的农业经济特点》,《科技考古》(第三辑),科学出版社2011年版,第1—35页。
⑥ 程至杰等:《安徽宿州杨堡遗址炭化植物遗存研究》,《江汉考古》2016年第1期。
⑦ 农业研究课题组:《中华文明形成时期的农业经济特点》,《科技考古》(第三辑),科学出版社2011年版,第1—35页。
⑧ 同上。

麦6粒[1]、新密古城寨遗址二里头文化遗存出土1粒小麦遗存[2]、郑州东赵遗址二里头文化遗存出土7粒小麦遗存[3]、偃师二里头遗址二里头文化四期遗存出土3粒小麦[4]、洛阳皂角树遗址出土较多小麦遗存[5]、安阳鄣邓遗址出土1粒完整小麦和9粒小麦碎块[6]，虽然这些遗址出土小麦遗存多没有经过测年，但中原地区夏时期出现小麦遗存应该问题不大。

二 饮食文化因素对小麦传入的影响

进入本书要分析的商代，各地区小麦分布的不均衡性开始凸显，最明显的不均衡性是东西地区小麦种植规模的差异，也就是小麦在西方和东方崛起速度的不同。就商代西北地区的植物考古发现而言，商代西北地区和青藏高原已经发展出粟麦混作农业经济，如四坝文化的甘肃张掖西城驿遗址[7]、卡约文化青海互助丰台遗址[8]等；而中原地区和海岱地区仍旧是典型的粟作农业区，小麦的出土数量和出土概率依旧远远比不上西北地区。这显示了小麦在东西方种植规模的不同。虽然大多数商代北方遗址都出土有小麦，如上文列举的晚商时期商文化诸遗址，但大多数遗址内小麦出土的数量和出土的概率都没有显著的增加，小麦在这些遗址中往往起到辅助性作物的作用，商代北方地区的小麦并没有普遍成为商人的主食。

也就是说，小麦传入西部地区后，至迟在商代已经成为当地居民的主食，无论是新疆，还是甘肃，小麦的崛起都是迅速的；与之相对，小麦传入黄河中下游地区的时代并不比西北地区晚很多，但小麦似乎需要长达两千年的时间来慢慢生根发芽。是什么原因导致小麦在东方地区崛起的速度

---

[1] 吴文婉、张继华、靳桂云：《河南登封南洼遗址二里头到汉代聚落农业的植物考古证据》，《中原文物》2014年第1期。

[2] 陈微微、张居中、蔡全法：《河南新密古城寨城址出土植物遗存分析》，《华夏考古》2012年第1期。

[3] 杨玉璋、袁增箭、张家强、程至杰、禤华丽、方方、张居中、顾万发：《郑州东赵遗址炭化植物遗存记录的夏商时期农业特征及其发展过程》，《人类学学报》2017年第1期。

[4] 中国社会科学院考古研究所：《二里头：1999—2006》，文物出版社2014年版，第1303页。

[5] 洛阳文物工作队：《洛阳皂角树》，科学出版社2002年版，第108页。

[6] 河南省文物考古研究所：《安阳鄣邓》，大象出版社2012年版，第435—437页。

[7] 范宪军：《西城驿遗址炭化植物遗存分析》，硕士学位论文，山东大学，2016年；蒋宇超、陈国科、李水城：《甘肃张掖西城驿遗址2010年浮选结果分析》，《华夏考古》2017年第1期。

[8] 赵志军：《青海互助丰台卡约文化遗址浮选结果分析报告》，《考古与文物》2004年第2期。

远远低于它们在西方的崛起速度？本书认为饮食文化因素可能是我们需要重点讨论的一个缘由。

众所周知，早在新石器裴李岗时代，中原地区的先民们在狩猎采集生活中，已经开始大规模栽培粟、黍，并在山东地区引进稻作农业。① 在随后的仰韶时代，农作物逐渐成为先民生活中最为重要的食物来源，中原地区几乎所有浮选过的遗址都是以粟、黍为主，水稻和大豆的重要性只有到仰韶时代晚期之后才开始增加，但远无法与粟、黍相比，以粟黍为核心的旱作农业经济成为先民们生业经济领域中核心生产活动之一。② 从人骨同位素材料来说，仰韶时期的人骨 $\delta^{13}C$ 数值已经显示出较高的 C_4 类植物比例③，如西山遗址人们主食中的 C_4 植物百分比高达 90.65%，鱼化寨遗址为 87.07%，这两个数值即使与商代部分遗址中的人骨同位素数据相比也相差无几，可见黄河中下游地区有着悠久而稳固粟类作物的传统。与之相对，甘青地区的农业要晚到马家窑文化时期才有较大程度的发展，而新疆和西藏农业经济的出现时间可能要更晚。新疆古墓沟墓地、下坂地墓地、天山北路墓地和穷科克一号墓地的 C/N 稳定同位素材料可以证明，新疆地区在夏商时期已经转向麦类作物，同时新疆地区有着较为浓厚的畜牧业传统，肉类在主食中的比例极高。另外，甘肃火烧沟遗址的饮食结构虽然偏向 C_4 类植物，但氮十五的数值也普遍较高，这表明畜牧业在该遗址中有一定的地位。

可见，中原地区的农业经济向西部扩张是一个递减的过程，且越是远离黄河中下游地区，畜牧业的比例越高，农业经济的比例越低。在这种状况下，一种农作物传播的悖论就此存在：越是农业起源久远、农作物结构稳固的地区，对小麦这种新物种的接受程度就越低；反之，在农业结构形成不久、甚至农业经济还不占据优势的地区，小麦受到的欢迎程度就越高。根据小麦西多东少的特点，我们可以认为东部地区历史悠久的粟食传统是抵制小麦传播的最重要原因。

---

① 吴文婉：《中国北方地区裴李岗时代生业经济研究》，博士学位论文，山东大学，2014 年。
② 秦岭：《中国农业起源的植物考古研究与展望》，《考古学研究》（九），文物出版社 2012 年版，第 260—315 页；赵志军：《中国古代农业的形成过程——浮选出土植物遗存证据》，《第四纪研究》2014 年第 34 卷第 1 期。
③ 张雪莲、仇士华、钟建等：《中原地区几处仰韶文化时期考古遗址的人类食物状况分析》，《人类学学报》2010 年第 29 卷第 2 期。

三 商人统治阶层推广小麦的尝试

但是，中原地区并非没有提升小麦种植规模的尝试，这主要发生在早商时期的部分地区。就目前的浮选材料来说，郑州地区早商遗址出土的小麦状况较之前时期有较大增长。比如，郑州商城遗址小麦的出土数量为91粒、出土概率为52.17%①，登封王城岗早商遗存出土191粒小麦、出土概率为100%②，均高于黍的出土数量与出土概率。不独高等级聚落如此，伊洛河流域植物考古调查出土的早商时期小麦也很多，如天坡水库遗址30升的土样浮选出172粒小麦，冯寨西北遗址7升土样浮选出92粒小麦，小麦的地位都仅次于粟。③可见，郑州及其周边地区早商时期遗址普遍出土较多小麦遗存。

另外，郑州地区东赵遗址浮选二里头期样品164份，出土12315粒农作物遗存，其中小麦遗存仅有7粒，出土概率为8.5%；东赵遗址浮选的早商期样品37份，出土2046粒农作物遗存，其中小麦遗存增加到103粒，出土概率增加到59%，前后差异极其明显。④这就进一步证明郑州地区早商时期小麦种植规模较之前的二里头时期有较大的增加。

郑州地区的商代小麦出土情况是整个商文化区内的特例，即使与郑州相距不远的洛阳地区也依旧是典型的以粟为主、以黍为辅的农作物结构⑤，这表明地理原因不会是郑州地区小麦种植规模高于其他商文化区的根本原因。如果我们把郑州地区小麦遗存的特殊性归结为商王朝有意扩大小麦生产规模，那么这个问题就可以得到相对容易的解释。郑州地区是早商时期商人最重要的统治中心，郑州商城无论是规模还是内涵都是同时期其他商代城址所无法比拟的，那么郑州地区出现的较为特殊的小麦规模很容易令

---

① 贾世杰、张娟、杨玉璋、程至杰、张居中、贾连敏、曾晓敏：《郑州商城遗址炭化植物遗存浮选结果与分析》，《江汉考古》2018年第2期。
② 赵志军、方燕明：《登封王城岗遗址浮选结果及分析》，《华夏考古》2007年第2期。
③ 李炅娥、[加拿大] 盖瑞·克劳福德等：《华北地区新石器时代早期至商代的植物和人类》，《南方文物》2008年第1期。
④ 杨玉璋、袁增箭、张家强、程至杰、禤华丽、方方、张居中、顾万发：《郑州东赵遗址炭化植物遗存记录的夏商时期农业特征及其发展过程》，《人类学学报》2017年第1期。
⑤ 张俊娜、夏正楷、张小虎：《洛阳盆地新石器—青铜时期的炭化植物遗存》，《科学通报》2014年第59卷第34期。

人将其与统治阶层相联系。同样属于早商都城的偃师商城，曾经发现利用小麦祭祀的祭祀遗迹，这表明小麦可能是早商时期商人统治阶层较为看重的祭祀类谷物之一。由此看来，陈雪香师关于商代小麦存在一个由上而下的推广途径的观点应该是正确的，商人统治阶层确实曾经将小麦视为重要祭祀谷物。

商的统治阶层虽然看重小麦，郑州地区小麦规模也有很大程度的提升，但早商其他地区小麦的种植规模并不大，这反映了商人对小麦种植规模的推广总体是不成功的，一旦稍微远离核心区域，原来的粟黍农业区依旧抵制小麦规模的扩大。不过，商人在郑州地区推广小麦的尝试一直影响着该地区农作物结构，小麦在登封王城岗遗址晚商时期农作物组合中的地位依旧很高，或许就与此有关，这也可以算作商人推广小麦的余绪。

到了晚商，商文化遗址中的小麦普遍是辅助性作物，其地位要低于黍，这一点在王都所在的殷墟更是如此。这说明，商人统治阶层推广小麦的尝试彻底失败了。随着时局变动，商人最终放弃大规模推行小麦种植的尝试。

可见，黄河中下游地区有着悠久而稳定的农作物结构，小麦作为外来物种，是很难取代原有农作物结构中较为重要的粟、黍，这或许是小麦在东方地区增长缓慢的关键原因。在早商时期，商人的统治阶层或许曾经大力推广小麦的种植，但也仅限于受商王权力直接影响的郑州地区，小麦在其他商文化区依旧只是一般的补充性作物。晚商时期殷墟附近小麦数量十分稀少，与该地区先商文化时期樟邓遗址出土小麦规模差别不大，这或许暗示早商时期自上而下推广小麦的努力在此时已经彻底失败。小麦在中原地区的真正"崛起"乃至取代粟的地位，还要依靠很久以后普通群众对这种外来谷物观念的改变，以及加工小麦技术的增长。

小　结

本章以晚商时期农作物结构为研究对象，主要使用考古材料和甲骨文材料，现将所得认识总结为以下几点：

第一，晚商的农作物结构具有层次性，贵族、平民、奴隶所食用的农作物未必完全相同，这是将来稳定同位素研究所需要关注的。就目前研究进度而言，由浮选法获取的农作物遗存依旧是我们认识晚商时期农作物结构最为直观的材料。基于笔者对晚商遗址浮选材料的综合分析，本书认为晚商时期商文化圈的农作物结构以粟为主，以黍、豆为辅，麦、稻数量极少。这一农作物结构可以被晚商时期商文化圈内遗址出土人骨的 C/N 稳定同位素数据证明，所以应该较为可靠。

第二，甲骨文中农作物名词一直是古文字考释的难点，本书通过系统梳理农作物卜辞，基本赞同裘锡圭先生的考释成果，也认为卜辞中 ✶、✶、✶、✶、✶等形都是"黍"字，从而认为甲骨文中最常见的农作物名词就是"黍"字。在甲骨文农作物名词中，除了常见的黍外，还有小麦（✶、✶）、小米（✶、✶）等，但数量都较少。由此可见，甲骨文中的农作物结构是以黍为主的，以小麦、小米等为辅。

第三，晚商考古遗址中的农作物结构与甲骨文中的农作物结构存在巨大差异，商王极其重视黍，但考古材料显示黍的比例较低，这暗示祭祀体系与生活体系的差异。在甲骨文中，用于谷物祭祀的动词主要是"登"（烝）字，卜辞常见"登黍"，而几乎不见登祭其他谷物，证明商王所用祭祀之谷物以黍为主，这也就可以解释商王何以在甲骨文中重视黍。也就是说，甲骨文中的农作物结构具有祭祀属性和政治属性，而不能反映真实的农业食谱状况。

第四，由于甲骨文中农作物结构具有祭祀属性，甲骨文中常见的农作物名词应该与祭祀活动有着密切关系，这对我们考证农作物名词提供了新的视角。如卜辞中的"✶"字，或释为大豆，或释为水稻，但大豆用于祭祀场合的记载实在是较少见于先秦典籍，而水稻则是先秦时期常见的祭祀谷物，所以本书认为"✶"字所代表之谷物很可能就是水稻。

第五，小麦是商代农作物中较为特殊的品种，它是龙山文化时期由西亚传播而来的"舶来品"。商代早期商人统治阶层曾有推广小麦种植规模的尝试，早商时期郑州地区较多的小麦遗存就是这种努力的反映。可惜，受中原地区传统饮食文化的抵制，这种尝试并没有取得成功。

第三章 晚商农事活动与农业生产工具研究

农事活动与农业生产工具也都是农业的重要组成部分，本书将晚商的农事活动与农业生产工具合为一章，主要基于如下考虑：只有参与农事活动的工具才有可能称为农业生产工具，所以我们对农业生产工具的界定要立足于对农事活动的分析。农事活动、农业生产工具与商代社会性质关系密切，一直为史学界所关注，故此过去学术界已经进行了较为充分的讨论，本章主要是在前辈学者的基础上，对相关内容进行综合与补充。

第一节 甲骨文所反映的晚商农事活动

郑玄注《周礼·肆师》："古之始耕者，除田种谷。"可见"除田种谷"是一年农事之始。在复种技术普及之前，中国古代的农事大致经过芟除草木、翻耕土地、种植与守护谷苗、收获与储藏等过程，《后汉书·祭祀志》记载祭祀后稷"舞者用童男十六人，舞者象教田，初为芟除，次耕种、芸耨、驱爵（通'雀'）及获刈、舂簸之形，象其功也"，主要模仿的就是一个完整的农事过程。甲骨文显示晚商的农事安排也大致遵循上述程序。当然，晚商的农事活动还涉及开荒造田、度量土地等，这些活动虽然不属于农民一年生计生产中的必要流程，却为我们观察晚商农业社会性质提供了很好的视角，故此也一并讨论。

一 开荒

（一）清理草木

张政烺先生认为《周礼》中的柞氏、蔉氏是专职"伐草木为田以种谷"的官员，田中草木经火烧水沤，变为田中肥料，即《礼记·月令》说的"可以粪田畴，可以美土疆"。① 裘锡圭先生认为除草开荒本是一项专门的农事活动，并认为甲骨文中"㸚"和"㞢"字是杀除草木的动词。② 我们认为"㸚"或许与耕前除草有关，这里先讨论"㞢"字，而把"㸚"字留到下文耕前除草部分讨论。

关于"㞢"，卜辞有：

乙丑，王：㞢㞢方。
乙丑，王：㒸㞢方。
己巳卜，王：方围。　　　　　　　　　　　《合集》20624【师肥】

第二辞中"方"的位置在"王"后"㒸"前，所以"汉达文库"读为"方㒸㞢"，但这种句读会增大解读该辞的难度，且"己巳卜王方围"一辞中的"巳""王"等字也出现错位现象。所以我们认为第二辞中"方"只是错位现象，当如裘锡圭先生句读，读为"㒸㞢方"。"㒸"，罗振玉先生读为"农"③，裘锡圭先生认为可读为"农"或"耨"，象以辰清除草木。裘先生进一步认为，"㞢"的左侧象草形，且与㒸相对，也是一种开荒的动作，或释为"柞"，即《诗经·载芟》毛传所谓"除木曰柞"。

裘锡圭先生将"㞢"释为除木的"柞"字，前提是"㞢"为方国之名，但《合集》20624同版卜辞中的"方围"之"方"已经是方国之名，"㞢"应该不是方国之名。最近，王子杨先生详细考证了这个字，认为这个字从林从勹④，当隶定为"㛲"，释为"郁"，是一个与军事行动有关的动词，与古代的伏击战术有关。⑤ 王子杨先生进一步认为"㞢""㒸"都是国名，《合集》20624为选贞卜辞，表示从"㞢""㒸"两个方国之中选择

---

① 张政烺：《卜辞裒田及其相关诸问题》，《考古学报》1973年第1期。
② 裘锡圭：《甲骨文中所见的商代农业》，《裘锡圭学术文集·甲骨文卷》，复旦大学出版社2012年版，第233—269页。下文如果提到裘先生的意见，如没有特殊说明，皆出自此文。
③ 罗振玉：《增订殷虚书契考释》（中），东方学会1927年石印本，第71页。
④ 从林从勹之说见于吴振武《说"苞""鬱"》，《中原文物》1990年第3期。
⑤ 王子杨：《甲骨文"㛲"（郁）的用法》，《文史》2016年第3辑，第43—56页。王子杨先生之说可从，西周早中期有康伯壶盖，铭曰"康伯作㛲壶"，"㛲"即"㛲"之繁体。

一个方国"郁方"。王说可从。所以"※"能否作为开荒的动词，尚有疑问。

裴锡圭先生认为下列两条卜辞也可能与柞木开田有关：

戊子卜，贞：王田豪，往来无灾。
□卯卜，贞：[王]敉于豪，往来无灾。　《合集》37474【黄组】
癸巳卜，在光贞：王巡于射，往来无灾。敉旳十六。
　　　　　　　　　　　　　　　　　　　　　《合集》36775【黄组】

金祥恒先生认为敉与攴是一个字①，裴锡圭先生进一步将其读为"柞"。但此字是否与开辟农田有关，尚待考证。《合集》37474同版卜辞有：

壬申卜，贞：王田奚，往来无灾。王占曰：吉。获犾二十三。
丁亥卜，贞：王田霓，往来无灾。　　　　（《合集》37474【黄组】

可见"王田豪"与"王田奚""王田霓"类似，都是去某地田猎的意思，则"[王]敉于豪"可能是去"豪"地田猎时发生的事情。

《合集》36775中的"巡"字，裴锡圭先生读为"毖"，是敕戒镇抚的意思。②"敉旳十六"似乎是"王巡于射，往来无灾"的验辞，本书认为"敉"或读为抚。裴先生已经论证了"敉"左边的那个字是乍的省形，乍与抚都是鱼部字，古音可以相通。从字形上说，《说文》有个"攲"字，从攴亾声，读与抚同。甲骨文中乍与亾有时区别不明显，如亾可作"ヒ"（《合集》32538）、"ヒ"（《花东》113）形，近似于"敉"字左边形态。这种乍、亾形态不分的情形更多的见于一些以亾、乍为偏旁的古文字中，如金文中的匄字一般从亾，但也有从乍的形，如（颂簋，西周晚期，集成4336）；再如金文中的怍字，写作"纟"（曾侯乙冰缶，战国早期，集

---

① 金祥恒：《释○○○○○》，宋镇豪主编：《甲骨文献集成》（12），四川大学出版社2001年版，第370—381页。
② 裴锡圭：《释"柲"》，《裴锡圭学术文集·甲骨文卷》，复旦大学出版社2012年版，第51—67页。

成 10000）形，其上所从者为厶；再如楚简中有从乍从又的字，也有写作"㞢"（见《郭店楚简文字编》12.6）形，其上所从者为厶。所以本书认为甲骨文中"㪍"字可能在后世的流传中被讹写成厶形，最终形成了"歧"字。《广雅·释诂四》"抚，定也"，"㪍㫖十六"或即安抚了㫖地或㫖族十六人的意思，这就可以与"王迟于射"相对应。以此类推，"[王]㪍于亳"当与"王迟于射"同义，是商王在"亳"地田猎时顺便对该地加以敕戒镇抚的意思。故本书认为《合集》36775、37474中的"㪍"读为抚，与"迟"义类似，而与开辟田地无关。

还有一个与开荒除草有关的字：

丙寅卜，狄贞：孟田，其遘枚，朝有雨。 《合集》29092【何组】

"枚"，于省吾先生释其为散①，裘锡圭先生认为古文散、杀同源，散是芟杀草木的意思。"枚"前的"遘"字，常与古文"迟"对贞，金祥恒先生认为有"疾行而至"的意思。②裘锡圭先生进一步认为"遘枚"即迅速芟杀草木，其说可从。

（二）襄田

甲骨文中有一个字，异体较多，暂时用 A 表示。A 的繁体作 (《合集》6)、(《合集》9485) 形，从臼、从用、从土，隶定为墾；可以省去中间的"用"，作 (《合集》9475) 形，隶定为望。卜辞中还有一个从土从収的字，写作""(《合集》33209)，隶定为裹，它的异体还有、两形。"裹"的用法与"A"是一样的，在甲骨文中常有"裹田""A田"，所以"裹田"与"A田"应该是相同的事类，本书径以"A田"为正。

A字读法分歧很大，杨树达先生释为"掘"，"掘田"即挖矿。③余永梁先生释为"圣"，郭沫若、董作宾、于省吾诸先生从其说④，郭沫若先生认为"圣田"是《诗经·七月》中的"筑场圃"，董作宾先生谓"圣田"

---

① 于省吾：《殷代的交通工具和馹传制度》，《东北人民大学人文科学学报》1955 年第 2 期。
② 金祥恒：《释 》，宋镇豪主编：《甲骨文献集成》（12），四川大学出版社 2001 年版，第 370—381 页。
③ 杨树达：《耐林廎甲文说》，上海群联出版社 1954 年版，第 6—7 页。
④ 余、郭、董三位先生的观点参考《甲骨文字诂林》第 1192 页。

乃"耕种垦殖之事",于先生则认为"圣田"是一种垦荒行为①。陈梦家先生释为"粪","粪田"大约是给庄稼施肥的意思。②徐中舒先生释为"贵","贵田"是耨田③,胡厚宣先生从之④。张政烺先生释为"裒","裒田"是开垦荒地、平整新田。⑤饶宗颐先生释为"壅","壅田"是给禾田培土的意思⑥;裘锡圭先生则认为"壅田"是开垦荒地、去高填洼、修筑田垄一类的工作。本书暂从张政烺先生的观点,释 A 字为裒。"裒",《集韵》引《尔雅》谓"聚也"。从字形上看,裒象以双手聚土,但农业发展到商代这一阶段,商人不大可能赤手空拳去开辟新田,晚商聚土类工具以铲形器为主,则"裒田"也使用铲形器?这尚需要更多证据。

甲骨文中与裒田有关的卜辞较丰富,其中以"裒田"的对象最为引人注意,如:

癸巳卜,宾贞:令众人🐾入𢀖方裒田。
贞:弜令众人。六月。　　　　　　　　《合集》6【宾三】

"🐾",暂从彭邦炯先生释,隶定为"聱",即《说文》"聤"的初文,是暂停的意思。⑦𢀖方曾是商人的敌对方国,所以卜辞有"于一月伐𢀖暨召方,受祐"(《合集》33019);另外卜辞还有用"𢀖伯"祭祀"丁"的例子(《合集》1118),说明𢀖方首领曾被商人俘虏。按照张政烺先生的解释,这里的"入𢀖方裒田"当参考葛伯仇饷的故事,是商人到𢀖方开垦新田、拓展势力的一种方式。

还有一条与𢀖方裒田相关的材料:

☐贞:王令多☐ [𢀖] 裒田。　　　　　《合集》33213【历二】

---

① 于省吾:《从甲骨文看商代的农田垦殖》,《考古》1972年第4期。
② 陈梦家:《殷虚卜辞综述》,科学出版社1956年版,第538页。
③ 徐中舒:《试论周代田制及其社会性质》,《四川大学学报》1955年第2期。
④ 胡厚宣:《卜辞中所见之殷代农业》,《甲骨学商史论丛初集》(外一种),湖北教育出版社2002年版,第595—810页。
⑤ 张政烺:《卜辞"裒田"及其相关诸问题》,《考古学报》1973年第1期。
⑥ 饶宗颐:《殷代贞卜诸人物通考》,香港大学出版社1959年版,第258页。
⑦ 彭邦炯:《释卜辞"众人聱……"及相关问题》,《殷都学刊》1989年第2期。

第三章 晚商农事活动与农业生产工具研究

上辞中的"絴"是残辞，作"𠂤"，《甲骨文合集释文》将残辞隶定为"羌"，但"𠂤"与羌字形不同，不可释为羌。① 被命令的"多☐"虽然残破，然其身份可以参考《合集》33209之"王令多尹裒田于西"，"多☐"或为"多尹"一类的人物。

商人裒田之地除了絴方，还常见"冞"地：

癸亥，贞：于冞裒［田］。　　　　　　　《合集》33209【历二】

冞地又称"师冞"（《合集》22317、24249），是商人的军事据点，卜辞有：

壬子卜，宾贞：冞伯☐　　　　　　　《合集》3401【宾三】
丙子卜：侯其敦冞。　　　　　　　　《合集》39923【师宾】
癸未☐侯弗☐冞不十月。　　　　　　《东大》121【师宾】

商王要以侯"敦冞"，可见冞地也曾是敌对势力范围，所以可称"冞伯"。这里"于冞裒"，似乎是商王占领此地，在此开荒造田的意思。

《合集》33209还有下列一组裒田卜辞：

癸亥贞：王令多尹裒田于西，受禾。
癸亥贞：多尹弜乍，受禾。
乙丑贞：王令裒田于京。
于龙裒田。　　　　　　　　　　　　《合集》33209【历二】

"西"或是"西邑"，卜辞有"燎于西邑"（《合集》6156）、"侑于西邑"（《合集》7865），足见商王对西邑的重视。"京"是重要田猎与农耕地，卜辞有"京受黍年"（《合集》9980）、"田于京"（《合集》10919），商王还有令禽裒田于京的例子（《合集》9473）。"龙"，可能是"龙方"的省称，卜辞有"王惟龙方伐/弜惟龙方伐"（《合集》6583），那么"于

---

① 昆仑：《殷墟卜辞有用羌于农业生产的记载吗》，胡厚宣主编：《甲骨文与殷商史》（第一辑），上海古籍出版社1983年版，第35页。

· 105 ·

龙袤田"大约与哭、絴方等地的"袤田"类似。但是，甲骨文中的"龙方"常与商人战争，而"龙"则多与商保持良好关系，所以本书倾向于"龙方"与"龙"不是一地。

上面几组袤田卜辞，一方面暗示商人袤田之地可以位于商与敌对方交界地带或新占领区，这类地区远离商人农业区，所以商人需要"袤田"。从这点来说，张政烺先生认为"袤田"是开垦荒地的观点无疑是正确的。另一方面，袤田之地毕竟还有类似"京"这种农业区，我们不确定商人在京地的袤田究竟是开垦荒地，还是整理旧田，所以裘锡圭先生"这项工作既可以是为开生荒而进行的，也可以是为整理撂荒地而进行"的观点也值得注意。

另外，张政烺先生认为殷代田狩与袤田有关，这为新公布的一版甲骨进一步证明：

  弜狩。
  戊戌，贞：王令刚袤田于陇。
  戊戌，贞：其告于父丁。   《俄藏》189【历二】

田猎与开荒同版，正好印证了《白虎通义》"王者诸侯所以田猎者何？为田除害"。此版卜辞又与下面两版卜辞相关联：

  甲戌，贞：王令刚袤田于陇。
  甲戌，贞：其告于父丁。   《屯南》499【历二】
  王令袤田于龓。   《合集》33212【历二】

宋镇豪先生据此认为陇、龓为同一地名[1]，其言甚是。
卜辞还有一组与"爰"有关的袤田记载：

  己酉卜，争贞：収众人，呼从爰，屮王事。五月。
  甲子卜，㱿贞：令爰袤田于□。   《合集》22【宾组】

---

[1] 宋镇豪、玛利娅主编：《俄罗斯国立爱米塔什博物馆藏殷墟甲骨》（文字考释部分），上海古籍出版社2013年版，第156—157页。

癸□卜，□贞：[今日]令**受**衰[田]于敖侯。十二月。
□□[卜]，□贞：今日[令**受**]衰田于敖侯。十二月。

《拼合》60【宾出】

癸□〔卜〕，□贞：▨**受**▨敖侯。　　　　　《合集》3308【宾出】

这组卜辞是"**受**"带领众人为商王衰田的记载，衰田的地域在敖侯封地，衰田的时间在五月（也可能是六月）和十二月。另外，卜辞还有：

壬戌卜，争贞：气令**受**田于敖侯。十月。《合集》10923【宾三】
这或许也与衰田有关。
卜辞还有：
戊辰卜，宾贞：令永衰田于盖。　　　　　《合集》9476【宾三】
戊子卜，宾贞：令犬征族衰田于[虎]。　　《合集》9479【宾三】
辛▨贞：王令□衰田于[林]侯。　　　　　《合集》33278【历二】
辛▨[贞]：王[令□]衰田[于]**林**[侯]。

《合集》34239【历二】

王令束人于**屮**衰田。
王令**疢**人衰田于**鬲**。　　　　　　　　《村中南》375【历二】
甲子，贞：于下人**刖**衰田。
□子贞：于□方衰田。　　　　　　　　　《合集》33211【历二】
衰，五百四旬七日至丁亥。比。在六月。①

《合集》20843【师小字】

以上卜辞值得注意的有这样几点：首先，衰田不是自发的农业活动，而是由商王规范实施的国家行为，所以衰田的命令者一直是商王；其次，衰田的地点多不是常见的农业地，且涉及一些方国，这说明衰田多不是针对一般的农业区；最后，衰田的月份主要有六月和十二月，可见衰田主要发生于夏、冬两季。基于以上几点理解，本书认为：当"衰田"是开垦荒地的时候，其所开荒的土地以非农业区为主，那么"衰田"涉及其他方国也是正常；开荒之事不能占用农时，商代的农时以商历十二月到次年三月

---

① 此辞可能残缺，不作讨论。

最为集中，十月份为收割季节，则五六月份和十二月份的衰田自然不会耽误农时。

二 翻耕土地

"古之始耕者，除田种谷"，一年农事实始于除草翻耕。裘锡圭与杨升南两位先生都将芟除杂草作为翻耕土地之前的一个流程，这是因为商周时期尚未有较为普及的连种或复种技术。① 虽然郑玄注《周礼·稻人》中已有粟收种麦，麦收种粟、豆的复种记载，但《国语·齐语》明确记载："令夫农，群萃而州处，察其四时，权节其用，耒、耜、枷、芟、及寒，击槁除田，以待时耕；及耕，深耕而疾耰之，以待时雨。"《管子·小匡》记载与之类似。表明战国时期农业耕种几乎完全依仗天时，"耕"与"种"都要待"寒"待"雨"，这种种植技术应该在复种技术之前。那么更早的商代农业自然也无法做到一季之后立刻再种一季。

我们认为，商代的两农业季之间当有间隔，以致田生荒草，农人在翻耕土地之前，需先"击槁除田"，芟除杂草。《礼记·月令》有孟春之月"草木萌动"，郑玄注引《农书》注曰："土长冒橛，陈根可拔，耕者急发。""陈根可拔"者，当指耕前除草，所以本书将耕前除草视为翻耕土地的第一个步骤。

（一）耕前除草

据裘锡圭先生考证，甲骨文中与除草木有关的卜辞有五种：柞、散、秉、芟、告𦰩。裘先生认为"柞"为开荒除木；"散"是"散"的古文，即芟杀草木，卜辞中的"散"多与田猎卜辞相关，应该是开荒过程的芟杀草木；"秉"是处理禾秆的一种行为。前三者都与耕前除草关系不大，所以这里不涉及"柞""散""秉"的讨论。"告𦰩"与"芟"虽然都与除草有关，但"芟"更可能是中耕除草，下文会深入讨论此字，这里只讨论与耕前除草关系密切的"告𦰩"。

《合集》33225 有一版历组卜辞：

---

① 关于中国古代的耕种技术演变，可参考李根蟠《中国古代耕作制度的若干问题》，《古今农业》1989 年第 1 期。

己卯贞：在囧**扃**来告🌿，王［其黍］。
王弜黍。
壬辰贞：在囧**扃**来告🌿，王其黍。
王弜黍。 【历二】

"🌿"字，《甲骨文字编》释为"鬱"，这是受了"槑"字释为"鬱"的影响。裘锡圭先生已经指出，"槑"所从之"𣎴"与"🌿"所从之"𠂆"不同，故此不能据"槑"字来隶定和释读"🌿"字。而《甲骨文编》《新甲骨文编》将"🌿"释为"芀"，这是多数学者的观点。① "芀"字从"𠂆"从艸，《说文》"芀，草也"，《玉篇》以"旧艹不芟、新艹又生"释芀，段玉裁则引《列子》"藉芀燔林"证明"芀"是"茢"字。甲骨文中的"芀"字所从"𠂆"的本义是斤字，所以"芀"的本义大约与文献中作为破木讲的"析"字类似，有砍杀草木的意思。

卜辞中的"芀"常与"米"一起出现，如：

☐在囧**扃**☐芀，王米。　　　　　　　　《合集》32963【历二】
甲申贞：芀。
弜米。
甲申贞：王其米以祖乙眔父丁。
甲申贞：汎以。
庚寅贞：王米于囧以祖乙。
其汎以小示以。
庚寅贞：王其米，惠☐ 　　　　　　　　《屯南》936【历二】

以上两辞中，裘锡圭先生则认为"米"可能是收获黍米，但"芀"是草荒，似乎又与收获黍米无关。于省吾先生认为"米"是祭祀动词，通敉，是安抚的意思②，我们认为较为接近原义。清除杂草是一年农耕之始，商王自然十分重视，故常常要米祭祖先，祈求顺利除草。"王米于囧，以

---

① 严一萍：《释芀》，宋镇豪主编：《甲骨文献集成》（12），四川大学出版社2001年版，第298—299页。
② 于省吾主编：《甲骨文字诂林》，中华书局1996年版，第1837—1838页。

· 109 ·

祖乙"指王在囧地举行祭祀，安抚祖乙，因为与农业有关，祭品为谷米。

卜辞还有一条与"芍"有关的记载：

丁酉卜，在屮□✽，芍，弗悔。　　　　　　《合集》37517【黄组】

本辞是说商王占卜种植✽之前要清除杂草，"芍"可能是动词。总之，卜辞中的"芍"虽然本义是砍杀草木，但甲骨文中的"芍"逐渐远离本义，而成为田中茂草的代名词。

（二）翻耕

除草之后，商人就可以翻耕土地，甲骨文中与翻耕土地有关的名词主要有"叠田"与"耤田"。

1. 叠田。卜辞有：

□王大令众人曰：叠田。其受年。十一月。　　《合集》1【典宾】
贞：惠辛亥叠田。十二月。　　　　　　　　　《合集》9499【宾出】

"叠田"与农业活动有关，但究竟如何解释，学术界尚存争议。中华人民共和国成立前，多数学者都认为"叠田"是一种集体协力耕种[①]，董作宾先生还进一步认为"叠田"是种麦[②]；但也有少部分学者持有不同看法，王襄就认为"叠田"是祭祀田祖。[③] 中华人民共和国成立后张政烺先生系统研究过"叠田"，他赞同王襄的看法，且进一步认为"叠田"相当于周人的蜡祭，是索鬼神而袭之。[④] 对于张先生之说，裘锡圭先生认为目前还没有可以说明"叠田"是祭祀活动的确凿证据，"叠田"的时间发生在殷历十一和十二月，故"叠田"可能是冬天大规模翻耕土地。后来郑慧

[①] 郭沫若：《由周代农事诗论到周代社会》，《沫若文集》第16卷，人民文学出版社1958年版，第99页；胡厚宣：《卜辞中所见之殷代农业》，《甲骨学商史论丛初集》（外一种），湖北教育出版社2002年版，第595—810页。

[②] 董作宾：《殷历谱》（下编卷四），"中央研究院"历史语言研究所1945年版，第6页下。陈梦家先生赞同，见陈梦家《殷虚卜辞综述》，中华书局1956年版，第537页。

[③] 王襄：《簠室殷契征文·岁时》，天津博物院影印1925年版，第372页。

[④] 张政烺：《殷契"叠田"解》，《张政烺文集·甲骨金文与商周史研究》，中华书局2012年版，第45—55页。

生先生提出"叠田"可能是收麦①，陈文华先生提出了质疑②，认为"叠田"是耦耕前身，乃三人一组并肩劳动，这与集体耕种说是一致的。现在对于"叠田"的理解，学术界多赞同裘锡圭先生的看法。③

甲骨文中直接记载"叠田"的卜辞不多，这些卜辞最引人注意的特点有两个，其一是动词"叠"，其二是命令的状态以及被命令者，也就是卜辞中的"大令众人"。叠，或作劦，乃著名的周祭祀典之一，所以王襄认为"叠田"是祭祀田祖。但甲骨文中的"叠"从三力，胡厚宣先生认为示合力之意④，裘锡圭先生认为卜辞中的"力"象由尖头木棒发展而来的力形发土农具，李学勤先生认为"力"象原始的翻土骨器⑤，可证"叠"的造字本身就与农业生产有关。有一条卜辞可以证明"叠田"是农业生产，而不是祭祀田祖。

[弜耤] 丧旧田，不受有[年]。
弜改灾，惠懋田劦，受有年。　　　　　　《合集》29004【无名】

这条卜辞是京东大学所藏，拓本模糊，释文据贝冢茂树隶定。此辞与《合集》28200中"弜耤噩旧田，不其受有年"为一事。"改"，原释为"巳"，李学勤先生最早考释为"改"，更改的意思⑥；后来沈培先生有长文申论此说⑦，此字释"改"应该没什么问题。"弜改灾"，张政烺先生认为是灾害不止，李学勤、沈培二位先生认为是灾害不会改变的意思；"惠懋田劦"乃"劦懋田"之倒置，劦乃"叠"的简写，张政烺先生认为"劦懋田"是因灾害而祭祀田祖。裘锡圭先生则释"灾"为"𤇲"，可能通"甾"，或为杀草讲的菑字，"弜改菑，劦懋田"就是不用杀草，直接翻耕长满草的落荒之地。从辞例上看，该辞前言"耤田/不受有年"，后言"劦

---

① 郑慧生：《商代的农耕活动》，《农业考古》1986年第2期。
② 陈文华：《叠田新解》，《农业考古》1988年第2期。
③ 杨升南：《商代经济史》，贵州人民出版社1992年版，第155—187页。
④ 胡厚宣：《卜辞所见殷代农业》，《甲骨学商史论丛初集》（外一种），湖北教育出版社2002年版，第595—810页。
⑤ 李学勤：《力、耒和踏锄》，《农业考古》1990年第2期。
⑥ 李学勤：《释"改"》，宋文薰等主编：《石璋如院士百岁祝寿论文集：考古、历史、文化》，南天书局2002年版，第401—408页。
⑦ 沈培：《甲骨文"巳"、"改"用法补议》，李宗焜主编：《古文字与古代史》（第四辑），"中央研究院"历史语言研究所2015年版，第37—64页。

田/受有年",可见该辞中的"劦田"与"耤田"性质相似;"耤田"的意思十分明确,乃翻耕土地,则卜辞中的"叠田"也当与此相关。

"叠田"的命令者是"王",被命令者是"众人",但命令的状态是"大令"。正如许多研究者指出的那样,如果"叠田"是祭祀田祖,那么很难理解何以用"大令"这种语态。从目前的材料看来,尚无法证明"叠田"是否具有祭祀礼仪性质。本书对"王大令众人曰叠田"的理解,基本延续裘锡圭先生的解释,裘先生说叠田"可能是在冬天大规模翻耕土地,为明年的春耕作准备"。

"叠田"翻耕工作的指挥者是"王",劳动者是"众人",劳动状态可能是一种很宏大的场面,所以许多学者认为"叠田"就是文献中的"耦耕",即"十千为耦"(《诗经·周颂》)是也。关于"耦耕",《礼记·月令》:"命农计耦耕事,修耒耜,具田器。"可见文献中的耦耕与"叠田"相似,所用工具也是耒耜。[①] 耦耕是两人合力耕种的意思,《论语》有"长沮、桀溺耦而耕"的故事,是为证。但耦耕的具体耕法仍有争议,许慎认为"二伐爲耦"(《说文·耒部》),是两人各执一耜的意思;贾公彦则认为"两人耕爲耦"(《周礼·冬官考工记·匠人》疏),是两人一耜的耕种方法。从后世两人拉犁的耕种方式来看,耦耕当以二人共执一耜,并力发土为主。另外,耦耕的时间也与卜辞中"叠田"类似。《地官·里宰》云:"以岁时合耦于锄,以治稼穑,趋其耕耨。"《吕氏春秋》将"耦耕"放在"季冬纪",可知《地官·里宰》中的"岁时"实指岁末,正合于卜辞中"叠田"的日期。这就进一步证明"耦耕"确为"叠田"之演变。

2. 耤田。卜辞中的"耤"一般作𦒳、𦔮、𦕈,象人持耒发土之形,此字经徐中舒、余永梁、郭沫若诸先生考证[②],释为耕耤之"耤"已无问题。卜辞中与"耤田"有关的记载较为简单,可大致分为三类,本书择其要者列举如下:

(1)某人耤田或在某地耤田:

贞:今我耤受年。

[①] 也有单独用耒者,如《说文》:"耦,耒广五寸为伐,二伐为耦。"或单独用耜者,如《诗经·载芟》:"有略其耜。"
[②] 于省吾主编:《甲骨文字诂林》,中华书局1996年版,第177—179页。

第三章 晚商农事活动与农业生产工具研究

☐不其受年。 《合集》9507【宾一】
贞：呼雷耤于明。 《合集》14 正【典宾】
☐㞢耤在明，受有年。
㞢弗其受有年。 《合集》9503 正【典宾】
丙辰卜，争贞：呼耤于𠂤受有年。 《合集》9504 正【典宾】
乙卯卜，㱿贞：呼㞢耤在明言不酒。
弜呼㞢耤在名言，其酒。 《合集》9505【典宾】
壬午卜，㱿贞：呼鞭耤☐ 《合集》9508 正【典宾】
☐呼耤于廩北兆（兆）不☐ 《合集》9509【典宾】
☐卜，贞：众作耤，不丧。[其]☐
不其[受]年。 《合集》8【宾三】
弜耤丧旧[田]，其受有年。 《合集》28200【何组】

（2）王耤田或观耤：

☐王弜耤☐ 《合集》17407【典宾】
庚子卜，贞：王其观耤。惠往。十二月。 《合集》9500【宾出】
己亥卜，观耤。
己亥卜，贞：令🧍小耤臣。 《合集》5603【宾出】

（3）其他：

甲申卜，宾贞：呼耤，生。
贞：不其生。 《合集》904 正【宾组】
王占曰：丙其雨，生。 《合集》904 反【宾组】

《说文》记载"帝耤千亩也"，《诗经·周颂·载芟序》说"载芟，春籍田而祈社稷也"，毛传曰"籍田，甸师氏所掌，王载耒耜所耕之田，天子千亩，诸侯百亩；籍之言借也，借民力治之，故谓之籍田，朕亲率耕，以给宗庙粢盛"，可见籍田是国王亲耕的一种农业礼俗。"耤"的本义是耕，《清华简·系年》"昔周武王监观商王之不恭上帝，禋祀不寅，乃作帝籍，以登祀上帝天神，名之曰千亩，以克反商邑，敷政天下"，这是周天子作帝籍表明

· 113 ·

政权的合法性。① 后来耤田逐渐演变成孟子所谓助法，开始有了"借民力治之"的引申义。甲骨文中的"耤"当是文献中籍田的源头。

从（1）类卜辞可以看出，发布耤田命令的人是商王，被命令者有雷、㠱、甫、鞦等，这些被命令者应该是贵族，具体执行"耤田"农事的是"众"。（1）类卜辞中的耤田的地点有明、淮、廪北兆等，被耤之田包括"喪旧田"，证明晚商耤田与文献中的籍田不完全相同，它当是一种相当普遍的农业生产过程，而非全部都是礼仪活动。

从（2）类卜辞看来，商王会亲自参加耤田活动，所以才有"王弜耤"；王也会观察耤田，比如"王其观耤"就是商王亲自观察劳动者耕作翻土的意思。无论是商王耤田，还是商王观耤，王大约不会真的如一般劳动者一样全程参与劳动生产过程。凡此种种，皆说明商王参加过程的象征性和礼仪性意义大于实际意义。笔者认为，后世"籍田礼"的来源很可能就是这类卜辞。② （2）类卜辞值得关注的还有"㞢小耤臣"，这是小臣的一种，与商王命令前往耤田的具体贵族不同，"小耤臣"是专门为"耤田"活动设立的官职。

（3）类卜辞中的"呼耤，生；不其生"，一般认为"生"指生长，此辞是说耤田之后农作物是否生长出来。结合《合集》13505 耤田与种秜同版，裘锡圭先生认为"耤"不仅有"耕"的意思，还有"种"的意思③，具体内容可能是有人用耒翻地，有人跟着下种，其说甚有新意。关于"耤"与"种"的关系，我们还可以作点补充。《合集》13505 "秜于姌"与"耤于姌"同版，且二者兆序相连，应该是相关事类，这也可以证明"耤"与"种"有关。同类卜辞还有《合集》14，该版卜辞同时出现"令众黍"与"耤于明"。

以上，甲骨文中的"耤田"主要指翻耕土地，也可能包括下种，因为翻耕与下种本是两个相连的工作；"耤田"的主导者是商王，管理者是小耤臣，各地耤田的负责人是相关贵族们，而具体的劳动者则是"众"或

---

① 宁镇疆：《周代"籍礼"补议——兼说商代无"籍田"及"籍礼"》，《中国史研究》2016 年第 1 期。
② 需要说明的是，"帝籍"不见于商代，当是周人的发明，因为商人很少见直接祭祀上帝的材料，所以也应当不会有专门生产上帝之粢的田地。但商人祭祀祖先的粮食多来自"囧"地，这就暗示该地至少负责了祭祀祖先的粮食来源。
③ 裘锡圭：《甲骨文中所见的商代农业》，《裘锡圭学术文集·甲骨文卷》，复旦大学出版社 2012 年版，第 233—269 页。

"众人"。可见此项活动已经具备相当成熟的管理制度，生产活动有条不紊，是晚商农业生产专业化和复杂化较好的例子。

需要解释的是，同样是翻耕，"劦田"与"耤田"有何区别？杨升南先生从耤与劦的造字出发，认为两者的工具不同，耤田用耒，劦田用耜；且引"［弜耤］丧旧田，不受有［年］/弜巳灾，惠懋田劦，受有年"（《合集》29004），认为"耤田"一般是翻耕连种的熟地，"劦田"是开垦荒地。虽然卜辞"耤"与"劦"一个从耒，一个从力（后演变为耜），所象工具不同，然工具的多用性决定某种工具未必只能从事一种农业活动，耒、耜的功能差异不大，很难据"耤""劦"二字的象形判断两者所用工具定然不同。至于"耤田"与"劦田"是否指不同使用阶段的田地，裘锡圭先生认为"劦懋田"有可能是耕种布满杂草之田，"懋田"与"旧田"（张政烺先生认为"旧田"是熟田）相对，说明杨升南先生的判断也很有道理。

从后世的文献上看，"耤田"与"劦田"区别明显。《诗经·载芟序》言"载芟，春籍田而祈社稷也"。此诗前半部分云：

> 载芟载柞，其耕泽泽。千耦其耘，徂隰徂畛。侯主侯伯，侯亚侯旅，侯彊侯以。有嗿其馌，思媚其妇，有依其士。有略其耜，俶载南亩，播厥百谷。（《诗经·周颂·载芟》）

《载芟》属于《周颂》，这是我们能够找到的西周王畿之地耤田场景最为详尽的描述。"千耦其耘，徂隰徂畛"是耤田的劳作情景，"侯主侯伯，侯亚侯旅，侯彊侯以"是耤田的参与者，"有略其耜，俶载南亩，播厥百谷"是播种情景。类似的记载还见于《诗经·噫嘻》。《噫嘻》描绘的是周王"耤田"场景，其中有"亦服尔耕，十千维耦"。从《噫嘻》与《载芟》中可看出，"十千维耦""千耦其耘"只是整个籍田过程中的耕种动作，本身并没有其他含义。如果"劦田"是耦耕的前身，那么《噫嘻》与《载芟》对理解卜辞中"耤田"和"劦田"差异的意义在于，它提示了"劦田"可能只是"耤田"过程中的一个具体行为。

虽然西周时期的"耤田"已经被赋予礼仪与政治意义的籍田礼、籍田役的内涵，它与商代甲骨文中的"耤田"并不完全相同，但我们看甲骨文中的"耤"不仅有耕的意思，还包括与"生"有关的种植，可见"劦田"

确实有可能是"耤田"的具体行为。从卜辞上看,"叠田"发生于一年的殷历十一月或十二月,与"耤田"时间略同,但商王发布"叠田"命令的对象是"众人",而非某一具有相对独立地位的贵族;商王"叠田"的动词或者是"令",或者直言"叠田",这与"耤田"常用动词"呼"也不同。这种差异是否尽符合于以上的解释,还待深究。要之,"叠田"与"耤田"的差异虽然模糊却现实存在。

三　种植与护苗

待土地翻耕结束,农人就会择谷而种。晚商的农业已经较为成熟,农人在谷物种下后还会采取各类措施保护谷苗,以待成长,甲骨文中可以考证的护苗措施包括除草、治虫、防范旱涝等。本节依次讨论。

（一）种植

晚商农业的种植方式和过程尚不清楚,中华人民共和国成立前华北地区的农民种植一般需要两位劳动力:男性劳动力持锄挖坑,女性劳动力将种子放于坑内,并驱土掩盖。这种点播的好处是节约种子,确保种子的存活率。点播在汉代也是存在的,四川新都出土汉画像石中就有农人执"点种棒"点播谷种的图像[①],可作证据。商代是否已经使用这种点播技术,尚无法证实,杨升南先生认为晚商出土的骨锥有可能是点播工具,然而这种骨锥长度不够,尖头太细,并不适合农业种植。

卜辞中常用名词作动词形式表示谷物的种植,如《合集》13505提到的"呼甫秬于姐,受有年","秬"本来是一种谷物,这里表示种秬的意思。除了种秬,卜辞还有许多种植的例子。

1. 种黍。卜辞有:

庚辰卜,王:甫往黍,受年。一月。　　《合集》20649【师小字】
☐㱿贞:王其黍。　　　　　　　　　　《合集》9516【典宾】
丙戌卜,宾贞:令众黍,其受有年。　　《合集》14【典宾】
贞:王立黍,受年。一月。
贞:王弜立黍,弗其受年。　　　　　　《合集》9525正【典宾】

---

① 孙机:《汉代物质文化资料图说》,上海古籍出版社2011年版,第9页。

壬寅卜，宾贞：王往以众黍于囧。　　　　　《合集》10【宾三】
己卯贞：在囧冏来告芳，王黍。
王弜黍。　　　　　　　　　　　　　　　　《合集》33225【历二】

2. 种禾。卜辞有：

甲午卜，王：禾。　　　　　　　　　　　　《合集》19804【师肥】
贞：今秋禾，不遘☒大水。　　　　　　　　《合集》33351【无名】

3. 种𥝢（水稻）。卜辞有：

己丑卜，贞：𥝢于☒言。二月。　　　　　　《合集》9551【典宾】

4. 种秫。卜辞有：

丁酉卜，在𦬫秫，芳，弗悔。　　　　　　　《合集》37517【黄组】

晚商种植类卜辞较多，从中可以看出，商王对种植谷物极其重视，不仅亲自下田示范，还经常"立黍"。"立"有到达、莅临的意思，如卜辞中有所谓"王立于上"（《合集》27815），就是王莅临于上，所以杨升南先生认为"立黍"是指商王莅临种黍的现场。[①] 卜辞证明，种植的具体劳动力由"众人"充当，如"以众黍于囧""令众黍"等，以"众人"作为农业种植的主要劳动力，与翻耕阶段使用众人劳作是一致的。

另外，卜辞还有：

贞：惠小臣令众黍。一月。　　　　　　　　《合集》12【宾三】

在王与众人之间还有小臣，小臣是种植事项的管理者，卜辞中的"小耤臣""小众人臣"都属于与农业生产有关的小臣。

（二）中耕除草

除了耕前除草，中耕也常常需要除草。我们通常所说的中耕，即上文

---

① 杨升南：《商代经济史》，贵州人民出版社1992年版，第176页。

《后汉书·祭祀志》中提到的"芸耨"。《释名》"耨，以锄耨禾也"，锄的作用只能是除草，所以耨就是用锄为禾除草。殷墟罕见锄类农具，当用铲代锄除草。《王祯农书》说"铲，柄长二尺，刃广二寸，以划地除草"，说明铲的功能也以除草松土为主。在卜辞中，中耕除草的动词是"芟"。

"芟"是裘锡圭先生考证出来的①，作"㼀"，裘先生认为象殳杖一类东西击草；杨升南先生则认为是手持铲形工具除草。商代的石铲基本呈长方形，加上木柄就与"㼀"中间的部分完全一样，所以从字形上看，"㼀"字象人手持倒立的带柄石铲以除草形。《诗·周颂·载芟》"载芟载柞"，注"除草曰芟"，《说文》也释芟为除草；然韦注《国语》解释为"大镰所以芟草也"，从其字形上看，芟是用铲形器除草，不是用镰刀。甲骨文中与芟有关的卜辞较少，且多残破，如：

　　□往白□芟□田，弗□　　　　　　　　《合集》10571【典宾】

本书倾向将"芟"视为中耕除草的专有名词。同样是除草，"芟"与"芀"是有区别的："芀"可能是耕前除草，这是因为耕前可能荒草茂盛，故耕前除草所用词语可以借用开荒除草的动词（即上文论证的"芀"字）；"芟"可能是中耕除草，这是因为中耕除草要小心谨慎，以防误除谷苗，所以以铲类农具为宜，正对应着"芟"字。但这种区分并不是绝对的，早期农业往往存在一器多用现象，"芟"未必不能做耕前除草的动词。

如上所言，"芟"（"㼀"）字似人持铲以除草的象形，所以我们认为中耕除草的工具主要是铲。铲的形制，《说文》所言"方刃施柄"者是也。其功能，除了上引《王祯农书》，《齐民要术》也有类似记载，"要苗之道，钽不如耨，耨不如划；划柄长三尺，刃广二寸，以划地除草"。《广雅》释"划"为"古文铲"，可见铲主要用于"划地除草"。铲的特征是"方刃"，但材质较为丰富，以殷墟为例，出土铲的材质以石、骨为主，还有少量非实用的铜质、玉质铲。

（三）治虫

农业最怕旱涝蝗。甲骨文中有一象昆虫形的"𤴈"字，以往被释读为

---

① 裘锡圭：《释芟》，《裘锡圭学术文集·甲骨文卷》，复旦大学出版社2012年版，第77—78页。

秋，彭邦炯先生认为有一部分"𧎢"当释为螽，是指蝗虫。① 秋与螽虽然字形相同，秋可能是借螽为秋，但秋与螽在甲骨文中的用法差异较大，甲骨文中有"今秋""来秋"，这里的秋不能释为螽；而诸如"螽至""宁螽"之辞，也不能释为"秋至""宁秋"。

商王很关心会不会有蝗虫过来，如：

  贞：螽其至。
  庚申卜，出贞：今岁螽不至兹商。 《合集》24225【出二】
  癸酉，贞：螽不至。 《怀特》1600【历二】

"螽其至""螽不至"，自然是卜问蝗虫是否过来。"今岁螽不至兹商"，岁指一个农业季度，卜问这个农业季度中，蝗虫是否来商地。凡此，螽都不能释读为秋，不然于义不安。

蝗灾之所以成灾，是因为蝗虫数量众多，所以商王也会占卜蝗虫是否大量过来：

  乙酉卜，宾贞：螽大**雋**，惟☐六月。 《缀集》274【宾三】
  ☐螽不**雋宭**。 《合集》19537【宾出】

"**雋**"，《诂林》认为主要有"**雋**众""秋**雋**"两种，具有聚集之意（《诂林》1724—1725）。"螽不**雋宭**"自然是指蝗虫是否聚集于**宭**地。

为了除害，商王常常祈求"宁螽"：如：

  乙亥卜，其宁螽于㲋。 《合集》32028【历二】
  ☐入商，左卜，占曰：弜入商。甲申螽夕至，宁，用三大牢。
  ☐☐贞：其宁螽于帝五丰臣，于上甲告。 《屯南》930【历二】

卜辞中有"宁雨""宁水""宁疾"，宁是止息灾害的意思，上两辞中的"宁螽"只有解释为止息蝗灾才合理。

为了有效除灾，商王需要将灾情报告祖先：

---

① 彭邦炯：《商人卜螽说——兼说甲骨文的秋字》，《农业考古》1983年第2期。

乙未卜，宾贞：于上甲告螽**隼**。
乙未卜，宾贞：于夒告螽。　　　　　　《合集》9629【宾三】
贞：于王亥告螽。　　　　　　　　　　《合集》9630【宾出】
□酉卜，于□告螽**隼**。　　　　　　　《合集》33232【历二】

"告螽"，以往学者多认为是"告秋"，然而"**隼**"有聚集之意，彭邦炯先生认为"告螽**隼**"指向祖先报告蝗虫聚集为害，其说甚是。则"告螽"不是报告收获的意思，而是报告蝗灾。

卜辞有：

其告螽上甲二牛。　　　　　　　　　　《合集》28206【无名】
壬子，贞：其寻，告螽于上甲。
弜告螽于上甲。
壬子，贞屮米帝螽。
屮米帝螽。　　　　　　　　　　　　　《合集》33230【历二】

姚萱先生认为卜辞中部分"屮"字有进献的意思①，则《合集》33230 中的"屮米帝螽"似乎是进献谷物以"帝螽"。"帝"，在《合集》33230 中写作"𤎭"，这种写法一般与"禘"有关，应该是宁息螽灾的一种方式。

可见，每逢虫灾，商王一方面会报告于诸如上甲一类的神灵，另一方面希望通过米祭安抚蝗虫。卜辞对蝗虫记载较多，这说明商王对虫灾的重视，反映了蝗虫对农业丰收的危害。为了应对蝗灾，商王除了祭祀神灵、祈祷神灵庇佑外，很可能还有其他措施。彭邦炯先生认为卜辞中有一从螽从火的"秋"字（写作"𤐨"），是商人用火烧蝗虫的证据。②

（四）旱涝

卜辞有：

庚辰卜，大贞：雨不正辰，不唯年。　《合集》24933 左【出一】

---

① 姚萱：《殷墟花园庄东地甲骨卜辞的初步研究》，线装书局 2006 年版，第 130—131 页。
② 彭邦炯：《商人卜螽说——兼说甲骨文的秋字》，《农业考古》1983 年第 2 期。

《说文·辰部》谓辰为"民农时也"。"正",过去有一种意见认为正、足同源,"正辰"就是"足辰"的意思。① 不过,也有学者指出"正""足"这两个音、义皆无关系的字根本不可能在一个相对时期写成同形②,刘钊先生进一步指出卜辞中的"雨正""雨正年""㞢(有)正雨""雨不正辰"之"正"都应训为"适当""正当"。③ 是以,"雨不正辰,不唯年"是说雨水下的不当农时,年成不会好。这表明雨水"当辰"对谷物收成有着至关重要的影响。

卜辞还有:

辛未卜,古贞:黍年有正雨。
贞:黍年有正雨。　　　　　　　　《合集》10137 正【典宾】
己酉卜:黍年有正雨。　　　　　　《合集》10138【师宾】
☑贞:帝令雨正年。　　　　　　　《合集》14141【典宾】
贞:帝令雨弗其正年。　　　　　　《合集》10139【典宾】

"黍年有正雨""帝令雨正年",雨量适当或雨水当辰才能保证庄稼有好的收成。因为旱涝对农业的影响很大,所以甲骨文才有"令雨正年"之卜。

《前》3·29·3 有"禾有及雨,求雨丂",裘锡圭先生认为这是指作物急需要雨水,祈求降雨的意思。④ 可见,当雨水不足的时候,商人还会祈祷更多的雨水,以避免庄稼大旱。卜辞有:

己卯卜,殻贞:媚,雨,我不其受年。《合集》9717 正【典宾】
丙申卜,争贞:□见(献)媚,不雨,受年。
　　　　　　　　　　　　　　　　　《合集》10144【宾三】

"媚"是一种女子名称,卜辞有"伐妾媚"(《合集》655 正甲+655 正乙),可见"媚"属于"妾"。上引两辞中的"媚"明显用作祭品,"见

---

① 王辉:《正、足、疋同源说》,《考古与文物》1981 年第 4 期。
② 王光镐:《正足不同源楚楚不同字补正》,《江汉考古》1985 年第 2 期。
③ 刘钊:《卜辞"雨不正"考释——兼〈诗·雨无正〉篇题新证》,《殷都学刊》2001 年第 4 期。
④ 裘锡圭:《释"求"》,《裘锡圭学术文集·甲骨文卷》,复旦大学出版社 2012 年版,第 274—284 页。

（献）媚"就是用"媚"求雨，不知与焚巫尪①是否有关。

卜辞中有大量与"雨"有关的"受年"卜辞，大部分都是为了受年而求雨，但也有少量可能与雨水过多有关的例子，如：

  贞：兹雨不唯年。 《合集》10140【典宾】
  贞：兹雨不唯年憂。
  〔贞：兹〕雨〔唯〕年〔憂〕。 《合集》10143+9967【典宾】

这两条卜辞应该是商王担心雨水会对丰收造成影响，所以卜辞还有明确的"雨害年"（《合集》18910 正）。

因为雨水泛滥会造成庄稼歉收，卜辞才有"宁雨"之辞：

  丁丑贞：其宁雨于方。 《合集》32992 正【历二】
  丁未□：于上甲宁雨。 《屯南》900【历二】

除了通过祭祀祈祷上帝外，晚商还有相应的排涝引水的工作，如：

  令尹作大🌾。
  弜令尹作大🌾。 《合集》9472【典宾】

"🌾"，《合集》释为田。张政烺先生认为此字从田从"Y"，"Y"即《说文》"甽"字的古文，可释为甽。②裘锡圭先生认为"Y"并非甽浍之形，并引一从木从心的"恝"字为证。"恝"或作"🌿"，从"中"，但《合集》20737 作🌿，裘先生认为从"Y"，是"中"的省形，进而判断🌾是🌾的异体。裘先生所举"🌿""🌿"是一个字，但🌿上部所从并非"Y"，而是"𠂎"，是"中"的误刻，此例并不能证明"🌾"是"🌾"的异体。在没有更多资料前，本书还是以张政烺先生的观点为准。甽是田间水沟，张先生认为大甽是甽浍一类的水利工程。商代有大甽，就会有小

---

① 裘锡圭：《说卜辞的焚巫尪与作土龙》，《裘锡圭学术文集·甲骨文卷》，复旦大学出版社 2012 年版，第 194—205 页。
② 张政烺：《卜辞"裒田"及其相关诸问题》，《考古学报》1973 年第 1 期。

畎，小畎或为田地里的小水沟，用于排水或引水，是商人解决旱涝的一种措施。

除了"作畎"，甲骨文中可能的应对涝灾的方法还有"尊田"：

辛未卜，争贞：日众人☑尊田。　　　　　　《合集》9【宾三】

张政烺先生据"以'尊'为声的字常有聚意"认为"尊田"是在开荒的土地上聚土作垄。①《国语·周语》"或在畎亩"，韦注"下曰畎，高曰亩；亩，垄也"，杨升南先生认为"尊田"与"作龙（垄）"（《合集》29990）是同一的工作。②作垄不仅可以增加土地的透气性，最重要的是，它可以用于灌溉或排涝，这种作用与"畎田"类似，也是商人解决旱涝的重要措施。《吕氏春秋·士容论第六》："故亩欲广以平，甽欲小以深，下得阴，上得阳，然后咸生。"可见在古人眼中，经过作沟的"畎田"与作垄的"尊田"，作物就得以生长，获得丰收。

四　收获与储藏

（一）收割

收割是一年农事最重要的时刻，商王对此十分关心，所以甲骨文中也有许多与此相关的占卜。甲骨文中与收割类有关的动词是"𢦏"和"𠚐"。

1."𢦏"字。根据裘锡圭先生的意见，可以隶定为"秝"，读为"刈"，即《诗经·臣工》"奄观铚艾"之"艾"，指用镰刀连秆收割谷物。③关于"刈"，卜辞有：

贞：王往立刈黍于☑。　　　　　　　　　　《合集》9558【典宾】
☑立刈黍。　　　　　　　　　　　　　　　《合集》9564【典宾】
丁未卜，宾贞：惠𦃩刈黍。　　　　　　　　《合集》9559【宾三】
己丑卜，宾贞：今早商刈。

---

① 张政烺：《释甲骨文"尊田"及"土田"》，《张政烺文集·甲骨金文与商周史研究》，中华书局2012年版，第179—182页。
② 杨升南：《商代经济史》，贵州人民出版社1992年版，第171—172页。
③ 裘锡圭：《释秝》，《裘锡圭学术文集·甲骨文卷》，复旦大学出版社2012年版，第72—76页。

贞：今早不刈。　　　　　　　　　　　《合集》9560【宾三】
贞：翌商人刈。　　　　　　　　　　　《合集》9561【宾三】
贞：不其刈。三月。　　　　　　　　　《合集》9567【宾出】

对于最后一辞中的"三月"，裘锡圭先生认为三月非刈获之时，"不其刈"指的是卜问将来会不会得到收获，其说甚是。

另外卜辞还有管理收割之事的官员：

☐呼小刈臣。　　　　　　　　　　　　《合集》9566【典宾】

2．"𠂤"字。陈梦家先生将"𠂤"隶定为"采"，认为是"手采穗之形"①；裘锡圭先生进一步将"𠂤"隶定为"叡"，读为"挼"，训为引。"叡"似乎不仅仅用手采穗，商代有大量石刀出土，这类石刀即文献中的铚（"获禾短镰也"），或即"叡"所用之工具。

关于"叡"，卜辞有：

贞：弜呼妇姘往叡黍。　　　　　　　　《合集》40078【典宾】
贞：呼妇姘［往］叡黍。　　　　　　　《合集》2734 正【典宾】
庚戌卜，宾贞：惠王叡南囧黍。十月。　《合集》9547【宾三】
□□卜，在□贞：王☐叡梁☐往来☐悔。《合集》36982【黄组】
丁亥卜，其叡黍，惠今日丁亥。　　　　《屯南》794【历二】

上引诸辞中，"妇姘往叡黍""王叡"应该都是具有礼仪性质的采穗。商人还会强调采穗的时间，如：

暮出叡，受年，吉。
及兹夕出叡，受年。大吉。
于生夕出叡，受年。
惠丁亥出叡，受年。　　　　　　　　　《屯南》345【无名】

---

① 陈梦家：《殷虚卜辞综述》，中华书局1956年版，第536页。

"暮""夕"大体相当于现在的傍晚和夜间。

历组卜辞中还有一例用法相同的"𢎥"字：

己丑贞：王𢎥黍，受禾。
弗受禾。 《合集》33269【历二】

裘锡圭先生指出，"𢎥"为"叡"的一个异体。从以上"刈"与"叡"的卜辞来看，两者内容基本相似，裘先生的考释是没有问题的。

除了具体的收割动词外，卜辞中还有泛言收获的"𥎦"字，此字一般被释为"萑"：

□□卜，㱿贞：妇妌年萑。
□□［卜］，□贞：不其萑。 《合集》9596【典宾】
贞：妇妌黍，其萑。
妇妌黍不其萑。 《合集》9599【典宾】
辛卯卜，宾贞：黍，萑。 《合集》9602【典宾】
黍。萑。 《合集》9603【典宾】

"萑"，陈梦家先生认为是"获"字（《综述》第535页），即《诗·豳风·七月》有"八月剥枣，十月获稻"之"获"，学术界多有从之（《诂林》1691—1695）。但陈剑先生指出"萑"是歌部字，"获"是铎部字，古音不但不同，而且相距很远；陈剑先生认为"萑"或读为"嘉"，与卜辞用于表示"吉"的"鲁"字意义相近。① 陈剑先生的改释主要是基于"萑""获"古音不通，而不是"萑"不具"获"义，所以我们认为"萑"似可读为"刈"。

《诗经·豳风·七月》有"七月流火，八月萑苇"，朱熹《集传》"萑苇，即蒹葭也"，学者一般将"萑苇"理解为植物名。但《七月》篇的"七月流火，八月授衣""八月剥枣，十月获稻"之"流""授""剥""获"皆为动词，则"萑"也当是动词，故高亨先生认为"萑"借为

---

① 陈剑：《殷墟卜辞的分期分类对甲骨文字考释的重要性》，《甲骨金文考释论集》，线装书局2007年版，第381—388页。

"刉"（与"劀"同音义），是割的意思。"萑"有"菀""莞"音，《经籍籑诂·寒韵》："《诗小弁》：萑苇淠淠。《说苑·杂言》作'菀苇淠淠'。"王先谦《诗三家义集疏》则曰："《鲁》'萑'作'莞'。""萑"与"菀""莞"同音，是因为"萑"与"藿"通假的缘故，"萑苇"又可作"藿苇"（见《广韵·桓韵》）；"藿"是元部字，"菀""莞"也是元部字，可以通假。"劀"也是元部字，《说文》谓"冎声"，读音与"菀"字通，则"劀"与"藿"和"萑"古音相通是没问题的。"劀"，《玉篇·刀部》谓"削也"。以此观之，"八月萑苇"当如高亨先生所言，是"八月劀苇"。

陈剑先生已经证明卜辞中"萑"与"藿"是通用的。如此，将上述卜辞中的"萑"读为"劀"，训为"割"或"削"，不仅保持"获"的意义，而且从音韵上较"嘉"更为接近。

收割之后，还需要处理秸秆，如果处理不当，秸秆会对来年的种植产生一定的影响。裘锡圭先生认为卜辞中的"𣏂"就是处理秸秆的动词。"𣏂"，郭沫若先生认为是"从禾加束以示茎之所在"，故释为秆。于省吾先生认为"𣏂"与金文剌字左边偏旁相同，故𣏂、剌同音，"𣏂"可释为秉，《说文》"秉，禾束也"，《诗·小雅·大田》"彼有遗秉"。裘锡圭先生据郭沫若、于省吾二位先生的意见释"𣏂"为𥢶，《说文》"𥢶，黍穰也"，《广韵·平声·阳韵》"穰，禾茎也"，裘锡圭先生认为"𥢶"即禾、黍一类谷物的茎秆之名。① 笔者认为，郭、于、裘三位先生的说法都有道理，卜辞臀的写法是在人的屁股处加一半圈，示臀部之所在（见《甲骨文字编》9—10）；膝是在人的腿部加一半圈以示膝盖所在（见《甲骨文字编》10），此皆与𣏂的造字类似。

"𣏂"，卜辞有：

惠庚午𣏂于丧田，不遘大雨。　　　　　　《屯南》335【无名】
戊戌𣏂于盂田，不遘大雨。　　　　　　　《合集》31198【无名】
惠新𣏂屯用上田，有正。吉。　　　　　　《屯南》3004【无名】

前两辞中的"𣏂"用作动词，指处理丧田、盂田中收割剩下的谷秆，

---

① 郭沫若、于省吾、裘锡圭三位先生的意见可参考《甲骨文字诂林》第1429—1433页。

这类农业生产中名词作动词的例子还有很多，如裘锡圭先生所举"莱"例。上举第三辞中的"🐛"用作本意，"新🐛"指新收割剩下的秸秆，这些秸秆可能被运到"上田"（"上"与"下"对，大概指高地之田）以作肥料，卜问是否适当。

处理谷秆的卜辞也会与"舞"相关，如：

翌日庚其🐛乃舞，比至来庚有大雨。
翌日庚其🐛乃舞，比至来庚无大雨。
来庚剝🐛乃舞，亡大雨。　　　　　　　　《合集》31199【无名】

据裘锡圭先生的解释，"剝"乃劓，"剝🐛"是截断禾秆的意思。上辞中的"舞"一般用于求雨，处理禾秆而进行舞祭。故"翌日庚其🐛乃舞，比至来庚有大雨"似乎是求雨沤烂田中秸秆的意思，用作来年的肥料，此即《周礼》所谓"若欲其化也，则以水火变之"。

(二) 储藏

收割之后，需要对收割的谷物进行储藏。卜辞中有一个很常见的字"亩"，"亩"象仓廪之形，故一般隶作"㐭"，释为"廪"，有粮仓之意。①商代著名的粮仓有"南廪""崔廪"（《合集》20485）、"□廪"（《合集》5708 正）等，商王会经常令人视察"廪"或"南廪"：

乙亥卜，贞：令多马亚侃遘㱿省□鬏（廪），至于仓侯，从🝁川，从🝂侯。九月。
贞：弜省在南廪。　　　　　　　　　　　《合集》5708 正【宾出】
庚寅卜，贞：惠束人令省在南廪。十［二］月。
☒南廪。十二月。　　　　　　　　　　　《合集》9636【宾出】
己酉卜，贞：令🝃省在南廪。十月。　　　《合集》9638【宾出】
贞：先省在南廪。　　　　　　　　　　　《合集》9641【宾出】
癸巳，卜：令🝄省廪。　　　　　　　　　《合集》33236【历二】
惠贾、鼓令省廪。

---

① 于省吾主编：《甲骨文字诂林》，中华书局1996年版，第1966页。

惠马（？）令省廪。
惠竝令省廪。
惠阜令省廪。 《屯南》539【历二】

商王之所以经常令人"省廪"，可能与古代仓廪易于着火有关，《合集》583 就记载仆和宰趁夜焚烧三个仓廪之事，商王非常震动。卜辞中数见"南廪"，这可能是位于殷都南方的一个极其重要的粮食储备场所，所以商王才会这么重视。

宋镇豪先生认为廪象露天的谷堆之形①，上面涂泥土，用以防雨。本书认为，这种露天仓廪，其建筑形式，就字形（"亩"）推测应该是：上有遮雨的顶棚，顶棚由茅草涂泥制作；仓廪的中下部留有通风的空间，以防止粮食潮湿发霉。粮仓之事，古已有之②，文献中将露天谷堆称为"庾"，《诗经·小雅·甫田》有"曾孙之稼，如茨如梁；曾孙之庾，如坻如京"。甲骨文中的京作"亩"，与"廪"字形近，可见后世"如坻如京"的"庾"字形象来源于甲骨文中的"廪"。"庾"又称"庾积"，《国语·周语中》"野有庾积，场功未毕"，韦昭注"此庾露积谷也"。

晚商的粮仓除了"廪"，应当还有"仓"。《史记·殷本纪》提到商王"厚赋税以实鹿台之钱，而盈钜桥之粟"，《集解》谓"钜桥，仓名"，甲骨文中也有"仓"字：

于西仓☒ 《屯南》3731【无名】

"仓"，宋镇豪先生释为"仓"，认为是地下粮窖。殷墟曾发掘数量众多的窖藏坑，仅 2004 年大司空遗址一处就发现 80 多个具有储藏性质的窖穴坑，这些储藏坑形制不一，一般坑深 2—3 米，坑内保留大量废弃的陶片、石器或动物骨骼，也有一些储藏坑形制复杂，设有台阶（如图 3—1：a），明显为储藏食物所用；另外，大司空遗址还发现一处深达 9 米的窖藏

---

① 宋镇豪：《夏商社会生活史》，中国社会科学出版社 2005 年版，第 88 页。
② 早在新石器时期，大汶口文化曾发现所谓"鸟形神器"，酷似后世的粮囤模型（参考郎剑锋《蒙城尉迟寺遗址"鸟形神器"的定名与功能》，《江汉考古》2014 年第 6 期），可见仓廪一物，古已有之。严文明先生《喜读〈淅川下王岗〉》（《华夏考古》1990 年第 4 期）一文中指出下王岗遗址仰韶文化房屋中存在地面式粮仓类建筑遗存，严先生称其为"土仓"和"高仓"。

坑（如图3—1：b），设有台阶，可能具有冷藏作用。① 这些设有台阶的窖藏坑，若顶上加盖，则与甲骨文中的"㿝"字形相似，所以本书认为宋镇豪先生对"仓"的解释是正确的。

除了甲骨文中存在"西仓"，还有一件商代铜鼎上有一"仓"字铭文（《集成》1142），似乎暗示存在以管理"仓"事为职业的家族。另外，晚商金文有一"㿝"字（《集成》3990），宋镇豪先生也认为是"仓"。

《说文》"庚"字段玉裁引《汉官解诂》："在邑曰仓，在野曰庾。"这是后世对仓、庾的理解，并不能反映商代的真实情况。

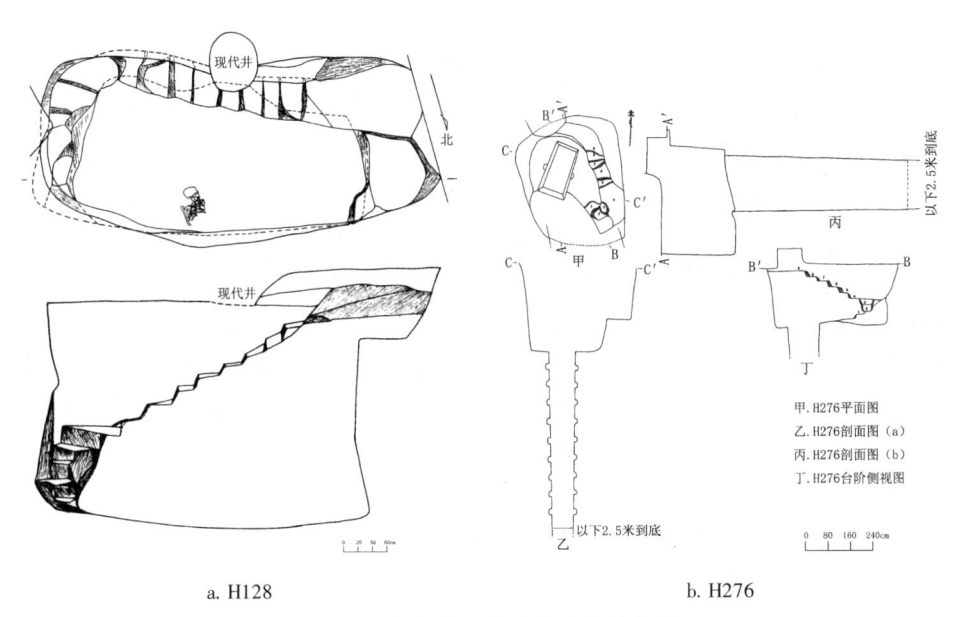

a. H128　　　　　　　　　　　　　　b. H276

图3—1　安阳大司空遗址出土储藏坑

（采自《安阳大司空——2004年发掘报告》第107、93页。）

五　其他农事活动

（一）换田

甲骨文中的"屖田"是一个争论不休的话题，卜辞之"屖"作"㿝"，

---

① 中国社会科学院考古研究所：《安阳大司空——2004年发掘报告》，文物出版社2014年版。

胡厚宣先生认为从尸从少，象人大便之形，乃屎字，"屎田"是给田施肥的意思。① 陈梦家先生虽然也认为"屎田"是农业活动，但认为释屎不妥。② 张政烺先生认为屎字下面的小点不是屎的形象，故不能释为"屎"，此字与《说文》"肖"的古文"肖"音同形近，故释为肖，"肖田"犹言耕种前的除草清理工作。③ 张雪明先生不同意张先生的看法，认为"屎"释"肖"尚欠妥当，当释"尼"，是"溺"的本字，"尼田"是施肥于田的意思。④

其后，李家浩先生从文字演变的角度重新考释"屎"字，认为"屎"即《说文》中的"徙"字；《说文》"徙"字古作"屎"，从辵止声。⑤ 李家浩先生认为"徙"所从之止乃少讹误，"徙"乃沙声，并引逆钟中的"彤屎"（金文中常见"彤沙"，故李先生将"屎"释为沙）一词认为沙、屎相通，故屎可释读为"徙"，"徙田"是换田，乃一种分配土地或更换休耕之地的活动，与典籍中的"爰田"相似。在李家浩先生观点发表之前，裘锡圭先生已经看过李家浩先生的笔记，并在此基础上将"屎"释为"选"，"屎田"可能是"选田"，指在落荒地中选定重新耕种的地段。⑥ 在李、裘二位先生之后，古文字学家基本认同二位先生的观点；经济史专家则依旧认为"屎田"是商代施肥的证据，如杨升南先生同意胡厚宣先生的说法，认为"屎田"是粪种的证据。⑦ 可见关于"屎田"的争议还没有结束，有继续研究的必要。卜辞中与"屎"有关的记载大概分两类：

1. 与田有关者。卜辞有：

贞：令🐦屎出田。　　　　　　　　　　《合集》9576【典宾】

---

① 胡厚宣：《殷代农作施肥说》，《历史研究》1955年第1期；《殷代农作施肥说补证》，《文物》1963年第5期；《再论殷代农作施肥问题》，《社会科学战线》1981年第1期。
② 陈梦家：《殷虚卜辞综述》，科学出版社1956年版，第538页。
③ 张政烺：《甲骨文"肖"与"肖田"》，《历史研究》1978年第3期；《关于肖田问题——答张雪明同志》，《武汉大学学报》1979年第1期。
④ 张雪明：《释"尼田"——与张政烺同志商榷》，《武汉大学学报》1978年第4期。
⑤ 俞伟超：《中国古代公社组织的考察——论先秦两汉的"单—僤—弹"》，文物出版社1988年版，第11—15页。
⑥ 裘锡圭：《甲骨文中所见的商代农业》，《裘锡圭学术文集·甲骨文卷》，复旦大学出版社2012年版，第233—269页。
⑦ 杨升南：《商代经济史》，贵州人民出版社1992年版，第155—187页。

戌戌卜，争贞：方屎㸚。　　　　　　　　　《合集》9574【宾三】
甲子卜，㱿贞：于翌乙丑屎眔。乙丑允屎眔，不遘雨。
　　　　　　　　　　　　　　　　　　　《合集》9570【宾三】
庚辰卜，□贞：翌癸未屎西单田，受有年。十三月。
　　　　　　　　　　　　　　　　　　　《合集》9572【宾三】
甲申卜，争贞：令㣈屎㞢田，受年。　　　《合集》9575【宾三】
屎有正，乃衷田。　　　　　　　　　　　《合集》9480【宾三】

2. 与职事有关。卜辞有：

龏屎㞢父工。　　　　　　　　　　　　　《合集》5624【宾三】
辛未，彳卜：我入商，屎我御事。　　　　《合集》21717【子组】

另外，"屎"字还见于金文，有：

逨肇屎朕皇祖考服，虔夙夕，敬朕死事。　（逨盘，《新收》757）
肆武公亦弗叚忘朕圣祖考幽大叔、懿叔，命禹屎朕祖考，政于井邦。

　　　　　　　　　　　　　　　　　　（禹鼎，《集成》2833）

对于"屎"的考释，要立足于字形的分析，也要兼顾文意。从字形演变上看，李家浩先生指出逆钟中的"彤尿"之"尿"是"沙"的异体，这是没有问题的。尿与沙都是从"少"的，且逆钟中的"彤尿"在金文中的文例与"彤沙"完全相同，证明二者一字。"尿"字从尾从少，《集韵·旨韵》"矢"下收有异体作"屎""屍"两形，可见尾可以简作尸，这就证明尿与屎其实是一字，进而屎与沙也是可以相通的。"尿"字不常见，其与沙之所以可以相通，似乎只能是古音相同，说明屎字沙声。李家浩先生分析"徙"乃沙声，这就与屎字同音，且徙字的古字作屎，形状与屎相似，自然可以名正言顺将屎释为徙。从对甲骨金文文意的理解上，若将"屎"释为屎或粪，就很难理解金文中"屎朕皇祖考服"或"屎朕祖考"的意思，因为这类金文中的"屎"明显是"继承"的意思。若按照李家浩和裘锡圭二位先生的看法，释"屎"为选，选可通纂，《左传·襄公十四年》

· 131 ·

有"纂乃祖考",杜预注"纂,继也",那就可以较为合理地理解与职事有关的卜辞。所以我们认为甲骨金文中的"屖"字当从李家浩、裘锡圭二先生释。

"屖"为徙,则"屖田"或"屖眔""屖🐰"等都是换田的意思,《合集》9480所谓"屖有正,乃衷田",是说所选徙之田合适,方可进一步"衷田",暗示"屖田"在"衷田"之前。土地易主之事在西周金文与东周文献中常见,也许"屖田"可以为这类土地制度找到源头。

(二)度田

按照上文提到的刘钊先生的考释,"屖有正"中的"正"是适当的意思,这暗示"屖田"同时也是一个度田(测量田地)的过程,不然商王无法确定所选之田是否适当。甲骨文中有与度田有关的记载,即"🐰田":

癸未卜,宾贞:皋🐰田,不来归。十二月。

《合集》10146【宾三】

贞:弜令🐰田。十一月。

贞:于□萊〔年〕。

己巳卜,宾贞:惠年祝,用。　　《合集》10148【宾三】

"🐰"从"止","土"声,《周礼·春官·典瑞》有"封国则以土地",郑玄注"土地即度地",张政烺先生据此认为"🐰"可读为"度","度田"即度量土地。① 其后裘锡圭先生又找出一片记载"土田"的卜辞,进一步验证张先生之说:

庚寅卜:令犬延田京。

弜犬延土田。　　《缀补》29【历二】

裘锡圭先生认为上辞中的"土田"与张先生释读的"度田"是一回事,都是开荒、除田之前进行的度量土地的工作。

除了张政烺、裘锡圭两位先生提到的度量土地的例子,卜辞中还有一

---

① 张政烺:《释甲骨文"尊田"及"土田"》,《张政烺文集·甲骨金文与商周史研究》,中华书局2012年版,第179—182页。

例与此有关者：

  贞：呼戈人🉐🉐。   《合集》8400（与8401同文）【典宾】

  上辞"🉐"从止，从用，从土，象征在土地上蹀步，可以按照张政烺先生对"🉐""🉐"的解读，省去中间的"用"声，就成了"🉐"字。所以"🉐"亦有度田的意思。

  《合集》8400中的"🉐"字一般释为地名，如：

  王其田在🉐。   《合集》29351【无名】

  "🉐"字上从田，似乎暗示该地可能是专门的田猎或农业之地。"呼戈人🉐🉐"指的是商王呼戈族之人到🉐地测量田地。至于商王为何要让戈人进入🉐族田地进行农业活动，大约与商人衷田类似，是一种农业扩展的措施。

第二节 晚商石质农具研究

  经过百余年的研究，我们对晚商农具的使用情况已经有了大致的认识，这归功于前辈学者的辛勤努力。但以往的研究，往往只是针对晚商农具中的某一类工具进行过系统的分析，而较少由点及面对晚商农具做一番系统梳理，尤其是没有构建晚商农具的区域图谱。基于这种思考，本节试图在前辈学者的基础上，首先定义农具的种类和名称，其次详细梳理考古遗址出土农具中最为重要的石刀，最后构建晚商石制收割农具的区域特征图谱。这里需要说明的是，晚商农具材质繁杂，本节讨论的重点是石质农具，但也涉及骨、蚌、角等材质，青铜农具问题则留待下一节讨论。

一 农具的分类与定名

  研究晚商农具，首要的问题是出土农具的种类与定名。对于前者，我们认为农具是用于农业生产的工具,它本身就是功能性设定,所以对判定某一类工具是否是农具,要立足于农业生产过程。对于后者,由于晚商农具没有自名,所以对它的名称和功能的判断要根据前辈学者的研究经验,[①]择善而从。就目前的考古发现来说,我们可以对晚商的起土、收割农具进行较为详细的讨论。

(一) 起土农具

商代的起土农具主要有耒、耜、铲等。

1. 耒、耜。多数学者都认同晚商的农业生产工具不仅仅包括出土的石、骨、蚌等材质,还当有大量的木制农具。殷墟曾发现过木制农具存在的线索[②],只是限于北方地区的埋藏环境,无法保存下来。这些木制农具的功能与河姆渡遗址出土之木耜较为相似[③],多用于起土翻耕,对应着甲骨文中的"叠田"与"耤田"。

"叠"字从"力"。"力"究竟为何物,学术界看法并不一致,于省吾先生认为卜辞中"力"字象"耒"之形,二者是同一种工具。[④]但卜辞中的"力"字乃一横木搭于木柄下方,与"耒"字歧头决然不同,似非同一种农具。徐中舒先生认为耒下歧头,从"力",后来发展为铁臿。[⑤]这是将甲骨文中的力与耒混淆。裘锡圭先生认为"力"和"耒"不是同一种农具,两者古音不同,"力"与耜、臿是一系的。[⑥]杨升南先生赞同裘锡圭先生的意见,认为卜辞中的"力"就是古书上的耜。[⑦]单从文字演变而言,裘先生的观点更能说得通,但尖头木棒如何演变为汉代的锸,却无法从考古出土实物得到证明。

"耤田"的工具是耒。《诗经·周颂·载芟》:"载芟,春籍田而祈社稷也。"毛传:"籍田,甸师氏所掌,王载耒耜所耕之田,天子千亩,诸侯百亩。籍之言借也,借民力治之,故谓之籍田,朕亲率耕,以给宗庙粢盛。""王载耒耜所耕之田",这是"耒耜"联称,但甲骨文中的"耤"字

[①] 黄展岳:《古代农具统一定名小议》,《农业考古》1981年第1期。
[②] 杨宝成:《先秦时期的木质农具》,《农业考古》1989年第1期。
[③] 浙江省文物考古研究所:《河姆渡》,文物出版社2003年版,第371—373页。
[④] 于省吾:《释叠》,《甲骨文字释林》,中华书局1979年版,第253—255页。
[⑤] 徐中舒:《耒耜考》,《国立中央研究院历史语言研究所集刊》第2本第1分册,1930年版,第11—59页。
[⑥] 裘锡圭:《甲骨文中所见的商代农业》,《裘锡圭学术文集·甲骨文卷》,复旦大学出版社2012年版,第233—269页。
[⑦] 杨升南:《商代经济史》,贵州人民出版社1992年版,第131—154页。

第三章　晚商农事活动与农业生产工具研究

从"耒",且其所从之"耒"确如徐中舒先生所言,是一种"歧头"农具,与耜并非一类器具。殷墟小屯西地1958—1959年发掘出"歧头"的耒齿痕迹(见图3—2),可以证明晚商的"耒"当如徐中舒先生所言。关于耒的形制,我们还可以参考东汉武梁祠画像石上的神农、夏禹持耒图(图3—3),这两图虽然是汉代人所画,但其中"耒"的形制可谓千年未变,而且神农持耒图题词是"神农氏因宜教田辟土种谷以振万民",可见耒的功能也是一直没有改变过。

图3—2　小屯西地H305木耒痕迹

(采自《考古》1961年第2期)

图3—3　武梁祠汉画像石中的"耒"

a. 神农持耒　　b. 夏禹持耒

(采自《中国画像石全集·卷1》第29页)

故此,虽然木质耒、耜无法保存,但根据古文字材料及考古材料,我们依旧可以确定晚商耒、耜普遍存在,且其形制大致如上所述。

2. 铲。铲是生产工具,主要用于起土,这在现今的农村也是如此。在商代,我们经常可以在殷墟遗址一些灰坑、墓葬的壁上发现铲的痕迹[1],2004年大司空遗址墓葬群也在填土内发现三件残骨铲[2],这些骨铲极有可能是当时人们挖墓残破后被丢弃在填土内。除了参与一般的起土工作外,

───────

[1] 如2004年安阳大司空村的H7、H11、H63、H361、H431,以及1958—1961年苗圃北地M105等遗迹壁上都有发现铲的痕迹。
[2] 中国社会科学院考古研究所:《安阳大司空——2004年发掘报告》,文物出版社2014年版,第393—394页。

晚商农业及其生产组织研究

铲很可能也承担着农业生产活动中耕除草的职责。上文已经指出，在甲骨文中，有"芟"（𦥑）字，是中耕除草的专用动词，杨升南先生则认为是手持铲形工具除草，这是可能的。"𦥑"中间部分是长方形石铲加木柄后的倒立形象，象征着人手持木柄石铲以除草形，所以不能排除铲用于中耕除草的可能性。

就考古发现来说，石铲的形态与石斧类似。铲与斧平面多呈长方形，但石斧常用于砍砸，故器身较厚；石铲常用于锄地，故器身较薄，所以器身厚薄是石铲与石斧区别的重要标志。① 李济先生认为宽厚之比在2.5之下者为斧形器，在2.5之上者为铲形器。② 本书也是以此标准判断出土之铲形器，这种分类亦满足《齐民要术》与《王祯农书》"刃广二寸"的记载。

晚商石铲大致可以分为无孔石铲与有孔石铲两类。以殷墟出土的石铲为例，无孔石铲可以按照是否有肩分两型，据已经公布的材料来看，约有60余件；从刃口的磨损情况看来，当以实用为主，所以功能上具有一致性。殷墟出土有孔石铲，平面多为长方形，器身较薄，通体磨光，制作精致，所以少见有完整出土者。有孔石铲合计50余例，多出自墓葬，且多无磨损痕迹，推测有孔石铲多为礼仪性用具，而非实用器；但也有部分有孔石铲器身较厚（大孔中长形，宽厚比一般在5之下），可见于居址，如中华人民共和国成立前E16出土一件石铲，有使用痕迹，故可能为实用器。

晚商除了石铲，还有大量骨铲及少部分蚌铲、角铲。殷墟制骨业兴旺，但骨器质地较脆，所以大型骨器保存完整者较为罕见。殷墟骨铲的原料一般选择用牛骨和猪骨，中间钻孔，用于捆绑木柄，一般磨成单面刃。因为制作简易，殷墟出土骨铲较多，其重要性与石铲相当。以1958—1959年殷墟发掘的情况为例，十一个地点共出土苗圃期（即殷墟时期）骨铲11件，与出土苗圃期石铲数量相当③；2004年大司空的发掘情况也是如

---

① 栾丰实：《论新石器时代石器的定名与用途》，山东大学历史系考古教研室编《纪念山东大学考古专业创建二十周年文集》，山东大学出版社1992年版，第83—93页。
② 李济：《殷墟有刃石器图说》，《李济文集》（卷3），世纪出版集团2006年版，第293—375页。
③ 中国社会科学院考古研究所：《安阳大司空——2004年发掘报告》，文物出版社2014年版，第182—195页。

此，该遗址居住类遗存共发现石铲4件、骨铲6件。①蚌铲、角铲数量较少，形制与有孔石铲相似，多有钻孔，猜测装柄方式也与有孔石铲类似，这里不多作讨论。

3. 关于牛耕的讨论。牛耕起源于何时，这是农业史上的重要课题。同意晚商有牛耕的学者，证据之一是江西新干大洋洲商代铜犁形器物的出土②，证据之二是卜辞中的"犅"字（本是合文，后分开作"㓞牛"③）。对于第一个证据，许多学者认为自新石器时代就出现的Ｖ形三角形器可能就是石犁，这种器物在河北武安赵窑遗址中也有发现④，新干大墓中的铜犁形器物不过是材质上的不同。本书认为这些证据都不足以证明商王朝晚期曾使用过犁铧，河北武安赵窑遗址出土之所谓"石犁"，残存甚少，不足为证⑤；新干大墓不是商文化区域，也不足以证明商王朝晚期曾使用过犁铧。更重要的是，季曙行先生曾以使用痕迹和力学分析为证据，证明了曾经取名为"犁"的石质三角形器很少有可能作为石犁来使用。⑥最近美国的刘莉、中国的陈星灿等先生通过实验考古和微痕分析，以现代犁、铲为对比标本，观察昆山遗址出土之三角形石器，结果显示这些三角形石器可能具有铲、刀等多种功能，却没有发现类似犁耕的微痕，可以肯定它们不是犁。⑦以上工作证明新石器时代到商代的三角形器可能并不是耕地的"犁"，这也就消解了商王朝晚期犁耕说的讨论基础。

另一个讨论围绕是否有耕牛。"犅"，王国维先生释为物，是杂色牛的意思⑧；郭沫若先生释为犁，㓞乃勿，是犁的初文。⑨王国维先生、郭沫若先生

---

① 中国社会科学院考古研究所：《殷墟发掘报告（1958—1961）》，文物出版社1987年版，第173—184页。
② 杨升南：《新干大洋州商墓中的铜铧犁、商代的犁耕和甲骨文中的"犁"字》，《南方文物》1994年第1期。
③ 金祥恒：《释犅》，宋镇豪主编：《甲骨文献集成》（12），四川大学出版社2001年版，第453—458页。
④ 唐云明：《河北商代农业考古概述》，《农业考古》1981年第1期。
⑤ 河北省文物研究所：《武安赵窑遗址发掘报告》，《考古学报》1992年第3期。
⑥ 季曙行：《石质三角形器、三角形石刀用途考——以使用痕迹与力学分析为中心》，《农业考古》1993年第1期。
⑦ ［美］刘莉、陈星灿等：《新石器时代长江下游出土的三角形石器是石犁吗》，《东南文化》2013年第2期。
⑧ 王国维：《释物》，《观堂集林》（卷六），中华书局1959年版，第287页。
⑨ 郭沫若：《殷契萃编考释》，科学出版社1965年版，第66页。

后，虽然对"㸼"的争议一直不断，但"㸼"为杂色牛的意见占上风。① 后来沈之瑜先生在一片新获甲骨上发现"幽牛"与"黄彡牛"对举，沈之瑜先生认为"彡牛"前饰"幽""黄"二色，则"彡牛"就不能是杂色牛。② 裘锡圭先生则认为沈之瑜先生所说的"幽牛"和"黄彡牛"可以理解为以"幽""黄"二色为主的杂色牛。③《甲骨文字诂林》认为"彡"不独与牛搭配，还见"彡马""彡牡""彡牝"，故"彡牛"不能视作牛耕的证据。④ 杨升南先生虽然认同商代已经有牛耕，但也认为从甲骨文中找到牛耕的证据是很困难的。⑤

关于耕牛，甲骨文能提供的资料非常之少，但殷墟动物考古却给笔者提供了一些启发。李志鹏先生分析了殷墟白家坟和孝民屯两个遗址点出土的所有黄牛的肢骨愈合状况与死亡年龄⑥，结果显示：第一，没有发现七个月大小以前被宰杀的个体，只有极少量的在一岁以前宰杀，这表明殷墟内居民消费的黄牛并非是自己饲养，而是由外部供应，这与甲骨文中随处可见的进贡牛的记载一致，也说明殷墟居民不会在饲养上投入过高的成本；第二，大多数的牛都没有活过四岁，活过五岁的个体则可能不到8%，这说明殷墟出土黄牛主要用于食用，而较少用于役使。当然，也有极少数的证据暗示晚商的黄牛可能用于役力⑦，但它们究竟用于牛耕，还是用于牵拉牛车，尚需进一步研究。总之，甲骨文中记载的祭祀或饮食才是殷墟黄牛的主要使用途径。

基于以上分析，我们认为商王朝晚期罕见牛耕或犁耕存在的证据，这至少可以证明商代并没有普遍利用牛力耕种农田。

(二) 收割工具

就考古与文献材料来说，明确的收割工具主要有镰、铚两类，材质主

---

① 可参考《甲骨文字诂林》第2457—2471页。
② 沈之瑜：《甲骨卜辞新获》，《上海博物馆集刊》（第3期），上海古籍出版社1986年版，第157—179页。
③ 裘锡圭：《甲骨文中所见的商代农业》，《裘锡圭学术文集·甲骨文卷》，复旦大学出版社2012年版，第233—269页。
④ 于省吾主编：《甲骨文字诂林》，中华书局1996年版，第2471页。
⑤ 杨升南：《商代经济史》，贵州人民出版社1992年版，第155—187页。
⑥ 李志鹏：《殷墟动物遗存研究》，博士学位论文，中国社会科学院研究生院，2009年。论文摘要见中国考古网，http：//www.kaogu.cn/cn/xueshuziliao/shuzitushuguan/zhuanyelunwenjian/yjs/2013/1025/31906.html，2009年08月07日。
⑦ 吕鹏：《商人利用黄牛资源的动物考古学观察》，《考古》2015年第11期。

要有石、蚌。

  1. 镰。我们对镰的定义来自千百年的农业实践，《王祯农书》说"镰，刈禾曲刀也"，所以我们将遗址中出土之曲刃器称为镰。裘锡圭先生指出，商代甲骨文中的"秄"所从之"丂"乃"刈"之初文，刈就是镰。① 镰本来是绑柄的，甲骨文中"刈"字的右下方就有作柄形的，可惜木柄不易发现。《国语·齐语》"时雨既至，挟其枪、刈、耨、镈，以旦暮从事于田野"，韦注"刈，镰也"。但是，最近王子杨先生认为"刈"字所用的工具是铚②，这就与传统的认知不同了。我们知道，甲骨文中的"秄"象以镰截取禾秆形，文献中的"铚"则是较为明确的截禾穗的短镰（如《释名》《小尔雅》），不仅功能不同，且形制也与镰有所区别。所以本书认为，卜辞中常见"秄黍"（如《合集》9958、9563），当如传统观点，是指用石镰或蚌镰收割黍。③

  李济先生曾对殷墟出土边刃器有过分类，在他的分类里，边刃器有三类：有孔形（即石刀）、弯条形（即石镰）、小屯石刀形（见图3—4）。这里简单讨论下"小屯石刀"问题，因为这一问题涉及石镰的分类。

  史语所第二至第七次发掘期间，至少七个单位都出有上百件的"不规则三边、四边，或多边长条形片状刀"，总计3640件，李济先生称为"小屯石刀"，并谓之殷墟最富特色器形之一。但安志敏先生强调，"小屯石刀"是绑柄使用的，所以应该叫石镰。安志敏先生强调④：

>   乙类的镰形石刀过去很多人将它列为甲类，使某些相关的问题无法解决。从使用方法上看，镰形石刀和有孔石刀不同应定名为石镰，另列为一类以便与甲类石刀（笔者按：即有孔石刀）有所区别。

---

① 裘锡圭：《甲骨文中所见的商代农业》，《裘锡圭学术文集·甲骨文卷》，复旦大学出版社2012年版，第233—269页。
② 王子杨：《释"铚"、"丂"》，《甲骨文字形态组类差异现象研究》，中西书局2013年版，第358—376页。
③ 国外学者曾对石镰进行过使用痕迹模拟分析，见［苏联］G.F.科诺布科娃《古代镰刀及其使用痕迹之模拟实验研究》，中国社会科学院考古研究所编《考古学的历史·理论·实践》，中州古籍出版社1996年版，第236—254页。
④ 安志敏：《中国古代的石刀》，《考古学报》1955年第10册，第27—51页。

[丙] 小屯石刀　[丙一] 宽短型

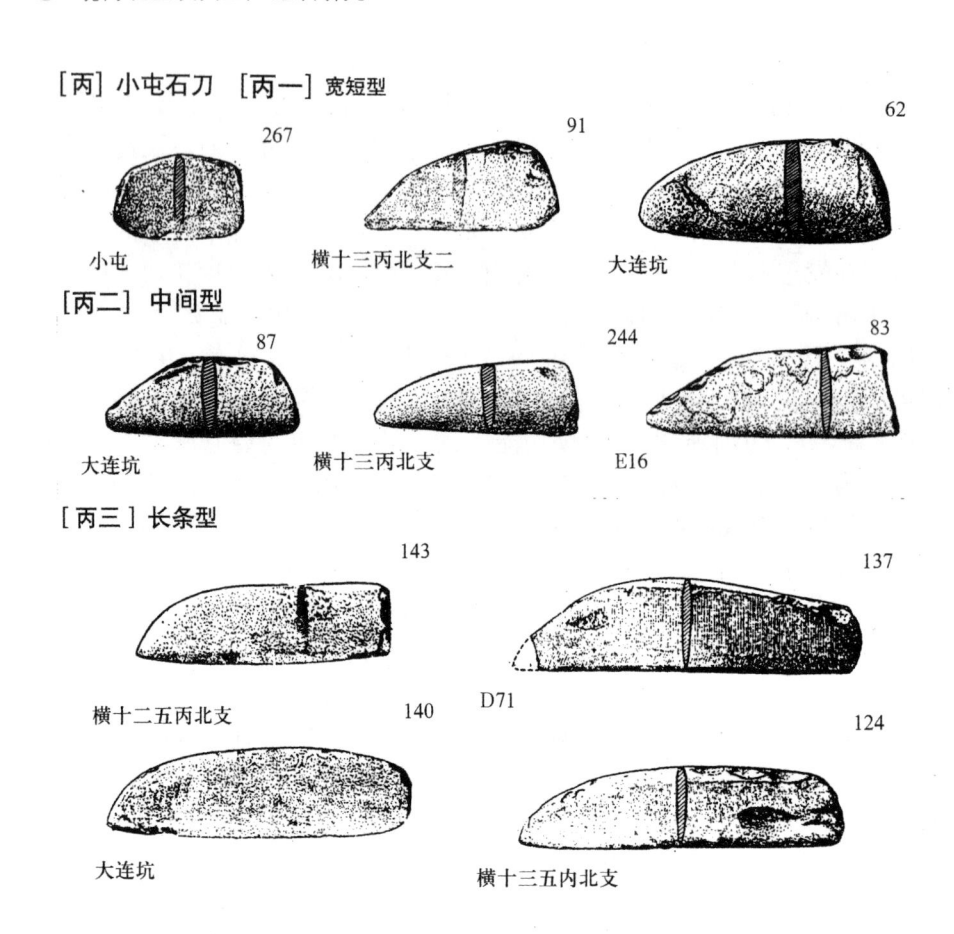

267　　　　　　91　　　　　　62

小屯　　　　　横十三丙北支二　　　大连坑

[丙二] 中间型

87　　　　　　244　　　　　　83

大连坑　　　　横十三丙北支　　　E16

[丙三] 长条型

143　　　　　　　　　　　137

横十二五丙北支　　　　　D71

140　　　　　　　　　　　124

大连坑　　　　　　横十三五内北支

图3—4　李济先生所谓"小屯石刀"举例

（采自《李济文集·卷三》第368—370页）

安志敏先生所言甚是。美国弗利尔博物馆藏的一件据传出自殷墟的"礼镰"（图3—5：a），该器器身长35.4厘米。"礼镰"或定名为戈，但此器不仅与戈器形不类，且殷墟出土带柄铜戈通长一米左右，如侯家庄M1004出土的大量带柄戈（图3—5：b），"礼镰"长度、形制都与戈不相符合，所以定名为镰是正确的。该"礼镰"顶部玉器形似李济先生所谓"小屯石刀"，但整体造型却与《王祯农书》记载之"镰"类似[①]，正可以

[①]（元）王祯著，王毓瑚校：《王祯农书》，农业出版社1981年版，第240页。

证明所谓"小屯石刀"当是石镰。"小屯石刀"应该归于石镰,而不能笼统地归于石刀。

a（采自《中国青铜器全集》第三册）　　　b（采自《1004 号大墓》插图十七）

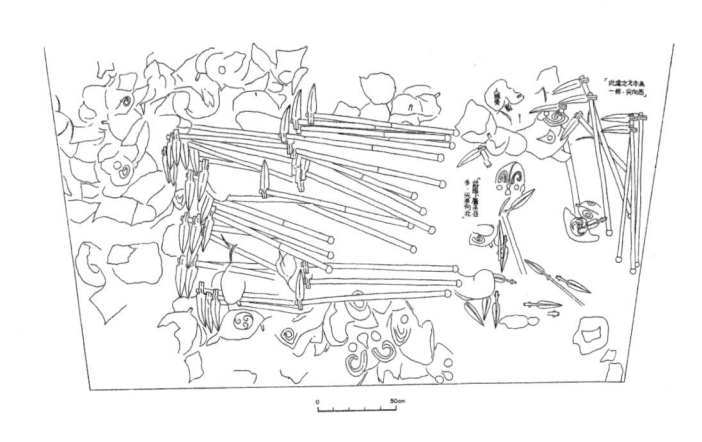

图 3—5　"礼镰"与铜戈对比图

除石镰外,晚商考古遗址中也常见蚌镰,部分遗址出土蚌镰的数量甚至多于石镰,这或许与遗址附近水产资源是否发达有关。蚌镰多系蚌壳磨制而成,其形制与石镰类似,一般为长条弯背凹刃或直刃形。另外,晚商还出土少量角镰、骨镰,如殷墟花园庄南地曾出土一件角镰[1],西安老牛坡遗址第四期文化遗存出土 10 件骨镰[2],因为数量极少,这里不作讨论。

2. 铚。铚是中国古代重要的收割工具之一,《说文》"铚,获禾短镰也",《小尔雅·广物》也说"禾穗谓之颖,截颖谓之铚"。关于铚与考古发掘品的对应关系,一般认为有孔石刀就应该是文献中的铚[3],这是正确的。《管子·轻重篇》:"一农之事,必有一耜、一铫、一镰、一鎒、一椎、一铚,然后成为农。"可见铚在农具中有着十分重要的地位,乃至可以与镰（艾）并列。先秦考古遗址中可与石镰相比较的收割工具唯有有孔石

---

① 中国社会科学院考古研究所安阳工作队:《1986—1987 年安阳花园庄南地发掘报告》,《考古学报》1992 年第 1 期。
② 刘士莪:《老牛坡》,陕西人民出版社 2002 年版,第 219—220 页。
③ 陈振中:《殷周的铚艾》,《农业考古》1981 年第 1 期。

刀，且有孔石刀本身就是收获禾穗的农具①，靳桂云先生从赵家庄遗址出土的龙山文化时期双孔石刀表面残留物中提取到水稻等农作物的植硅体②，马志坤等先生从青海民和喇家遗址出土的平刃石刀中也提取出了谷物的淀粉粒和植硅体③，都可以证明有孔石刀也可以用于收割谷物。故此，从有孔石刀的地位及功能来说，先秦文献中的铚只能是有孔石刀。在甲骨文中，与收割有关的动词除了"秚"（刈），还有"𠂤"字。该字陈梦家先生隶为"采"，裘锡圭先生隶为"叙"，象手摘穗形，其所用工具，或许就是石铚，也就是殷墟出土的有孔石刀。但是，《王祯农书》与《农政全书》却把铚绘成镰形，而将与有孔石刀形制相近的收割工具说成是粟鏗，并明确表示粟鏗与铚形制不同。④ 这可能就是有问题的。铚是收获禾穗农具的古称，它在各个时代各个地区很可能还有他称，如爪镰、掐刀、禾剪⑤等，粟鏗应该只是铚的一个别称，而非与铚形制不同。除石铚，晚商遗址还可见蚌铚，数量不多，这里就不作讨论了。

　　有一个问题，既然石镰与石铚都是收割工具，且在先秦考古遗址中常常共存，那么这二者除了收割谷物位置的不同，是否还有其他功能上的差异？《王祯农书》谓："南方收粟，用粟鏗摘穗；北方收粟，用镰并藁刈之。"⑥（《授时通考·卷三十九》类同）这是把镰与铚的差异放大为地域差异，认为铚是南方收割工具，而镰是北方收割工具。从现在的考古发现来说，先秦北方考古遗址中也常常出土石铚，如安阳殷墟、济南大辛庄遗址不仅出土数量众多的石镰，也出土相当多的石铚，这是地域差异无法解释的。那么，有没有可能是二者收获的植物种类不同？比如石铚和石镰都可以收割谷物，而石镰还可以用来进行割草等活动？目前暂时没有学者进行这一方面的研究，希望以后可以比较镰、铚刀刃的淀粉粒，看看这些淀

---

① 王吉怀：《试论新石器时代的镰和刀》，《农业考古》1988年第2期。
② 靳桂云：《山东胶州赵家庄遗址龙山文化石刀刃部植硅体分析与研究》，中国社会科学院考古研究所科技考古中心编：《科技考古》（第三辑），科学出版社2011年版，第75—79页。
③ 马志坤、李泉、郇秀佳等：《青海民和喇家遗址石刀功能分析：来自石刀表层残留物的植物微体遗存证据》，《科学通报》2014年第13期。
④ （元）王祯著，王毓瑚校：《王祯农书》，农业出版社1981年版，第238—241页；（明）徐光启著，石声汉校注：《农政全书校注》，上海古籍出版社1979年版，第550—552页。
⑤ 龚世扬：《广西少数民族收割工具禾剪的考察与研究》，《广西民族师范学院学报》2013年第2期。
⑥ （元）王祯著，王毓瑚校：《王祯农书》，农业出版社1981年版，第48页。

粉粒有没有种属上的差异。

以上，晚商的农具主要有耒、耜、铲、镰、铚等，其中耒、耜是木质农具，在商文化圈的考古遗址中极难保存下来，所以无法进行系统的分析；商文化圈考古遗址出土铲的形制差异不大，功能也相同，无法构建地域特征图谱，所以下文先对石刀（包括镰、铚）进行分类，然后再构建晚商收割工具的地域特征图谱。

二　晚商石刀的类型学分析

石刀是一个较为笼统的学术归属，它是切割工具的泛称，即李济先生所分有刃石器中的边刃器，它包括农具中的镰、铚，但又不限于镰、铚，所以必须对石刀的类型学进行详细分析，以区分石刀中的农具与非农具。

晚商时期商文化遗址出土石刀数量众多，但多数简报中的石刀或没有具体数量，或没有线图，或没有详细的分类，所以本书很难精确统计出各类相近形制石刀（如凹刃型与直刃型无孔石刀）的具体数量，而且也没有必要这样做。故此，下文主要是以一些重点遗址为例，大致评估各类石刀在不同区域的分布情况。本书所分析的遗址以河南安阳殷墟遗址[1]为中心，晚商的"北土"选择河北邢台东先贤遗址[2]、邢台贾村遗址[3]、邢台古鲁营遗址[4]、河北武安赵窑遗址[5]与邯郸磁县下七垣遗址[6]，晚商的"东土"选择山东济南大辛庄遗址[7]，晚商的"西土"选择陕西西安老牛坡遗址[8]。

---

[1] 殷墟石刀的统计对象主要有：李济：《殷墟有刃石器图说》，《李济文集》（卷3），世纪出版集团2006年版，第293—375页；中国社会科学院考古研究所：《殷墟发掘报告》，文物出版社1987年版，第174—179页；中国社会科学院考古研究所：《安阳小屯》，世界图书出版公司北京公司2004年版，第138页；高去寻遗稿，李永迪整理：《大司空村第二次发掘报告》，"中央研究院"历史语言研究所2012年版，第42—43页；中国社会科学院考古研究所：《安阳大司空——2004年发掘报告》，文物出版社2014年版，第182—184页。

[2] 邢台东先贤考古队：《邢台东先贤商代遗址发掘报告》，北京大学中国考古学研究中心编：《古代文明》（第1卷），文物出版社2002年版，第371—441页。

[3] 河北省文物管理委员会：《邢台贾村商代遗址试掘简报》，《文物参考资料》1958年第10期。

[4] 河北省文物研究所编：《邢台商周遗址》，文物出版社2011年版，第196—235页。

[5] 河北省文物研究所：《武安赵窑遗址发掘报告》，《考古学报》1992年第3期。

[6] 河北省文物管理处：《磁县下七垣遗址发掘报告》，《考古学报》1979年第2期。

[7] 山东大学东方考古研究中心：《大辛庄遗址1984年秋试掘报告》，《东方考古》（第4集），第319—325页。

[8] 刘士莪：《老牛坡》，陕西人民出版社2002年版。

晚商的石刀，依据形制可分为缺口石刀、条状无孔石刀、有孔石刀及其他无法归类的石刀。

（一）缺口石刀

缺口石刀是指那些整体呈长方形，但两端或一端有缺口者，用以系绳。这类石刀起源甚早，如仰韶时期西安半坡遗址、庙底沟遗址都有出土，一般认为是有孔石刀的源头。[①] 条状缺口石刀主要流行于仰韶时代和龙山时代[②]，但晚商遗址也有少量出土，如老牛坡遗址曾出土13件。这些缺口石刀可分两型：

A型 缺口无孔石刀，12件，又可据缺口数量分两亚型：

A1型 两端缺口无孔石刀，10件，石刀两端各有一个缺口。标本老牛坡87XLI2T7③∶4（图3—6∶a），石英岩，磨制，两面刃，两端有缺口，长10厘米，宽4.6厘米。

A2型 一端缺口无孔石刀，2件，石刀一端有一个缺口。标本老牛坡87XLI2T11③∶4（图3—6∶b），青色绿片岩，打制，刃从两面打制而成，一端有缺口，长10厘米，宽4.6厘米。

B型 缺口穿孔石刀，仅见1件，磨制，长方体，直背凹刃，器身两端有缺口，近背部对钻一圆穿，标本老牛坡86XLI3T3③∶9（图3—6∶c），长8.1厘米，宽3.7厘米。

（二）条状无孔石刀

条状无孔石刀是晚商石刀中数量最多者，可辨器形者近500例。这类石刀形制多变，一般呈现条状，拱背或直背，直刃或刃部微凸、凹刃，器身往往一端尖而窄，一端宽而肥。大体而言，晚商的条状无孔石刀又可以据刃部形态分两型：

A型 凹刃型，刃部内凹或内曲，呈现"弯曲状"；此型石镰往往一端宽而厚，一端尖而薄，器身最大径多在后端。该型石镰数量最多，又可以据刀身形体不同，分四亚型：

A1型 宽身长大型，尾端肥大，刃部内凹或稍微内曲。标本殷墟SH310∶3（图3—6∶d），拱背凹刃，尖端断折，后缘略外斜，刃部留有锯齿，残长17.1厘米。

[①] 安志敏：《中国古代的石刀》，《考古学报》1955年第10册，第27—51页。
[②] 罗二虎：《中国古代系绳石刀研究》，《考古学集刊》（14），文物出版社2004年版，第392—419页。

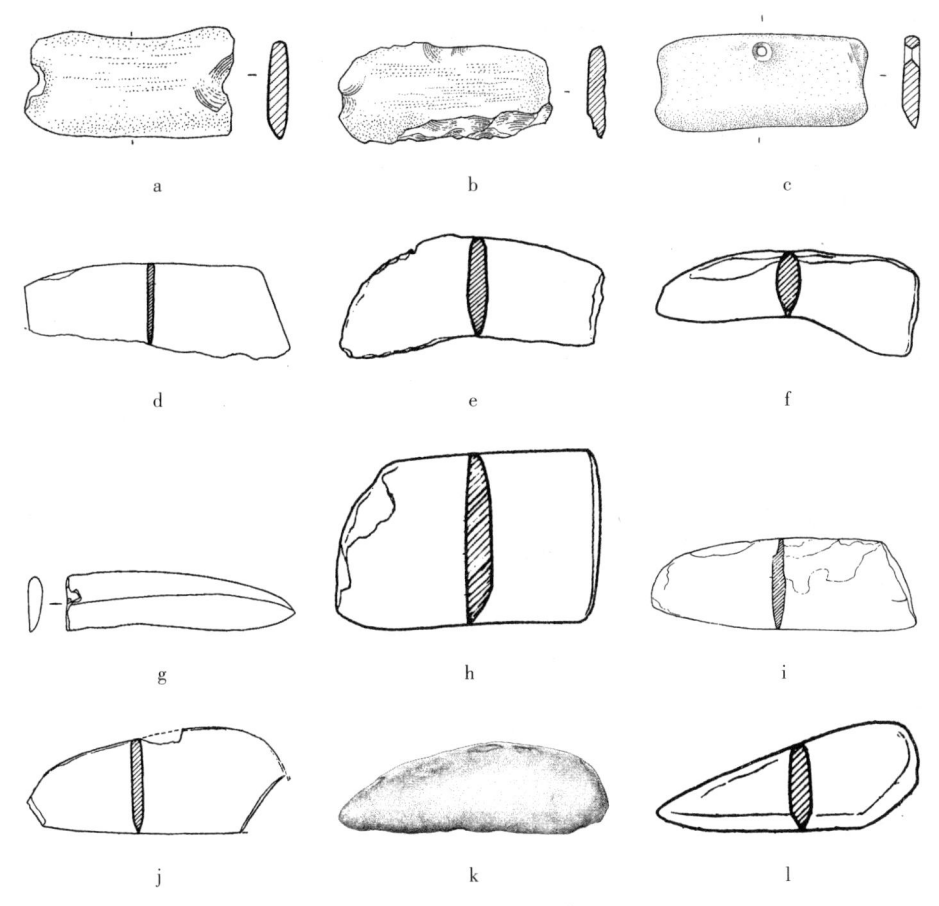

图 3—6　晚商缺口石刀和条状无孔石刀举例

a. A1 型缺口石刀（老牛坡 87XLI2T7③：4）b. A2 型缺口石刀（老牛坡 87XLI2T11③：4）
c. B 型缺口石刀（老牛坡 86XLI3T3③：9）d. A1 型条状无孔石刀（殷墟 SH310：3）
e. A2 型条状无孔石刀（殷墟 GT406④：6）f. A3 型条状无孔石刀（殷墟 PNT235③A：1）
g. A4 型条状无孔石刀（大辛庄 6T79⑥：3）h. B1 型条状无孔石刀（殷墟 SH312③：8）
i. B2 型条状无孔石刀（殷墟 PNH238：5）j. B3 型条状无孔石刀（殷墟 GT310③：6）
k. B3 型条状无孔石刀（殷墟 TSKH016：R10582）l. B4 型条状无孔石刀（殷墟 PNH225③：4）

A2 型　中间型，刃部微凹，由刀尖至后段渐次肥大，刀身略小于 A1 型。数量较多，标本殷墟 GT406④：6（图 3—6：e），两面磨制，尖端断损，拱背凹入，残长 11 厘米。

A3 型　弯条型，尖头、细身，尾端稍大，刃部凹度较大，与长久使用有关。数量较多，标本殷墟PNT235③A：1（图3—6：f），后缘微向内倾，近背处有打制痕迹，刃部内凹。长10厘米。

A4型 极细型，刀身呈剑戟形，标本大辛庄6T79⑥：3（图3—6：g），刀身细长，尾部与刀身几乎等宽，利刃，长9.2厘米。

B型 直刃型，刃部平直或略凸，是李济先生所分之"小屯石刀"，依据刀身形体不同，分四亚型：

B1型 长方直刃型，背、刃平直，器身呈长方形，该型石刀整体造型与长方形有孔石刀类似，但二者使用方法不同。标本殷墟SH312③：8（图3—6：h），一侧近直，有刃；另一侧近弧形，无刃。刀身薄平，刀刃宽平，器长8.6厘米。这种类型石刀，可能用于切割物件[1]，但未尝不可用于绑柄收割谷物，所以依旧归为农具类。

B2型 长条拱背型，体型较长，刃部微凸或平直，李济先生所列举之小屯石刀长条型即属于此型。标本殷墟PNH238：5（图3—6：i），体长，刃微凸，长18.6厘米。

B3型 宽短拱背型，器身较长条拱背型石刀要短，刃部平直或略凸，刀的一端较窄，由窄端至后段渐次肥大，是条状无孔石刀中数量最多者，李济先生所分之"小屯石刀"多数属于此型。标本殷墟GT310③：6（图3—6：j），刃近平，尖端及后缘都稍损断，残长13.7厘米。标本殷墟大司空村TSKH016：R10582（图3—6：k），大体完整，背刃稍有残缺，长14.8厘米。

B4型 三角形石刀，标本殷墟PNH225③：4（图3—6：l），背倾斜，刃部近后端处外凸成脊，长8.7厘米。部分三角形石刀，或可能是医用的砭镰[2]，但大多数考古报告中的三角石刀都没有详细的描绘，很难判断是否是医用砭镰。另外，据安阳殷墟北辛庄制骨作坊的发掘报告[3]，三角形石刀也有可能是加工工具，该作坊区曾发现两类骨料锯痕，经试验，第二类锯痕为石刀痕迹。

以上，除了B4型三角石刀的功能待定，其他条状无孔石刀都具有收

---

[1] 钱益汇：《中国古代石刀功能的实证分析——基于大辛庄商代石刀的显微观察》，方辉主编《大辛庄遗址研究》（研究卷），科学出版社2013年版，第565—572页。
[2] 中国社会科学院考古研究所：《安阳大司空——2004年发掘报告》，文物出版社2014年版，第184页。
[3] 中国社会科学院考古研究所：《殷墟发掘报告》，文物出版社1987年版，第87—88页。

割谷物的能力，是上文所讨论的石镰，以后我们可以径直称它们为石镰。

(三) 有孔石刀

有孔石刀，此型石刀平面呈长方形或正方形，数量较少，可判器型者仅 40 余例。可按孔的数量分单孔石刀、双孔石刀、凹面石刀、一侧穿孔石刀四型：

A 型 单孔石刀，形制基本为长方形或近似方形，可分两个亚型：

A1 型 长方形单孔石刀，标本殷墟 KT6③A：9（图 3—7：a），两侧外侈，刃部微凸，刃长于背，靠中心部分钻一孔，器长 9.7 厘米。

A2 型 方形单孔石刀，标本殷墟 KT8③：11（图 3—7：b），器身扁平，四角圆钝，靠中心有一孔，长 8 厘米。

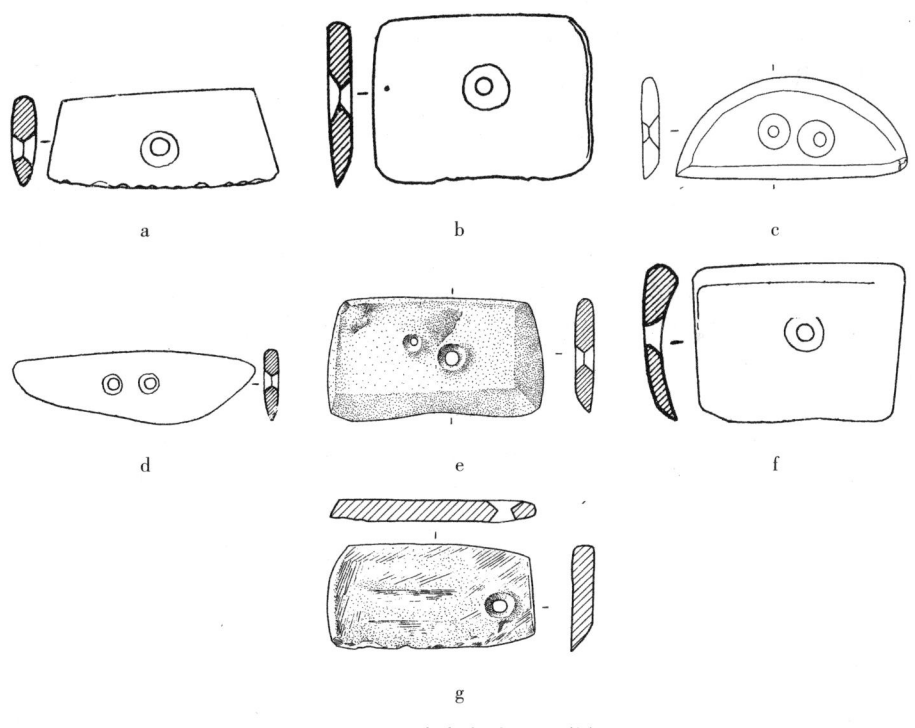

图 3—7 晚商有孔石刀举例

a. A1 型单孔石刀（殷墟 KT6③A：9）b. A2 型单孔石刀（殷墟 KT8③：11）

c. B1 型双孔石刀（大辛庄 6T77③：15）d. B2 型双孔石刀（殷墟 SH424②：10）

e. B3 型双孔石刀（老牛坡 86XLⅢ1H8：4）f. C 型凹面石刀（殷墟 PNⅣH25：5）

g. D 型石刀（老牛坡 86XLl3T8②：4）

B 型 双孔石刀，形制较为多样，主要有半月形、三角形与长方形三种，以此分四个亚型：

B1 型 半月形双孔石刀，弧背直刃半月形，器身中部对钻两孔，标本大辛庄 6T77③：15（图 3—7：c），刃长 9.6 厘米，中宽 4 厘米。

B2 型 三角形双孔石刀，只有殷墟出土过一件，标本殷墟 SH424②：10（图 3—7：d），器身三角形，刀背微拱，刃部略凹，器长 14.8 厘米。

B3 型 长方形双孔石刀，这类石刀只在殷墟遗址和老牛坡遗址出土过，标本老牛坡 86XLⅢ1H8：4（图 3—7：e），器身呈长方形，凹刃，器身中部对钻两个大小不等圆孔，器身长 8.5 厘米。

C 型 凹面石刀。有孔石刀中有一类较为特殊的凹面石刀，一面外凸，一面内凹，这种形制应该是为了便于收割时手指把握。标本有殷墟 PNⅣH25：5（图 3—7：f），厚背直刃，长 8.1 厘米。

D 型 一侧穿孔石刀，标本老牛坡 86XLI3T8②：4（图 3—7：g），长方形，直刃，一端有钻孔，另一端有使用痕迹，可能是石铲改制为石刀，长 7.7 厘米。

从起源上来说，有孔石刀起源较早，在仰韶时代已经出现；从功能上说，有孔石刀由缺口石刀发展而来，继承了缺口石刀系绳掐穗的功能。[1] 但上述四型有孔石刀中，D 型一侧穿孔石刀明显与其他有孔石刀存在功能上的不同，D 型有孔石刀的穿孔应该是绑柄所用，而非系绳，所以 D 型有孔石刀应该归为石镰。故此，有孔石刀中除 D 型石刀外，其他类型皆应该称为石铚。

（四）其他无法归类的石刀

以上缺口石刀、条状无孔石刀、有孔石刀是晚商最常见的石刀种类，但晚商还有一些不规则的石刀，数量较少，且无法归于三类石刀中，其功能也与以上三类石刀不同，这里列举殷墟出土的一些不规则石刀，并简单说明其功能。

1. 带柄石刀。器身呈长方形，带端部带把，当是仿造铜刀。举例殷墟 GT304③：7，直背长柄，刃部近平，前端和柄部残断。残长 7.5 厘米，宽 3.3 厘米（图 3—8：a）。这一类石刀应该是仿铜石刀，其功能与铜刀类似，是切割工具，而非收割农具。

2. 偏刃石刀。器身呈长条形，一侧有刃，或两侧都有刃，部分属于废

---

[1] 安志敏：《中国古代的石刀》，《考古学报》1955 年第 10 册，第 27—51 页。

刀重制。标本殷墟 PNT223③：5，全身有打制痕迹，制作粗糙，长9厘米，宽3.8厘米（图3—8：b）。从器形上，偏刃石刀无法满足收割工具的要求；从微痕分析上，偏刃无孔石刀也更可能用于切割或加工肉类、骨头。[①]

3. 圆形石刀。标本殷墟 PNH217：11，器身呈圆形，刃部呈弧形，长5.3厘米，宽4.9厘米（图3—8：c）。这类石刀应该与偏刃石刀的功能一致，都是切割工具，而非农具。

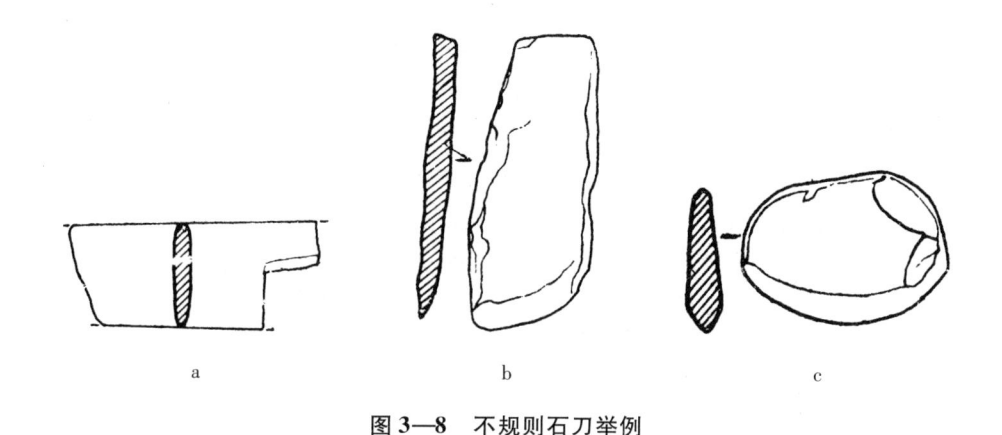

图3—8 不规则石刀举例

a. 带柄石刀（殷墟 GT304③：7） b. 偏刃石刀（殷墟 PNT223③：5） c. 圆形石刀（殷墟 PNH217：11）

从以上的分析可以看出，晚商遗址出土石刀中，绝大多数都可以用为农具，但也有少量石刀无法用为农具，其差异大致如表3—1：

表3—1　　　　　　　　晚商石刀类型与功能表

石刀类型	使用方法及功能	传统名称
条状无孔石刀中的 A 型、B1 型、B2 型、B3 型，有孔石刀中的 D 型	绑柄使用，用于收割谷物茎秆	"石镰"
缺口石刀，有孔石刀中的 A 型、B 型、C 型	系绳使用，用于收割谷穗	"石铚"
条状无孔石刀中的 B4 型，带柄石刀，偏刃石刀，圆形石刀	手持，用于切割物品	其他

[①] 崔天兴、杨琴、郁金城等：《北京平谷上宅遗址骨柄石刃刀的微痕分析：来自环境扫描电镜观察的证据》，《中国科学：地球科学》2010年第6期。

三 晚商农具的地域特征

晚商遗址出土的农具材质以石、骨、蚌为主，器形主要有铲、镰、铚，这些农具分布具有地域性。晚商遗址出土农具地域性体现在两个层面：首先，是不同材质农具的地域性问题；其次，是相同材质同类农具的地域性问题。

作为晚商都城，殷墟遗址出土农具数量最多，组合也最为齐全，但殷墟在1949年前出土的农具材料不全，尤其是缺乏蚌质和骨质农具，所以这里主要统计《殷墟发掘报告》《安阳小屯》《安阳大司空——2004年发掘报告》（在表3—2中简称《安阳大司空》）公布的中华人民共和国成立后发掘遗址的农具数量；在殷墟之外，上文提到的晚商"东土"大辛庄遗址、"西土"老牛坡遗址、"北土"冀南地区数个遗址都是我们统计的对象。据上文对不同农具的定义和分析，我们可以统计晚商遗址出土农具情况如表3—2：

表3—2　　　　　　　　晚商遗址出土农具统计表

材质	器类	殷墟《殷墟发掘报告》	殷墟《安阳大司空》	殷墟《安阳小屯》	"北土"东先贤遗址	"北土"古鲁营遗址	"北土"赵窑遗址	"北土"贾村遗址	"北土"下七垣遗址	"东土"大辛庄遗址	"西土"老牛坡遗址
石质农具	石铲	11	4		12	2	2	1	4	2	9
石质农具	石镰	98	20	7	28	3	9	18	22	41	28
石质农具	石铚	10	.		1	2	1	10	11	21	
蚌质农具	蚌铲	2	3	2						1	
蚌质农具	蚌镰	162	15	7	1		1		7	14	
蚌质农具	蚌铚	15		1	9	1		7		4	1
骨质农具	骨铲	11	6	2					2		24
骨质农具	骨镰			1							12
骨质农具	骨铚										3

将表3—2中各地区不同材质农业生产工具单独列出，制成图3—9，我们可以很直观发现各地区农业生产工具的构成不尽相同。在整个商文化区，石质农具都是农业生产工具中重要组成部分，但殷墟的石质农具占所有农具的比例要远低于"北土""东土""西土"几处遗址；相应的，殷

墟的蚌质农具处于一个与石质农具大致相当甚至略高于石质农具的地位，这是其他几处遗址所不见的。在河北几处遗址与山东大辛庄遗址中，石质农具都处于一个极高比例，而蚌质农具所占比例则远远低于石质农具，表明这几处遗址更看重石质农具；此外，这几处遗址还有一个极为特殊的情况，就是极其罕见的骨质农具。在西安老牛坡遗址中，虽然石质农具依旧处于一个极高比例，但老牛坡遗址较多骨质农具，而少见蚌质农具，这也是老牛坡遗址与其他几个地区农业生产工具不同之处。总结而言，从石、蚌、骨三类材质农业生产工具的比例来说，殷墟以石、蚌农具为主，以骨质农具为辅；"北土"和"东土"几处遗址具有相似的农具组合，皆以石质农具为主，以蚌质农具为辅，基本不见骨质农具；"西土"的老牛坡遗址则是以石质农具和骨质农具为主，还有少量蚌质农具为辅。当然，这种规律在不同农具之间略有差异，如殷墟、"北土""东土"的镰与铚都只见石质与蚌质，基本不见骨质，但"西土"的老牛坡遗址却有一定数量的骨镰与骨铚，而不见蚌镰；再如殷墟出土的蚌镰数量甚至高于石镰数量，但"北土"和"东土"几处遗址的蚌镰数量却远低于石镰数量。这些都显示出不同材质农具分布的复杂性。

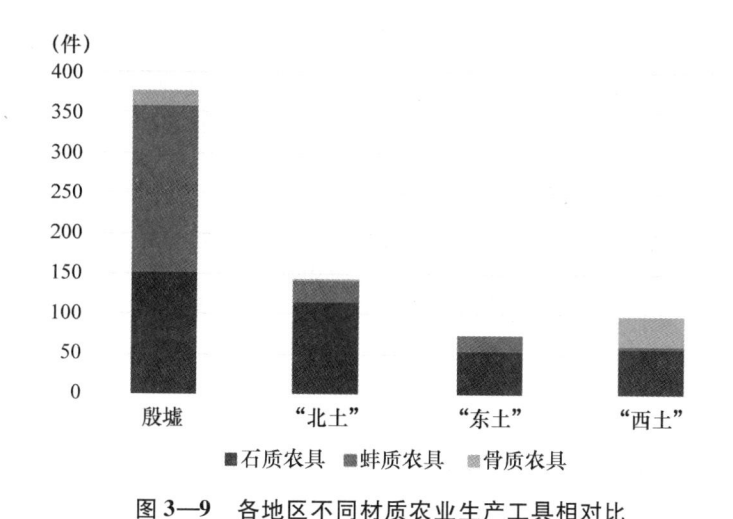

图3—9　各地区不同材质农业生产工具相对比

以上讨论的是晚商出土农具地域性的第一个层面问题，下面我们讨论农具地域性的第二个问题：相同材质同类农具的地域性，这主要体现在收割工具的地域性上。晚商的收割工具主要有镰与铚，且各个遗址中镰的比例普遍高于铚，证明晚商的收割工具以镰为主。上文已经证明，晚商的石镰形制差异较大，大体分来，主要有凹刃与直刃两类。各遗址出土的凹刃石镰与直刃石镰的数量差异较大，其中殷墟遗址的凹刃石镰与直刃石镰的比例大致为1:1，而"东土"的大辛庄遗址主要出土凹刃石镰，"西土"的老牛坡遗址主要出土直刃石镰，这显示了不同区域内不同类型石镰的地域性。晚商出土石铚的数量虽然没有石镰多，但各地区石铚形制很有特色，是讨论农具文化传统的重要材料。晚商的石铚主要有缺口石铚、半月形石铚与方形（也包括长方形）石铚三大类，其中缺口石铚只见于"西土"的老牛坡遗址，是早期石铚的遗留，很有特色。而半月形石铚虽然也曾见于殷墟的发掘材料中①，但晚商的半月形石铚主要见于济南大辛庄遗址，这与大辛庄遗址深受岳石文化影响而半月形石刀又是岳石文化常见收割工具有关。② 可见，晚商石镰、石铚的分布也具有地域性。

从以上的简单讨论可以看出，晚商农具具有地域性，不同区域内出土的农具在材质与器形上各有偏重。之所以产生这种现象，一方面与各遗址的地理环境有关，如殷墟遗址靠近洹河，可以就近取蚌，所以蚌质农具较多；另一方面也与地域的文化传统有关，如济南大辛庄遗址较多半月形石铚，这与岳石文化的传承有关。总之，就目前的考古发现而言，我们还需要更详细的发掘报告，才可清晰地构建晚商农具地域性图谱，以上只是简单就已经发表的部分遗址大致勾勒各地域的晚商农具特征，这在将来肯定还需要继续修改和完善。

第三节　晚商青铜农具的再研究

与大量石质、蚌质农具相比，晚商可以确定为农具的青铜器数量较少，所以中华人民共和国成立前和中华人民共和国成立初的多数学者都认为商人是靠木石农具经营农业的，铜是珍贵的资源，主要被用于制造容

---

① 李济：《殷墟有刃石器图说》，《李济文集》（卷3），世纪出版集团2006年版，第366页。
② 任相宏：《岳石文化的农具》，《考古》1995年第10期。

第三章 晚商农事活动与农业生产工具研究

器、武器、工具。① 最早系统论述商人大量使用青铜农具的学者是唐兰先生。② 唐兰先生之所以会提起这个问题，是基于一个理论与现实的矛盾：理论上，先进的生产技术决定了先进的生产力，晚商高度发达的青铜文明必然建立在一个先进的生产技术基础上，这个基础定然不可能是自新石器以来就恒久不变的石、木、蚌、骨器，而应该是青铜工具；实际上，考古发现的青铜类工具，尤其是青铜农具，较之数量众多的青铜礼器，是少之又少。唐先生认为，晚商文明是建筑在数量众多的青铜农具的基础上，而考古发现的青铜农具数量奇少，则是因为"青铜农器是奴隶主们占有的大量财富，他们当然不会放松而随时可以把它们熔毁的"。稍晚于唐兰先生，郭宝钧先生也认为晚商曾大量使用青铜农具。③

20世纪80年代这个问题受到广泛关注，赞同者一方面坚持唯物主义史观要求必须有先进的生产工具才能产生先进的生产力，另一方面则努力从考古发现中找出青铜农具。④ 反对者则一方面认为唯物史观中生产经验、生产技能的提高同样可以带来生产力的提高，另一方面强调商周考古出土青铜农具数量较少的事实。⑤ 在这些学者中，白云翔先生充分发挥了身为考古学家的优势，系统地梳理了以往被认为是农具的商周青铜器，从出土地点、层位、共出物、器物时空范围和文化属性对它们作了考察。⑥ 白云翔先生强调"晚商是否大量使用青铜农具"这一问题必须要限定在一个具体的王朝范围，不能不分早晚、不分地域、不分文化把商周时期整个中国范围内出土的青铜农具都累计在一起，这样难免造成误差。经过白云翔先

---

① 陈梦家：《殷虚卜辞综述》，科学出版社1956年版，第541—542页；雷海宗：《世界史分期与上古中古史的一些问题》，《历史教学》1957年第7期；于省吾：《驳唐兰先生"关于商代社会性质的讨论"》，《历史研究》1958年第8期。
② 唐兰：《中国古代社会使用青铜农器问题的初步研究》，《故宫博物院院刊》1960年第2期。
③ 郭宝钧：《中国青铜器时代》，生活·读书·新知三联书店1963年版，第5—22页。
④ 陈振中：《殷周的铚艾——兼论殷周大量使用青铜农具》，《农业考古》1981年第1期；陈振中：《殷周的钱、镈——青铜铲和锄》，《考古》1982年第3期；陈振中：《青铜生产工具与中国奴隶制社会经济》，中国社会科学出版社1992年版；张鸣环：《商周没有大量使用青铜农具吗？》，《农业考古》1983年第2期；王克林：《殷周使用青铜农具之考察》，《农业考古》1985年第1期。
⑤ 陈文华：《试论我国农具史上的几个问题》，《考古学报》1981年第4期；赵世超：《殷周大量使用青铜农具说质疑》，《农业考古》1983年第2期；徐学书：《商周青铜农具研究》，《农业考古》1987年第2期。
⑥ 白云翔：《殷代西周是否大量使用青铜农具的考古学观察》，《农业考古》1985年第1期；《殷代西周是否大量使用青铜农具之考古学再观察》，《农业考古》1989年第1期。

生的梳理，现在多数学者都认同晚商并无大量使用青铜农具这一结论①，但也有一些学者坚持认为青铜农具对晚商农业生活有着非凡的意义。②

在这些研究中，有一个最基本的问题却争议颇多，就是考古发现的哪些器物可能充当农具？《诗·周颂·臣工》："命我众人，庤乃钱镈，奄观铚艾。"《管子·轻重篇》："一农之事，必有一耜、一铫、一镰、一鎒、一椎、一铚，然后成为农。"这其中的钱、镈、铚、艾、耜、铫、镰、鎒、椎皆是农具，但它们的具体器物特征，却多已湮没不闻。就目前的研究情况来看，商文化遗址③出土青铜器类中，唯有钁、铲、锸、镰可能与农业生产有关。其中钁与考古报告中的铜锛（也包括铜斧）经常混淆，虽然有学者称"长大厚钝者为钁"④，但缺乏详细的论述，这一区分标准是否可靠尚未可知。所以本书先从考古出土数量较多的铜锛、铜斧入手，逐次讨论商文化遗址中的青铜农具问题。

一　商文化遗址出土铜锛与铜斧的定名与区别

在殷墟的晚商墓葬中，"锛"是考古报告和简报中最为常见的青铜工具之一，其基本的特征是扁平长方体，有銎，中空，可以根据是否偏刃分为单面刃与双面刃两种类型。

A型，单面刃铜锛，是殷墟铜锛中数量最多者，举例如下：

1. 王裕口南地 M103：25，长条状，长方形銎内有木柲，单面刃，通长11.6厘米、銎口径3.9×1.6厘米⑤（图3—10：a）；

2. 1990 郭家庄 M160：252，扁平长条形，平顶，长方形銎，通长12.4厘米、銎口径3.7×2厘米⑥（图3—10：b）；

3. 2001 花东 M54：175，器体较厚，通长12.4厘米、銎口径4.5×2.3

---

① 范荣静、李三谋：《青铜农具考释》，《农业考古》2012年第4期；徐良高：《中国青铜时代的生产工具》，《三代考古》（五），科学出版社2013年版，第169—182页。
② 刘兴林：《先秦两汉农业与乡村聚落的考古学研究》，文物出版社2017年版，第13—22页。
③ 就目前的考古发现而言，青铜农具虽然主要发现于晚商遗址，但早商也有少量青铜农具，为了便于认识青铜农具的发展与演变，本书也将这少量的早商时期青铜农具纳入考察范围。
④ 陈振中：《青铜农具镈》，《古今农业》1991年第3期。
⑤ 中国社会科学院考古研究所安阳工作队：《河南安阳市殷墟王裕口村南地2009年发掘简报》，《考古》2012年第12期。
⑥ 中国社会科学院考古研究所：《安阳殷墟郭家庄商代墓葬》，中国大百科全书出版社1998年版，第111—112页。

厘米①（图3—10：c）；

4.2001花东M54∶174，器体较薄，通长13.4厘米、銎口径4.4×1.2厘米②（图3—10：d）；

5.2004大司空M400∶26，銎口呈半椭圆形，弧刃，通长12.9厘米、銎口径5.3×1.2厘米③（图3—10：e）。

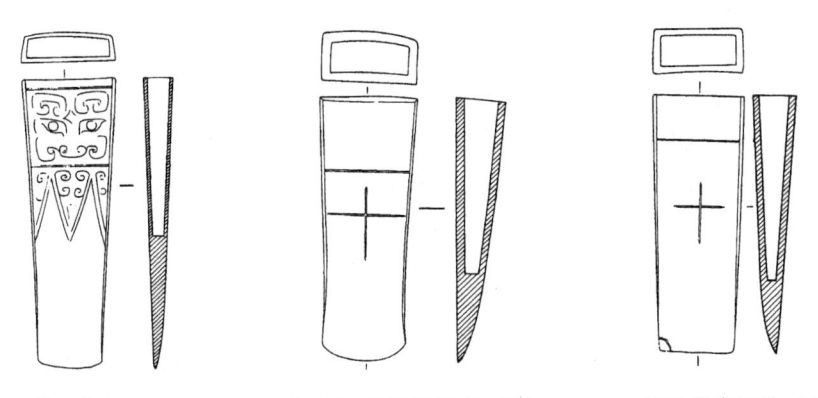

a 王裕口南地M103∶25　　b.1990郭家庄M160∶252　　c.2001花东M54∶175

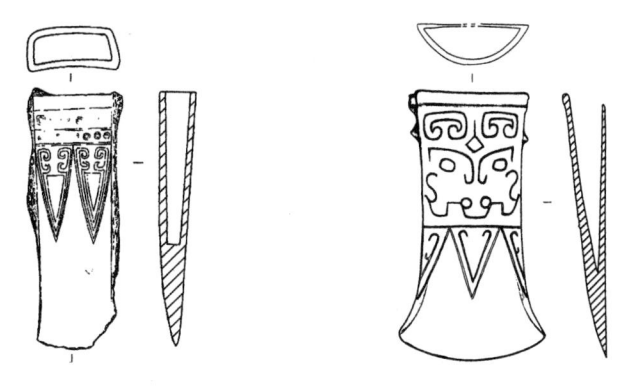

d.2001花东M54∶174　　e.2004大司空M400∶26

图3—10　A型单面刃铜锛举例

---

① 中国社会科学院考古研究所：《安阳殷墟花园庄东地商代墓葬》，科学出版社2007年版，第162—165页。
② 同上。
③ 中国社会科学院考古研究所：《安阳大司空——2004年发掘报告》，文物出版社2014年版，第374页。

B 型，双面刃铜锛，数量较少，又可据銎外是否有箍分两式：

B 型 I 式，双面刃，銎外无箍，举例如下：

1. 花园庄东地 M60：29，长条楔形，銎口内有被砸破痕迹，刃部呈圆弧状，通长 8.9、銎口径 3.5×1.66 厘米，原报告称为"斧"①（图 3—11：a）；

2. 花园庄东地 M54：179，长方形銎，通长 12.4 厘米、銎口径 4.3×2.7 厘米②（图 3—11：b）。

B 型 II 式，

1. 1990 郭家庄 M160：253，长方形銎，近口处有箍，通长 13.3 厘米、銎口径 3.5×2.2 厘米③（图 3—11：c）；

2. 2004 大司空 M294：1，椭圆形銎口，銎口外有二条箍，双面弧刃，通长 9.2 厘米、銎口径 3.25×1.8 厘米④（图 3—11：d）。

a. 花园庄东地 M60：29　　b. 花园庄东地 M54：179　　c. 1990 郭家庄 M160：253　　d. 2004 大司空 M294：1

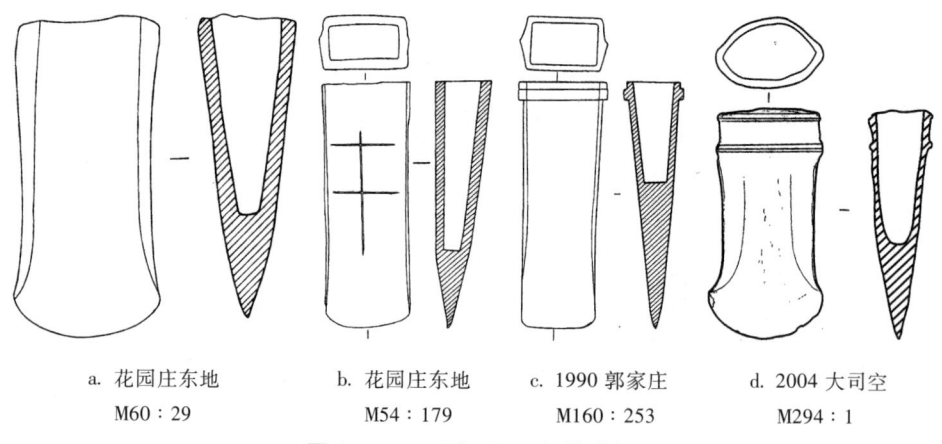

图 3—11　B 型双面刃铜锛举例

---

① 中国社会科学院考古研究所：《安阳殷墟花园庄东地商代墓葬》，科学出版社 2007 年版，第 244—245 页。
② 中国社会科学院考古研究所：《安阳殷墟花园庄东地商代墓葬》，科学出版社 2007 年版，第 163 页。
③ 中国社会科学院考古研究所：《安阳殷墟郭家庄商代墓葬》，中国大百科全书出版社 1998 年版，第 112 页。
④ 中国社会科学院考古研究所：《安阳大司空——2004 年发掘报告》，文物出版社 2014 年版，第 373—374 页。

第三章　晚商农事活动与农业生产工具研究

以上，A型锛与B型锛除了单面刃与双面刃的区别外，我们还可以看到两个重要差异：其一，A型锛一般较薄，B型锛一般较厚；其二，只有双面刃锛的銎口外沿有明显箍，单面刃锛则一般不见。这些区别同样适用于殷墟出土的大部分青铜锛，尤其明显的是，如果一座墓中同时出土A型锛与B型锛，B型锛一般比A型锛更厚。其他特征，诸如銎口形状、刃部形状都是A型锛与B型锛所共有，不足以区分A型锛与B型锛。

A型锛与B型锛形制上的固有差异暗示，它们有可能是两种不同器类。对此，夏鼐先生曾经有个很好的总结：

> 广义的斧是指一切长方形的平直（或稍凸作弧形）端刃器。其中刃部单面磨成的为锛，窄而长的锛或斧为凿。狭义的斧是指较厚重的一种，厚宽比约1∶2或更厚。①

虽然把厚宽比固定为"1∶2或更厚"较为机械，但这段话中透露出的斧厚锛薄，斧是双面刃，锛是单面刃等标准无疑满足A型锛与B型锛的差异。如果依据夏先生的定义，我们可以把A型锛称为锛，把B型锛称为斧。另外，銎口带箍的情形只见于B型锛，这点是殷墟铜斧区别于铜锛更为重要的特征。

那么，把以上双面刃、体厚、銎口带箍视为判断铜斧的三个标准是否正确？我们可以用两周时期带有自名的铜斧验证。两周时期常有带有自名的铜斧，如河南三门峡上村岭M2011出土的西周晚期大子车斧（图3—12∶a），扁平长方体，长方形銎口，銎上带箍，双面刃，刃略弧，自名为"车斧"，通长14.85厘米、銎口长4.8厘米、宽2.35厘米。② 这件大子车斧满足铜斧的基本形制：双面刃、銎上带箍、器体较厚。类似的自名为"斧"的器物还有上海博物馆收藏的潘祖荫旧藏吕大叔斧（《集成》11788），其铭为："邵（吕）大叔新金为贰车之斧十。"吕大叔斧也是双面刃（图3—12∶b），通长16.5厘米、銎长5.05厘米、銎宽3.6厘米，其銎部厚宽比为0.7左右，再次证明本书对铜斧形制描述是正确的。

---

① 夏鼐：《商代玉器的分类、定名和用途》，《考古》1983年第5期。
② 河南省文物考古研究所、三门峡市文物工作队：《三门峡虢国墓》，文物出版社1999年版，第342—343页。

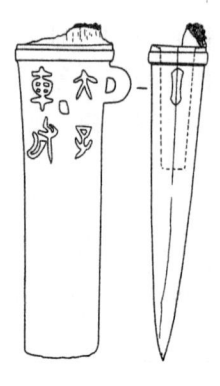

a. 大子车斧　　b. 吕大叔斧

图3—12　有自名铜斧举例

铜斧自名为"车斧"，或是专为车乘之用，可归为车马器，殷墟发现的车马坑中也有这类体厚刃正的斧形器，如1953年大司空车马坑M175、梅园庄东南车马坑M41、2004年大司空车马坑M226皆出土器体较厚的B型锛，或即"车斧"在晚商时期的一种形态。又因为这类斧形器的銎部往往是方形銎，《说文·斤部》谓"斫，方銎斧也"，段注引毛诗传曰"隋銎曰斧，方銎曰斫"，所以过去有学者称其为"斫"。① 现在因为带有自名铜器的出现，本书以为方銎双面刃而较厚的斧形器也当称为"斧"。

B型铜锛实际上是铜斧，A型铜锛就是普通意义上的"锛"，它在古代被称为"斤"。"斤"，大徐本《说文》："斫木也。"小徐本《说文》："斫木斧也。"晚清王筠《说文句读》谓："本作'斫也'。或据下文'斫，击也'，谓是动词，乃以意增'木'字；又有觉其不通者，乃增'斧'字。然'斧'篆下固云'斫也'，则未增者也。斤之刃横，斧之刃纵，其用与锄、觉相似。"② 王筠又说："斤之为器，今无此名，或即锛也。字又作锛。"③ 锛的古名叫"斤"，这点在王筠之前也有人说过，但王筠的讲解特别详尽，所以学术界多遵从王筠的见解，以后唐兰先生④、于省吾先生⑤

---

① 陈梦家：《殷代铜器》，《考古学报》1957年第七册。
② 王筠：《说文句读》卷二十七，中华书局影印本1998年版，第573页。
③ 王筠：《说文释例》卷二十，中华书局影印本1998年版，第489页。
④ 唐兰：《中国古代社会使用青铜农器问题的初步研究》，《故宫博物院院刊》1960年总第2期。
⑤ 于省吾：《释斤》，《甲骨文字释林》，中华书局1979年版，第339—342页。

第三章 晚商农事活动与农业生产工具研究

从古文字角度、李家浩先生[1]从古今方言角度分别撰文延伸这一观点。王筠提到的斧、斤区别在刃纵与刃横是相对装柄方式而言的,斧的刃部与柄成直线即"刃纵",如包山二号楚墓出土的带柄铁斧[2](图 3—13:a);锛的刃部与柄成垂直即为"刃横",如信阳一号楚墓出土的带柄铜锛[3](图 3—13:b)。

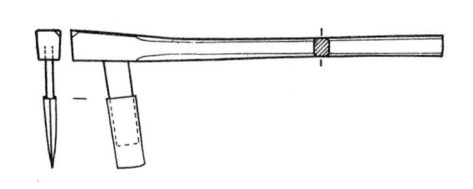

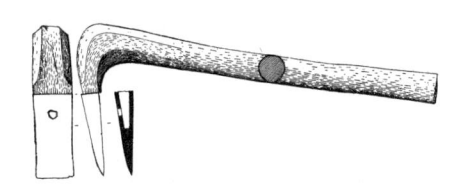

a. 包山二号楚墓 M2:135　　　　b. 信阳楚墓 M1:505

图 3—13　楚墓中的带柄铜斧与铜锛

晚商遗址中的铜锛(斤)、斧往往无柄,所以不好以"刃纵""刃横"对它们加以区别,且春秋战国时期的装柄方式与商代装柄方式毕竟相去太远,未必尽符,所以本书建议用单面刃与双面刃、厚与薄、銎部是否有箍三点判断晚商时期的斧和锛。这三点标准同样适用于出土铜锛和铜斧较多的山东滕州前掌大遗址[4]、河南信阳罗山天湖遗址[5]上,这两处遗址出土单面刃铜锛一般比双面刃斧皆器体更薄,部分铜斧銎部有箍,而铜锛銎部皆无箍。

不过,对于早商时期锛、斧区别而言,湖北盘龙城遗址[6]出土器体较薄的单面刃铜锛銎部就常常有箍,郑州商城南关外铸铜遗址内出土的一件器体较厚的双面刃铜斧銎部也有箍[7],表明箍不能成为此时区分斧、锛的标准之一,而单面刃与双面刃、器体厚与薄依旧可以成为早商时期区分

---

[1] 李家浩:《谈"斤"说"锛"》,《中国文字学报》(第四辑),商务印书馆 2012 年版,第 1—10 页。
[2] 湖北省荆沙铁路考古队:《包山楚墓》,文物出版社 1991 年版,第 223—224 页。
[3] 河南省文物研究所:《信阳楚墓》,文物出版社 1986 年版,第 64—65 页。
[4] 中国社会科学院考古研究所:《滕州前掌大墓地》,文物出版社 2005 年版,第 334—337 页。
[5] 河南省信阳地区文管会、河南省罗山县文化馆:《罗山天湖商周墓地》,《考古学报》1986 年第 2 期。
[6] 湖北省文物考古研究所:《盘龙城:1963—1994 年考古发掘报告》,文物出版社 2001 年版。
[7] 河南省文物考古研究所:《郑州商城:1953—1985 年考古发掘报告》,文物出版社 2001 年版,第 365—366 页。

斧、锛的重要标准。

二 所谓"铜钁"

钁是文献上明有记载的起土器具,《说文·金部》谓其是大鉏。"鉏",据《说文》的解释,是"立薅所用也",是典型的除草农具。可见"钁"也当是除草农具。《淮南子·精神训》:"今夫繇者,揭钁臿,负笼土,盐汗交流,喘息薄喉。"钁、臿并列,再次证明钁是农具。就其形制而言,段玉裁注:"鉏,俗作锄。"钁应该与锄的形制接近。与锄形制接近的器物还有斤,《国语·齐语》:"美金以铸剑戟,试诸狗马;恶金以铸鉏、夷、斤、斸,试诸壤土。"韦昭注:"斤,形似鉏(锄)而小。"贾逵更是明确地说:"斤,钁也。"可见,文献中的钁、鉏(锄)、斤形制相近而大小不同。上文已经论证,斤就是青铜锛的古称,所以陈振中先生建议把青铜锛、斧中长度尺寸超过10厘米、銎部厚度在1.5厘米以上的锛、斧类器物定为钁,把长度在10厘米以下、銎部厚度在1.5厘米以上单面刃的定义为锛,双面刃的定义为斧。①

现在,根据上文对青铜斧、锛的区分,我们可以很容易看到这种单纯按照长度和銎部厚度定义钁、斧、锛的观点是有问题的,最明显的例子是自名为"斧"的大子车斧和吕大叔斧尺寸都落在陈振中先生所规定的钁的尺寸范围内。在陈振中先生的《先秦青铜生产工具》一书所收录的出土于殷墟的铜钁中②,绝大多数都可以根据体型、刃部特征、是否有箍等特征重新归为锛或斧,而不需要在锛、斧之外划出一个钁的器类。

那么墓葬中的锛、斧是否会有较大长度差异呢?这点是存在的,但长度的差异并不是器类的不同,而往往反映了墓主人的社会等级。一般而言,等级较低的墓葬出土的锛、斧长度多在10厘米左右,而中高等级墓葬出土的锛、斧长度普遍较长。如最近新出版的《安阳大司空——2004年发掘报告》中墓葬,其出土的铜锛、铜斧长度普遍在10厘米以下,这些墓的等级并不是很高,多为工匠、平民或小贵族墓,唯有M400出土的一件饰有兽面纹、造型精美的铜锛通长为12.9厘米,M400虽然被盗,但该墓东、南二层台上有殉人,是中级贵族墓。类似的以出土小尺寸锛、斧为

---

① 陈振中:《殷周的青铜钁》,《农业考古》1986年第1期。
② 陈振中:《先秦青铜生产工具》,厦门大学出版社2004年版,第39—43页。

主的墓葬还有1969—1977年殷墟西区部分墓葬、2003—2004年殷墟孝民屯部分墓葬，这里就不一一列举。与普通墓葬相比，大型墓葬中的锛、斧不仅制作精美，且尺寸普遍偏大，如郭家庄M160之四件斧、锛的通长分别是13.3厘米、13.2—13.6厘米（残长）、12.4厘米、11.4厘米，花东M54出土之五件斧、锛中最短者为12.4厘米、最长者为14.5厘米，武官大墓两件铜锛的长度都在17厘米左右，妇好墓中的铜锛竟可达到22厘米。这表明，殷墟出土锛、斧的尺寸随着墓葬等级的升降而有变化，锛、斧尺寸的长短不能说明其功能和定名的不同，而更可能是等级的标志。是以，它们都应该根据器型特征分别称为斧、锛，而不能称为钁。

从器物的主要用途上看，斧是砍伐工具，锛是平木工具，都不是农具。以锛为例，《释名·释器用》："斤，谨也。板广不可得削，又有节，则用此斤之，所以详谨，令平灭斧迹也。"《庄子·徐无鬼》："郢人垩慢其鼻端，若蝇翼，使匠石斫之。匠石运斤成风，听而斫之，尽垩而鼻不伤。"《白虎通德论·衣裳》："若农夫佩其耒耜，工匠佩其斧斤。"可见锛是工匠常用的手工工具。孔德铭先生统计了殷墟墓葬出土的生产工具组合，发现锛、凿、刀是固定组合，这就从器物组合上证明殷墟出土的锛多与凿、刀类似，都是木工器具。① 作为补充，《安阳大司空——2004年发掘报告》也有一些随葬锛的墓葬，锛多与凿、刀形成组合关系，其中M182除随葬贝外，只在人骨身侧随葬铜锛、刀、凿，是说明锛功能最好的例子。当然，文献中的锛也可以有其他功能，如《孟子·梁惠王上》："斧斤以时入山林，材木不可胜用也。"这表明锛也有斧的功能，可以用于砍伐树木。再如，《左传·哀公二十五年》："司徒期因三匠与拳弥以作乱，皆执利兵，无者执斤。"可见锛也能够充当兵器。在上文引用的《国语·齐语》中，"恶金以铸鉏、夷、斤、斸，试诸壤土"，似乎暗示锛也能够用为起土工具。可见，在一器多用的古代，锛的用途是广泛的，它可以用来砍伐木材、用为兵器、用为起土工具，但它的核心功能依旧是木工器。从这一点上看，我们是不能把商代遗址中的铜锛视为起土农具的。铜斧的用途也当如是，主要用为砍伐器，兼有其他功能。

综上，从器物的形制与主要用途出发，商代的铜斧、铜锛都不可能被归为起土农具"钁"类。

---

① 孔德铭：《殷墟青铜生产工具浅析》，《华夏考古》1997年第2期；《殷墟墓葬中出土青铜工具组合的初步研究》，《安阳殷墟徐家桥郭家庄商代墓葬》，科学出版社2011年版，第170—177页。

三 关于青铜铲的用途

晚商时期商文化遗址中也曾发现一定数量的铜铲，这些铜铲的功能如何确定呢？学术界过去早有讨论[①]，多认为是实用农具，本书希望结合最新考古发现继续探讨这一问题。

与锛、斧相比，殷墟出土的铜铲数量较少，其基本的形制是铲身多为长方形，偶有近似正方形者，铲身顶端有直柄，柄端有长方形或椭圆形銎，用于连接木柄，铲刃为平刃或弧刃，可以根据铲身上端是否卷角分为两型。

A型，上端不卷角，一般不饰纹饰。又可据柄部延伸情况分两亚型：

Aa型，直柄与铲身相连的一端最多延伸至铲身中部，这类铜铲较为常见，典型者如苗圃北地出土的一件铜铲（图3—14：a）；

Ab型，直柄与铲身相连的一端延伸至铲的刃部，如殷墟妇好墓出土的一件铜铲（图3—15：b）。

B型，铲身上端两角内卷，一般在銎、两角和铲身上端饰菱形纹，造型精美，只见于M1005（图3—14：c）和妇好墓（图3—14：d）这类顶级墓葬。

a. 苗圃北地 PN ⅣT1B④：5　　b. 小屯 M5：714　　c. HPKM1005：R6862　　d. 小屯 M5：715

图3—14　殷墟出土铜铲举例

[①] 对于殷墟的青铜铲，杨锡璋、杨宝成两位先生早有讨论，参考两位先生著《殷墟发现的青铜铲》，胡厚宣编《全国商史学术讨论会论文集》，殷都学刊增刊1985年，第420—426页。另外，杨宝成先生于1988年在《中原文物》第3期发表的《商周时期的青铜铲》也涉及商代铜铲。

殷墟出土的 A、B 两型铜铲中，部分铜铲的出土位置和组合关系也较为明确，是值得我们深入分析的对象。到目前为止，殷墟共公布了 23 件青铜铲，排除无出土单位的两件，剩下 21 件，这些铜铲的具体信息见表 3—3：

表 3—3　　　　　　　　殷墟出土铜铲的位置与组合表

单位	数量/件	位置与组合	资料出处
安阳西北岗 M1005	3（Aa 型 1、B 型 2）	与一镂空器①共同放于人骨腿部	《侯家庄·第十本·小墓分述之一》
1953 大司空遗址	1（Aa 型）	出自灰坑	《考古学报》1954 年第 9 期
1959—1961 苗圃北地	1（Aa 型）	出自铸铜作坊地层	《殷墟发掘报告》
1964 苗圃北地	1（?）	出自铸铜作坊灰坑	《全国商史学术讨论会论文集》
1984 殷墟西区 M1713	1（Aa 型）	椁室之内，与铜兵器一起	《考古》1986 年第 8 期
1984 白家坟 M2947	1（?）	出自墓口上地层	《全国商史学术讨论会论文集》
妇好墓	7（Aa 型 2、B 型 4、Ab 型 1）	未知	《殷墟妇好墓》
郭家庄 M160	1（Aa 型）	腰坑东部，与环首刀、磨石、玉刻刀等放于一起	《安阳殷墟郭家庄商代墓葬》
文源绿岛 M5	1（Aa 型）	与弓形器、铜铃、铜刀等放在墓室北部	《安阳殷墟徐家桥郭家庄商代墓葬》
花园庄东地 M54	1（Aa 型）	椁室南头，放在铜甗与铜爵之间	《安阳殷墟花园庄东地商代墓葬》
2004 大司空 M400	1（Aa 型）	被盗，位置不明	《安阳大司空——2004 年发掘报告》
2004 大司空 M226	1（Aa 型）	车马坑，与铜凿、锛等青铜工具放在一起	《安阳大司空——2004 年发掘报告》
2003—2004 孝民屯 M735	1（Aa 型）	被盗，组合不明	《安阳孝民屯》（四）

---

① 此镂空器，《侯家庄·小墓分述之一》谓为铜锄。但器身既然镂空，且雕刻精美，自然就不能用于锄地，也不会是实用器，能否称为"锄"，尚有疑问。

根据表3—3，我们首先谈谈铜铲的实用性问题。单纯从形制上看，铜铲是起土或铲土工具，需要有较为锐利的刃部，Aa型铜铲的形制就比较符合起土或铲土工具的基本要求。在表3—3中，郭家庄M160、文源绿岛M5、2004大司空M226三墓出土的Aa型铜铲往往与青铜工业工具共出，这表明铜铲与锛、刀、磨石等工具一样，也是商人较为倚重的生产工具。从出土背景上看，Aa型铜铲不仅出自墓内，还可以出土于墓口填土、灰坑或地层等各类遗迹单位，且多有使用痕迹，这一方面再次证明Aa型铜铲确实可以用为实用器，另一方面也明确证明Aa型铜铲可以用于起土或铲土。除了铜铲的出土位置外，上一节提到的殷墟遗址灰坑、墓葬内常见一些铲的痕迹或遗存，可以证明铲主要用于起土。可见，起土或铲土应该是Aa型铜铲最主要的功能。

除了劳动生活中用于起土，铜铲也可以起到礼器作用，如Ab型铜铲的柄部直抵刃部，这种形制铜铲明显不能够起到起土或铲土作用，很可能不是实用器，那么它在墓葬中的作用就应该是充作礼器。花园庄东地M54中一件Aa型铜铲放于铜礼器之间，可能也充作礼器。这表明，A型铜铲是典型的一器多用器类，它在大型贵族墓葬中也可以用为礼器。与A型铜铲相比，B型铜铲具有礼器的一系列特征：卷角铜铲纹饰繁缛，造型精美，只出土于高等级贵族墓葬，如妇好墓和西北岗王陵大墓M1005。对这些礼仪性质的铜铲而言，它们的用途与殷墟墓葬中常常出现的玉制镰、玉制半月形双孔刀、玉制铲等器物差别不大，都是某些仪式化场景的道具。

在传世文献中，铲还可以用为农具。《一切经音义》卷九："铲，今作划，划削之也。"《齐民要术·耕田》题解引《纂文》："养苗之道，锄不如耨，耨不如铲。铲柄长二尺，刃广二寸，以划地除草。"可见铲可以铲地除草。《说文·金部》："钱，铫也。古田器。从金戈声。""划"与"钱"上古音相同，所以学术界普遍认为钱就是铲[①]，进一步证明铲可以用于农业生产。目前，虽然没有直接的考古材料可以证明铜铲曾被用于农业生产，但在甲骨文中，有一个"𠂤"字，杨升南先生认为此字是手持铲形工具除草形象。李京华先生曾经复原过王城岗遗址出土有孔平肩石铲的装

---

① 陈振中：《殷周的钱、镈——青铜铲和锄》，《考古》1982年第3期；蔡运章：《谈偃师南寨村出土的西周铜铲》，《中原文物》1984年第3期。

第三章　晚商农事活动与农业生产工具研究

柄办法（图3—15：a），佟珠臣先生复原过新石器时代无孔石铲的装柄方式（图3—15：b），"𦥑"中间部分就是装柄石铲倒立的形象，"𦥑"字确实象征着人手持木柄石铲以除草形。① 既然石铲可以用于铲除农田杂草，那么铜铲应该也有相同的功用。

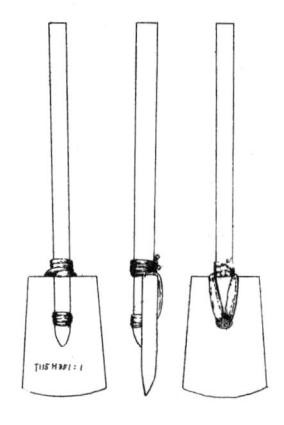

a. 有孔石铲装柄示意图（采自《农业考古》1991年第1期）

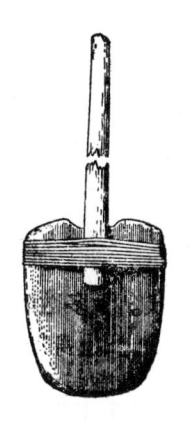

b. 无孔石铲装柄示意图（采自《考古》1982年第6期）

图3—15　石铲装柄复原图

以上，本书认为，殷墟出土铜铲虽然数量不多，但用途多样。其用于生产活动时，可能主要起到起土或铲土的作用；其用为礼器时，无论是造型精美的卷角铜铲，还是素面的普通铜铲，都可以与青铜容器一起随葬高等级贵族。更进一步，铜铲既然能够用于生产活动，那么我们没有理由认为它不能用于田间的铲土或除草活动，就如甲骨文中的"𦥑"字所反映的那样。

---

① 这个字，裘锡圭先生认为象殳杖一类东西击草，释为"芟"（裘锡圭：《释芟》，《裘锡圭学术文集·甲骨文卷》，复旦大学出版社2012年版，第77—78页）。但是，《六韬·军用》：芟草木大镰，柄长七尺以上，三百枚。《国语·齐语》："令夫农群萃而州处，察其四时，权节其用，耒、耜、枷、芟，及寒，击草除田，以待时耕。"韦昭注："芟，大镰，所以芟草也。"可见文献中的"芟"所用工具是大镰，而不是铲，"𦥑"能否释为"芟"是有疑问的。更进一步地说，在川西汉画像石砖中就有这类大镰芟草的场景，云南昆明羊甫头墓地有一把尚保留木柲的镰刀，镰长25厘米，柲残长170厘米，也应该是大镰。

四　商代铜臿

除了铜铲，商代可以用为农具的青铜器中还包括臿。"臿"，《释名》："臿，插也，插地起土也。"《韩非子·五蠹》："禹之王天下也，身执耒臿以为民先。"可见臿是插地起土的农具。"臿"或写作"锸"，《论衡·率性》："以镢锸凿地，以埤增下，则其下与高者齐。"《六韬·农器》："镢锸、斧锯、杵臼，其攻城器也。"也都是把锸归为农具。曾侯乙墓简中有"旄、鈂、[字]、兼、鏛、旗炑"（简11），裘锡圭、李家浩两位先生认为这个"[字]"字就表示臿①，与简文中"兼"（学者大都读为"镰"）字都是农器，这就从出土文献上将臿的历史提早到战国早期。值得一提的是，学术界普遍认为耜是臿的又一别称②，或皆是由原始农具"力"发展而来③，这说明臿本就起源于农具。

臿的基本形制是较为明确的，四川地区出土的两件陶、石俑（图3—16：a、b）④，其手上所持的"臿"与湖南长沙马王堆三号汉墓出土铁口木臿⑤（图3—16：c）完全一致，这种木柄与金属"凹"字形臿头的组合应该就是臿的一般形制。臿往往与簸箕、竹筐一类的盛土器共同出现，如图3—16左图陶俑就是左手持臿右拿箕，右图马王堆汉墓出土的臿也与一只残破的竹筐共存。这种共存关系在文献中也较为明确。《管子·度地》："以冬无事之时，笼、臿、板、筑各什六，土车什一，雨橐什二，食器两具，人有之。"《说苑·指武》："仲连子曰：'夫将军在即墨之时，坐则织蕢，立则杖臿。'"《淮南子·精神训》："今夫繇者，揭镢臿，负笼土，盐汗交流，喘息薄喉。"这三则文献中，"笼""蕢"皆是盛土之器，与臿形成明确的组合关系。

---

① 湖北省博物馆：《曾侯乙墓》，文物出版社1989年版，第503页。
② 于豪亮：《汉代的生产工具——臿》，《考古》1959年第8期。
③ 裘锡圭：《甲骨文中所见的商代农业》，《裘锡圭学术文集·甲骨文卷》，复旦大学出版社2012年版，第233—269页。
④ 孙机：《汉代物质文化资料图说》，上海古籍出版社2011年版，第1—2页。
⑤ 文保：《马王堆三号汉墓出土的铁口木臿》，《文物》1974年第11期。

第三章　晚商农事活动与农业生产工具研究

a. 成都天迥山3号崖墓　　　b. 郫县红星一社　　　c. 长沙马王堆三号汉墓

图 3—16　汉代臿的形制

汉之前，这种"凹"字形臿多在南方地区被发现，如湖北圻春毛家咀①、江西都昌大港公社②、湖南炭河里城址③等地都有出土西周铜臿。在晚商，河南罗山天湖遗址出土两件"凹"字形铜臿头（图3—17：a、b）④，这就确信商文化遗址中也存在铜臿。"凹"字形臿的考古学历史只能追溯到晚商时期，但它的原型或即湖北盘龙城遗址出土的早商时期臿形器，李家嘴二号墓出土的臿形器（图3—17：c）釜部已经展示出缺口痕迹⑤，晚商时期铜臿的"凹"字形缺口或由此而来。

在大体了解晚商铜臿的出土和演变情况后，有一个问题是需要我们回答的，这就是出土青铜器数量最多的殷墟为何没有出土铜臿？本书认为这可能与起土器的地域性有关。《方言》卷五："臿，燕之东北，朝鲜，洌水之间谓之斛，宋，魏之间，谓之铧，或谓之锸，江淮，南楚之间，谓之臿，

---

① 中国科学院考古研究所湖北发掘队：《湖北圻春毛家咀西周木构建筑》，《考古》1962年第1期。
② 江西省博物馆、清江县博物馆：《近年江西出土的商代青铜器》，《文物》1977年第9期。
③ 湖南省文物考古研究所：《湖南宁乡炭河里西周城址与墓葬发掘简报》，《文物》2006年第6期。
④ 河南省信阳地区文管会、河南省罗山县文化馆：《罗山天湖商周墓地》，《考古学报》1986年第2期；河南省文物考古研究院、信阳市博物馆、罗山县博物馆：《河南罗山天湖商周墓地M57发掘简》，《华夏考古》2016年第2期。
⑤ 湖北省文物考古研究所：《盘龙城：1963—1994年考古发掘报告》，文物出版社2001年版，第176页。

· 167 ·

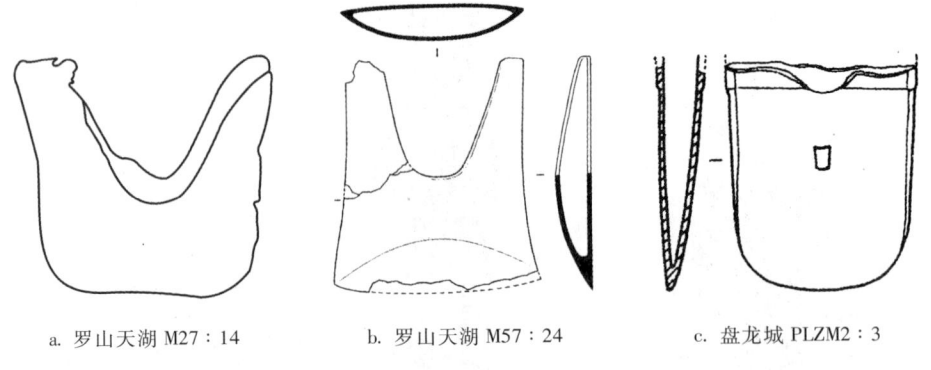

a. 罗山天湖 M27：14　　　　b. 罗山天湖 M57：24　　　　c. 盘龙城 PLZM2：3

图3—17　商文化遗址出土的铜臿头

沅湘之间，谓之畚，赵、魏之间，谓之喿，东齐谓之梩。"臿的不同称谓并不仅仅是方言不同那么简单，就考古遗址出土的铜臿、铁臿而言，春秋战国秦汉时期南方地区流行"凹"字形臿，北方中原地区流行平面呈长方形锸，西周出土的"凹"字形臿也多见于南方地区。这样看来，晚商时期偏南方的罗山天湖遗址出土而偏北方的殷墟遗址没有出土的"凹"字形臿应该也是这种地域差异导致的。从器物组合上看，罗山天湖M57出土的铜臿与锛、凿等生产工具形成组合关系，这与殷墟墓葬内较为常见的铜铲与锛、凿形成组合关系相似，说明臿、铲很可能分别是晚商南方和北方较为流行的起土工具。是以，本书认为起土工具具有地域性，这点即使在商文化区内部也是如此。

五　关于铜镰

据陈振中先生研究，商代遗址中除了大量的石镰、蚌镰外，还有铜镰。陈振中先生曾提到安阳出土两件铜镰，编号为1953大司空M160：1和殷墟西区M166：2，这可能都是有问题的。1953大司空M160：1虽然与今日之镰刀相似，但它极可能是环首刀的刀身部分，同样的例子还见于2004大司空M187：1。[1] 殷墟西区M166：2应该也不是铜镰，该编号原作铜刀，长19.6厘米，与M166：4（铜环首刀）长度一样，两件铜刀与铜

---

[1] 中国社会科学院考古研究所：《安阳大司空——2004年发掘报告》，文物出版社2014年版，第373页。

锛摆放一起，应该是手工业工具，而非农具中的镰刀。殷墟是否有铜镰，尚需要更多的出土材料，以及淀粉粒证据。

殷墟没有出土铜镰，但山东济南大辛庄遗址曾采集一件"青铜锯"（图3—18：a），长9.5厘米、宽2.4厘米，一面有齿痕，在把手处有"箭头"形指标。① 这件"青铜锯"与春秋时期的铜镰形制接近（图3—18：b），当改称为"镰"。大辛庄遗址是商文化在"东土"重要的据点之一，出土大量商代青铜器、玉器，还出土甲骨卜辞，显示了该遗址与殷墟之间密切的关系。此镰是大辛庄遗址采集而来，很可能是商代遗物，若果真如此，这就是商文化中唯一一例铜镰。

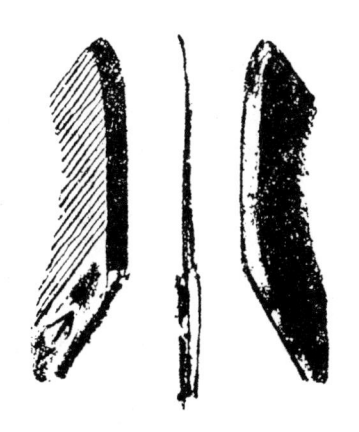

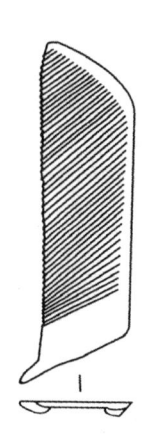

a. 大辛庄遗址采集铜镰　　　　b. 丹徒王家山春秋墓出土②

图3—18　铜镰举例

六　商人对青铜农具的利用

以上，我们可以知道商文化区内的青铜农具虽然数量极少（目前可以确定的农具不到30例），但并不是完全没有，这些青铜农具在农业生产中扮演着独特的作用。《国语·周语》记载，周宣王不籍千亩，虢文公进谏，其中有一段描述周王籍田的场景：

---

① 王思礼：《对大辛庄采集的小型青铜锯的意见》，《文物参考资料》1957年第12期。
② 杨正宏、肖梦龙：《镇江出土吴国青铜器》，文物出版社2008年版，第132页。

先时五日，瞽告有协风至，王即斋宫，百官御事，各即其斋三日。王乃淳濯飨醴，及期，郁人荐鬯，牺人荐醴，王裸鬯，飨醴乃行，百吏、庶民毕从。及籍，后稷监之，膳夫、农正陈籍礼，太史赞王，王敬从之。王耕一墢，班三之，庶民终于千亩。

周王亲自耕种，这自然是礼仪性质的，为的是"纪农协功"。晚商是否也是如此，尚不可知，但商王经常命令自己的大贵族进行农业活动。如：

贞：王弜立黍，弗其受年。
贞：王立黍，受年。一月。
立黍，弗其受年。　　　　　　　　　　《合集》9525【典宾】
贞：王往立刈黍于☐。　　　　　　　　《合集》9558【宾出】
己卯贞：在囮𠂤来告芳，王黍。
王弜黍。　　　　　　　　　　　　　　《合集》33225【历二】
癸卯〔卜〕，宾贞：〔令〕𠂤衷田于京。 《合集》9473【宾三】
令尹作大畎。
勿令尹作大畎。　　　　　　　　　　　《合集》9742【典宾】
戊辰卜，宾贞：令永衷田于盖。　　　　《合集》9476【宾三】
甲戌贞：王令刚衷田于矓。　　　　　　《屯南》499【历二】

"王立黍""王往立刈黍""王黍"是商王亲自参加农业活动，或许与周王籍田类似。

贵族进行农业活动的典型例子是"妇妌"。卜辞有"妣戊妌"（《屯南》4023），妣戊乃周祭卜辞中武丁的配偶之一，证明"妇妌"是商王武丁的配偶。关于"妇妌"参与农业活动的记载，卜辞有：

☐申卜，㱿贞：呼妇妌黍。　　　　　　《合集》2736【典宾】
贞：妇妌黍，受年。　　　　　　　　　《合集》5977+9974【典宾】
妇井黍。萑。　　　　　　　　　　　　《合集》9598【典宾】
贞：妇井黍。其萑。　　　　　　　　　《合集》9599【典宾】

第三章　晚商农事活动与农业生产工具研究

　　以上是"妇妌黍"卜辞。"萑",一般释为获(《诂林》第1691—1695页),即《诗·豳风·七月》"七月流火,八月萑苇"之"萑",本书读为"刈"。"萑"在上引卜辞用法同"受年"类似,都是祈祷有好的收成。"妇妌"是王后,应该不会亲自种黍,"呼妇妌黍"当是命令妇妌带领族人种黍。

　　下面几例卜辞可以更好地理解"妇妌黍"的内涵:

　　　　贞:呼妇妌往叙黍。　　　　　　　　　《合集》2734 正【典宾】
　　　　〔癸〕未卜,彀贞:翌甲申呼妇妌往黍。
　　　　〔贞〕:于乙酉呼妇妌往黍。　　　　　《合集》9531 正【典宾】
　　　　贞:呼妇妌往黍,若。　　　　　　　　《合集》9534 正【典宾】
　　　　贞:勿呼妇妌往叙黍。　　　　　　　　《合集》40078【典宾】

　　"叙",是用手摘穗的意思。上面几例卜辞中的"妇妌往黍""呼妇妌往叙黍"可能与"曾孙来止,以其妇子,馌彼南亩"(《诗经·小雅·大田》)类似,是指"妇妌"到现场视察种黍。

　　这样一来,包括商王在内的贵族们经常会参加农业活动,大贵族的农业活动很有可能是礼仪性质的,这一礼仪活动使用的农具未尝不可以是青铜铲、盉、镰等。是以,本书认为青铜工具的使用场合以这类礼仪性活动最为适合。

　　青铜农具数量极少,而且其用于农业生产活动时的功能具有礼仪性质,这表明商文化区并不大量或普遍使用青铜农具。包括商文化在内的中国青铜时代核心文化区是否大量或普遍使用青铜农具,这本来不是一个问题,考古发现并不能提供青铜时代大量使用青铜农具的证据,但它之所以成为一个众说纷纭的话题,源于20世纪50年代的古史分期大讨论。[①] 从世界范围来看,多数早期文明都没有大量使用青铜农具的案例,布鲁斯·G. 崔格尔(Bruce G. Trigger)梳理了七大早期文明的农业生产状况,只有美索不达米亚早期文明曾较多使用过红铜镰刀与锄[②],这反映了红铜和

---

① 关于古史分期对此问题的影响,可参考杨宽《关于西周农业生产工具和生产技术的讨论》,《历史研究》1957年第10期。
② [加拿大]布鲁斯·G. 崔格尔(Bruce G. Trigger):《理解早期文明》,徐坚译,北京大学出版社2014年版,第201—202页。

锡世界范围的相对缺乏，从而证明了早年柴尔德认为青铜技术提高劳动生产率的说法是不正确的。

在考古学上，商文化以精美繁缛的青铜文明而著称于世，宗庙祭祀所用大量青铜器必然要求持续有效的铜、锡供应，那么晚商的铜、锡从何而来呢？石璋如先生根据文献与地质调查材料统计了以安阳为中心的中国北方地区铜矿产地，结果发现安阳周围400公里内就有较为充足的铜料资源，故殷代铜料不仅不必远去长江流域寻找，且不必过黄河以南。① 但学术界一般认为，这些距离殷墟很近的铜矿，其使用年代往往不能早到先秦时期，目前唯一满足石璋如先生要求的古铜矿遗址就是位于山西垣曲、运城一带的中条山矿冶遗址②；大部分先秦时期古矿业遗址距离中原地区都很远，如长江中游的江西瑞昌铜岭和湖北大冶铜绿山遗址、内蒙古的大井矿冶遗址、皖南古矿冶遗址等。根据微量元素材料，先秦时期的铜料确实主要来自长江中下游铜矿、山西中条山铜矿以及内蒙古境内的大井铜锡矿床。③ 按照春秋时期曾伯黎簠"金道锡行"的记载，学术界也认为南方也是商代锡料来源的重要产地。④ 可见，商王朝获取青铜资源并不是一件很容易的事情。在这个前提下，晚商的青铜资源自然优先铸造青铜礼器与兵器，如殷墟苗圃北地铸铜作坊⑤、孝民屯铸铜作坊⑥、大司空村铸铜作坊⑦所出陶范多为铜礼器范，而较少见工具范，这就证明殷墟的铸铜作坊极少铸造青铜农具。相对的，在铜锡矿源丰富的地区，青铜农具的数量就会较多，如新干大洋洲出土之多件铜锸、铜耒、铜铲、

---

① 石璋如：《殷代的铸铜工艺》，《中央研究院历史语言研究所集刊》（第二十六本），1955年版，第95—128页。
② 李延祥：《中条山古铜矿冶遗址初步考察研究》，《文物季刊》1993年第2期。
③ 魏国锋等：《若干地区出土部分商周青铜器的矿料来源研究》，《地质学报》2011年第3期。
④ 童恩正等：《〈中原找锡论〉质疑》，《四川大学学报》（哲学社会科学版）1984年第4期；易德生：《科技考古视野下的商王朝锡料来源与"金道锡行"》，《中国社会科学》2013年第5期。
⑤ 中国科学院考古研究所安阳发掘队：《1958—1959年殷墟发掘简报》，《考古》1961年第2期；殷墟孝民屯考古队：《河南安阳市孝民屯商代铸铜遗址2003—2004的发掘》，《考古》2007年第1期。
⑥ 中国社会科学院考古研究所安阳工作队：《2000—2001年安阳孝民屯东南地殷代铸铜遗址发掘报告》，《考古学报》2006年第3期。
⑦ 高去寻遗稿，杜正胜、李永迪整理：《大司空村第二次发掘报告》，"中央研究院"历史语言研究所2008年版，第43—54页。

第三章　晚商农事活动与农业生产工具研究

铜镰等农业生活工具。① 这点还可以由晚期的铜质农具来证明，如安徽涡阳县出土的大量春秋时期铜镰和铜锸②，滇文化遗址出土的大量铜铚③，都是因为靠近铜锡矿源而可以有较为充足的青铜原料铸造农业生产工具。可见，青铜原料获取的难易应该是一个地区是否普遍使用农业生产工具的重要原因。

总之，以安阳殷墟为核心的晚商时期商文化区之所以较少使用青铜农具，一个重要原因是青铜原料的稀缺，以致较为稀少的青铜原料优先铸造具有礼仪和军事性质的器类，所谓"国之大事在祀与戎"是也。

小　结

本章分三个专题，第一个专题是晚商农事活动，第二个专题是晚商的石质农业生产工具，第三个专题是晚商青铜农具，三者相互联系，前后因果，所以放在同一章中。现将所得认识总结为以下几点：

第一，依据甲骨卜辞，本书将晚商时期一个农业季所要从事的农业活动分为：耕前除草（告芳）、翻耕（叀田、耤田）、种植（黍、稻、䅵等）、中耕除草（芟）、治虫（𤽊）、治旱涝（求雨、宁雨、作畎、尊田）、收割（刈、叡、萑）、处理秸秆（𥝩）、储藏（廩、仓）等。其他农事活动，如开垦荒地（哀田）、徙田（屄田）、度田等，也是甲骨文较为常见的事类。

第二，晚商农具的种类与功能应该结合农事活动，而不能独立于农事活动之外。在翻耕过程中，商人主要使用木质耒、耜，也可能用到石、蚌、骨质铲，但没有证据表明商人使用过牛耕；在中耕过程中，商人或用到石、蚌、骨质铲；在收割过程，商人用到镰与铚，且以镰为主。晚商遗址出土的石刀可以分为镰形刀、铚形刀及其他形制石刀，这说明并不是每一类石刀都是农业生产工具，需要具体石刀具体分析。

---

① 江西省文物考古研究所、江西省博物馆、新干县博物馆：《新干商代大墓》，文物出版社1997年版，第115—121页。
② 杨玉彬、刘海超：《安徽涡阳县出土的东周青铜器》，《考古》2006年第9期。
③ 云南省文物考古研究所、昆明市博物馆、官渡区博物馆：《昆明羊甫头墓地》，科学出版社2005年版，第66页。

第三，晚商农具具有地域性，这体现在材质与形制两个层面上。在材质层面上，不同地域因为地理因素而偏爱不同材质的农业生产工具，如殷墟遗址靠近洹河，蚌质农具数量较多；但也有部分遗址受文化因素影响，如老牛坡遗址虽然靠近灞河，但所用之蚌质农具却较少，反而有较多骨质农具。在形制方面，晚商考古遗址出土的铲、镰等器大致相似，差异不大，但石铚的形制就有很大的地域性。相较于商文化圈其他区域，济南大辛庄遗址继承了岳石文化的农具特征，有较多的半月形双孔石铚，这是其他遗址较为罕见的，显示半月形双孔石铚是"东土"地区的文化传统。

第四，虽然有学者认为商周时期曾经普遍使用青铜农具，但本书认为晚商并没有这方面的证据。如曾被认为是"钁"的铜锛形器，根据出土单位及共存物，可以判断是手工工具；而青铜铲多为礼仪用器，少量实用铜铲也未必能够用于日常的农业生产。晚商铸铜作坊遗址中极少出土农业生产工具陶范的事实进一步证明，青铜农具不可能大规模使用于晚商时期。

第四章　晚商农业卜辞研究两题

与农业有关卜辞是甲骨文中数量较多的一类卜辞，是与晚商经济活动有直接关系的重要史料。本章希望通过两个案例说明农业卜辞的重要性。第一个案例是甲骨文中"受年"卜辞类组差异所反映商王王权的变化，这对于我们认识商王权力来源很有帮助。第二个案例是甲骨文中农业地名研究，农业地名可以成为我们研究晚商政治地理的一个很好视角。

第一节　甲骨文中"受年"卜辞类组差异所反映商王王权的变化

"受年"卜辞是一类以祈祷谷物丰收为目的的卜辞，这类卜辞主要包括：较为单纯的"受年""受有年"或"受禾"卜辞；"生产活动（如登田、耤田、种植等）+受年/受有年"卜辞；"褱年""褱禾"卜辞；"御年"卜辞。

据笔者统计，在殷墟甲骨文中，有超过1000片卜辞涉及"受年"事项，是农业甲骨文中最为重要的部分。"受年"卜辞数量众多，包含大量农业信息，素来受学术界重视，以往胡厚宣先生[1]与郭旭东先生[2]都专门讨论过这个问题，使我们对"受年"卜辞有了一定的了解。但学术界较少关注不同类组"受年"卜辞的差异，及其所反映的商王王权的变化，这是本书继续讨论"受年"卜辞的原因。

---

[1] 胡厚宣：《卜辞中所见之殷代农业》，甲骨文研究资料编委会编：《甲骨文研究资料汇编》（第10册），北京图书馆出版社2008年版，第11—294页。
[2] 郭旭东：《甲骨文中的求年、受年卜辞》，《农业考古》2006年第1期。

一 "受年"卜辞数量的类组差异

甲骨文的"类组"是随着研究的深入而逐渐成形的分期理论，是指根据卜辞字体本身的特征而划分出来的不同类型及相应的期段体系。[①] 本书遵从黄天树先生的分类体系[②]，并参考"汉达文库"的分类成果，但"受年"卜辞在各类组的分布并不均衡，部分"受年"卜辞数量极少的类组若是区分过细将不利于统计。故此，对于宾组、历组等"受年"卜辞数量较多的类组，本书将其进一步区分；而对于出组、何组、无名组等"受年"卜辞数量较少的类组，则以大类组为统计对象。

在统计过程中，根据本书对"受年"卜辞内涵的理解，"受年"卜辞又可进一步根据求"年"和求"禾"的差异区分为与"受年"有关的卜辞和与"受禾"有关的卜辞。二者的类组差异极为明显，统计情况见表4—1：

表4—1　　　　　　　　"受年"卜辞的类组统计情况

"受年"卜辞类组		与"受年"有关的卜辞/片	与"受禾"有关的卜辞/片
师组		16	4
师宾间		65	1
宾组	宾一	30	—
	典宾	426	2
	宾三	31	—
出组		51	4
何组		20	2
黄组		10	1
历组	历一	—	45
	历二	—	146
无名组		90	23
其他		7	3

[①] 甲骨文的"类组"概念，参考林沄《小屯南地发掘与殷墟甲骨断代》，《林沄学术文集》，中国大百科全书出版社1998年版，第125页。
[②] 黄天树：《殷墟王卜辞的分类与断代》，科学出版社2007年版。

各类组的相对年代大致是：师组→宾组→出组→何组→黄组；师历→历组→无名组。① 从表4—1可以看出，与"受年"有关的卜辞主要分布在宾组，但不见于历组；与"受禾"有关的卜辞主要分布在历组，不见典型宾组。除无名组外，两组卜辞交叉度不大，如宾组、出组、何组、黄组虽然也有少量与"受禾"有关的卜辞，但数量较少，且多数为残辞。值得注意的是无名组卜辞，该组卜辞被认为是两系说中的村中村南系②，是历组卜辞的后继，但该组卜辞除包含一定数量的与"受禾"有关的卜辞，也包含较多的与"受年"有关的卜辞。最明显的一组"共存"案例是《合集》30688与《醉古》274，它们是无名组同文卜辞，一组用了"受年"，另一组里面有"受禾"；且《醉古》274还是一例"受年"与"受禾"共版卜辞：

  ☒☒，弜用，受年。
  其用旧册二十牛，受禾。
  三十牛，受年。　　　　　　　　　　　　　　　《醉古》274【无名】

这表明，村中村南系卜辞在其晚期阶段也采用村北系使用"受年"的传统。

表4—1最后一栏"其他"主要是字体不易分类组的部分卜辞，但也有少量非王卜辞，如《合集》21747是子组卜辞，其辞曰：

  己巳，子卜，贞：余受〔年〕。

"受禾"卜辞中也有非王卜辞，如：

  正受禾。
  ☒受禾。　　　　　　　　　　　　　　　　　《合集》22246【妇女】

---

① 就目前的研究现状而言，除非有明确的历组卜辞出于早期地层、灰坑或墓葬的证据，历组卜辞年代早晚的争议不会休止。本书对此问题不作讨论，只是因为类组概念的需要而暂时采用历组年代较早的论断。
② 李学勤：《殷墟甲骨分期的两系说》，《古文字研究》（第十八辑），中华书局1992年版，第26—30页。

囧有禾。　　　　　　　　　　　　　　　《村中南》294【午组】

非王卜辞一般是武丁时期卜辞，所以这几例卜辞的年代也较早。

是以，我们可以看出，在晚商早期，商王频繁占卜祈祷年成，表现为早期卜辞有更多的"受年"卜辞；而在晚商晚期，商王占卜祈祷年成的频率在降低，表现为晚期卜辞中的"受年"卜辞数量大幅度减少。这是"受年"卜辞的第一个类组及时代差异。

二　"受年"卜辞兆序的类组差异

"兆序"是标记卜兆次序的数字，或标明为某事贞卜之若干次，或标明此辞在相关事项中的贞问次序，但兆序一般不会超过数字"十"。就"受年"卜辞而言，有只贞卜一次而不见"兆序"者，如：

暮出敊，受年。吉
及兹月出敊，受年。大吉
于生月出敊，受年。吉
惠丁卯出敊，受年。　　　　　　　　　　《屯南》345【无名】
惠盂先，受又年。
惠宫先，受又年。
惠□先，〔受〕又年。　　　　　《合集》28216+28224【无名】

这类单贞"受年"卜辞多见于晚期卜辞，如无名组卜辞和黄组卜辞中较为常见。

对于早期卜辞而言，一辞多卜现象较为常见，如：

壬子卜，宾贞：我受年。一 二 三 四 二告 五 六 七 八 九
　　　　　　　　　　　　　　　　　　《合集》9677【宾一】

此辞是壬子日为"我受年"而作的贞卜，其兆序"一"到"九"是此事占卜的次数。

在一事多卜"受年"卜辞中，常常可见正、反对贞的，如：

第四章 晚商农业卜辞研究两题

贞：吕□其受年。〔一 二〕三〔四〕五
贞：吕不其受年。六 七 八 九 十　　　　《合集》811 正【典宾】

此辞中，"吕□其受年"与"吕不其受年"以千里路为中心，应该是对贞卜辞。第"一"到第"五"是为"吕□其受年"贞卜的兆序，第"六"到第"十"是为"吕不其受年"所贞卜的兆序。

卜辞还有：

来岁不其受年。一 二 二告
甲子卜：来岁受年。八月。三　　　　《合集》9659【师宾间】

这条卜骨刻辞，兆序"一"和兆序"二"对应"来岁不其受年"，兆序"三"对应着"来岁受年"，也是正、反对贞中的一事多卜。

以上两例正、反对贞中的兆序是前后相继的，"受年"卜辞中还有一些各自多卜的正、反对贞，如：

丙申卜，㱿贞：我受年。一 二 三 四 五
贞：我〔不〕其受年。一 二 二告 三〔四〕五
　　　　　　　　　　　　　　　《合集》974 正【典宾】
辛卯卜，古贞：我受年。一 二 三 四 五 六 七 二告 八 九
贞：我不其受年。一 二 三 四 小告 五 六 七
　　　　　　　　　　　　　　　《合集》9671 正【典宾】

以上两组卜辞，贞人将正辞和反辞都重复卜问若干遍，正、反兆序可以相等，也可以不等，正、反两辞都可以单独视为一事多卜。值得注意的是，无论是单纯的"一事多卜"，还是正反对贞中的"一事多卜"，这些卜辞主要见于"受年"类卜辞，而较少见于"受禾"类卜辞。①

在一事多卜"受年"卜辞中，有数版卜辞同是贞卜一事者，卜辞相

---

① 目前，仅有一例可能者：

不受禾。二
癸未□受禾。三　　　　　　　　　　《合集》33262【历二】

· 179 ·

同，兆序前后相继，胡厚宣先生称为"同文例"①，张秉权先生称为"同文成套卜辞"②，如：

丁酉卜，争贞：今春王弜黍。一
〔贞〕：今春王黍于南，囗〔人〕于南兆。 《合集》9518【典宾】
丁酉卜，争贞：今春王弜黍。三
〔贞：今〕春王〔黍于南〕，囗人〔于〕南兆。
《合集》9519【典宾】

以上是两版宾组同文卜辞中的第一和第三版，每版卜辞的兆序相同，不同版卜辞兆序前后相继，这里的兆序代表了所"版数"。另外，宾组卜辞有一例兆序都为"四"的"受年"卜辞：

鼎贞：我受耆年。四
鼎贞：我不其受耆年。四
鼎贞：我受黍年。四　　　　　　　　　　　《合集》821【典宾】

此条卜辞的兆序皆是"四"，表明它是相关同文卜辞中的第四版。

虽然宾组"受年"类卜辞中的同文卜辞也常有出现，但它的数量远少于一般的"一事多卜"辞，这表明宾组"受年"类卜辞的兆序多数情况下表示占卜的次数，少数情况下表示同文例的版数。

与宾组"受年"类卜辞相反，历组"受禾"类卜辞较少见一般的"一事多卜"辞，反而较多见到同文卜辞，如：

丁未卜：又于岳莱禾。二
庚戌卜：又于岳莱禾。二　　　　　　　　《合集》33291【历一】
丁未卜：又于岳莱禾。五

---

① 胡厚宣：《卜辞同文例》，《中央研究院历史语言研究所集刊》第9本，"中央研究院"历史语言研究所1947年版，第135—220页。
② 张秉权：《卜龟腹甲的序数》，《中央研究院历史语言研究所》第28本上册，"中央研究院"历史语言研究所1956年版，第229—272页；张秉权：《论成套卜辞》，《中研院历史语言研究所集刊外编第四种·庆祝董作宾先生六十五岁论文集》上册，"中央研究院"历史语言研究所1960年版，第389—401页。

庚戌卜：又于岳𠦪禾。五　　《合集》33290【历一】

这是历组卜辞同文例中的第二和第五版，是向岳“𠦪禾”。类似的还有：

癸未贞：𠦪禾于𩡧。
癸未贞：𠦪禾于河。
癸未贞：𠦪禾于岳。　　《合集》33275+《合补》10634【历二】
癸未贞：𠦪禾于𩡧。
癸未贞：𠦪禾于河。三
癸未贞：𠦪禾于岳。三　　《合集》33274【历二】

这也是一组“𠦪禾”同文例中的两版。另外，“害禾”卜辞也有：

辛亥卜：岳其害禾，又岳。一
辛亥卜：岳弗害禾，弜又岳。一　　《合集》34229【历一】
辛〔亥卜〕：岳〔其害禾，又岳〕。三
辛亥〔卜〕：〔岳〕弗害〔禾〕，弜又〔岳〕。三
《合集》34230【历一】

在历组卜辞中，“受禾”类卜辞往往都是同文卜辞中的某一版，以上是可以找到与之同文的一部分卜辞，历组卜辞更多见只可确定为某一版的例子，如《合集》32028（第一版）、《合集》33246+《合集》33267+《殷拾》12.5（第一版，孙亚冰缀）、《合补》10638（第三版）、《屯南》1110（第三版），这证明历组“受禾”类卜辞中的“兆序”很可能多是同文例的版数。

除此之外，在“受年”卜辞中，有一类较为特殊的卜辞，如：

丁酉卜，争贞：呼甫秜于娟，受有年。一
丁酉卜，争贞：弗其受有年。一
𣄰众𣪊甫耤于娟，受年。二　三　二告
贞：弗其受有年。二　三

受年。四
　　弗其受。四
　　贞：受年。五
　　弗其受有年。五　　　　　　　　《合集》13505 正【宾一】

　　《合集》13505是一版龟腹甲卜辞，分为四条正反对贞卜辞，占卜的应该是同一件事，即甫在𡝗地的农事活动。四条卜辞虽然相互关联，但每一条都独立存在。有趣的是，因为彼此关联，所以兆序由"一"到"五"，前后相继。这里，兆序辞表示该辞在一组相关事项中占卜的序数，而不是指某事贞卜之第若干次。这种卜辞，似乎可归到张秉权先生"成套卜辞"中。①

　　以上大致就是"受年"卜辞"兆序"与文例的分类情况，可以看出：单贞卜辞多见于晚期卜辞，如黄组和无名组；而一事多卜多见于早期卜辞，其中一版多序辞多见于师组、宾组卜辞；同文例多见于历组卜辞，而少见于宾组卜辞。

　　统计结果显示，不同类组"受年"卜辞"兆序"的差异集中体现在兆序的数值上。一般而言，何组、黄组、无名组"受年"卜辞的"兆序"很少有超过"三"的数字，历组和出组"受年"卜辞都各有一例卜辞的兆序超过"三"。历组卜辞中兆序超过"三"的卜辞是上举《合集》33290，是同文卜辞中的第五版，这是唯一一例历组"受年"卜辞中兆序超过"三"的卜辞。出组卜辞有：

　　贞：令𠃌归。三
　　☒永受年。五　　　　　　　　　《合集》9809【出组】

　　此版卜辞是出组"受年"卜辞中兆序超过"三"的例证。因卜辞较残，遂无法确定兆序"五"是相关事项所卜之第五事，还是第五次为"永受年"占卜。

---

① 张秉权先生提出的成套卜辞，是指同日一事多卜、正反对贞而连续契刻而成的序数相连、辞义相同的一组卜辞，参考张秉权《论成套卜辞》，《中研院历史语言研究所集刊外编第四种·庆祝董作宾先生六十五岁论文集》上册，"中央研究院"历史语言研究所1960年版，第389—401页。

与历、出、何、无名、黄诸组不同，师宾间和宾组"受年"卜辞中的"兆序"常常超过"三"，甚至可达到"九"（如《合集》9677）、"十"（如《合集》9758正）。鉴于师宾间和宾组"受年"卜辞"兆序"的多样性，本书对兆序过三者进行统计，得到表4—2：

表4—2　　师宾间和宾组"受年"卜辞最高兆序出现次数统计表

最高兆序	师宾间/次	宾一/次	典宾/次	宾三
四	1	6	12	无
五	—	1	29	
六	2	7	11	
七	—	1	9	
八	1	2	4	
九	—	1	8	
十	1	4	15	

虽然部分卜辞无法确定其兆序究竟是表示占卜次数，还是表示占卜的套数，但上表依旧可以反映宾组"受年"类卜辞一事多卜（且常常超过三次）的规律。若依照"卜以决疑"（《左传·桓公十一年》）的理念，宾组卜辞对是否"受年"一事十分重视，以致常常要为此占卜很多次；而诸如出、何、无名、黄等类组卜辞似乎并不通过多次占卜显示其对年成的重视。[①] 换言之，"兆序"的变化反映出早期"受年"卜辞和晚期"受年"卜辞有着很大的不同：时代越晚，商王对贞卜事项的重视程度越弱，以致晚期卜辞常常"一卜定音"。这是"受年"卜辞第二个类组和时代差异。

三　"受年"卜辞所见地名的类组差异

早期"受年"卜辞与晚期"受年"卜辞的差异也同样见于"受年"卜辞中的农业地名上。下一节会详细论述农业卜辞中的"受年"地名的分

[①] 历组卜辞较为特殊，它常常通过同文卜辞显示其对祭祀的重要性；历组卜辞的同文例状况可能更符合学者提到的"三卜制"（宋镇豪：《论古代甲骨占卜的"三卜"制》，《殷墟博物苑苑刊》创刊号，中国社会科学出版社1989年版。）。

类标准,可以按地名性质分为泛称地名和具体地名,这里只讨论不同类组"受年"地名的数量差异。

"受年"卜辞中的泛称地名和具体地名分布于几乎所有的卜辞类组中,但不同类组卜辞中的"受年"地名具有不同特点。考虑到村中村南系的历组和无名组卜辞中较少出现"受年"地名,如历组"受年"卜辞中的农业地名只见"大邑""文邑""四土""四方"四类,所以本书不对村中村南系的"受年"地名进行统计。是以,根据"受年"卜辞中出现的地名情形,本书简单统计了村北系"受年"卜辞不同类组中出现的地名及其出现的次数,见表4—3①:

表4—3　　　　　村北系"受年"卜辞中农业地名统计表

类组		"受年"卜辞中农业地名及其出现的次数
师组		商(3)、四土(四方)(1)、𱔀(1)
师宾		我(9)、商(3)、四土(四方)(2)、𱔀(2)、𱔀(1)、𱔀(1)、𱔀(2)、舟𱔀(2)、凤(1)、萑(1)、雀(4)、𱔀(3)、龙圃杏(1)、雝(1)、萬(1)、邑(1)
宾组	宾一	我(12)、四土(四方)(3)、姐(2)、戈(1)、夫(1)、防(1)、莆(1)、𱔀(1)、𱔀(1)、甫(1)、𱔀(1)、𱔀(1)、画(1)
	典宾	我(101)、妇妌(19)、𱔀(6)、奠(5)、四土(四方)(5)、商(3)、姐(3)、𱔀(4)、晌(2)、甫(2)、𱔀(2)、彗(2)、皿(1)、吕(1)、名(1)、隆(1)、莆(1)、𱔀(1)、𱔀(1)、京(1)、亚(1)、𱔀(1)、徵(1)、䒱(1)、𱔀(1)、𱔀(1)、𱔀(1)、𱔀(1)、曹(1)、丘商(1)、北田(1)、𱔀(1)、庞(1)、京(1)、西田(1)、𱔀(1)、𱔀(1)
	宾三	商(2)、西单田(1)
出组		商(2)、四土(四方)(2)、犬口(2)、永(1)、京(1)
何组		羊(1)
黄组		商(2)、四土(四方)(2)

由表4—3可知,在村北系卜辞中,早期的宾组卜辞有数量庞大的"受年"地名,稍晚的出组卜辞也有一定数量的"受年"地名,但晚期的何组卜辞和黄组卜辞则极少有"受年"地名。这表明年代越晚,农业地名出现频

---

① 一片卜辞中出现某地名数次者,按一次处理;凡涉及与四土、四方有关的地名,皆以四土(四方)代替。

率与复杂性都在减弱。这是"受年"卜辞第三个类组和时代差异。

四 "受年"卜辞类组差异所反映农业贞卜行为减弱之背景

以上，我们可以看出，"受年"卜辞具有较为明显的类组差异，这也代表"受年"卜辞具有时代差异，其体现有：早期"受年"卜辞的数量更多，一事多卜的现象更为频繁，"受年"地名也更为复杂、多样；晚期"受年"卜辞的数量更少，一事多卜的现象较少，"受年"地名较为单调。这些变化彼此之间的关系也许并不明显，其中部分变化（如一事多卜现象的减少）又与殷墟甲骨文由早期向晚期制度化的演变关系密切①，所以学者往往会忽略它们所能揭示的现象。本书认为，这些变化共同反映了一个现象，即晚商晚期商王对农业贞卜关注度在减弱。这种农业贞卜行为的减弱，究竟说明了什么，却是需要仔细论证的问题，它的宏观背景或许与商王王权的内在变化有很大关系。

王权与农业收成之间有着天然的联系，这点可以由王权的起源来论述。甲骨文中有一个"岁"字，常用作祭名，义为割杀②，但卜辞常见的"今岁""来岁"则用于纪时。③ 我们对卜辞中与纪时有关的"岁"字作了简单的统计，辞例较为完整者共60余例，多与"受年"或"受禾"有关，无直接关系者仅10例。在这10例与"受年"或"受禾"无关的卜辞中，1例占卜"龜不至兹商"（《合集》24225），1例占卜"亡大水"（《英藏》2588＋《英藏》2593），1例占卜"𠂤"（《合集》24611，此字从"禾"），皆与农业有关。在这些与纪时有关的"岁"字中，只有一例黄组卜辞

---

① 就殷墟卜辞而言，由早到晚，确实存在制度化、规范化的趋势，相关内容可以参考王宇信、杨升南《甲骨学一百年》，社会科学文献出版社1999年版，第203—219页。
② 郭沫若：《释岁》，《郭沫若全集·考古编·第一卷》，科学出版社1982年版，第135—154页；郭沫若：《丘关之釜考释》，《金文丛考》，人民出版社1954年版，第339—349页。"岁"字的字形，劳干先生认为"岁"从戉，且"岁"之原始象形是有孔石刀（劳干：《古文字试释》，《中央研究院历史语言研究所集刊》第40本第1分本）。其说不可信。卜辞"戉"字虽然与部分"岁"字相似，但"戉"字左上角的刃形往往是"⊃"形，与"岁"字刃头判然有别；且有孔石刀一般认为是手持获穗，并不绑柄，将其理解为"岁"的原形也是不妥的。
③ 陈梦家：《殷虚卜辞综述》，中华书局1988年版，第224—226页；朱凤瀚：《论殷墟卜辞中纪时用的"岁"》，南开大学历史系编：《南开大学历史系建系七十五周年纪念文集》，南开大学出版社1998年版，第4—9页。

·185·

（《合集》36974），"其呼方，惠今岁若"，与农业无关，但因为年代较晚，未尝不是"岁"字新的引申义。可见，卜辞中用作纪时的"岁"字与农业生产有关，很可能与农业季有关。① 文献中常有"岁"作年谷、年成的例子，如《诗经·殷武》："岁事来辟，勿予祸适，稼穑匪解。"《左传·哀公十六年》："国人望君，如望岁焉"，杜预注："岁，年谷也。"可见，"岁"的农业季词义可以追溯到晚商时期。问题是，"岁"何以能够表示农业季或年谷呢？这点可以从甲骨文中"岁"字字形入手探讨。

朱凤瀚先生根据刃部之不同将卜辞中"岁"字分为六型，表示纪时的"岁"字主要有A、B、C、D四型，单就字形而言，都可读为"戉"，即"钺"字，"戉"与"岁"上古音同。② 也就是说，甲骨文中的"岁"字是假"戉"为之的。从商周铜钺来看，"岁"字的字头与铜钺形态有高度的相似性，《花东》206有"舞戉"，"戉"就是商代有孔铜钺、石钺的象形，"舞戉"是用钺为舞的意思，这里的"戉"与朱先生所举D型"岁"的字形极为接近，进一步证明甲骨文中的"岁"字假借了铜钺之"戉"。

古人斧钺无别，钺为礼仪化的斧，如《左传·昭公十五年》孔颖达疏"钺大而斧小"，晋崔豹《古今注·舆服》则云"金斧，黄钺也；铁斧，玄钺也"。甲骨文中的"岁"字的本形全为斧钺，但多数学者认为"岁"的字形与它作为"年谷"的字义没多大关系。③ 实际上，我们认为斧钺用以农业生产并非完全无证。石斧在周代之后的文献中主要起着砍砸的作用④，如《诗经·齐风·南山》："析薪如何？匪斧不克。"但在"刀耕火种"的原始农业时代，原始部落的生产力较为低下，先民们会通过不断开辟新田或翻耕旧田获得足够的农业收成。⑤ 在此过程中，唯有石斧才是先民们砍伐草木、开垦荒地的有力工具。从民族志角度来说，中国少数

---

① 彭邦炯：《甲骨文农业资料考辨与研究》，吉林文史出版社1997年版，第460—461页。陈梦家先生认为作为农业季的"年"分"禾季"与"麦季"，目前卜辞材料不足以证明这一点。尤其是，我们对商代历法还不太清楚，故此"今岁""来岁"究竟对应什么样的农业季还有待于进一步研究。
② 朱凤瀚：《论殷墟卜辞中纪时用的"岁"》，南开大学历史系编：《南开大学历史建系七十五周年纪念文集》，南开大学出版社1998年版，第4—9页。
③ 于省吾主编：《甲骨文字诂林》，中华书局1996年版，第2397—2406页。
④ 杨鸿勋：《石斧石楔辨——兼及石锛与石扁铲》，《考古与文物》1982年第1期。
⑤ 王建革：《人口、生态与我国刀耕火种区的演变》，《农业考古》1997年第1期；尹绍亭：《基诺族刀耕火种的民族生态学研究》，《农业考古》1988年第2期。

民族中的怒族、独龙族，在没有使用铁刀之前，人们是使用磨制的斧头开垦土地、种植谷物的。① 故此，石斧在原始农业时期是必备的农业生产工具。② 新石器时代发现大量的石斧实物，这些石斧固然也承担其他功能，但他们同时也是古人扩张农业区的重要工具。即使在农业已经较为发达的商代，商王也很关心与"裒田"有关的开荒事宜③，表明晚商时期的部分农业生产也未必完全脱离石斧。甲骨文中的"岁"字源于斧钺之形，当是新石器时代就已经逐渐形成的：因为石斧在农业生产领域的重要作用，古人才逐渐用斧钺之形表示"年谷"，逐渐形成了"岁"字。

与"岁"字象斧钺之形相似，学术界普遍认为，甲骨文中的"王"字也象斧钺之形，"王"字起源于斧钺。④ 也就是说，甲骨文中的"岁"字与"王"字同源。"岁""王"同源，是不是意味着商代的王权也包含商王对农事生产活动支配权呢？本书认为确实如此，这点可以由商王所兼有的巫师身份来进一步论证。

商代是一个弥漫着宗教崇拜的时代，武王克商，成王封鲁国以殷"祝宗卜史"（《左传·定公四年》），可见商人崇尚巫术已经到了很高的地步。巫是祭鬼神且能知鬼神事者，虽然没有证据可以证明商王属于"祝宗卜史"，但卜辞中的商王确实有着类似巫师一般的能力。如商王可以亲自参与和主持祭祀活动（如《合集》36518），又可"宾"于先王（如《合集》22779），这表明商王也是可以沟通神灵的，也具备一般巫师所具备的能力。是以，陈梦家先生⑤和张光直先生⑥都认为商王是群巫之长。

在先秦时期，有一个流传较广的商汤祷雨传说，可以为商王的群巫之长的身份作注，且对我们理解农业收成在商王王权体系中的意义很有作用。这个传说较早的版本见《墨子·兼爱下》：

> 且不唯《禹誓》为然，虽《汤说》即亦犹是也。汤曰："惟予小

---

① 李根蟠、卢勋：《中国南方少数民族原始农业形态》，农业出版社1987年版，第10—13页。
② 宋兆麟：《我国的原始农具》，《农业考古》1986年第1期。
③ 张政烺：《卜辞"裒田"及其相关诸问题》，《考古学报》1973年第1期。
④ 吴其昌：《金文名家疏证》（一），《武大文史哲季刊》1936年第3期；林沄：《说"王"》，《考古》1965年第6期。
⑤ 陈梦家：《商代的神话与巫术》，《燕京学报》1936年第20期。
⑥ 张光直：《中国古代史在世界史上的重要性》，《考古学专题六讲》，文物出版社1986年版，第1—24页；《美术、神话与祭祀》，生活·读书·新知三联书店2013年版，第37页。

子履，敢用玄牡，告于上天后曰：今天下大旱，即当朕身。履未知得罪于上下，有善不敢蔽，有罪不敢赦，简在帝心。万方有罪，即当朕身，朕身有罪，无及万方。"

《吕氏春秋·顺民》《左传·襄公十年》引《尚书大传》，《文选》李善注引《淮南子》，《初学记·卷九·帝王部》引《尸子》等书对这个故事都做了背景说明，如《吕氏春秋·顺民》谓：

汤克夏而正天下，天大旱，五年（作者按：它书有言七年者）不收。汤乃以身祷于桑林。

这段话是说数年大旱，谷物不收，以致商汤需要以自己为牺牲祷于桑林。这一故事虽然有离奇之处，但应该有着真实的历史背景。《太平御览》卷十引《庄子》佚文："昔宋景公时大旱，卜之，必以人祠乃雨，景公下堂顿首曰：'吾所以求雨，为民也，今必使吾以人祠乃雨，将自当之。'言未卒而大雨。"[1] 宋是殷商后裔，可见商人及其后裔有国君自为人祠的传统，有学者怀疑汤祷故事是小说家虚构之言[2]，是没有道理的。

大旱而国君自为人祠，这很容易让我们想起甲骨卜辞中较为常见的焚人以求雨的故事：

贞：&（焚）婞，业（有）雨。
勿&（焚）妌，亡其雨。　　　　　《合集》1121 正【宾组】
己酉卜，宾贞：翌庚戌&（焚）奴于☐　《合集》1139【宾三】
戊申卜：其&（焚）衍女，雨。
弜&（焚）衍女。　　　　　　　　《合补》10648【历二】

---

[1] 这段话亦见于《列女传·卷六》"齐伤槐女"条，《新序·杂事第二》将此事归于齐景公名下，当因谥号相同而讹混。《晏子春秋·内篇》有晏子劝齐景公暴露野居事，是齐景公被不断劝说下作出的抉择，又与商汤、宋景公故事中主动"以身为牺牲"不同，反而证明齐国无此习俗。与宋相比，鲁国有大旱焚巫尪的传统，见《左传·僖公二十一年》。《礼记·檀弓下》记鲁穆公欲暴巫尪以求雨，当是这一传统的延续。鲁国"变其俗，革其礼"，对殷商传统有着很好的继承，如鲁有亳社，曲阜鲁古城有殷遗民墓区，鲁国此风俗或是受此地殷遗民影响的结果。
[2] 楼劲：《汤祷传说的文本系统》，《中国社会科学院历史研究所学刊》（第六集），商务印书馆2010年版，第29—56页。

第四章　晚商农业卜辞研究两题

其☒（焚）〔于〕夫，有〔大雨〕。
其☒（焚）永女，有雨。大吉　　　　《合集》30169【无名组】
乙卯卜：今日☒（焚），从雨，〔丁〕巳。
于己未雨。　　　　　　　　　　　　《合集》34485【师历间】

裘锡圭先生认为所焚之㜷、奻、奴当是女巫，衍女、永女可能是女奴，单言"☒"有可能是指焚男巫。①

值得注意的是，晚商焚人求雨，所焚之人不仅有奴仆，且常见巫尪这类身份尊贵者，古人认为巫师有祈祷请雨的责任，焚之可以使天下雨。②但身为国君的商汤和宋景公何以也需要"以身为牺牲"？如果我们能够赞同商王是群巫之长的观点，就可以很容易解释商汤祈雨、以身为祠的故事源起。

在人类学名著《金枝》一书中，英国学者 J. G. 弗雷泽列举了大量实证，证明巫师声称他们可以控制天气，并以此建立权威、攫取最高权力。③对于巫术昌明的国家，国王甚至会对谷物收成的好坏负上责任，如西非的班查尔人中，如果过久的干旱或雨水危害了庄稼的收成，人们就会将此归咎于国王，辱打他直到天气转好。这类例子在《金枝》中也有很多，除班查尔人外，非洲拉图卡人、亚洲西徐亚人、南太平洋纽埃岛或珊瑚岛人都有这种经历。④ 中国的史书上也有类似的记载：

> 旧夫馀俗，水旱不调，五谷不熟，辄归咎于王，或言当易，或言当杀。（《三国志·魏书·乌丸鲜卑东夷传》）

当水旱不调、五谷不熟时，夫馀国王就可能被追究责任，或易或杀。这个故事似乎耸人听闻，但根据英国学者 J. G. 弗雷泽的理论，夫馀国王很可能兼具巫师的职能。

---

① 裘锡圭：《说卜辞的焚巫尪与作土龙》，《裘锡圭学术文集·甲骨文卷》，复旦大学出版社 2012 年版，第 194—205 页；张宝明：《从甲骨文钟鼎文看商汤祈雨的真实》，《浙江社会科学》2004 年第 4 期。
② 《左传·僖公二十一年》："夏，大旱，公欲焚巫尪。"杜预注："巫尪，女巫也，主祈祷求雨者也。"
③ ［英］J. G. 弗雷泽：《金枝》，汪培基译，商务印书馆 2013 年版，第 105—143 页。
④ 同上书，第 149—150 页。

再回过头看商汤祷雨故事。天下大旱会直接对谷物收成产生严重影响，进而对商汤统治基础造成影响。商汤祈雨，以身为牺，这一方面是商王作为群巫之长的责任，以求谷物丰收，政权稳固。当然，商汤时期已经进入王权时代，毕竟与一般的部落国家不同，商汤不至于真的自焚求雨，但王权兴起过程中的神权因素依旧发挥着巨大的影响力，所以商汤才会"翦其发，酈其手，以身为牺牲，用祈福于上帝"。

也就是说，在王权兴起过程中，商王塑造权威的途径之一是借助神权[①]，扮演群巫之长，这就使得农业收成天然地成为王权兴起过程中必不可少的经济条件，身为群巫之长的商王必须保证农业丰收。这也就可以解释为何表示农业季的"岁"字会与"王"字有相同的起源，因为保护农业本身就是商王王权兴起的基础之一。受此影响，商王较之后世君王对农业生产有着更执着与深刻的关注。

以上，商王的群巫之长的身份决定了商王对农业收成有着不同寻常的关心，但商王对农业收成的关注程度并非一成不变，正如本书对"受年"卜辞变化的揭示，晚商晚期商王对农业贞卜关注度的减弱。导致这种现象的原因也许是多元的，但神权的式微、世俗王权的强化应该是一个重要原因。

在晚商，由早到晚，殷墟都邑呈现规则化和简单化进程[②]，商人对神灵的态度也朝着敷衍的方向发展，这种态度除了体现在卜辞上的变化外，我们还可以从墓葬中得到启示。相较于殷墟文化早期，殷墟文化晚期的丧葬习俗呈现出这样几个特点：其一，随葬陶器的火候较低、制作更为粗糙，陶觚、陶爵形态较小，且时代越晚形态越小，这体现了陶器明器化程度的加深；其二，仿铜陶礼器成群出现；其三，随葬铜器铸造粗糙、质地轻薄，甚至出现铅器，铜器纹饰越来越多地流行无地纹的单层花纹，趋于简单与草率。[③] 晚商晚期墓葬随葬习俗明器化倾向的增强，反映了商人对

---

① 《左传·成公十三年》："国之大事，在祀与戎。"表明王权的最明显的两个特征就是神权与军权，在王权的起源过程中，神权一定是不可或缺的一个重要因素。关于中国古代王权兴起的因素，可参考王震中《中国王权的诞生——兼论王权与夏商西周复合制国家结构之关系》，《中国社会科学》2016年第6期。
② 参考[加]荆志淳先生在中国社会科学院考古研究所的讲座，讲座纪要见《"认识大邑商：人口、技术、礼仪和城市"讲座纪要》，中国考古网 http://www.kaogu.cn/cn/xueshudongtai/xueshudongtai/xueshudongtai/2016/0821/55132.html，2016年8月21日。
③ 邰向平：《商系墓葬研究》，科学出版社2011年版，第264—267页。

祖先、神灵观念的转变。《尚书·微子》："今殷民乃攘窃神祇之牺牷牲，用以容，将食无灾。"《史记·宋微子世家》作："今殷民乃陋淫神祇之祀。"《尚书·牧誓》中周武王指责商纣，其中就有"昏弃厥肆祀弗答"，皆是商末不敬神灵的依据。

在这种普遍存在的"陋淫神祇之祀"氛围中，商王也逐渐轻视自然神而更重视王权体系中的直系祖先神，甚至产生了著名的武乙诟天侮神的故事。《史记·殷本纪》："帝武乙无道，为偶人，谓之天神。与之博，令人为行。天神不胜，乃僇辱之。为革囊，盛血，卬而射之，命曰'射天'。"武乙既然可以"射天"，这就证明他的世俗王权在不断强化，而他身为巫师的身份遂隐而不显。武乙及其之后商王世俗王权的增强、巫师身份的削弱，导致他们在贞问谷物是否"受年"时不必如他们的先祖那般"尽心尽力"，这大概也是"受年"卜辞变化的一个重要原因。

是以，本书认为商王世俗王权的增强、神权的衰弱是"受年"卜辞在晚商晚期不如晚商早期那般受到商王关注的重要原因。

第二节　甲骨文中农业地名研究

卜辞"地名"是甲骨学研究的重要课题，自孙诒让[①]、王国维[②]两位先生开启"地名"研究之后，郭沫若先生提出地名系联法[③]，李学勤先生利用卜辞材料写出第一本殷代地理专著[④]，之后钟柏生[⑤]、郑杰祥[⑥]、饶宗颐[⑦]、孙亚冰、林欢[⑧]、马保春、宋久成[⑨]等先生都有专门针对卜辞地理的

[①] 孙诒让：《契文举例》（"释地"第七），齐鲁书社1993年版，第43—52页。
[②] 王国维：《殷虚卜辞中所见地名考》，《观堂集林》，中华书局1959年版，第1154—1155页。
[③] 郭沫若：《卜辞通纂考释》（"征伐"与"田游"两部分），科学出版社1982年版，第103—163页。
[④] 李学勤：《殷代地理简论》，科学出版社1959年版。
[⑤] 钟柏生：《殷商卜辞地理论丛》，台湾艺文印书馆1989年版。
[⑥] 郑杰祥：《商代地理概论》，中州古籍出版社1994年版。
[⑦] 饶宗颐主编：《甲骨文通检》第二分册《地名通检》，香港中文大学出版社1994年版。
[⑧] 孙亚冰、林欢：《商代地理与方国》，中国社会科学出版社2010年版。
[⑨] 马保春、宋久成：《中国最早的历史空间舞台：甲骨文地名体系概述》，学苑出版社2013年版。

专著。除了专著，董作宾先生之《殷历谱》（"中央研究院"历史语言研究所专刊1945年版）、丁山先生之《甲骨文所见氏族及其制度》（科学出版社1956年版）、陈梦家先生之《殷虚卜辞综述》（科学出版社1959年版）、陈炜湛先生之《甲骨文田猎刻辞研究》（广西教育出版社1995年版）、彭邦炯先生之《甲骨文农业资料考辨与研究》（吉林文史出版社1997年版）等著作对卜辞地理都有过专门的研究。另外，随着近代考古学的发展，利用考古材料研究殷商地理及方国的方法也逐渐受到学术界的重视，这一方面的重要成果有宋新潮先生的《殷商文化区域研究》（陕西人民出版社1991年版）、王震中师的《商代都邑》（中国社会科学出版社2010年版）、韦心滢女士的《殷代商王国政治地理结构研究》（上海古籍出版社2013年版）等著作。

以上成果显示，卜辞"地名"的研究已经十分深入且自成体系，所以我们提倡"卜辞地理学"的概念。从研究对象上说，"卜辞地理学"集中于田猎、农业和征伐刻辞中的地名；从目标上说，"卜辞地理学"以定位卜辞中出现的地名、构建殷商历史地理系统为目标；就方法上说，"卜辞地理学"主要依靠卜辞地名系联、古今地名比附和考古资料印证三大方法。

从研究现状而言，"卜辞地理学"中的田猎地理（尤其是对所谓"田猎区"的综合研究）和战争地理（以"征人方"卜辞为重点）成果要远多于农业地理[1]，所以本节将重新梳理农业卜辞中出现的地名。而且，卜辞中的农业地名本身就是商代农业史研究的组成部分，是我们了解商代农业与社会关系的一个重要视角，所以对农业地名的梳理是"商代农业史研究"义不容辞的责任。

一　甲骨文中农业地名略述

判断卜辞中农业地名的方法主要有两个：其一是与具体农事活动有关的农业地名，如裒田、耤田之地；其二是"受年"卜辞中的地名，即商王贞问是否"受年""受禾"之地。凡是属于此二类卜辞中的地名，多与农业活动有关。具体而言：

---

[1] 除钟柏生、彭邦炯两位先生的专著中系统讨论过卜辞农业地名，胡厚宣先生的《卜辞中所见之殷代农业》"农业区域"一节也有系统的研究。

（一）农事活动中的地名

甲骨文中涉及农业地名的农事活动，主要有裒田、耤田、种植、收获等，这在本书第三章农事生产活动部分已经有所涉及，下面简略讨论各个农事活动过程中涉及农业地名的特点。

1. 裒田

在甲骨文中，裒田过程涉及的农业地名主要有絴方（《合集》6）、咢、西、京、龙（《合集》33209）、陇（《俄藏》189）、敖侯（《拼合》60）、󰏗侯（《合集》34239）、盖（《合集》9476）、虎（《合集》9479）、󰏗（《村中南》375）、囗方、下人刖（《合集》33211）等。其中，"敖侯" "󰏗侯"应该是指敖侯与󰏗侯的领地。

这些地名较为复杂，有些是商的敌对方国，如絴方，卜辞有伐絴方的记载（《合集》33019）；有些是外服诸侯的地点，如敖侯、󰏗侯，卜辞有敖侯贡七羌的记载（《合集》227）；还有一些是商王特别关心其农业状况的地方，如京、龙，卜辞有"京受黍年"（《合集》9981）。所以，本书认为卜辞中的裒田既有对位于商人军事扩展区前沿荒地的开垦活动，也有对旧田的翻新，而这两类地名是有差异的。

2. 耤田、种植

在甲骨文中，耤田过程涉及的农业地名主要有：明（《合集》9503正）、󰏗（《合集》9504正）、廪北洮（《合集》9509）、丧（《合集》28200）。种植涉及的农业地名主要有：囧（《合集》10）、󰏗（《合集》37517）。与多数裒田卜辞不同，耤田卜辞与种植卜辞往往还要贞问是否"受年"，表明耤田与种植很可能是相互关联的两个过程，所以耤田与种植过程涉及的地名性质也应该较为接近。

3. 收获

在甲骨文中，收获涉及的农业地名主要有：丧田（《屯南》335）、盂田（《合集》31198）、上田（《屯南》3004）。丧田和盂田既是著名的农业地名，也是著名的田猎地，反映了田猎地名与农业地名的密切关系。

4. 其他

除了以上农事活动卜辞中涉及农业地名，还有一些与农事活动有关的卜辞也见有农业地名，如󰏗田卜辞中的㞢（《合集》9570）、西单田（《合集》9572）、度田卜辞中的󰏗（《合集》8400）、商王常常视察的南廪（如《合集》9636）、廪（如《屯南》539）等，数量较少，却也较为重要。

（二）"受年"卜辞中的农业地名

"受年"卜辞中的农业地名可以按照内涵的不同分为两类：第一类是泛指，第二类是具体地名。

1. 泛称

泛称地名以"我""王""商""四土"为代表。"我"本是商王的自称，表示商王所辖农业田地，彭邦炯先生认为卜辞中的"我受年"之"我"也可能是指名为"我"的地方或国家。① 卜辞中的"我"可以用作具体的地名或国族名，如：

　　丁丑卜，韦贞：使人于我。　　　　　　《合集》5525【典宾】
　　丁丑卜，畐贞：使人于我。　　　　　　《合集》5527 正
　　贞：弜使人于我。　　　　　　　　　　《合集》5527 反【典宾】

但本书认为"我受年"更可能是商王自祷。卜辞有：

　　戊戌卜，王：我受黍年。　　　　　　　《合集》9952【师宾】

"王"是贞人，"我"自然应该指"王"。

卜辞有"今我耤"：

　　贞：今我耤，受有年。
　　☐不其受年。　　　　　　　　　　　　《合集》9507 正【宾一】

"今我耤"，卜辞有"今我奏祀"（《英藏》1286，典宾），暗示"我"是商王自称。

与此类似的卜辞还有：

　　贞：我受䂚年。　　　　　　　　　　　《合集》9730【典宾】

---

① 彭邦炯：《甲骨文农业资料考辨与研究》，吉林文史出版社1997年版，第581—582页。

第四章 晚商农业卜辞研究两题

"我"肯定也是商王的自称。《合集》900 有"我其受甫耤在姐年",不仅表明"姐"地属于"我",而且表明"我"只能是商王的自称,而不是名为"我"的国。从数量上看,"我受年"卜辞数以百计,是所有地名类"受年"卜辞中最大量者。单一的"某地受年"不会有这种数量。从这个角度上说,"我受年"也是商王为自己做的占卜。

本书认为,卜辞中"我受年"之"我",大约等同于卜辞中的"商",如:

丁丑〔卜〕,王贞:商□受〔年〕。
弗受㞢年。
戊寅卜,王贞:受中商年。十月。
　　　　　　　　《合集》20650+20652(林宏明缀)【师组】
己巳,王卜,贞,[今]岁商受[年]。
王占曰:吉。东土受年。
南土受年,吉。
西土受年,吉。
北土受年,吉。　　　　　　　　　　《合集》36975【黄组】

"商"或称"中商",与"四方"或"四土"对贞,暗示商王朝的内外服结构,"商"是内服,"四土""四方"是外服。① 商王为"商"求"受年",在无名组卜辞中又称"王受年":

惠甲午,王受年。　　　　　　　　　　《合集》28209【无名】
□来辛□酒,王受年。　　　　　　　　《合集》28210【无名】

上两辞中的"王受年"当与"我受年""商受年"相似。

《合集》36975 为"商"与"四土"贞卜"受年",是对整个商王朝内外服年成的贞卜,类似的还有:

---

① 宋镇豪:《论商代的政治地理架构》,《中国社会科学院历史研究所学刊》(第一集),社会科学文献出版社 2001 年版,第 6—7 页;王震中:《商代的王畿与四土》,《殷都学刊》2007 年第 4 期。

· 195 ·

> 甲午卜，延贞：东土受年。
> 甲午卜，延贞：东土不其受年。　　　　《合集》9735【典宾】
> 南方受年。
> 西方受年。　　　　　　　　　　　　　　《屯南》2377【无名】
> 癸卯，贞，东受禾。
> 北方受禾。
> 西方受禾。
> ［南］方［受］禾。
> 不受禾。　　　　　　　　　　　　　　　《合集》33244【历二】

后两辞是贞问四方是否"受年""受禾"，四方与四土的空间范围应该大致相似。①

从以上可以看出，商王祈求"受年""受禾"的范围主要有两个：一个是"我"，也称"商""中商"，是商人的王畿、内服之地；另一个是"四土""四方"，是商人的外服之地，当臣属于商人。

2. 具体地名

除了泛称地名外，卜辞还常见一些具体"某受年""某受禾"辞例，"某"往往为具体的人名或地名，比如妇妌。卜辞常见的"妇妌受年"（如《合集》9755），虽然也可以理解为妇妌获有丰收，但按照"某受年""某受禾"的一般文例，"妇妌"应该是地名，"妇妌受年"指代的是妇妌的封地获有丰收。按照甲骨文中人名、地名、族名可以三位一体的原则②，本书将卜辞中针对"人"的"受年"例子视作针对此人之领地贞问"受年"。也就是说，本书不进一步辨析"某某受年"中的"某某"究竟是人名、族名，还是地名。

这里需要说明几点。

第一，卜辞中还有一些"受年"地名，既不属于泛称例，也不属于具体地名，而可能是某一地名的附属机构，如"今来岁受禾，在喜卜"

---

① 卜辞还有"北受年/东土受年"（《合集》9734，出组），"北"可能是北方的简称，则此辞也证明四土与四方的范围大致相似。
② 张秉权：《甲骨文所见人地同名考》，李方桂主编：《庆祝李济先生七十岁论文集》（下册），清华学报社1967年版，第687—776页；张政烺：《妇好略说》，《张政烺文集·甲骨金文与商周史研究》，中华书局2012年版，第186—195页；朱凤瀚：《商周家族形态研究》（增订版），天津古籍出版社2004年版，第34—36页。

(《苏德》58)。"亳"在卜辞中虽然用作地名，但有两种用法：一种是宗庙建筑①，卜辞有"名亳"(《醉古》372)；另一种是具体地名，如卜辞有"亳京"(《合集》37589)。则"今来岁受禾，在亳卜"中的"亳"不知是具体地名，还是某地附属建筑。对于这类确定是地名，但又不能确定其性质的例子，本书都归为存疑类。

第二，对于部分"受年"卜辞来说，从辞例上说，可能是商王为某地贞问，但细究起来却并非如此。如《合集》9816"示受年"，这里的"示"非地名，而应该是祖先神，读为"示授年"，与"帝授我年"(《合集》9731正)类似。再如《合集》28274"其奉年在毓，王受佑"，"毓"是祖先神，而非地名。凡是此类，皆不在"受年"卜辞地名的讨论范围。

二 甲骨文中农业地名考释及其与田猎地名的关系

以上只是简单地对卜辞中出现的地名进行了分类，下面主要讨论这些地名的属性问题，即这些地名与商王及贵族们的关系。为便于查看，本书参考彭邦炯先生《甲骨文农业资料考辨与研究》一书中的"卜辞所见农业地名辑要考略表"②，也采用简单明了的表格形式，将甲骨文中的农业地名考释结果制作成附表二。与彭先生不同，本表主要目的在于搞清楚农业地名的归属，而不对农业地名具体位置进行判断。

在附表二中，农业地名往往与田猎地名重合，说明商代的田猎地周边往往有农田和聚落，这是值得我们注意的事情。李学勤先生也说③：

> 盂地是此区（笔者按：李先生所划之"盂区"）中最重要的地方，有卜受年的卜辞，所以也是一个农业区域。

针对这种情况，张政烺先生给出的解释是④：

---

① 宋镇豪：《甲骨金文中所见的殷商建筑称名》，《甲骨文与殷商史》（新3辑），上海古籍出版社2013年版，第25页。
② 彭邦炯：《甲骨文农业资料考辨与研究》，吉林文史出版社1997年版，第574—648页。
③ 李学勤：《殷代地理简论》，科学出版社1959年版，第23页。
④ 张政烺：《卜辞"裒田"及其相关诸问题》，《张政烺文集·甲骨金文与商周史研究》，中华书局2012年版，第154页。

当时的猎区很多，逐渐转化成农区的自然也不止孟地一处……古代中国土地广大，社会经济发展不平衡，夏商社会还有许多落后地区停留在采集渔猎或畜牧生活，随着生产的发展，农业经济显示出其优越性，逐渐取得了主要地位。

裘锡圭先生赞同张先生的解释，并引用文献提出田猎还可以为农田除兽害的作用①，如《月令》所谓"驱兽毋害五谷"。

最新公布的《俄藏》189：

弜□狩□
戊戌，贞：王令刚裒田于龏。
[戊]戌，贞：其告于父丁。

"裒田"地一般是在敌我交界线的非农业区，本辞"裒田"与"狩"（田猎）同版，暗示张政烺所言甚是。

是以，本书赞同前辈们的观点，田猎活动可能兼有为农业除害的目的，所以田猎地与农业地往往重合。晚期卜辞田猎地多以"某田"代称，大约就是这个原因。从卜辞来看，我们也要注意一种情况，即早期卜辞中的农业地名到了晚期可能成为田猎地。这暗示在生产力低下或者战争频发的情况下，商代部分农业地未尝不可以转化为田猎地。

三 农业地名与内服和外服的关系

在附表二中，有些地名性质较为特殊，如廪、西单田、下墉南田，应该是直属于商王的仓廪和田地，其属性不言自明；大邑、文邑是指商都殷墟，也不用过多解释。但大部分农业地名与商王的关系并不是这么清晰。是以，下面将讨论农业地名与商王的关系，这集中体现在地名与商代服制的关系，即哪些地名属于内服之地，哪些地名属于外服之地。

---

① 裘锡圭：《甲骨文中所见商代农业》，《裘锡圭学术文集·甲骨文卷》，复旦大学出版社2012年版，第248—249页。孟世凯先生也有这种观点，见孟世凯《商代田猎性质初探》，胡厚宣编：《甲骨文与殷商史》，上海古籍出版社1983年版，第204—222页。

（一）商代的服制

据周初文献记载，商代存在内服与外服制度，《尚书》有：

> 越在外服，侯、甸、男、卫、邦伯；越在内服，百僚、庶尹、惟亚惟服、宗工，越百里居（君）。（《酒诰》）
> 命庶殷：侯、甸、男、邦伯。（《召诰》）

大盂鼎也有"唯殷边侯田（甸）与殷正百辟"（《集成》2837），皆可为证。学者在讨论商代国家结构时，往往也都承认这一点。"服"，一般认为是"服王事"的意思（见《逸周书·职方》孔晁注），但关于商代何为内服，何为外服，学术界却有不同看法。一种观点认为服制应该按地域划分，即认为"内服""外服"可以以王畿为限，王畿之内为内服，王畿之外为外服。这是学术界较为普遍的一种认识，如宋镇豪先生在"体国经野"的政治框架下论证了商王朝分为内服与外服两个区域，内服区以王邑为中心，包括四"鄙"和四"奠"；"奠"之外即为外服的"四土"与"四方"，"四土"之外为独立于商王朝的"四至"。[①] 再如，王震中师认为商代是复合制国家结构，内服是"王畿"，"外服"是臣服于中央的诸侯和属邦，内服与外服形成"犬牙交错"的态势。[②]

这种观点有甲骨文与两周秦汉文献的双重支撑。卜辞有"商"与"四土""四方"对贞的例子：

> 己巳，王卜，贞：［今］岁商受［年］。王占曰，吉。
> 东土受年。
> 南土受年，吉。
> 西土受年，吉。
> 北土受年，吉。
> 　　　　　　　　　　　　　　　　《合集》36975【黄组】

[①] 宋镇豪：《商代的王畿、四土与四至》，《南方文物》1994年第1期；宋镇豪：《论商代的政治地理架构》，《中国社会科学院历史研究所学刊》（第一集），社会科学文献出版社2001年版，第6—7页。

[②] 王震中：《商代的王畿与四土》，《殷都学刊》2007年第4期；王震中：《论商代复合制国家结构》，《中国史研究》2012年第3期。

商。
东方。
北方。
西方。
南方。　　　　　　　　　　　　　　《屯南》1126【历二】

以上卜辞中，"商"分别与"四土"和"四方"对贞，《尚书·立政》也有"其在商邑，用协于厥邑；其在四方，用丕式见德"，将"商邑"与"四方"对比。以此观之，"四土"与"四方"相对"商"而言当是指分布于"商"之外而为中央政府间接控制的政治疆域，故宋镇豪先生将"商"视为内服的王畿区，王震中师直接称之为"王邦"，他们又都将"四土"和"四方"视为商的外服区。

在地域上，内服之地无疑与卜辞中的"商"有密切联系。"商"在文献中称商邑（《尚书·牧誓》《诗·商颂·殷武》），是指名为商的国。在甲骨文中，商王有时以"我"代称"商"，如卜辞常见的"我受年"都是指"商受年"。在《尚书·多士》中，"商"或"商邑"又可以称为"天邑商"；在西周早期的何尊中，"商"或"商邑"则被称为"大邑商"（《集成》6014）。黄组卜辞常见"天邑商""大邑商"，卜辞中的"大"往往可写作"天"。[①] 故此，"天邑商"就是"大邑商"。在卜辞中，"天邑商"是一个大的地理概念，它又包括"獄""黄林㲋"等地，这表明"天邑商"很可能是一个很大的范围，所以本书赞同前辈学者的观点，将"天邑商/大邑商"理解为商的王畿之地。这一王畿之地，大约就是《竹书记年》所说的"纣时稍大其邑，南距朝歌，北据邯郸及沙丘，皆为离宫别馆"。这一内服之地的核心区域就是王都，商王直接委派王朝官员进行管理，这些官员合称"殷正百辟"。

外服之地，对应着《酒诰》中"侯、甸、男、卫、邦伯"的封地；而在甲骨文中，外服之地，一方面是诸侯（侯、甸、男、卫）的封地，另一方面是臣服的方国。这类外服诸侯或方国分布于王畿区之外，或与王畿区形成"犬牙交错"的态势，反映在考古学文化中，是殷墟文化各个地方类型，代表性遗址有苏埠屯、前掌大、安邱、天湖、老牛坡等。这些遗址，

[①] 郭沫若：《先秦天道观之进展》，商务印书馆1936年版，第6页。

一方面在青铜礼器的形制、组合方式上与殷墟类型保持高度一致性，另一方面在地域文化上存在独特性，所以可以视为晚商的"外服"之地。

故此，本书认为，晚商的服制是由商王的控制力决定的，由王都向外延伸，内服是在商王直接控制之下的"王畿"部分，其职官体系表现为商王直接委任的小臣、多亚等；外服是由商王间接控制的诸侯封地和臣服方国，其职官主要有"为王斥候"的"侯""治田入谷"的"甸""任王事"的"任"（男）、"为王捍卫"的"卫"等。据此，在表4—2中，"我""王""商"或"中商"皆是指商王的直接控制区域，是所谓的内服之地，这还包括表4—2中的"大邑""文邑"；相对的，"四土（四方）"中臣服商王的方国或"侯、甸、男、卫、邦伯"所控制的区域都是商的外服之地。

（二）卜辞中农业地名的服制问题

对于附表二中的大多数地名而言，我们都很难直接判断它们是外服之地，抑或是内服之地，但也有些办法可以参考，我们可以从内服之地的农业卜辞地名入手。附表二中的农业地名主要分"受年"地名与"哀田"地名，二者与商王关系略有差异，其中"受年"地名多为内服之地，"哀田"地名则兼有内服与外服之地。所以下面我们先讨论"受年"地名的服制问题，再简单涉及"哀田"地名的服制问题。

1. 判断"受年"卜辞中农业地名属于内服与外服的方法

根据上文的论述，我们可以知道甲骨文中以"我"为内服，以"四土（四方）"为外服。故此，凡是属于"我"范围内的地名，都应该是商的内服之地，这是本书判断是否是内服之地的第一个方法。举例来说，附表二中的地名"毫"，卜辞有：

　　□戌卜，宾贞：我受年。
　　□□〔卜〕，宾贞：呼黍于**毫**，宜，受〔年〕。

《合集》9537【典宾】

这条卜辞中的"我受年"指代的应该就是"呼黍于**毫**，宜，受〔年〕"，故"**毫**"地属于"我"，是内服之地。值得注意的是，上文已经提到，"**毫**"还是商王的田猎地。

再如附表二中的"🀀"地：

·201·

己巳卜，㱿贞：我受黍年〔在〕🀄。
己巳卜，㱿贞：我弗其受黍年。
贞：我受䏌年在🀄。
〔贞：我〕弗受䏌年。　　　　　　　　　　　　《合集》9946【宾一】

"我"的"受年"之地在"🀄"，这表明"🀄"地属于"我"，故"🀄"也应该是内服之地。作为证据，卜辞有"呼宅🀄丘"（《合集》8119），商王既然在"🀄丘"作"宅"，则"🀄丘"应该是商王直接控制之地。类似于"呼宅🀄丘"，附表二中"莆"地有"于莆作儴"（《屯南》2152），则"莆"地也可能是商王直接控制之地，属于内服。

再如附表二中地名"鼻"，卜辞有：

贞：我受🀄。　　　　　　　　　　　　　　　《合集》9730【典宾】

其中"🀄"是"鼻年"合文，则"鼻"也属于"我"，是内服之地。

再如附表二中地名"娟"：

〔丁〕酉卜，宾贞：娟受年。
宾贞：娟〔弗〕其受年。
丁酉卜，㱿贞：我受甫耤在娟年。
丁酉卜，㱿贞：我弗受甫耤在娟年。　　　　　　《合集》900 正
王占曰："我其受甫耤在娟年。"　　　　　　　《合集》900 反【典宾】

"娟受年"是"我受甫耤在娟年"的省称，可见"娟"也是属于"我"，是畿内之地。《合集》900 还涉及附表二中地名"甫"，该卜辞中的"甫"是人名，此人受商王指派参与"娟"地的农事活动，且在卜辞中屡屡为商王指派事役，所以"甫"也很有可能是内服官员。

在"娟"的例子中，"娟"或是妇娟的封地，这种封地的属性大约类似于西周的采邑，而非诸侯封地。同理，卜辞有"妇鼒"（《英藏》1770），若"鼒"是"妇鼒"的封地，则附表二中地名"鼒"也应该是"妇鼒"的采邑，属于内服之地。值得注意的是，附表二中"妇妌受年/不受年"中的"妇妌"是指"妇妌"的封地，其与井方是两个不同的地名，

·202·

第四章 晚商农业卜辞研究两题

"妇姘"封地应该是内服之地，而井方属于外服文献中的"邦伯"。既然"妇姘"的封地可能为内服之地，附表二中"妇姘呼黍于丘商"中的"丘商"是妇姘种黍之地，则"丘商"也应该是内服之地。

在以上内服之地例子中，存在"呼黍于某"的辞例，如"王呼黍在姐"（《合集》9517）、"呼婦姘黍"（《合集》2736）、"呼黍于臺"（《合集》9537）、"妇姘呼黍于丘商"（《合集》9530），这暗示"呼黍于某"很可能是商王针对内服之地的种植命令。毕竟农时紧迫，商王更容易在直接控制的区域内发布这种与种植有关的农事生产活动命令。故此，判断是否为内服之地的第二个标准："呼黍于某"之"某"往往是内服之地。同理，这一标准也适应性质类似的"呼耤于某"。属于"呼黍于某"的内服之地还有：附表二中地名"庞"，卜辞有"黍于庞"（《合集》9538）；"𥁕"（皿），卜辞有"呼黍于𥁕，受年"（《合集》9536）；"龙圃"，卜辞有"黍在龙圃𣎴，受有年"（《合集》9552）。需要说明的是，"龙圃"很可能不是"龙方"之"圃"，卜辞除了敌对的"龙方"外，还有一个与商王关系密切的"龙"地或"龙"族，"龙方"与"龙"或许是异地同名。属于"呼耤于某"的内服之地有：附表二中地名"陮"，卜辞有"呼耤于陮受有年"（《合集》9504）；"名"，卜辞有"呼𦎫耤于名亩，不𠁁/弜呼𦎫耤于名亩，其𠁁"（《醉古》372）。

由"呼黍于某"与"呼耤于某"的判断准则可以推知，职事性的受年卜辞很可能都是商王在内服之地发布的命令，如附表二中地名"黍"。卜辞有"我收人气在黍，不潕，受有年"（《合集》795），"我"（商王）所"收"之地应该是在内服区域。附表二中地名"西单田"，卜辞有"翌癸未屖（选）西单田，受有年"（《合集》9572），商王所"选"[①]之地也应该在商王直接控制的区域。

除了以上两种内服之地的判断方法外，卜辞中还有两类重要的"受年"地名，一类是与田猎地有关的地名，另一类是商王所重视的贵族的属地，这两类"受年"地名也很可能都属于商王的内服之地。对于"受年"地名中的田猎地，我们可以举出两个典型例子，如附表二中地名"盂田"，是无名组、黄组最常见的田猎地之一，王常常省"盂田"：

---

① 裘锡圭：《读速器铭文札记三则》，《裘锡圭学术文集·金文及其他古文字卷》，复旦大学出版社2012年版，第167—171页。

王惠盂田省。
　　弜省盂田，其每。　　　　　　　　　《合集》28317【無名組】

并在"盂田"设"犬"官：

　　乙未卜：在盂犬告有〔鹿〕☒　　　《合集》27919 反【無名組】
　　☒王其比盂犬🈳田戠，亡灾。　　　《合集》27907【無名組】

"犬"官一般被认为是内服职官①，故"盂田"应该是内服之地。也只有"盂田"是内服之地，才能解释商王何以常常省视"盂田"，并关注"盂田"的农业收成。需要强调的是，卜辞有"盂方"，是商的敌对方国，应该与"盂田"不是一回事。

再一个例子是附表二中地名"丧田"。"丧"是无名组与黄组卜辞中最常见的田猎地之一，商王也常常省视该地（如《合集》28341）；另外，卜辞还有"弜耤丧旧田，不受佑"（《合集》29004），"耤田"之地多属于内服，这更可以证明"丧田"也是内服地名。由"盂田""丧田"，我们推测附表二中地名"夫""𩫖""画""宫""萬""京""🈳"皆可能是内服的地名。

再一类是商王所重视的大贵族属地，这些大贵族是白川静先生所称"雄族"，如附表二中地名"🈳""🈳""雀""🈳""沚"，本书认为他们多是内服的"受年"地名。现在我们以材料较为丰富且具有代表性的"雀"（"🈳""🈳""🈳"类同）、"沚"为例，来说明这种情况。

"雀"是武丁时期最为重要的臣属之一，可以代替商王对神灵祭祀，如针对自然神的"酒河"（《合集》1140 正）、"燎云"（《合集》1051 正）、"燎岳"（《合集》4112）。已经逝去的商王还可以作祟于雀，如《合集》4150 中的父乙害雀。所以商王还会为"雀"禦病，所禦神灵包括兄丁（如《合集》4116）、父乙（如《合集》413）、母庚（《合集》138920），显示了"雀"与商王的血缘关系。尤其是，有卜辞记载"雀"可代替商王对"兄丁"举行"曹祭"（《天理》41），这证明商王与"雀"之间不仅存在血缘关系，且这种关系应该是近世血缘关系，否则"雀"不

---

① 王宇信、徐义华：《商代国家与社会》，中国社会科学出版社 2011 年版，第 465—466 页。

大可能代替商王祭祀"兄丁"。因为"雀"与商王的这种亲密关系，"雀"才有可能参与领导"王族"（《合集》6946 正）。从"雀"与商王的关系，及商王指派"雀"的事役来看，"雀"应该属于内服大臣。这点也可以由非王卜辞中"雀"的称谓来进一步证明。在非王卜辞中，"雀"又被称为"亚雀"，卜辞有"隹亚雀眔我"（《合集》21624），把"亚雀"与非王子姓大贵族并列，可证"亚雀"的地位与非王卜辞的主人类似。"亚雀"，说明"雀"有"亚"的身份，在《尚书·酒诰》中，"惟亚惟服"属于内服，则"亚雀"的内服大臣身份可以无疑了。

"沚"是商代"沚"族的属地，作为地名，商王曾在"沚"地贞卜（如《合集》24349），并在"沚"地打猎（如《合集》9572），显示商王对此地有直接控制力。作为族名，该族代表性成员有大臣"沚馘"，商王常常"比沚馘"征伐敌对方国（如《合集》6420），商王、妇好还曾与"沚馘"协同作战（《合集》6480）。"沚馘"又称"臣沚"（《合集》707 正），说明"沚馘"的身份是"臣"，这是"沚馘"在朝为商王服务的直接证据。① 另外，卜辞还有"王往立刈，延比沚馘"（《合集》9557 正 +《合集》1950 正）的记载，说明"沚馘"不仅可以与商王一起参与战争，且与商王一起参与农事活动。凡此种种，皆能证明"沚馘"是商王的内服大臣，"沚"是商王直接控制的内服区域。

以上，本书由卜辞中的"我"引出判断内服"受年"地名的两条准则，并在此基础上判断出附表二中"亳""𡭴""莆""鼻""姐""甫""鄬""妇妌""丘商""庞""𢆶"（皿）"龙圃""陮""名""黍""西单田"等地都是内服的地名；又通过分析与田猎、大贵族有关的地名，判断出"盂田""丧田""夫""䧹""宫""萬""𢆶""𣏾""甾""雀""沚"等地可能也属于内服之地。至此，我们可以说，附表二中其他"受年"地名虽然因为辞例过少或辞例简单等原因暂时没有直接证据判断其是否属于内服之地，但它们多应该作内服地名来理解。

在"受年"卜辞中，商王也会贞卜"四土（四方）"是否受年，可以证明商王也会关注外服之地的农业收成。不过，卜辞中极少有能够确定是外服之地的"受年"地名，如上述地名中的"龙圃""盂田"看似可能与

---

① 林沄先生认为"沚馘"是沚方的首领（《商史三题》，"中央研究院"历史语言研究所 2018 年版，第 10—11 页），与本书观点不同。

"龙方""盂方"有关，但根据它们与商王的关系，实在很难归为敌对的方国势力中。所以本书认为，在附表二"受年"地名中，属于外服之地的地名即使存在，也是很少见的。

2. 判断"衰田"卜辞中农业地名属于内服与外服的方法

在甲骨文中，耤田、种植卜辞多涉及"受年"，故可以归为"受年"卜辞，但"衰田"卜辞不同，"衰田"卜辞中的农业地名有自身特色，所以需要单独考察。在前文我们已经说明，"衰田"主要是对荒地进行开垦，但也有部分卜辞显示"衰田"可以是对旧田的翻新，所以它既可能发生在敌我交战的前线，也可能发生在商人的农业区内。这样一来，"衰田"卜辞涉及的农业地名，既可能属于商人的内服之地，也可能是商人的外服之地，甚至还可能是与商人保持敌对关系方国的领地。例如，附表二中地名"绊方"与"商"是敌非友，商王命令众人前往"绊方"进行衰田，应该属于对征服之地或待征服之地的开荒行为，其性质与著名的商汤征伐葛伯之地故事类似。如此，附表二中地名"绊方"既可能属于商的外服之地，也可能纯粹就是敌对方国。再如，附表二中地名"敖侯"、附表二中地名"㹜侯"，是典型的外服职官，其封地是外服之地。

除了"绊方""敖侯""㹜侯"外，附表二中"衰田"地名或因为材料太少，或因为信息不够明确，较难判定是内服还是外服，但附表二中地名"盖"是个例外。"盖"地与商王关系密切，商王曾经命令大贵族"子商"在此地做事（《合集》638），且此地有牧官（《合集》13515＋《史购》46正）和犬官（《屯南》4584），表明"盖"地可能不是外服之地。卜辞有：

贞：令多马防于北。
庚戌卜，古贞：令多马防从盖。　　　　　《合集》5711【宾出】

卜辞有"多马亚"，属于"亚"官，则"多马"也是商代内服职官之一，故与"多马"并列的"盖"也可能是内服之臣。

"衰田"卜辞涉及内服之地是可以理解的。在附表二中，有一些"受年"地名也见于"衰田"卜辞中，如附表二中地名"龙圃""京"，卜辞有"王令衰田于京/于龙衰田"（《合集》33209）。之所以会发生这种情况，是因为当"衰田"是对旧田的整理时，"衰田"的地点就极有可能是一些商王较为关心的农业地,而商王对自己关心的农业地往往要贞问是否"受年"。是以,当"衰田"是对旧田进行整理时,"衰田"之地也有可能是内服之地。这既可以解释"京""龙"两地同时见于"衰田"与"受年"卜辞,也能解释"盖"地为何是内服之地。

故此,"衰田"卜辞中的农业地名与商王的关系可以分为三类:一类是与商王发生战争、被商王征服的敌对方国;一类是商代的外服诸侯、方国的属地;一类是内服的农业区。

小　结

第一,"受年"卜辞的祭祀制度确实存在不同层次的差异,而这种差异最重要的体现是时代差异。在早期卜辞中,商王一事多卜的现象十分常见,"兆序"常常超过"三",而晚期卜辞这种现象较少见;早期卜辞中的自然神地位较高,而晚期卜辞中祖先神(尤其是直系祖先神)的地位越来越高。这种差异一方面体现了商王越来越重视血缘性的祖先神,反映了商王的世俗王权在扩大[①];另一方面则反映了卜辞祭祀制度的简单化和规范化,"卜以决疑"的功能在减弱。二者相辅相成。

第二,商王对农业的丰收与否负有责任,商王之所以频繁地向神灵祈祷丰收、贞问是否"受年",与商王的巫师身份有极大的关系。在商代,商王不仅仅是国家的政治领袖,还兼备群巫之长的身份,所以他必须确保谷物的丰收,以维护自己的神圣权威。晚商晚期商王对农业祭祀关注程度的减弱,或许也与此时期商王宗教权威的变化有关。

第三,对于农业地名而言,不同类组农业卜辞中出现的地名有较大差异,宾组卜辞有数量庞大的"受年"地名,而出组、何组、黄组、无名组卜辞中的农业地名则十分稀少、简单;另外,历组卜辞中出现了较多的"衰田"地名。这表明,年代越晚,卜辞中的农业地名出现的频率和复杂性都在降低,进一步反映殷墟晚期商王对农业祭祀关注度的降低。

第四,对于卜辞中的农业地名与商王的关系,本书提出了两点判断农

---

① 对于这一问题的讨论,可以参考[日]伊藤道治《中国古代王朝的形成》,江蓝生译,中华书局2002年版,第3—38页。

业地名是否可以归属于内服之地的标准（凡是属于"我"范围内的地名，都应该是商的内服之地；"呼黍于某""呼耤于某"的"某"也可能是内服地名），并证明"受年"卜辞地名不仅与田猎地名有高度的重合，且很可能多是商王的内服之地。目前除了"四土（四方）"外，很少有确凿的证据可以证明商王曾为外服诸侯方国属地贞问是否"受年"。但"衷田"卜辞中农业地名的性质受"衷田"内涵的影响，一部分是内服之地，另一部分是外服之地，还有一部分可能是商王需要征服的地。需要强调的是，笔者对农业地名性质的研究是初步的，尚有诸多需要改进之处。

第五章　晚商农业生产组织形式研究

关于"农业生产组织",学术界缺乏准确的定义,但一般认为,农业生产组织包含了对农业生产活动进行组织、管理、实施的机构或实体。就本书而言,"农业生产组织形式"主要是指实施农业活动的实体是由什么形式组织起来的。这一点,学术界曾有较为充分的讨论。张政烺先生认为,晚商普遍存在的十进制的氏族组织[①],如裒田一类农业活动的生产者为氏族成员"众"或"众人"。他们以氏族为组织单位[②]。张先生所谓"氏族",学术界又称为"宗族"或"族氏",但关于张先生提到的由血缘的族组织为单元进行农事活动的观点,学术界多有赞同。《左传·定公四年》:

> 昔武王克商,成王定之,选建明德,以蕃屏周。故周公相王室,以尹天下,于周为睦。分鲁公以……殷民六族,条氏、徐氏、萧氏、索氏、长勺氏、尾勺氏。使帅其宗氏,辑其分族,将其类丑……分康叔以……殷民七族,陶氏、施氏、繁氏、锜氏、樊氏、饥氏、终葵氏;封畛土略,自武父以南,及圃田之北竟,取于有阎之土,以共王职……分唐叔以……怀姓九宗,职官五正。

从《左传·定公四年》条来看,"殷民六族""殷民七族"分别对应"条氏、徐氏、萧氏、索氏、长勺氏、尾勺氏"和"陶氏、施氏、繁氏、

---

① 张政烺:《中国古代的十进制氏族组织》,《张政烺文集·甲骨金文与商周史研究》,中华书局2012年版,第73—117页。
② 张政烺:《卜辞"裒田"及其相关诸问题》,《张政烺文集·甲骨金文与商周史研究》,中华书局2012年版,第131—172页。

锜氏、樊氏、饥氏、终葵氏",这说明"六族""七族"是以"氏"为单位的六个与七个血缘组织。可以证明张政烺先生商代普遍存在血缘的族氏组织的观点是正确的。

但是,也有学者不赞同这种观点。如,裘锡圭先生认为甲骨文中的"众""众人"有广义与狭义两种用法,其中狭义的"众"是指被排除在宗族组织之外的商族平民,他们由"小众人臣"(或即《尚书·酒诰》中"里君")统领,之间并无宗法关系。[①]裘先生的观点实际上是赞同商代普遍存在地缘的社会组织,这种社会组织形式下的农业生产活动势必也当是地缘式的。

本书认为,以上两种意见皆有其合理之处,商代王都之地同时存在血缘的族氏组织,也存在地缘的行政机构,王都之地的农业生产活动以地缘组织形式为主,以血缘组织形式为辅,显示出社会组织形式的"二元性"。但王都之外的地区,很可能还是以血缘的族氏组织为主。本章主要论述这两个问题。

第一节 晚商普遍存在的族氏组织及血缘式的农业生产组织形式

农业生产的组织形式是农业社会最为普遍的组织形式,是社会结构的直观反映,对晚商时期农业生产组织形式的研究离不开对此时期社会结构的研究。尽管学术界对商代族氏组织已经有了较为充分的研究,但本节仍然要着墨于此,因为只有讨论了晚商普遍存在的族氏组织,才能由此展开对以族氏组织为单元进行的农业生产活动的论述。

一 晚商普遍存在的族氏组织

除了文献可以证明晚商存在血缘组织外,晚商血缘组织的主要证据来自甲骨文。甲骨文中常见一些人名同时表示地名、族名的例子,如甲骨文

---

① 裘锡圭:《关于商代的宗族组织与贵族和平民两个阶级的初步研究》,《裘锡圭学术文集·古代历史、思想、民俗卷》,复旦大学出版社2012年版,第129—132页。

中的"阜""并""畓""𢦏",可以证明晚商普遍存在的族氏组织。

(一)阜

甲骨文中,"阜"可以作地名,如:

乙酉卜,□贞:呼☒涉阜☒ 　　　　　　　　《合集》9740【宾出】
丙子□:今日步阜。
于翌日丁丑步阜。 　　　　　　　　　　　《合集》33055【历一】

"涉阜""步阜"之"阜"都是地名。卜辞还有"阜以众":

丁未卜,争贞:弜令阜以众伐𠱠。 　　　　《合集》26【典宾】
贞:阜不丧众人。 　　　　　　　　　　　《合集》57【典宾】
甲午卜,𣪘贞:呼阜先御尞于河。 　　　　《合集》4055正【典宾】

这里的"阜"是人,卜辞还常见"呼阜"(如《合集》177、《合集》4055正)、"令阜"(如《合集》5769正、《合集》31973),都是王命令"阜"从事某事。"阜以众"之"众"究竟是王众,还是"阜"自己的"众"呢?我们认为很可能是自己的"众",因为卜辞有:

丁亥贞:王令阜众畓伐召方,受佑。 　　　《合集》31974【历二】

"阜众"即属于阜的众。在相关卜辞中,又有"阜以众":

丁丑贞:王令阜以众畓伐召,受佑。 　　　《合集》31973【历二】
甲辰贞:阜以众畓伐召方,受佑。 　　　　《合集》31976【历二】

《左传·僖公二十六年》:"公以楚师伐齐,取谷。凡师能左右之曰以。"所以一般认为"以众"就是率领众人。[①] 这二辞与《合集》31974组类、战事完全一致,可见这二辞中的"众"应该就是《合集》31974中

---

① 裘锡圭:《说"以"》,《裘锡圭学术文集·甲骨文卷》,复旦大学出版社2012年版,第179—184页。

的"皐众"。所以本书认为"皐以众"之"众"是自己的"众"。

可见，"皐"是地名，贵族之名，还有自己的"众"。

（二）并

甲骨文中的"并"也是如此，有用作地名例：

庚申贞：方奠于并，受佑。　　　　　　　《合集》32893【历二】
辛未贞：其令射𦥑即并。
辛未贞：惠翦令即并。
癸酉贞：其令射𦥑即并。
癸酉贞：惠翦令即并。　　　　　　　　　《合集》32886【历二】

以上二辞，"奠于并"之"并"是地名无疑；"即并"是前往"并"地，"并"也是地名。"并"还可以作人名：

并入十。（甲桥刻辞）　　　　　　　　　《合集》9247 反【典宾】
并示五十。（甲桥刻辞）　　　　　　　　《合集》12522 反【宾出】
己巳贞：并𦥑伐𢀒方，受佑。
并弗受佑。　　　　　　　　　　　　　　《合集》33042【历二】

卜辞中有"并以众"：

〔惠〕并〔以〕众。　　　　　　　　　　《英藏》2412【历二】

是"并"带领众人为王服务。这种为王服务还可能导致"丧众"：

贞：并其丧众人。三月。　　　　　　　　《合集》51【宾出】
□□〔卜〕，古贞：并亡灾，不丧众。　　《合集》52【宾三】

卜辞还有"并众"：

庚申卜，祝贞：令并众防。十二月。　　　《合集》40911【出一】

第五章 晚商农业生产组织形式研究

这表明，"并〔以〕众""并其丧众人"之"众"也都是属于"并"的。可见"并"与"阜"相似，有自己的土地与"众人"。另外，晚商有"并开"戈（《集成》10851）、"并"爵（《集成》7401），可见"并"是族徽。

（三）畐

卜辞中的"畐"可以作地名，如：

壬辰卜，古贞：呼取马于畐，以。三月。《合集》8797 正【典宾】
王占曰："□有至自畐。" 《合集》9541 反【典宾】
辛亥卜，□贞：众□往畐□，有擒。 《合集》【宾三】

"畐"是人名，且有自己的城邑：

☒壬辰亦出来自西，畐呼〔告曰：舌方〕围我奠，翦四邑。
《合集》584 反【典宾】
癸巳卜，争贞：旬亡忧。四日丙〔申允〕有来艰〔自西〕。畐告曰："□方翦☒夹☒三〔月〕 《合集》6064 正【典宾】

可见"畐"有自己的属地。卜辞中也有"畐以众"：

甲子贞：畐涉以众，不丧众。 《合集》22537+24145【出一】
己卯贞：令畐以众伐龙，翦。 《合集》31972【历二】

"畐以众"也当如"阜以众""并〔以〕众"，是畐带领着族众执行王命的意思。可见"畐"也是一个有土地有"众人"的集体。

商代金文有"畐作父己彝"卣（《集成》5164）、"畐"瓿（《集成》6604），表明"畐"是族徽，进一步证明"畐"也是一个"氏"的名称。[①]

[①] 林沄：《对早期铜器铭文的几点看法》，《林沄学术文集》，中国大百科全书出版社1998年版，第69—84页；李伯谦：《叒族族系考》，《中国青铜文化结构体系研究》，科学出版社1998年版，第105—112页；《从殷墟青铜器族徽所代表族氏的地理分布看商王朝的统辖范围与统辖措施》，[加] 荆志淳、唐际根、高岛谦一编：《多维视域：商王朝与中国早期文明》，科学出版社2009年版，第139—151页。

（四）𢎥

关于"𢎥",卜辞有:

癸未卜,王:替允来即𢎥。　　　　　　　《合集》4318【师小字】

"即𢎥"就是前往"𢎥"地。有作人名讲的:

〔己〕亥卜,御𢎥大甲宰。
〔己〕亥卜,御𢎥〔大〕乙宰。
己亥卜:于大乙、大甲御𢎥五宰。　　　　《合集》4324【师宾】
庚申卜,王:𢎥获羌。　　　　　　　　　《缀续》507【师宾】

"御𢎥",显示了𢎥与商王之间存在密切关系。卜辞还有"𢎥以众""𢎥不丧众":

□未卜:𢎥以众,不〔丧〕。
□未卜:𢎥〔以〕众,其丧。　　　　　　《合集》53【师宾】
乙酉卜,王贞:𢎥不丧众。　　　　　　　《合集》54【师小字】

金文中还有"𢎥"爵(《集成》7735)、"亚𢎥"鼎(《集成》1400),可见"𢎥"与"阜""并""甾"类似。

以上"阜""并""甾""𢎥"皆为人名、族名与地名合一,且形成一个集体者,与《左传》所记的鲁之"孟氏""叔孙氏""季氏",齐国之"崔氏""陈氏",以及殷民"六族""七族"相似,是族氏组织。对此,朱凤瀚先生谓[①]:

> 上引诸商人贵族所持有的名号本身有三种含义:(一)可用以称呼作为个人的贵族;(二)可用以称呼这个贵族领率的一个集体;(三)可用以称呼这个贵族的属地。将(二)、(三)两点联系起来看,一个集体既然已与一定地域相结合,且与地名同名号,最恰当的解释,即是这个集体实为一种族氏组织。

---

① 朱凤瀚:《商周家族形态研究》(增订版),天津古籍出版社2004年版,第34页。

第五章　晚商农业生产组织形式研究

其言甚是。

晚商的族氏组织也普遍存在于考古发现中。晚商的考古发现中，有一类等级较高的聚落，往往出土带有族徽铭文的铜器，相同遗址内的族徽铭文多表现出高度的一致性，暗示该遗址是此族氏的居邑。如：山东济南刘家庄遗址出土11组带铭文铜器中，有9组为"✷"铭①，剩下"✶"与"✹"铭很可能是助葬或联姻所得，表明刘家庄遗址是一处较为单纯的"✷"族族邑；山东济南长清兴复河遗址也是如此，出土带铭文铜器12组，大多数都带有"✸"族族徽②，表明该遗址是一处较为单纯的"✸"族族邑；山东寿光"益都侯城"出土有铭铜器19件③，其中带有"✹"复合铭及"己"铭的铜器就有18件，表明该遗址是较为单纯的与"己"族有关的聚落；山东滕州前掌大遗址出土大量带铭文铜器④，其中多数铭文都与"史"族有关，其他铭文数量较少，可视为赠赙和联姻所得，该遗址是较为单纯的"史"族聚落；河南荥阳小胡村遗址M22、M28两墓出土20余件带有"舌"或"韦舌"的铭文铜器⑤，不见其他铭文，表明该遗址是较为单纯的"舌"族聚落。

还有极少部分中高等级聚落遗址的铜器铭文同时存在两种或多种主要族徽铭文，但也是以其中一种为主，仍然能判断遗址的族属。这类遗址较少，可举山东青州苏埠屯遗址为例。著名的苏埠屯一号大墓出土铜爵与铜钺上有"亚丑"族徽，此族徽亦见于该遗址20世纪30年代出土器；除"亚丑"族徽外，该遗址M8有铭铜器11件，皆有族徽"✹"。⑥ 这表明苏

---

① 李晓峰、杨冬梅：《济南刘家庄商代青铜器》，《东南文化》2001年第3期；济南市考古研究所：《济南市刘家庄遗址商代墓葬M121、M122发掘简报》，《中国历史博物馆馆刊》2016年第7期。
② 山东省博物馆：《山东长清出土的青铜器》，《文物》1964年第4期。
③ 寿光县博物馆：《山东寿光县新发现一批铭文铜器》，《文物》1985年第3期。
④ 中国社会科学院考古研究所：《滕州前掌大》，科学出版社2005年版。
⑤ 河南省文物考古研究院：《河南荥阳小胡村墓地商代墓葬发掘简报》，《华夏考古》2015年第1期。
⑥ 苏埠屯遗址大批出土铜器始于20世纪30年代，这批资料见祁延霈《山东益都苏埠屯出土铜器调查记》，《中国考古学报》（第二册），1947年版，第167—178页。20世纪60年代发掘著名的一号奴隶殉葬墓，见山东省博物馆《山东益都苏埠屯第一号奴隶殉葬墓》，《文物》1972年第8期。20世纪80年代山东省文物考古研究所与青州市博物馆联合对该遗址进行全面的勘探，并发掘六座墓葬，见山东省文物考古研究所、青州市博物馆《青州市苏埠屯商代墓发掘报告》，《海岱考古》（第一辑），山东大学出版社1989年版，第254—273页。

埠屯遗址至少存在两个家族，根据一号墓的规模，这两个家族以"亚丑"族为主，所以该遗址是一处以"亚丑"族为主的族邑。

可见，从考古上说，邑与族的统一体现在两点上：其一，对于单一族氏的邑，邑与族重合；其二，对于部分包含多个族氏的大邑而言，邑的属性往往由其中主要族氏决定，这时邑与主要族氏重合。我们以上列举晚商出土带族徽铭文的重要聚落遗址中，如山东济南刘家庄遗址、长清兴复河遗址、滕州前掌大遗址、寿光"益都侯城"遗址、河南荥阳小胡村遗址，都是以单一族徽铭文为主的一部分遗址，属于前一种；而山东青州苏埠屯遗址则属于后一种。

以上甲骨文材料，以及中高等级聚落往往出土相同族徽铭文的现象证明商代普遍存在族氏组织，这种族氏组织表现在甲骨文上，就是人名、地名和族名相同，且拥有自己的族众；表现在考古遗址上，就是聚族而居、聚族而葬①，形成所谓"族邑""族墓地"。

二　甲骨文中以族组织为基础展开的农业生产活动

晚商时期，商王常常命令某一族氏或某些族氏率领其族众前往某地进行农业生产，学术界一般认为相应的农田属于王室②，可以称为"王田"。王田的农事活动反映了晚商普遍存在以族氏组织为基础的农业生产活动。

（一）裒田中的族组织

"裒田"是开垦荒地的农事活动，商王对其十分重视，常见贞问相关事项的卜辞。下列数组卜辞涉及裒田者与裒田地，裒田者与裒田地的关系值得探索。

1. 第一组：

戊辰卜，宾贞：令永裒田于盖。　　　　《合集》9476【宾三】
☒令永裒田于盖。　　　　　　　　　　《合集》9477【宾三】

"永"是宾组和黄组卜辞中常见的贞人，可见"永"不是私名，而应该是一个家族之名。

---

① 王贵民：《商周制度考信》，河北出版传媒集团2014年版，第3—8页。
② 王贵民：《就甲骨文所见试说商代的王室田庄》，《中国史研究》1980年第3期。

第五章 晚商农业生产组织形式研究

"永"在卜辞中也有用作地名例：

☑永受年。　　　　　　　　　　　　《合集》9809【宾出】
惠戍永令，王弗每。　　　　　　　　《屯南》1008【无名】

"戍永"虽然可能是职官+族名例，但更可能是戍于永地。
"盖"地应该是贵族"盖"的封地，卜辞有：

庚戌卜，古贞：令多马防从盖。　　　《合集》5711【宾三】
贞：惠☑呼盖☑　　　　　　　　　　《合集》18536【宾出】
贞：弗其擒。十月。在盖。　　　　　《合集》10967【宾出】
☑不其黑。十月。在盖。　　　　　　《合集》10737【典宾】

前两条卜辞中的"盖"是贵族的人名，后两条卜辞中的"盖"是地名。

"永"与"盖"分明是两个不同的地名、族名，那么"令永袁田于盖"是商王命令贵族"永"带领族人前往盖地为商王袁田的意思，这里的劳动者应该就是"永"及其族人。需要注意的是，"盖"是贵族"盖"的领地，"永"可以在商王命令下前往"盖"地"袁田"，说明商王拥有该地部分田地的所有权。

2. 第二组：

己酉卜，争贞：収众人，呼从受，屮王事。五月。
甲子卜，𐎠贞：令受袁田于☐。　　　《合集》22【宾组】
癸☐卜，☐贞：[今日]令受袁[田]于敖侯。十二月。
☐☐[卜]，☐贞：今日[令受]袁田于敖侯。十二月。
　　　　　　　　　　　　　　　　　《拼合》60【宾出】
癸☐〔卜〕，☐贞：☑受☑敖侯。　　《合集》3308【宾出】
戊子卜，贞：令受袁田。　　　　　　《合集》4506+9485【宾出】
在卜辞中，"受"可以是人名：
☐午卜，争贞：受以三十☑　　　　　《合集》234 正【典宾】
乙未，争贞：呼𠭯眔受。八月。　　　《合集》4531【宾三】

晚商农业及其生产组织研究

"受"也可以是地名：

王占曰："有咎孚，光其有来艰，讫至。"六日戊戌允有来艰，有
🗌在受，🗌在□，其□[田]🗌，亦（夜）焚廪三。十一月。

《合集》583 反【典宾】

这里的"受"，有商王关心的"廪"，表明"受"地也是主要的农业地。

卜辞还有"受人"：

贞：弜呼以受人。 《合集》1031【典宾】

可见"受"也是一个族氏组织的族名。

商王命令"受"族首领带领族人衷田于"敖侯"，这也说明"敖侯"领地内有商王直接控制的农业地。

3. 第三组：

□王令□衷田〔于〕🗌。 《合集》33212【历二】
戊戌贞：王令刚衷田于🗌。
戊戌贞：其告于父丁。 《俄藏》189【历二】
甲戌贞：王令刚衷田于🗌。
甲戌贞：其告于父丁。 《屯南》499【历二】

以上三辞事类、组类、文例相似，所以胡厚宣先生认为"🗌"与"🗌"是一地①，可从。

这三条卜辞中，"刚"是人名：

癸酉卜，贞：刚其有疾。
贞：亡疾。十一月。 《合集》13745【典宾】

---

① 宋镇豪主编：《俄罗斯国立爱米塔什博物馆藏殷墟甲骨》，上海古籍出版社2013年版，第156—157页。

第五章 晚商农业生产组织形式研究

贞：呼刚眔❏弜以❏洹。 《合集》14390【典宾】
乙未卜，争贞：刚亡忧。
贞：刚有擒。 《合集》10771【典宾】

在黄组卜辞中，"刚"还是地名：

〔癸〕巳卜，在刚〔贞〕：〔王〕旬亡忧。〔在〕十月二。
《英藏》2536【黄组】

可见商王所命令衺田的"刚"，不仅是贵族之名，且是此贵族的家族之名。

"嚨"是被衺田之地，该地的族长并不是"刚"，而是"嚨"：

☐辠比嚨前☐ 《合集》4659【宾组】

"辠"是宾组常见人名、族名，"嚨"可以被"毕"比，则"嚨"也是人名、族名，那么作为地名的"嚨"应该是"嚨"族的属地。

商王令"刚"带领族人前往"嚨"族属地衺田，可见嚨地有商王直接控制的农业区。

4. 第四组：

癸卯〔卜〕，宾贞：〔令〕辠衺田于京。 《合集》9473【宾三】

在这条卜辞中，"辠"是上文提到的人、地、族三名合一的代表，是晚商的大贵族、大家族，与商王关系密切。"京"是晚商重要的农业地，如：

贞：京受黍年。 《合集》9981【宾出】

另外，卜辞还常见：

癸亥卜，宾贞：令辠〔往〕于京。 《合集》5715【宾组】
贞：弜令辠田于京。 《合集》10919【典宾】

· 219 ·

"皂往于京"，可见"京"很可能不是"皂"的领地，则《合集》9473是说商王命令"皂"带领族众前往"京"地为商王的直属农业区裒田。

5. 第五组：

  癸亥贞：于罗裒☐
  癸亥贞：王令多尹裒田于西，受禾。
  癸亥贞：多尹弜乍，受禾。
  癸亥贞：其奉禾自上甲。
  戊辰贞：奉禾自上甲，寮。
  乙丑贞：王令裒田于京。
  于龙裒田。　　　　　　　　　　　　《合集》33209【历二】

这段卜辞中，涉及的命令者是"王"，被命令者是"多尹"（即上文所提到的多个族尹及其族众），被命令事项是裒田，裒田之地是"罗""西""京""龙"。这四个裒田之地，"京""龙"都是晚商重要农业区，"京"的情况如上所说，卜辞中的"龙"有：

  乙未卜，贞：黍在龙囿杏，受有年。二月。《合集》9552【师宾】

"龙囿杏"是"龙"地的"囿杏"，很可能是商王在龙地直属农业区的名称。

"罗"的情况比较复杂。"罗"在师组卜辞中是被征伐的对象，如：

  壬寅卜：雀侯弗翦罗。　　　　　　《合集》6839【师宾】
  贞：侯弗辜罗。　　　　　　　　　《合集》6841【师宾】
  癸卯卜，贞：雀宓罗，亡忧。　　　《合补》6917【师小字】

"罗"在历组卜辞中是商的属地：

  丙申贞：王步，丁酉自罗。
  戊戌贞：王于己亥步〔自〕罗。　　《屯南》2100【历组】

"哭"在无名组卜辞中属于商王的边境之地,如:

王其呼衙于哭,方出于之,有蹟。　　　　　《合集》28012【无名】

大约"哭"本是商人敌对势力,后被商征服,而成为商的属地。

从《合集》33209可以看出,"多尹"可能是几个家族或族氏的合称,证明"裒田"是以血缘式的族组织为基本生产单位;被"裒田"的地名,有可能与商王关系复杂的,可见被"裒田"之地虽然应该有商王直接控制的农业区,但这些农业区都不是"多尹"的属地。

6. 第六组:

戊子卜,宾贞:令犬延族裒田于虎。　　　　《合集》9479【宾三】

此卜辞中"令犬延族裒田于虎"是说商王命令"犬征族"裒田于虎地,表明虎地也有商王直接控制的农业区。"犬延族"是卜辞常见的农事活动承担者,如:

庚寅卜:令犬延田京。
弜犬延土田。　　　　　　　　　　　　　　《缀集》141【历二】

这条卜辞是说犬延参与度量田地之事。

从以上六组"裒田"卜辞中可以看出,商王所命令之"永""受""刚""皋""多尹""犬征族"皆是包含族长在内的族氏组织,可见"裒田"之事的组织形式是以族氏(家族)为单位的。"裒田"的地点有"盖""敖侯""咙(龖)""京""哭""龙""虎"等地,这些地点既非王都地区,也非"裒田"者的领地,这表明这些地点内很可能存在商王直接控制的农业区,我们可以称这些农业区为商王的王田。故此,本书认为,"裒田"卜辞可以证明,商王能够直接命令某些族氏族长率领族众前往王田进行农业活动。换言之,"裒田"活动中的组织形式是以血缘的族氏组织为主。

(二)耤田中的族组织

农事活动中的族组织形式不仅体现在"裒田"卜辞上,也体现在与

"耤田"有关的卜辞上。关于"耤田",《说文解字·耒部》:

> 帝耤千亩也。古者使民如借,故谓之耤。

韦昭注"不籍千亩"时也提出"籍,借也,借民力以为之"[1],所以饶宗颐先生将卜辞中的"耤"也解释为"借","耤田"乃"民出劳力以助耕"[2]。《说文·耒部》释"助":"商人七十而耡,耡,耤税也,从耒助声。"段玉裁注:"耤税者,借民力以食税也。"《礼记·王制》也说"古者公田藉而不税",可见"借民力"其实就是"税民力"。

从这个角度出发,"耤田"卜辞最有可能证明商王在农业生产领域中使用族氏组织,可列举以下三例。

1. 卜辞有:

> 丁酉卜,宾贞:𡥈受年。
> 贞:𡥈弗其受年。
> 丁酉卜,㱿贞:我受甫耤在𡥈年,三月。
> 丁酉卜,㱿贞:我弗其受甫耤在𡥈年。　　《合集》900 正
> 王占曰:我其田甫耤在𡥈年。　　《合集》900 反【典宾】
> 丁酉卜,争贞:呼甫秜于𡥈,受有年。一
> 丁酉卜,争贞:弗其受有年。一
> 甫耤于𡥈,受年。[3] 二 三
> 贞:弗其受有年。二 三
> 受年。四
> 弗其受。四
> 贞:受年。五
> 弗其受有年。五　　《合集》13505 正【宾一】

以上两版卜辞中,农业事项有"耤"与"秜",这表明卜辞中的耤田

---

[1] 徐元诰:《国语集解》,中华书局 2002 年版,第 15 页。
[2] 饶宗颐先生观点,转引自《甲骨文字诂林》第 181 页。
[3] 此条卜辞在千里路的右侧,其与千里路之间还夹着"𤉲㝬殸"三个字,这三字似乎与"甫耤于𡥈"无关。

也包括种植活动；农事活动的承担者是"甫"，农事活动的地点是"姄"，后者并非前者的领地。

在卜辞中，"甫"多作人名讲，如：

庚辰卜，王：甫往黍，受年。一月。　《合集》20649【师小字】
贞：甫其有疾。　　　　　　　　　　《合集》13762【典宾】
辛酉惠甫令。　　　　　　　　　　　《合集》32048【历组】
壬寅卜，争贞：翌癸卯令甫归。　　　《英藏》1151【宾三】

"甫"也有作地名讲的：

☐自卜，三日🈺，己卯☐来☐二日庚辛屮，亙方在甫。
　　　　　　　　　　　　　　　　　《合集》20838【师小字】
庚辰卜，在甫，〔贞〕：王步于🈺，〔亡〕灾。
　　　　　　　　　　　　　　　　　《合集》36962【黄组】

"甫"是著名的农业区，且是贵族之名，可见"甫"本身就是一个族氏之名，所以卜辞才有：

辛巳卜，贞：令㫃代旛、甫、韦、疒族。五月。
　　　　　　　　《合集》4415 正 +《合补》1173 正【宾出】

"甫"与"疒族"并列，更可证明"甫"也可以称"甫族"。

关于"姄"，卜辞有：

庚戌卜，☐贞：王呼黍在姄，受有〔年〕。《合集》9517【典宾】
甲戌〔卜〕，宾贞：在姄田萑。
☐在姄☐　　　　　　　　　　　　　《合集》9608 正【典宾】
姄受年。
姄不其受年。　　　　　　　　　　　《合集》9741 正【宾一】

可见"姄"是著名的农业区。"姄"地有可能是"妇姄"的封地，卜

· 223 ·

辞有：

丁卯卜，殻贞：㴲娟有子。
贞：娟亡子。　　　　　　　　　　　　《合集》10315 正【典宾】

"娟有子/娟亡子"，表明"娟"是"妇娟"的简称。
是则，《合集》900 与《合集》13505 中的"甫耤在（于）娟"是说商王命令"甫"带领族人前往"娟"进行耤田或种植，劳动的具体地点自然也应该是"娟"地的王田。

2. 卜辞有：

壬午卜，殻贞：呼鞁耤☒　　　　　　《合集》9508 正【典宾】

在这条卜辞中，"鞁"是人名，但"鞁"也可以作地名：

□□卜：今日壬王其田，在鞁北，湄日亡灾。吉
☒今日壬王其田鞁西，其焚亡灾。吉　　《屯南》722【无名】

可见"鞁"也是人名、地名合一，证明"鞁"也可以是族名。
《合集》9508 中的"呼鞁耤"是说商王命令"鞁"带领其族人前往某地"耤田"。

3. 卜辞有：

☒𦎧耤在名，受有年。
𦎧弗其受有年。　　　　　　　　　　《合集》9503 正【典宾】
☒耤于名。　　　　　　　　　　　　《合集》9502 甲【典宾】
呼𦎧耤于名亯，不㗊。
弜呼𦎧耤于名亯，其㗊。　　　　　　《醉古》372【典宾】
丙戌卜，宾贞：令众黍，其受有〔年〕。
贞：呼𦎧耤于圆（明）。　　　　　　《合集》14 正【典宾】

以上卜辞中，"▨"（明）与"名"上古音相同①，二者应该是一地。从辞例上看，《合集》14 与《合集》9502、9503 相同，且皆为"耤于名"，则《合集》14 中的"▨"似乎是"▨"之误。"▨"在上述卜辞中是人名，但他也不会是一个人前往"名"地，所以《合集》14 才会有"令众耤"，表明"▨"是率领其族众一起进行"耤田"。

综上，从"甫耤在（于）媙""呼魏耤☐""▨耤在（于）名"三事可以看出，"王田"的"耤田者"也是以族为单位的。正是因为商王常令某些贵族为其承担"耤田"事宜，所以文献中的"借民力"之说十分合适卜辞中的"耤田"。

（三）其他农事活动中的族组织

从以上"衰田""耤田"卜辞，我们看出，商王在远离王都地区的诸侯、方国领地内拥有王田，且商王可以命令某族前往王田进行农事活动。这一情形也见于其他农事卜辞中，如：

辛丑卜，㱿贞：妇妌呼黍〔于〕丘商，受〔年〕。
　　　　　　　　　《合集》9530 正（《英藏》813 同文）【典宾】

"妇妌呼黍于丘商"即"呼妇妌黍于丘商"。

"妇妌"，又称"妇井"，是武丁之妇，也是著名的"司母戊"。她有自己的领地，如：

辛未卜：鸣获井鸟。
鸣不其〔获〕井鸟。　　　　　　　　　《合集》4725【师宾】
☐☐贞：**利**在井，羌方弗翦。　　　　　《屯南》2907【历二】

可见"井"是"妇妌"封于"井"地后形成的一个人、族、地三位一体的名称。"呼妇妌黍于丘商"，是商王命令"妇妌"率领"井"地族众前往"丘商"种黍，可见这也是一项以族组织为基础的农事活动，"丘商"也应该有商王的王田。

除了"丘商"，卜辞还有王田"贝"地，如：

---

① 冯其庸、邓安生：《通假字汇释》，北京大学出版社 2006 年版，第 421—422 页。

戊辰卜：车允畎贝，今生月。十月卜。

　　　　　　　　　　　　《合集》19941＋21622【师小字】

"畎"，《说文》谓"平田也"，《尚书·多方》有"畎尒田"，这里的"车允畎贝"，是指"车"果然在贝地进行平田活动。这条卜辞似乎也可以理解为商王命令"车"在"贝"地的王田中进行农事活动。"车"在上辞中是人名，卜辞中的"车"还有作人名例：

车不其以十朋。　　　　　　　　　《合集》11442【师宾】
☐今日☐唯车克☐　　　　　　　　《合补》6285【师宾】

"车"还可以作地名：

癸亥卜，争贞：旬亡忧。〔王占曰："有〕咎，艰。"五日丁卯王狩☐亦☒在车☐

　　　　　　　　　　　　　　　　《合补》4923【典宾】
于车舞。　　　　　　　　　　　　《合集》13624 正

可见卜辞中的"车"也是人、族、地三位一体的名称，这就证明"车允畎贝"之"车"不会只是车族族长进行平田活动，此活动还应该有车族的族众。

以上，从晚商农事活动卜辞来看，晚商存在以族氏组织为生产单元的农事活动。结合本书第四章中"甲骨文中农业地名研究"一节，我们知道晚商的农事活动所涉及地名，如耤田、种植地名多为内服之地，而裒田卜辞既涉及内服之地，也涉及外服之地，甚至还有敌对方国属地，这就证明晚商农业生产组织中的血缘性普遍存在整个商王国范围。

第二节　晚商王都地区"二元"农业生产组织形式研究

晚商普遍存在血缘的族氏组织，存在由族氏组织为生产单元的农事活

动,在晚商的某些区域,还有着较为发达的官僚体系。相应的,在官僚体系较为发达的地区,其社会组织除了血缘的族氏组织外,应该还存在以官僚体系为基础的地缘政治组织,这主要体现在以殷墟为核心的王都地区。相较于血缘的族氏组织,学术界对晚商地缘组织结构研究得并不够充分。除了裘先生的论文外,林沄先生在新出版的《商史三题》一书中也论证了殷墟地缘政治组织的存在①,值得重视。另外,杨升南先生曾认为卜辞中的"邑"是一种地缘组织,"邑人"是由没有血缘关系的自由人组合的社会联合。② 不过,我们很难从甲骨文中看出"邑人"的组织形式。下面本书从殷墟的考古发现入手,再结合甲骨文中的"小众人臣"材料,在裘、林等先生的研究成果基础上进一步讨论此问题。

一　从殷墟族徽墓的分布情况看王都的社会组织结构

关于殷墟的社会组织形态,一般认为殷墟的基本组织特征是"族邑"③,如郑若葵先生直言④:

> 族邑,是氏族或家族聚落的简称,在商代的王都大邑或方国、诸侯大邑中,族邑是一基层的聚落单元,易言之,商代的大邑聚落都是以族邑聚落为框架构成的。

郑若葵先生这里提到的"氏族或家族",就是本书一直强调的"族氏组织",是扩大的家族形态。关于这种"氏族或家族",朱凤瀚先生进一步强调,殷墟是由族氏、分族、家族三个层次的血缘组织构成,体现为一个墓地内分群、分组现象。⑤ 但王震中师指出,"同一宗族的诸家族可以族居族葬在殷墟的不同地方,它反映出殷都的许多贵族和族尹有可能仅仅是以

---

① 林沄:《商史三题》,"中央研究院"历史语言研究所2018年版,第77—80页。
② 杨升南:《殷墟甲骨文中的邑和族》,《甲骨文商史丛考》,线装书局2007年版,第152—166页。
③ 中国社会科学院考古研究所安阳工作队:《1969—1977年殷墟西区墓葬发掘报告》,《考古学报》1979年第1期;韩建业:《殷墟西区墓地分析》,《考古》1997年第1期;唐际根:《殷墟家族墓地初探》,《考古与文化遗产论集》,科学出版社2009年版,第230—238页;唐际根、[加] 荆志淳:《安阳的"商邑"与"大邑商"》,《考古》2009年第9期。
④ 郑若葵:《殷墟"大邑商"族邑布局初探》,《中原文物》1995年第3期。
⑤ 朱凤瀚:《商周家族形态研究》(增订本),天津古籍出版社2004年版,第116—117页。

家族的形式聚族而居的"，并提出殷墟的组织形态是"大杂居小族居"。①根据殷墟90年的考古发现，我们知道大邑商内各个墓地族徽状况都很复杂，并没有统一的族徽铭文，很难用"族邑"笼统概括，而且殷墟本身就是一个"邑"，殷墟内的微观聚落是不适合称为"邑"的，所以本书倾向用王震中师"大杂居小族居"之说来描述殷墟内部的组织情形。下面主要讨论一个问题：殷墟的各个墓地究竟是家庭、家族、宗族（即学者提到的氏族）的血缘组织形态，还是地域的组织形态？这可以从以下三个方面的证据来论述。

（一）殷墟西区的组织形态

就目前殷墟考古发现而言，可以判定组织形态的材料有青铜器铭文和墓葬习俗两类，前者尤其关键。大量族徽铭文的存在，给予我们认识商代族氏组织最直接的证据，但墓葬中的铜器铭文也要具体问题具体分析，并不是出现在墓葬中的族徽铭文就都是墓主人所属之族氏或家族。这其中，以大量重复出现于墓葬中的族徽铭文最为可贵，可以直接判断墓葬的族属，如殷墟花东M54、大司空M303、郭家庄M160等，族徽铭文较为单纯；而对于多种铭文墓葬而言，若有一种铭文占有主导地位，则大致可以认为这个铭文是与墓主人身份直接相关的，如著名的小屯5号墓，妇好或好铭铜器占礼器总数的一半，可以判定5号墓的墓主人就是妇好。这两种情况值得重视，是我们讨论殷墟墓地族属最核心的材料，而那些随葬有铭铜器却无法区分墓主人族属的墓葬只是作为本书的辅助材料，参与墓主人社会关系的讨论。本书以此为基础，讨论殷墟西区、郭家庄两个墓地中的组织形态。

"殷墟西区"并不是一个独立的墓地，墓葬与居址杂糅，它与黑河路墓地、孝民屯墓地都有千丝万缕的联系，墓地之间尚有未发掘或未公布之材料，这点对将来进一步研究"殷墟西区"组织形态很有帮助。但黑河路墓地与孝民屯墓地材料并没有完全公布，本书目前只能以已经发表的西区墓地相关材料进行讨论，所得结论尚待将来新材料验证。1969—1977年中国社会科学院考古研究所安阳队在此发掘近千座商代墓葬②，其后陆续又

---

① 王震中：《商代都鄙邑落结构与商王的统治方式》，《中国社会科学》2007年第4期。
② 中国社会科学院考古研究所安阳工作队：《1969—1977年殷墟西区墓葬发掘报告》，《考古学报》1979年第1期。

第五章 晚商农业生产组织形式研究

有发现,截止到1985年底,整个殷墟西区商代墓葬已发掘约2000座。[1]目前公布材料最为详尽的是1969—1977年发掘区,整个墓地主要分八个墓区(后来又增加至十个墓区,但第九、十两墓区没有详细材料,不是本书讨论的重点),但其中第一、八两个墓区与其他墓区相距较远,且似乎没有挖完[2];第七墓区北区西部约25米处又有重要的M1713[3],这表明第七墓区的墓葬也可能不全。另外,学术界一般将孝民屯遗址归为殷墟西区范畴,1958—1961年发掘之孝民屯正南车马坑即位于殷墟西区第六墓区附近[4],1989—1990年在孝民屯村东南清理商墓132座,灰坑9个[5],即位于殷墟西区第五墓区范围,凡此种种,皆说明原来划定的"墓区"未必能够反映商代墓葬的真实分布情况。即便如此,殷墟西区也是目前殷墟大规模墓地中揭露最为彻底、公布材料最为详尽的墓地之一(尤其是"第三墓区"),且出土大量带铭文铜器,一直是研究商代家族形态的重要材料。

从发掘报告上看,殷墟西区不同墓区之间有很大的一致性,如墓向以南北向为主,随葬陶器的组合以觚爵为核心,有腰坑和殉狗等;但不同墓区的葬俗也略有差异,如第三墓区有较多的壁龛墓,第二、三墓区中某些分区墓葬的墓向以东西向为主,第八墓区较少随葬陶鬲,而第四、五、六墓区中陶鬲的比例就偏高。学术界往往利用墓群的集中程度、葬俗的异同等条件将不同墓区进一步分群、分组,将墓区内墓群最小单元化,如唐际根先生分第三墓区东部墓葬为12组[6],并强调个体家庭和复合式家庭的存在。我们赞同唐先生关于墓群家庭基础的判断,但需要强调两点:第一,不同群组未必无关,相同群组未必是一个家庭或家族;第二,部分墓区虽可分组,但整个墓区可能并无关联,而且殷墟西区看不出来八个墓区之间

---

[1] 中国社会科学院考古研究所:《殷墟的发现与研究》,科学出版社1994年版,第121页。
[2] 在1979年后,第一墓区和第八墓区至少增加GM2508(三期,第一墓区)、GM2575(二期,第一墓区)、GM1572(四期,第八墓区)、GM1573(四期,第八墓区)四座铜器墓,参考《殷墟青铜器》中相关部分。
[3] 中国社会科学院考古研究所安阳工作队:《安阳殷墟西区一七一三号墓的发掘》,《考古》1986年第8期。
[4] 中国社会科学院考古研究所安阳工作队:《安阳殷墟孝民屯的两座车马坑》,《考古》1977年第1期。
[5] 中国社会科学院考古研究所安阳工作队:《河南安阳市殷墟孝民屯东南地商代墓葬1989—1990年的发掘》,《考古》2009年第9期。
[6] 唐际根:《殷墟家族墓地初探》,《考古与文化遗产论集》,科学出版社2009年版,第230—238页。

的关系。

如第八墓区可按照墓葬聚集方式大致分成 A、B 两个组（图 5—1），这两组的墓向、随葬品组合基本一致。其中，A 组中 M1125 和 B 组中 M284 皆出带有族徽"䕯"的铜器，表明第八墓区 A、B 两组分墓区应该都与"䕯"族有关。B 组中有 M271，与 M284 墓向一致，M271 虽然出土有"朿"与"戈"（即䕯之省形）两种族徽铭文的铜器，但根据 M284，可知"朿"族铜器很可能是赠赙或联姻所得。另外，1978 年发掘之第八墓区 GM1573 虽然不清楚具体在哪一组，但该墓出土"䕯父乙"鼎和"䕯母己"簋①，且墓向与 M284 和 M271 一致，进一步证明第八墓区很可能是一处"䕯"族墓地。②这个"䕯"族墓地，第四期墓葬至少有 46 座，一般认为殷墟文化第四期包括帝乙、帝辛二王，若加上武庚时代，大约有 50 年，相当于两代人时间。③以此观之，第八墓区第四期中，每代"䕯"族成员至少当在 23 人以上，这显然不是一个"个体家庭"可以容纳的，而应该视为一个由多个家庭复合而成的家族或小族氏组织。

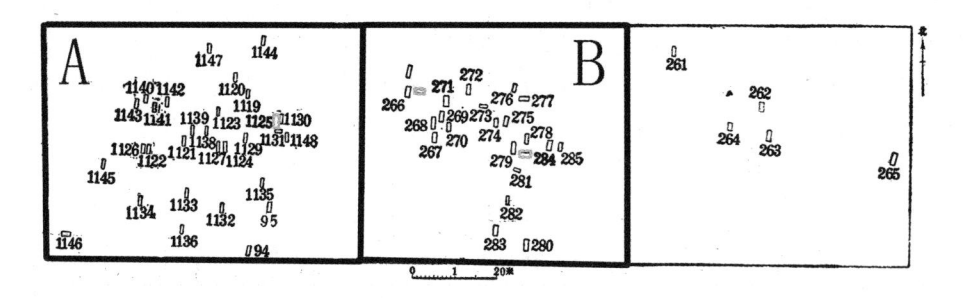

图 5—1　殷墟西区第八墓区墓葬分布图

（据《考古学报》1979 年第 1 期改）

再如第七墓区，墓葬较为稀疏，其中出铜器铭文者凡三墓：M93、M152、M907，皆是规模较大的中小等级贵族墓葬。M907 保存完好，出土

---

① 中国社会科学院考古研究所：《殷墟青铜器》，文物出版社 1985 年版，第 454 页。
② 此族在山东苍山东高尧村有分支，见《文物》1965 年第 7 期。
③ 据 2004 年安阳大司空墓葬人骨鉴定情况，男性平均死亡年龄约为 35 岁，女性平均死亡年龄约为 31 岁，则 50 年约为两代人死亡时间。

第五章　晚商农业生产组织形式研究

带铭文铜器六件，其中带族徽"共"者四件，"亚共覃"者一件，"告宁"者一件；M93严重被盗，出土两件带铭文铜器，族徽皆是"亚共覃受"；M152严重被盗，出土族名铭文两种，分别是"共埶"与"共"。由此可见，虽然第七墓区墓葬稀疏，但所出铜器铭文显示该墓区与"共"族有关，是一处"共"族墓地。这一墓地中，第三期墓葬约30座，第四期墓葬约40座，这也应该是一处大的家族墓地或一个小的族氏墓地，其中M93应该是族长。

殷墟西区中，并不是所有墓区都如第七、八墓区一般，部分墓区的各个群、组之间并不密切，如著名的第三墓区。第三墓区是一个揭露较为全面、材料公布较为详尽的墓区，一直是学术界关注的重点。唐际根先生所分之第三墓区东部12组墓葬中（图5—2），第1组之M699有三件带"中"铭的铜铙，第4组之M354铜爵有"爻"铭，M692铜爵和铜戈上分别有" "" "铭，第6组之M697铜爵有" "铭，第9组之M355、

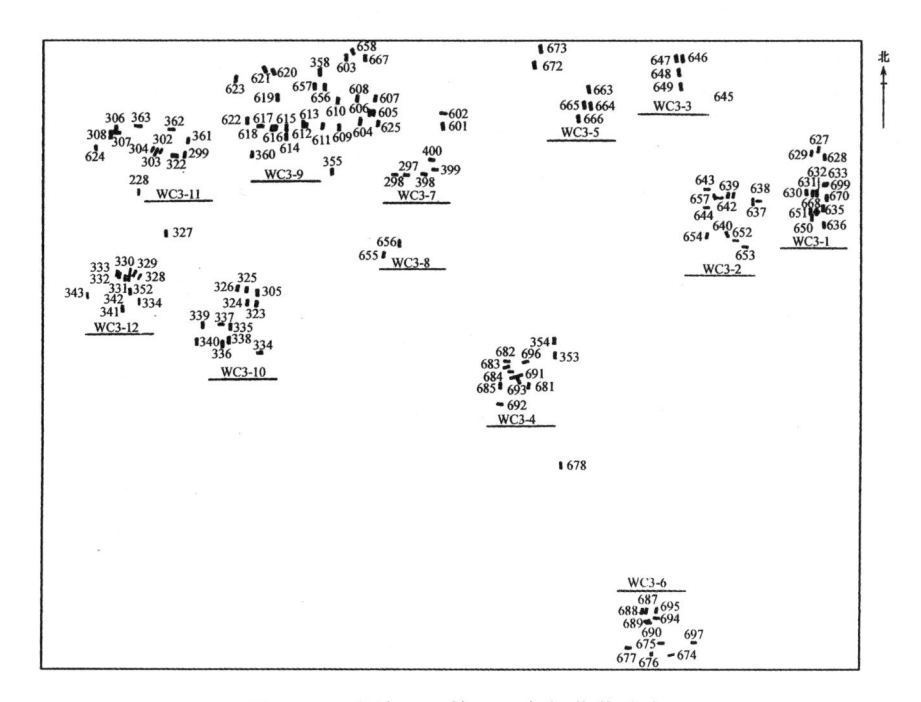

图5—2　殷墟西区第三区东部墓葬分布图

（采自《考古与文化遗产论集》第231页）

M613共有5件有铭铜器,皆为"𗊊"。由此可知,至少第9组墓葬应该是"𗊊"的族墓地,第9组和周围的第7、8、10、11、12组墓葬的关系暂不能确定,但它与第1、4、6组之间则看不出什么关系。其中,第9组共25座可判断年代的墓葬,属于第4期者12座,唐际根先生认为很可能反映了一种复合家庭形式的存在。

如果再考虑第三墓区的西部,我们会发现四座带墓道大墓(M698、M699、M700、M701)聚集在西部的一角,周围没有其他小墓,表明高等贵族有着自己的墓地。从东部12组墓葬之间的关系来看,四座大墓似乎保持着自己的独立性,没有证据显示四座大墓与周围墓葬的血缘关系。综合来看,本书认为第三墓区与第七、八墓区情况不同,虽然东部第9组是"𗊊"族墓地,但不同组之间,东部和西部之间都无多少联系,无法寻找超越"复合家庭形式"或族氏组织形式的证明。

(二)郭家庄墓地

郭家庄村西南和东南都有墓地,如1982—1992年中国社会科学院考古研究所安阳队在郭家庄西南发掘184座殷墓和车马坑、马坑、羊坑7座,其中包括著名的郭家庄M160[①];2005—2007年安阳市文物考古研究所在郭家庄东南发掘商墓83座、车马坑1座、房址、灰坑等,墓葬等级较高,部分铜器铭文可以相互联系,极为难得[②]。郭家庄村西南墓地分南、北、中三个发掘区,这里我们重点讨论北发掘区。在郭家庄西南地的北发掘区中,可据墓葬集合位置分为A、B、C三组(图5—3),这三组并不是没有关联的。在B组墓葬中,有著名的M160,出土大量青铜器,其中有"亚址"铭文33件,"亚𩰚址"或"亚𩰚止"铭文8件,证明M160是一座与"址"族有关的贵族墓葬。而在C组墓葬中,M53是一座等级较高的贵族墓葬,出土有铭铜器一件,铭曰"𩩳作母丙彝/亚址",可证M53的墓主人是亚址家族中名𩩳的"母丙"。但是,M160、M53中的"亚址"铭文并不能证明郭家庄西南地北发掘区中的墓葬一定就是"址"族成员,因为北发掘区中的M38和M50出土的铜器铭文分别是"⿳"和"作册祝"。同样的情况也存在于郭家庄东南地。

---

① 中国社会科学院考古研究所:《安阳殷墟郭家庄商代墓葬》,中国大百科全书出版社1998年版。
② 安阳市文物考古研究所:《安阳殷墟徐家桥郭家庄商代墓葬》,科学出版社2011年版。

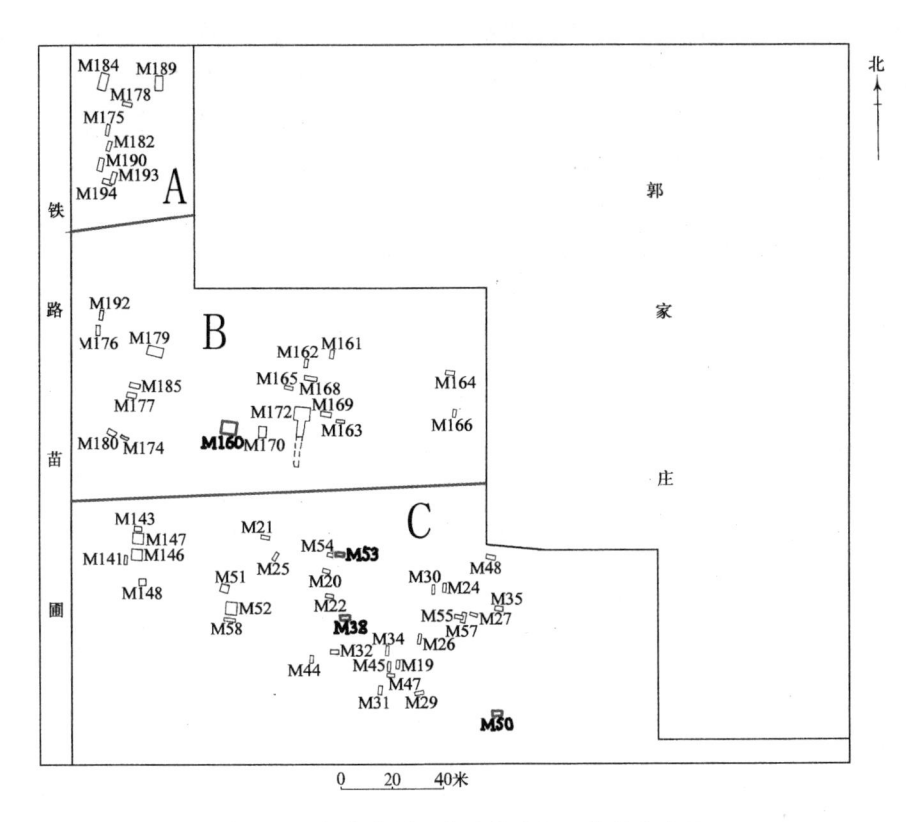

第五章　晚商农业生产组织形式研究

图 5—3　郭家庄村西南地北发掘区墓葬分布图

（采自《安阳殷墟郭家庄商代墓葬》第 3 页）

　　郭家庄东南地之文源绿岛和赛格金地城市广场两个遗址点材料最为丰富，而且相互关联。在文源绿岛遗址点中，有五个墓葬出土有铭铜器，值得关注的是 M45、M46、M5、M12 四座墓葬（如图 5—4）。M45 和 M46 均为殷墟二期墓葬，面积、墓向、随葬品的组合都高度相似，且二者并排，都出有"✱"铭铜爵，说明这应该是一对"异穴并葬墓"。[①] M5 等级较高，随葬 10 件铜礼器，其中 3 件带"🌿"或"🌿"铭；M5 附近的 M12 则出土带有"保""聿"铭文的铜戈与铜觚。单纯看 M45、M46、M5、M12 四座墓葬，似乎只能得出 M45 和 M46 可以组成家庭形式，但若联系

---

① 孟宪武：《试析殷墟墓地"异穴并葬"墓的性质》，《华夏考古》1993 年第 1 期。

· 233 ·

郭家庄东南地 M26 出土的 5 件 "【铭】" 铭铜器①，以及赛格金地城市广场 M13 出土的 5 件 "保" 铭铜器，就可以看出整个郭家庄东南地是由 "【铭】" "保" 两个家族控制（可能也包括 "✷" 族，但此族墓葬等级较低），家族之间存在通婚或赠赗现象。

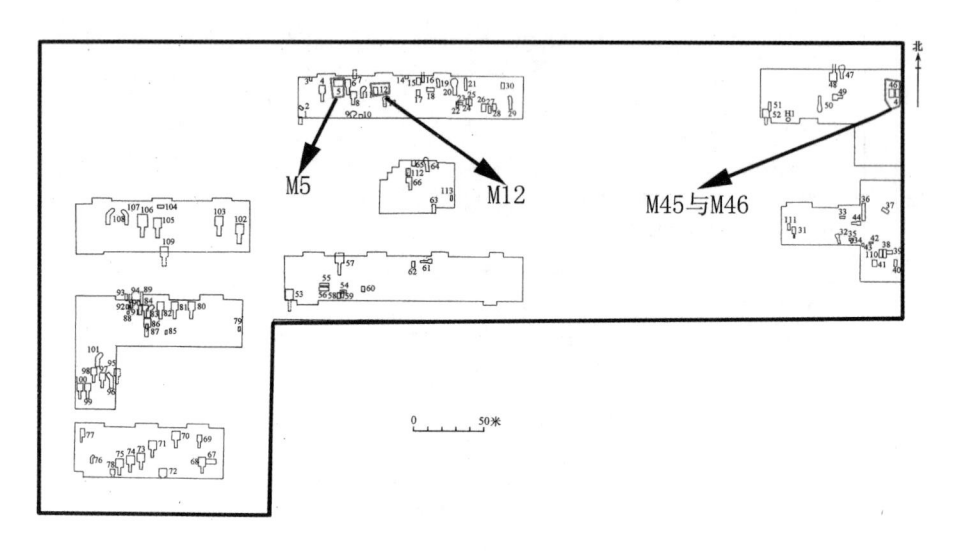

图 5—4　郭家湾东南地文源绿岛遗址点的墓葬分布图
（据《安阳殷墟徐家桥郭家庄商代墓葬》第 16 页修改）

故此，从整个郭家庄的商代墓葬发掘情况来看，该地点的几处墓地应该被多个重要家族（如 "亚址" "【铭】" "保"）控制，他们彼此之间联系密切，可称为该遗址的核心家族；但郭家庄的商代墓葬同时也可能存在非核心家族的其他家族成员（如 "【铭】" "✷"），这就提示我们郭家庄遗址不是单纯的家族或族氏墓地。

（三）殷墟的"京"族与"【铭】"族

以上是以墓地为线索，从"点"上考察殷墟的组织形态；现在本书以铭文为线索，从"线"上考察殷墟的组织形态。

"京"（【铭】）族族徽铭文是殷墟常见的族徽之一，如著名的孝民屯遗址

---

① 中国社会科学院考古研究所安阳工作队：《河南安阳市郭家庄东南 26 号墓》，《考古》1998 年第 10 期。

M17 和 GM2065 都有此族族徽①，说明孝民屯很可能是该族居住地之一。除孝民屯外，"京"铭还大量见于西北岗 1400 号大墓的南墓道，这或许与助葬商王有关；1957 年高楼庄附近商代墓葬也有"京"铭铜爵出土②，表明"京"族与高楼庄附近的居民也有联系。

"𠆢"族族徽铭文也是殷墟常见的族徽之一，2010—2011 年刘家庄北地发掘之 H77 出土带"𠆢"铭的青铜印章，墓群中 M70、M413、M448 集中出土数件带"𠆢"铭的铜器③，证明该遗址附近有"𠆢"族的居地。但"𠆢"铭铜器也散见于殷墟西区第三墓区 M355（以"𦅫"铭铜器为主）、戚家庄 M269（以"爰"铭铜器为主）、花东 M54（以"亚长"铭铜器为主），这几座墓中的"𠆢"铭铜器数量较少，应该是赗赠或联姻所得。另外，还需要注意苗圃南地 M47、M58④，这两座墓葬出土四件有铭铜器，皆带"𠆢"铭，表明苗圃南地 M47、M58 的墓主人就是该族成员。这说明"𠆢"族虽然主要居住于刘家庄北地同乐花园小区附近，并与殷墟其他家族发生关联，但也有少量该族成员居住在苗圃南地。

以上"京"族与"𠆢"族的材料表明，居住在殷墟的一些家族往往聚族而居，聚族而葬，且与其他家族有联姻或赗赠行为，但也不排除部分族人远离本族聚集地，而在殷墟其他地区居住。

综上，我们可以进一步讨论殷墟组织形态与控制方式。

其一，如唐际根先生所强调的那样，殷墟的墓地是以个体家庭为基本单元，"异穴并葬"墓的大量存在即反映了这一点。"异穴并葬"墓普遍存在于各个遗址，且多为男女异穴，如殷墟西区 M525（女）与 M527（男）、戚家庄东 M219（男）与 M220（女）、戚家庄东 M210（女）与 M211（男）与 M212（女）、2004 年大司空 M228（女）与 M213（男），所以有学者认为这反映了个体家庭中的夫妻关系。但是并不是所有"异穴并葬"墓都昭示着夫妻关系，如戚家庄东 M162 和 M163 都为儿童墓，

---

① 殷墟孝民屯考古队：《河南安阳市孝民屯商代墓葬 2003—2004 年发掘简报》，《考古》2007 年第 1 期。
② 周到、刘东亚：《1957 年秋安阳高楼庄殷代遗址发掘》，《考古》1963 年第 4 期。
③ 中国社会科学院考古研究所安阳工作队：《河南安阳市殷墟刘家庄北地 2010—2011 年发掘简报》，《考古》2012 年第 12 期。
④ 安阳市文物工作队、安阳市博物馆：《安阳殷墟青铜器》，中州古籍出版社 1993 年版，第 119、123 页。

2004 大司空 M224 和 M198 都是男性墓，这或许反映个体家庭中的兄弟父子关系。

其二，在家庭之上，是否存在着同时容纳两对以上配偶的复合式家庭形式还很难说，但由血缘关系组成的家族或小的族氏组织应该是存在的，如殷墟西区中第七、八两个墓区。不过，殷墟墓地往往不是由单一家族或族氏构成，殷墟西区第三墓区和刘家庄墓地的材料启发我们，一个大型墓地往往由几个核心的家族或族氏控制，并且允许其他小家族的存在。再如"京"族与"冂"族都有自己的家族墓地，且墓地与居址相间，满足"聚族而居、聚族而葬"的理念，表明"京"族与"冂"族有相对固定的居住地。这种某一居民点内夹杂多种家族或族氏成员的现象较为普遍，即使是小屯村及其周围的墓地也体现出这种特点。小屯和花园庄东地所出墓葬多带有"子"铭，应该与"子"贵族有关，显示小屯和花园庄是王室和子姓贵族的居地，但花东 M54 的存在也表明这一居址允许外族居住。

其三，殷墟的族徽铭文分布较为复杂，一方面是某一墓地出土多种族徽，这种情况当如我们所解释的那样，该墓地存在多个小家庭或小家族，形成超越血缘的地缘墓地。殷墟既然是晚商都邑，自然是人员流动性较大的城市，这种流动性决定了殷墟的居址不可能为某一家族或族氏完全控制而不允许外来人员进驻，而应该是插花式在某一贵族掌控之地安置新的人口。另一方面是某一族徽常常出现在多个墓地。这种情况很可能是社会交往的后果，如"京""冂"两族都有自己的居址，但带有它们族徽的铜器却遍布殷墟，这或许是赠赙和联姻的结果。正如妇好墓出土之"妇好"铭文铜器，并不能表明小屯是"好"族的居址，而应该理解为好族与王族的联姻。

其四，血缘性的家族或小的族氏组织是殷墟组织的基本特点之一，但在此之上，本书认为还有地缘的行政组织加以整合。如殷墟西区第三墓区东西两部分墓葬中，不同组的族徽铭文并不相同，表明第三墓区同时存在多个家族或小族氏组织，而西部四座带墓道大墓的存在则表明这四座大墓应该是第三墓区甚至是整个殷墟西区墓地的最高管理者。这些管理者或许是殷墟西区某一家族的族长，但他们若想管理第三墓区乃至整个殷墟西区不同家族或族氏的事务，那他们就不仅仅只具备单一家族族长的身份，还应该具备地域组织的行政长官的身份。

总之，从殷墟的发掘情况来看，一方面，殷墟分为不同聚落区（这一

"聚落区"称呼是为了区别过去学者提出的"居邑""族邑"等带有指向性名词），每一聚落区按"大杂居小族居"的形式组成聚落结构，表明殷墟各聚落区内普遍存在小型血缘组织；另一方面，殷墟不存在整个聚落区规模的家族或族氏结构，更不存在整个殷墟"整齐划一"的族氏结构。殷都范围内的地缘性之所以要较普通邑聚发达一些，其缘由是因为在王权的作用下，这里聚集了众多的"在朝为官"者，所谓"大杂居小族居"的"杂居"也是由此造成的。① 商王为了更好地管理殷墟，保证殷墟资源、人员的流动性，就必须越过小型血缘组织，设立相应"内服"官员，统合殷都各个看似杂乱的聚落区。故此，殷墟的社会组织结构是二元的：以地缘组织结构为主，以血缘组织结构为辅。这对我们认识晚商时期王畿地区的农业生产组织是有帮助的。

二 从甲骨文中的"小臣"看王都地区的地缘式农业生产活动

殷墟存在复合式组织结构：商王通过地缘组织控制整个殷墟，殷墟内部各个聚落区又由多个小型血缘组织构成，王震中师称为"大杂居小族居"。在这种社会组织结构下，殷墟必然存在地缘组织层面的农业生产方式。这一点可以由甲骨文中的"小臣"来探讨。

在甲骨文中，"小臣"有着极为广泛的内涵与外延，其地位之高低、职责之悬殊，既不能笼统概括为官吏，也不能简单定为奴隶。② 本书主要讨论与农业生产有关"小臣"的种类、身份和等级。

在商代，"小臣"常常有具体的种类，其中与农业活动有关的主要有"小耤臣"和"小刈臣"③，如：

---

① 王震中：《商代都邑》，中国社会科学出版社2010年版，第509页；《中国古代国家的起源与王权的形成》，中国社会科学出版社2013年版，第477—485页。王师列举了许多在朝为官的典型案例，如著名的亚醜族有在中央为"小臣醜"者、花东M54墓主人"亚长"等。除了这些记载于卜辞、金文中的材料外，殷墟大量外来日用陶器也是这一观点的证据，这也反映了"外来者"很可能还包括地位较低的手工业者、贸易商人，乃至普通百姓。
② 张永山：《殷契小臣辩正》，胡厚宣主编：《甲骨文与殷商史》，上海古籍出版社1983年版，第60—82页。
③ 张亚初：《商代职官研究》，《古文字研究》（第十三辑），中华书局1986年版，第82—114页。

己亥卜，观耤。
己亥卜，贞：令🀄小耤臣。　　　　　《合集》5603【宾出】
己亥卜，〔贞〕：令🀄〔小〕耤臣。
庚子卜，贞：王其观耤，惠往。十二月。
　　　　　　　　　　　　《合集》5604+9500【典宾】

"小耤臣"，顾名思义，是指主管耤田之事的小臣。"🀄小耤臣"中的"🀄"是商王十分倚重的大贵族，"🀄"经常参与商王主导的战争，商王会为其举行御祭，上文已经说明该贵族是"🀄"族的族长。"🀄小耤臣"是说以大贵族族长"🀄"担任"小耤臣"的职官，这表明"小耤臣"的重要性。

卜辞还有：

☒呼小刈臣。　　　　　　　　　　　《合集》9566【典宾】
贞：勿呼小刈臣。　　《合集》9017正+《乙编》6829【典宾】

"小刈臣"是主管刈获之事的小臣。

除"小耤臣"和"小刈臣"外，卜辞中与农业生产有关之"小臣"还有"小众人臣"：

贞：惠🀄呼小众人臣。　　　　　　　《合集》5597【宾出】

"🀄"是"小耤臣"，但他可以"呼小众人臣"，则"小众人臣"也当与农事生产有关。卜辞有：

贞：惠小臣令众黍。一月。　　　　　《合集》12【宾三】
〔贞：惠〕小臣令〔众〕黍。〔一月。〕　《缀集》350【宾三】

"小臣"可以"令众黍"，可知上两辞中的"小臣"应该就是"小众人臣"之省。

以上三种小臣虽然都与农业生活生产有关，但三者性质不同。其一，"小耤臣"和"小刈臣"是管理具体事役的"小臣"，其性质与卜辞中的

"小多马羌臣""马小臣"①、《周礼》中的"司市""司裘""司巫"一类职官类似,都是司掌具体事务的官吏;但"小众人臣"是管理"众人"的职官,其性质和职能都与《尚书·酒诰》中的"里君"类似,所以裘锡圭先生认为商代的"小众人臣"与《酒诰》中的"里君"有着密切的关系②。其二,从职能与级别来看,"小耤臣"和"小刈臣"不直接对"众人"发布命令,但"小耤臣"可以"呼小众人臣",这表明"小耤臣"的级别要高于"小众人臣";相对的,"小众人臣"可以直接"令众黍",表明"小耤臣"对"众人"的命令要经过"小众人臣"来发出。

也就是说,与农业生产有关的"小臣"本身存在级别,具体事役类"小臣"的级别要高于"小众人臣",造成这种级别差异的原因既可能与担任事役类"小臣"的贵族等级较高有关,也有可能与"小耤臣"和"小刈臣"是整个王都层面农事活动的管理者,而"小众人臣"只是管理辖区内"众人"的官吏有关。

有一个值得注意的现象,无论是"小耤臣"和"小刈臣",还是"小众人臣",卜辞都没有标明这些职官参与王都之外的诸侯、方国区域的农田活动,这很容易让我们将"小耤臣""小刈臣""小众人臣"与殷墟地缘式生产组织联系在一起。我们知道商代非王都之地的"众人"按族编排,商王若想役使方国诸侯之"众人",必然要通过他们的首领,而不能由"小众人臣"进行。所以,卜辞中的"小众人臣"很可能是管理殷都之内"众人"的官员。结合殷墟的考古发现,本书认为商王为了管理诸如殷墟西区第三墓区乃至整个殷墟西区存在多个家族或小型族氏,会跨越各个小家族族长直接任命"小众人臣"管理聚落区内的"众人"。因为殷墟这种多个家族杂处一地的聚落区较多,所以"小众人臣"之设应该不止一处;这类"小众人臣"的人选,很有可能就是相应聚落区内势力较大家族的族长。《合集》12 中"小臣令众黍"应该就是殷墟地缘社会结构中农业组织生产的一个直观反映。

本书认为,"小众人臣"是殷墟地缘组织中基层聚落的管理者,主要负责殷墟聚落内农业生产及相关活动。在各个聚落区之上,殷墟还存在整个王都范围的农事活动,相应的管理者应该是"小耤臣""小刈臣"之类

---

① 林沄:《商代兵制管窥》,《吉林大学社会科学学报》1990 年第 1 期。
② 裘锡圭:《关于商代的宗族组织与贵族和平民两个阶级的初步研究》,《裘锡圭学术文集·古代历史、思想、民俗卷》,复旦大学出版社 2012 年版,第 146 页。

的官吏，这类官吏的人选很可能是深受商王信赖的大家族之长（如"🀆"），《合集》5597中的"🀆呼小众人臣"就反映了这一层面的农业生产。

在甲骨文中，还有一些卜辞可能与整个王都层面农业生产活动有关，如：

☒王大令众人曰：協田。其受年。十一月。
☒受年。　　　　　　　　　　　　　　　《合集》1【典宾】
☒〔王大令众人〕曰協田，其受年。〔十〕一〔月〕。
　　　　　　　　　　　　　　　　　　　《合集》2【典宾】

"王大令众人"，既然是"大令"，一种可能性是商王针对整个商王国发布的耕作命令。但我们知道，除王都范围外，商王国大部分区域的农事活动依旧是家族式的，他们的农耕活动不必等待商王命令再进行。所以《合集》1和《合集》2中的"大令"很可能只是商王针对王都范围发布的耕作命令，执行此项命令的官吏当是相应的职事性"小臣"和"小众人臣"。

卜辞还有：

□□卜，贞：众作耤，不丧☒
不其〔受〕年。　　　　　　　　　　　　《合集》8【宾三】

从"耤田"卜辞的辞例来看，商王派遣某一家族前往王都之外区域，往往不称"众"，而直称贵族族长之名，所以《合集》8中的"众"很可能就是"小众人臣"所辖之"众人"。这应该也是商王针对整个王都区域耤田事项发出的贞卜。

以此观之，卜辞还有：

辛未卜，争贞：曰众人□尊田☒　　　　《合集》9【宾三】

也当与"王大令众人曰協田""众作耤"类似，是商王贞卜命令王都内众人进行的尊田活动。执行此项命令的官吏当是相应的职事性"小臣"

第五章 晚商农业生产组织形式研究

和"小众人臣"。

综上，王都内存在地缘式的农业生产活动，其组织具有明显的分层：基层是殷墟内部一个个聚落区，管理者是"小众人臣"，劳动者是"众"，聚落区内部农事活动可以由"小众人臣"直接指挥；而在整个王都范围内，还有一个较高层次的农事活动，表现为商王命令相应的"小耤臣""小刈臣"开展整个殷墟范围农事活动，或商王直接"大令众人"进行农事活动。换言之，王都内的农业生产也是集体式的，只是这类集体生产具有地缘组织特征，所以考古工作者才能在殷墟宫殿区一个圆形窖藏坑内发现400多把集中堆放的石镰①，这些镰刀很可能归"小刈臣"管理。

小　结

晚商农业生产的组织方式是整个社会组织结构中最具普遍性的，对于它的研究，要立足于整个社会组织状况。经过本章的分析，我们对晚商社会组织状况及相应的农业生产组织形式有这样几点认识：

第一，在商代，无论是内服之地，还是外服诸侯、方国的属地，血缘关系都渗透到社会生活的方方面面，所以晚商的社会组织形式依旧是以血缘性的族氏组织为主。参考甲骨文中农事卜辞，我们可以发现，无论是衷田卜辞，还是耤田卜辞、种植卜辞，商王所命令的农事活动承担者多是以族氏组织为单位。这体现了农事活动中的血缘组织形式。

第二，在内服的王畿之地中，晚商王都殷墟的社会组织形态较为复杂，它不仅仅存在血缘性的族氏组织，也存在由官僚控制的地缘组织，所以王都的生产组织形态有地缘特色：即商王既可以命令相关"小耤臣""小刈臣"带领"小众人臣"，指挥"众人"进行农事生产，也可以令"小众人臣"直接率领"众人"进行聚落区内的农事活动。王都地缘组织较为兴盛，其根源与商王国复合制国家结构有关：在复合制国家结构中，王都是王权所在地，王都聚集了四方诸侯、方国的"在朝为官"者，各地的手工艺者、贸易商人等，为了更好管理不同来源人群，地缘政治实体应

---

① 北京大学历史系考古教研室商周组编：《商周考古》，文物出版社1979年版，第37—38页。

运而生。

　　第三，这里需要特别提出，既然殷墟各聚落区特点是"大杂居小族居"，那么"小众人臣"所率领之"众人"是不是也按照"小族居"进行组织？即殷墟的地缘农业生产组织中，是不是同时存在血缘式的组织单元？我们认为应该是存在的。既然殷墟存在"小族居"的居葬特点，那么殷墟就不能完全脱离血缘式的组织特点，这在以后历史时期都很难消除。所以，殷墟的农业生产组织应该是二元的：一方面，商王所委派的官员是整个殷墟地区农业生产活动的实施者和指挥者，农业生产活动表现出强烈的地缘组织特点；另一方面，具体到家庭或家族层面，"小族居"的殷墟人依旧脱离不了血缘的束缚，可能还要以家庭或家族为单元接受官员们的管理，他们的农事活动是摆脱不了血缘组织特点的。故此，本书认为"二元性"是我们理解殷墟农业生产组织的关键点。

余论　晚商农业对晚商文明的重要性

古代中国是农业国，农业收成的好坏关乎到王朝兴衰，所以历朝帝王治理天下，多以安民兴农为首务。农业兴则粟米足，粟米足则人民安，人民安则国家富强稳定。从卜辞材料来看，农业对商王的意义尤为重要。人类学证据可以证明，神权性质浓厚的王权可能起源于巫师权威，而巫师权威的获得又与巫师可以控制天气、令谷物丰收有极大关系，所以王权与农业有天然联系。甲骨文中有大量商王为求"受年"而贞卜、祭祀的材料，这反映了商王权威的维系也要依靠农业丰收。

农业是晚商文明赖以形成的物质基础，这体现在多个方面：

其一，商人是以谷物为其主要的食物来源，所以甲骨材料显示商王在贞卜之时极其重视谷物的收成。在著名的汤祷故事中，《吕氏春秋·顺民》说："汤克夏而正天下，天大旱，五年不收。汤乃以身祷于桑林……于是翦其发，酈其手，以身为牺牲，用祈福于上帝。民乃甚悦，雨乃大至。"商王因天旱不收而"翦其发，酈其手，以身为牺牲"，最后"民乃甚悦，雨乃大至"，这正显示农业是否有好收成是商代国民是否安稳的重要因素。之所以会这样，自然是因为谷物是商人的主要食物来源。《尚书·盘庚》谓："若网在纲，有条而不紊，若农服田，力穑，乃亦有秋……惰农自安，不昏作劳，不服田亩，越其罔有黍稷。"可见商人只有努力耕种才能"有黍稷"，证明商人以谷物为其最重要的食物来源，所以盘庚才强调"力穑乃亦有秋"。

其二，"国之大事，唯祀与戎"，祭祀是晚商文明最重要特征之一，而祭祀之物，除了牛羊猪之类的牲畜，还有以黍为主的"齍盛"。商代甲骨文中常见用谷祭祀之事，且这类谷物遗存也常见于安阳殷墟的祭祀类遗存中，这已经在本书第二章有过较为详细的论述，此处不再赘述。可以确定的是，谷物是商代祭品中极其重要的一类物品，显示商人也存在"吾享祀丰絜，神必据我"（《左传·僖公五年》）的信仰。

其三，商人重酒，这是《大盂鼎》与《尚书·酒诰》都明确记载的，且能够与殷墟出土的大量铜、陶酒器相印证。酿酒需要原料，据（宋）朱翼中《北山酒经》记载，"空桑秽饭，酝以稷麦，以成醇醪，酒之始也"，可见谷酒是中国传统的酒类。早在新石器早期，舞阳贾湖遗址已经用大米酿酒；[1] 而刘莉团队对西安米家崖仰韶晚期陶器进行淀粉粒、植硅体及化学成分分析，结果发现尖底瓶可以用于酿酒，酿酒的原料包括黍与大麦等谷物。[2] 到夏代，《世本·作篇》有"少康作秫酒"的传说，"秫"，《说文》谓"稷之黏者也"，以粟酿酒的传统至少在夏代已经存在。据宋镇豪先生研究，商代的酒分酒、醴、鬯、果酒、药酒几种，其中酒、醴、鬯常见于甲骨金文，且都是用谷物酿造。[3] 可见，农业收成是商代酿酒业的基础。

其四，商王会通过赏赐来拉拢臣下、换取忠诚，卜辞有赐贝与女子（《合集》11438）、赐兵（《合集》9468、《屯南》942）、赐食（《合集》9560），也有赐谷物的，如：

己酉卜，亘贞：易（赐）禾。
☐勿易（赐）禾。　　　　　　　　　　　　　　　《合集》9464 正
王占曰："吉，易（赐）。"　　　　　　　　　　《合集》9464 反【典宾】

虽然这条卜辞太短，无法确定商王因何而赏赐臣子谷物，却能够证明商王可以用自己的谷物赏赐臣子。商周国王赏赐他人谷物的记载在古史材料中并不罕见，如《孟子·滕文公下》葛伯仇饷的故事中，商汤就为耕种之人赐食，食物中包括"黍稻"；再如西周中期的季姬方尊（《文物》2003 年第 9 期），记载周王后赐季姬一系列的人、物，其中就包括"禾二廪"。所以我们虽然不知道商王因何而"赐禾"，但谷物确实是商王赏赐臣

---

[1] P. E. McGovern, J. Zhang, J. Tang, Z. Zhang, G. R. Hall, R. A. Moreau, A. Nunez, E. D. Butrym, M. R. Richards, C‑S. Wang, G. Cheng, Z. Zhao, and C. Wang, Fermented beverages of pre-and proto-historic China, *PNAS*, Vol. 101, No. 51, 2004, pp. 17593‑17598.

[2] Wang Jiajing, Li Liu, Terry Ball, Linjie Yu, Yuanqing Li, and Fulai Xing, Revealing a 5,000‑yold beer recipe in China, *PNAS*, Vol. 113, No. 23, 2016, pp. 6444‑6448.

[3] 宋镇豪：《夏商社会生活史》，中国社会科学出版社 2005 年版，第 387—392 页。

子的重要物品。

商王可以赏赐臣子谷物，臣子也可以向商王索求谷物，这本是一件事的两个方面。花东卜辞有：

癸亥，岁子癸牝一，㝚自丁黍。　　　　　　　　　　《花东》48

辛卜，岁祖□牝一，登自丁黍。在斝，祖甲延。　　　《花东》363

庚寅，岁妣庚小宰，登自丁黍。　　　　　　　　　　

庚寅，岁妣庚小宰，登自丁黍。　　　　　　　　　　《花东》416

这是花东贵族向商王武丁索要祭祀用黍的记载，证明谷物的赏赐与索求在商王与臣子之间双向互动。

花东贵族不仅向商王索求谷物，还向妇好索求谷物，如：

丙辰卜：子金其响黍于妇，若，侃。用。

丙辰卜：子金惠今日响黍于妇，若。用。　　　　　　《花东》218

丙辰卜：子其响黍于妇，惠配呼。用。　　　　　　　《花东》379

"响"即"匄"的繁体，有祈求之义，"妇"即妇好，可见这两条卜辞记载着花东贵族向王后索求谷物的故事。与商王赏赐谷物不同，臣子向商王索求谷物，目前所见，主要是祭祀用谷，这是值得注意的。

以上，我们从史料中可以看出，商代的谷物是商人最主要的食物来源，是商人祭祀的重要祭品，是商人酿酒的原料，是商王赏赐臣子的重要物品，这证明谷物对商人的重要性，也暗示农业是商文明的物质基础。

在本书第一章中，笔者提到一个问题，马克思主义史学认为，农业生产工具与生产方式的改进都可以提高生产效率，进而造就更高等级的文明形式，那么农业既然是商文明得以实现的物质基础，究竟是农业的哪些进步造就了晚商文明？这个问题将是本书最后需要讨论的。

从技术方面看，通过本书的讨论，我们已经知道晚商的农作物主要有粟、黍、大豆、小麦和水稻，粟为主要作物，黍、大豆为辅，小麦和水稻较少见；晚商的农业生产工具主要是石、骨、蚌质，木质农具因为保存条件不好而腐朽，无法从考古遗址中了解晚商木质农具的具体情况，青铜农具虽然偶有存在，但并不大量运用于农业生产。这种农作物结构与生产工具组合固

· 245 ·

然较之大部分史前时期都要先进，但它们与龙山时代晚期到二里岗时期的农业状况相比并没有根本性的进步。北方旱作农业起源较早，新石器时代早期的北京门头沟东胡林遗址出土的炭化粟已经具备栽培粟的基本特征[1]，其后的河北武安磁山遗址[2]与内蒙古敖汉兴隆沟遗址[3]都出土粟、黍两类作物。经过仰韶时代的发展，到龙山时代，河南登封王城岗遗址[4]、博爱西金城遗址[5]、新密古城寨遗址[6]、禹州瓦店遗址[7]的浮选结果都显示粟已经成为农作物结构中最主要的作物；龙山时代晚期，西亚小麦也传入黄河流域，[8]北方旱作农业"五谷丰登"的局面逐渐成形，这种农作物结构在其后的二里头文化遗址也有体现。[9] 可见，从龙山时代晚期到殷墟时期，北方地区的农作物结构大体相似，并无本质上的变化。

新石器时代晚期到殷墟时期，北方地区农具组合也大体不变。在新石器时代末期，北方地区的王湾三期文化已经具备了类似于殷墟时期的农业生产工具组合：翻土工具有石铲、骨铲和木耜，收割工具有有孔石刀、石镰和蚌镰，仰韶文化时期所没有的石镰在此时期普遍出现。[10] 在其后的二里头文化、二里岗文化中，农具只是向着形态多样化发展，而没有产生新的农具种类，且各种形态农具的比例越来越接近殷墟遗址，如郑州商城、

---

[1] 见赵志军《中国古代农业的形成过程——浮选出土植物遗存证据》，《第四纪研究》2014年第1期，第73—84页。
[2] Lu Houyuan, Zhang Jianping, Liu Kam-biu et al., Earliest domestication of common millet (Panicum miliaceum) in East Asia extended to 10,000 years ago, *PNAS*, Vol. 106, No. 18, 2009, pp. 7367-7372.
[3] 赵志军：《从兴隆沟遗址浮选结果谈中国北方旱作农业起源问题》，南京师范大学文博系编：《东亚古物》（A卷），文物出版社2004年版，第188—199页。
[4] 赵志军、方燕明：《登封王城岗遗址浮选结果及分析》，《华夏考古》2007年第2期。
[5] 陈雪香、王良智、王青：《河南博爱县西金城遗址2006—2007年浮选结果分析》，《华夏考古》2010年第3期。
[6] 陈微微、张居中、蔡全法：《河南新密古城寨城址出土植物遗存分析》，《华夏考古》2012年第1期；钟华、赵春青、魏继印、赵志军：《河南新密新砦遗址2014年浮选结果及分析》，《农业考古》2016年第1期。
[7] 刘昶、方燕明：《河南禹州瓦店遗址出土植物遗存分析》，《南方文物》2010年第4期。
[8] 赵志军：《小麦传入中国的研究——植物考古资料》，《南方文物》2015年第3期。
[9] 中国社会科学院考古研究所：《二里头：1999—2006》，文物出版社2014年版，第1299页；陶大卫、吴倩、崔天兴、赵珍珍：《郑州望京楼遗址二里头文化时期植物资源的利用——来自石器残留淀粉粒的证据》，《第四纪研究》2016年第2期。
[10] 中国社会科学院考古研究所：《中国考古学·新石器时代卷》，中国社会科学出版社2010年版，第540页。

余论　晚商农业对晚商文明的重要性

偃师商城的收割工具中，石镰已经占据主导地位，这与殷墟遗址的收割工具基本没有差别。①

可见，晚商农业生产技术领域的革新并不明显，对商文明巨变提供强劲动力的应该是生产关系的改变。因为缺乏文字材料，晚商之前的生产组织状况并不确定，更无法得知晚商之前是否已经产生地缘组织形态，这是将来需要继续深入研究的，但晚商的农业生产组织因为甲骨文与金文而可以探明。就目前材料来看，晚商以集体式的农业生产组织形式为主。一方面，血缘式的族氏组织依旧是农业生产中普遍存在的组织形态。以家族、宗族为核心的生产模式有利于最大程度发挥社会基本组织单元内的劳动力，使得一个社会内部壮年劳力人有所耕、力有所用，这就极大地发挥了经济生产的能动性。为扩大生产，商人还积极努力地开荒造田，增加生产规模，如卜辞常见商王命族氏首领带领族众前往边远地区"裒田"。另一方面，晚商的农业生产活动除了自发的以家族、宗族为基础的耕作方式外，还存在国家层面的统一规划。这种统一规划可能主要存在于王都地区，商王命令"小臣"组织农事生产，协调各个家族的农事活动，这也必将大大提高生产效率和生产规模。这种王都地区二元制的农业生产形态确保了商王可以在自己王国之内生产出更多的粮食作物，用以确保"商"的粮仓更加充裕，可以供给职业军队（甲骨文中的"师"）、建立庞大的手工业作坊，可以祭神酿酒，可以赏赐给臣子，晚商高度发达的青铜文明才能得以延续。

故此，本书认为，晚商农业是晚商文明形成的物质基础，而晚商农业的进步，更多地体现在农业生产组织的进步上，正是血缘与地缘混合的组织形式增进了商王国核心区域的生产效率，生产出充足的粮食作物。

---

① 中国社会科学院考古研究所：《中国考古学·夏商卷》，中国社会科学出版社2003年版，第370—371页。

附　表

附表一　　　　　　　　　"不希望下雨"卜辞材料来源表

《合集》09337	☒贞：今夕其雨。五月。	师宾间	五月
《合集》12517	翌丁亥其雨。二月。 翌丁亥不〔雨〕。允不雨。	典宾	二月
《合集》12532 正	☒贞：今日其〔雨〕。王占曰："佚。兹乞雨。"之日允雨。三月。	典宾	三月
《合集》08104	贞：不若。五月。在明。 贞：其雨。	典宾	五月
《合集》08473	贞：今夕其雨。一 贞：今夕不雨。一 丁丑卜，事贞：今夕亡忧。七月。 贞：今夕其雨。一 贞：今夕不雨。一 戊☒卜，古贞：今夕亡忧。一 贞：今夕其雨。七月。一 贞：今夕不其雨。一 己卯卜，𠬝贞：今夕亡忧。七月。一 贞：今夕其雨。 贞：今夕不雨。	宾三	七月
《合集》12607	庚辰卜，㞢贞：今夕亡忧。一 贞：今夕其雨。七月。	宾三	七月
《合集》12585	☒夕其雨。六月。	宾三	六月
《合集》10437	贞：其雨。一 邑执咒。七月。二	宾出	七月
《合集》12598	贞：今日其大雨。七月。 不遘雨。	宾出	七月
《合集》12504	贞：其雨。二月。一	宾出	二月

续表

《合集》12512	今日其雨。二月。	宾出	二月
《合集》12513	☐其雨。 ☐燕，其雨。二月。	宾出	二月
《合集》12516	☐其雨。二月。	宾出	二月
《合集》12534	贞：不其得。三月。 贞：其雨。三月。	宾出	三月
《合集》12548	庚辰〔卜〕，贞：今夕□雨。 贞：其雨。四月。一	宾出	四月
《合集》12553	今日其雨。四月。	宾出	四月
《合集》12566	贞：其雨。五〔月〕。一	宾出	五月
《合集》12571	贞：其遘〔雨〕。二 贞：不遘雨。一 贞：其雨。五月。二	宾出	五月
《合集》12586	贞：今夕不雨。一 贞：其雨，延。六月。	宾出	六月
《合集》12593	贞：其雨。七月。	宾出	七月
《合集》12594	贞：其雨。七月。一	宾出	七月
《合集》12595	贞：于翌乙丑徙（徙）□，不遘雨。乙丑允☐ ☐其雨。七月。	宾出	七月
《合集》12596	☐其雨。七月。	宾出	七月
《合集》12608	☐其雨。八月。	宾出	八月
《合集》12613	其雨。九月。	宾出	九月
《合集》12619	贞：其雨。十月。二	宾出	十月
《合集》12632	贞：其雨。十一月。一	宾出	十一月
《合集》12638	贞：其雨。十二月。	宾出	十二月
《合集》12639	贞：今夕其雨。十二月。一	宾出	十二月
《合集》16551 正	贞：今夕不雨。 贞：其雨。七〔月〕。 癸未卜，贞：今夕亡忧。八月。	宾出	七月
《合集》18813	贞：其雨。七月。一	宾出	七月
《合集》40251	贞：其雨。九月。一	宾出	九月

续表

《合集》23181 + 《合集》25835	戊戌卜，行贞：今夕不雨。 贞：其雨。在六月。	出二	六月
《合集》24687	贞：其雨。在正月。 贞：其雨。〔在〕自🗆〔卜〕。	出二	正月
《合集》24688	贞：其雨。三月。三	出二	三月
《合集》24689	贞：其雨。在四月。	出二	四月
《合集》24690	贞：其雨。五月。	出二	五月
《合集》24691	贞：其雨。五月。	出二	五月
《合集》24692	贞：其雨。在六月。	出二	六月
《合集》24693	贞：其雨。六月。 辛卯卜，贞：今夕亡忧。一	出二	六月
《合集》24694	贞：其雨。在七月。	出二	七月
《合集》24695	贞：其雨。在八〔月〕。	出二	八月
《合集》24696	辛未卜，□贞：今夕☒ 贞：其雨。十一月。	出二	十一月
《合集》24760	贞：今日不雨。 贞：今日其雨。在六月。	出二	六月
《合集》24802 + 《合集》24778	戊辰卜，行贞：今夕不雨。 贞：其雨。在三月。一 庚午〔卜〕，〔行〕贞：今夕雨。 贞：不雨。在三月。	出二	三月
《合集》24803	贞：〔其雨〕。在□〔月〕。 贞：其雨。在四月。三 贞：其雨。在自☒ 三 贞：其雨。在四月。三 贞：今夕不雨。三 贞：其雨。三 戊辰〔卜〕，肩贞：〔今〕夕〔亡〕忧。一 贞：今夕不雨。在五月。二 贞：其雨。三 辛未卜，肩贞：今夕亡忧。一 贞：今夕不雨。在五月。二 贞：其雨。三	出二	四月
《合集》24804	辛未卜，行贞：今夕不雨。一 □□卜，行〔贞：今〕夕□雨。 乙亥卜，行贞：今夕不雨。一 贞：其雨。在五月。二 ☒雨☒五月。	出二	五月

· 250 ·

续表

《合集》24810	丙申卜，囗贞：今夕不雨。一 贞：今夕其雨。八月。一	出二	八月
《东大》00630	贞：今夕其雨。之夕允雨。十月在胄。一	出组	十月
《东大》01222正	贞：其雨，七月。	出组	七月
SD00249	贞：其雨。八月。	出组	八月
《英藏》01933	丙子卜，行贞：翌丁丑翼于大丁不遘雨。在三月。 贞：其雨。在三月。二 囗囗卜，行〔贞〕：囗乙亥囗大丁不〔遘雨〕。〔在〕三月。	出组	三月

附表二　　　卜辞农业地名考略

	编号	地名	卜辞举例	考略	与田猎地关系
泛称	1	我	①辛巳卜：我弗其受黍年。（《合集》10027，师宾） ②己巳卜，殻贞：我受年。 贞：我不其受年。（《合集》6460正，宾一）	"我"是商王自称，为商王所控制之农业区贞卜。	
	2	王	①惠甲午，王受年。（《合集》28209，无名） ②囗王受佑年。（《合集》28211，无名）	为商王所控制之农业区贞卜，等同于"我受年"。	
	3	商、中商	①丁丑〔卜〕，王贞：商人受〔年〕。 弗受出年。 戊寅卜，王贞：受中商年。十月。（《合集》20650+20652，师小字） ②己巳，王卜，贞，〔今〕岁商受〔年〕。王占曰，吉。东土受年。南土受年，吉。西土受年，吉。北土受年，吉。（《合集》36975，黄组）	为商王所控制之农业区贞卜，略同于"我受年"和"王受年"。	

续表

	编号	地名	卜辞举例	考略	与田猎地关系
泛称	4	四土（四方）	① 己巳，王卜，贞，[今]岁商受[年]。王占曰，吉。东土受年。南土受年。吉。西土受年。吉。北土受年。吉。（《合集》36975，黄组） ② 癸卯贞：东受禾。北方受禾。西方受禾。□方□禾。（《合集》33244，历二） ③ 甲午卜，𠂤贞：东土受年。 甲午卜，𠂤贞：东土不其受年。（《合集》9735，典宾）	"四土受年"是商王为外服方国与诸侯求年成之辞。其中"商—四土"构成了整个商王朝的政治地理结构，商王为"商—四土"祈求年成，也就是为整个商王朝祈求年成。但是，也要考虑到"四土"与"四方"内涵的差异，二者并不完全对等。	
具体地名	5	北田、西田	① □我北田不其受年 贞：我北田受年。（《合集》9750，典宾） ② □西田□黍年。（《合集》10036，典宾）	"北"是方位，卜辞常见"呼田从北"（《合集》10903）、"田从北西"（《合集》10902+《乙编》3909），"北田"即"我"的北方之田。在卜辞中，还有"王令多尹裛田于西，受禾"（《合集》33209），"西"很可能与"北田"相对，是西方之田的意思。	
	6	西单田	庚辰〔卜〕，□贞：翌癸未选西单田，受有年。十三月。（《合集》9572，宾三）	卜辞有"东单"（《合集》28115）、"南单"（《合集》28116）、"北单"（《合集》33040）。单，胡厚宣先生释为"墠"，可从。	
	7	南廪、廪	己酉卜，贞：令㫃省在南廪。十月。（《合集》9638，宾出） 癸巳，卜：令阜省廪。（《合集》33236，历二）	"南廪"与"廪"应该是一个地方，是商王所重视的仓廪之地，故商王常常派人省察此地，以确保粮仓的安全。	
	8	下𡒉南田	在下𡒉南田，受禾。 弜受禾。（《合集》28231，历组？无名组？）	"𡒉"本是宗庙一类的建筑，但卜辞有"子𡒉"（《合集》3227），似也可作地名或族名，惜材料不足，无法论述。	

续表

	编号	地名	卜辞举例	考略	与田猎地关系
具体地名	9	文邑	①□申卜，贞：文邑受禾。（《合集》33242，历一） ②癸酉卜，贞：文邑〔受〕禾。（《合集》33243，历一）	《村中南》451和452是一版卜辞的正反面，其辞曰： （正面）癸亥，御禾。 癸亥卜：弜御，受禾兮、河、岳。 （反面）壬申卜：受禾。 壬申卜，贞：文邑受禾。 癸酉卜：受禾。 癸酉卜，贞：文邑受禾。 冯时先生认为"文邑"即"夏邑"①，刘源先生则指出卜辞中的"文邑"即"大邑"②。应该看到，一方面文邑、大邑"受禾"卜辞都仅仅出现于历组一类；另一方面历组一类"受禾"卜辞中的地名仅仅有文邑和大邑。这种巧合暗示"文邑"可能确为"大邑"，故本书赞同刘源先生的观点。 另外，卜辞中的"文"有作人名或族名的，如"文入十"（《合集》4611反）、"令耩以文取大任、亚"（《合集》4889）等。"文邑"与"文"有何关系？本书倾向二者只是偶然同名，正如"商"与"商方"（《合集》27982）同名一般。	
	10	大邑	①甲子贞：大邑受禾。（《合集》32176，历一） ②戊寅贞：来岁大邑受禾。在六月卜。 不受禾。（《合集》33241，历一）	"大邑"指很大的邑，一般指商王朝中心性聚落，如"作大邑于唐土"（《英藏》1105正），但"大邑受禾"中的"大邑"明显是商王朝的中心性聚落的简称，即以殷墟为中心的都城。	

---

① 冯时：《"文邑"考》，《考古学报》2008年第3期。
② 刘源：《读殷墟村中南近出甲骨札记》，《古文字研究》（第29辑），中华书局2012年版，第87—95页；《从文邑到文神——甲骨、金文中"文"字内涵再探》，《甲骨文与殷商史》（新6辑），上海古籍出版社2016年版，第183—193页。

续表

	编号	地名	卜辞举例	考略	与田猎地关系
具体地名				另外，师宾间有"辛卯卜，王贞：来岁邑受年"（《天理》95），"邑"似乎是"大邑"的省称。卜辞有"洹引弗羣邑"（《合集》23717），"洹"指洹河，其所"羣"之"邑"当指殷墟，也就是"大邑"。此可证明"大邑"也可省称"邑"。	
	11	吕	（正）吕不其受年。（反）王占曰："吉，受年。"（《合集》811，典宾）	吕，甲骨文作"吕"，象两个丁字（口）叠加形，常用作地名与人名。吕，或释"雍"（《甲骨文字编》818—819），但吕、雍字形差异较大，有待考证。卜辞有"吕其死"（《合集》2002），证明吕是为商王所关心的贵族。还有"☐方征于吕☐"（《合集》6778正），可见"吕"也是地名。《合集》：8610："舌方以𦧱方羣吕。""舌方"，学术界一般认为在殷的西北，则"吕"的大致方位也在殷西或殷北。	《合集》29341："弜麋☐猷于吕，弗其☐。"可见，"吕"地在无名组卜辞中也是田猎地。
	12	姐	①（正）丁酉卜，㱿贞：我受甫耤在姐年。丁卜，㱿贞：我弗受甫耤在姐年。（反）王占曰："我其受甫耤在姐年。"（《合集》900，典宾）②庚戌卜，☐贞：王呼黍在姐，受有年。（《合集》9517，典宾）	姐是农业地名，如"姐田有正雨"（《合集》10136）、"在姐田雈"（《合集》9608）；也是人名，如"姐有子/姐无子"（《合集》10135）。卜辞多有与"姐"相关的农业记载，还有"黍在姐，受[年]"（《合集》40089）、"姐受年/姐不其受年"（《合集》9741）等。可见姐是商王所关心的重要农业地，此地当属于贵族妇姐的封地。但"姐受年"卜辞只是针对"姐"地而言的，承担这种农业劳动的不是"姐"，而是"甫"，需要注意。	

续表

	编号	地名	卜辞举例	考略	与田猎地关系
具体地名	13	甫	甲戌卜，宾贞：甫受秊年（甲）/甫弗其受秊年（丙）/贞：甫不其受秊年（乙）（《合集》10022，宾一）	"甫"是地名，如《合集》36962有"庚辰卜，在甫"，可以为证。 卜辞中的"甫"多作人名，商王经常令甫做事，如"王令戈呼甫曰：来。二月"（《合集》19799）、"王弜呼甫即罗令散。十月"（《合集》20235）、"令甫取元伯殳，及"（《合集》00006）、"甲寅卜，争贞：翌癸卯令甫归"（《英藏》1151）等。甫常参与农业和田猎，如上举《合集》900之"我受甫耤在妇年"，其他有"丁酉卜，争贞：呼甫耏于妇受有年。甫耤于妇受年"（《合集》13505）、"甫弗其受年"（《合集》9779）、"卜：令甫逐麋擒，十月"（《合集》28359）、"壬申卜，彀贞：甫擒麋，丙子陷。允擒，二百又九☐"（《合集》10349）。甫还参加战争，如"令甫比及余不囊"（《合集》4741）、"贞：甫弗其遘工方"（《合集》6196）、"戊寅卜，贞：令甫比二侯及暨元王循于之若"（《合集》7242）。商王很关心甫，如"贞甫其有疾"（《合集》13762）。	《合集》36962："庚辰卜，在甫，贞：王步于䎽，〔亡〕灾。"䎽地，也出现在《合集》36775，是商王田猎活动中的地名。若此，则"甫"很可能也是黄组卜辞中的田猎地。
	14	夫	戊申卜：夫受年。（《合集》9681，宾一）	卜辞有"其焚于夫，有大雨"（《合集》30168），应该与农业祈雨有关，这里的"夫"显然是地名。 卜辞中的"夫"也是人名，如"王弜令夫"（《合集》4414）。另外，"王求牛于夫/弜求牛于夫"（《合集》940）、"戊辰卜，宾贞：呼师般取于夫"（《合集》8836），说明夫是商的属地，商王会向夫索求贡物。	在黄组卜辞中，"夫"是商王关心的田猎地，如《合集》37750"丁卯卜，贞：王田夫，往来亡灾"、《合集》36557"贞：王曰：迍，延于夫延至盂，〔往〕来无灾。在七月"、《合集》37750"王田夫，往来无灾"。从《合集》37750看，夫与丧、喜、喧等地很近。

· 255 ·

续表

	编号	地名	卜辞举例	考略	与田猎地关系
具体地名					在子组卜辞中，也有"夫"为田猎地的证据，如《合集》21546"乙丑，子卜，小王㠱田夫"。
	15	甫（☒）	丁未卜，殷贞：甫受年。贞：甫不其受年。三月。（《合集》9741正，宾一）	甫是地名，卜辞有"癸未卜，宾贞：王往于甫"（《合集》8284）、"庚辰卜，殷贞：王弜往省于甫"（《合集》5125+5401）。甫也是人名，如"惟乙亥遘甫"（《合集》28134）、"惟甫遘王受祐"（《合集》28135）、"惟乙未延㠱甫，王弗悔"（《屯南》3165）。卜辞还有记载"于子䧹御妇甫子"（《英藏》1770），"妇甫"是诸妇之一。	
	16	㠱	㠱受年。（《合集》9750+9802，典宾）	㠱，多为人名，是商王的重要臣子，如卜辞"途㠱"①（《合集》6047、《合集》6050）。㠱常入龟，如"㠱人四十"（《合集》4735反、《合集》5638反）。卜辞还有"㠱来"，如"贞：㠱呼来"（《合集》156）、"贞：㠱其来"（《合集》891）、"㠱弗其来"（《合集》4105）、"㠱来无害"（《合集》12963）。㠱会承担王事，如"令㠱"（《合集》4104）、"㠱堪王事"（《合集》5480）。㠱还是地名，如"使人于㠱"（《合集》5533、《合集》5534）。	

---

① 关于"途"字，于省吾先生认为"途+人"是屠戮伐灭某人的意思（《释途》），但此字后面常加殷之重臣、亲眷，所以学者多有疑之，最近有两篇重要文章涉及于此，赵平安：《"达"字两系说——兼释甲骨文所谓"途"和齐金文中所谓"造"字》，载《新出简帛与古文字古文献研究》，商务印书馆2009年版，第77—89页；刘桓：《释甲骨文"遠、遏"》，《古文字研究》（第27辑），中华书局2008年版，第96—99页。

续表

	编号	地名	卜辞举例	考略	与田猎地关系
具体地名	17	蒚，或释为"蘁"	蒚受年。不其受年。（《合集》9741正，宾一）	"蒚"是宾组重要贞人，如《合集》268、《合集》1242、《合集》3902、《合集》3908都记载"蒚贞"。所以蒚亦常见于骨臼刻辞，如"蒚"（《合集》6227臼）、"壬辰妇妡示屯一奇。蒚"（《合集》9669臼）。卜辞有"多蒚"（《合集》5802），不知何解。另外，"御蒚奔于妇好十犬/蒚奔亡囗"（《屯南》917）、"昔乙酉蒚囗御囗大丁、大甲、祖乙百鬯、百羌，卯三百"（《合集》301）、"甲午囗，乙未蒚，韦囗在泷。十月"（《合集》3755），"蒚"皆为人名。可见商王对"蒚"很关心。值得注意的是，金文中也有用作族徽的"蒚"，参考《殷周金文族徽研究》第386页。"蒚"是地名，如"于蒚作偁"（《屯南》2152）。	
	18	萑	庚子卜：萑受年。（《合集》9758，师宾）	作为地名，此字仅一见。	
	19	𢎥	庚子卜：𢎥受年。（《合集》9758，师宾）	"𢎥"，字形与"弜"不同，"弜"是否定词，《甲骨文字编》将"𢎥"与"弜"合为一字，有待考证。殷墟妇好墓出土之"亚弜"，"弜"的字形也与"𢎥"字不同，值得注意。"𢎥"是商王的重要臣子，卜辞见其事有：入龟（《合集》9334）、进贡牛马（《合集》8939、《合集》9174）、堪王事（《合集》5499）、参与田猎（《合集》5810、《合集》10242、《合集》10374、《合集》10375）、受年、翦①某方（《合集》19957、《合集》7017、《合集》20442，主要	

---

① 翦字，从陈剑释读，见陈剑《甲骨金文"𢦏"字补释》，载《甲骨金文考释论集》，线装书局2007年版，第99—106页。

257

续表

	编号	地名	卜辞举例	考略	与田猎地关系
具体地名				是鄸"✕"与"方")、战争(《合集》20399、《合集》6906、《合集》7014、《合集》7027、《英藏》1813)、御疾(《合集》4323—4326、《合集》4331、《合集》4323)、途某人(《合集》6977、《合集》6978)等。 此字可做地名,如《合集》4318"癸未卜,王:替允来即✕"。卜辞还有占卜"✕"不丧众(《合集》53 与《合集》54),可见"✕"有众,是一个独立的大家族。卜辞还有"✕师在✕"(《合集》5810),"✕师"是✕地的军队。	
	20	雀	雀受年。(《合集》9763,典宾)	雀是白川静先生所谓殷之"雄族",可以呼"王族"(《合集》6946),最近《中央研究院历史语言研究所集刊》就有针对雀的专题论文。① 雀参加的战争较多,其中针对基方和亘的战争可参考史语所集刊上的论文。另外,与"雀"有关的记载还包括:进贡(启、石、象、猱、龟、牛等)、田猎、祭祀自然神(如岳、河、四方神等)、"肩兴有疾"、御疾、是否死亡(《合集》110)等。可见"雀"与商王关系之密切。 雀还可以做地名(如《合集》21901"己丑,王不行,自雀"),与"✕"类似,卜辞有"雀师"(《合集》8006)。"雀"为独立贵族家族之名可以无疑。	

---

① 张惟捷:《殷商武丁时期人物"雀"史迹研究》,《中央研究院历史语言研究所集刊》第 85 本 4 分本,"中央研究院"历史语言研究所 2014 年版,第 679—767 页。

续表

	编号	地名	卜辞举例	考略	与田猎地关系
具体地名	21	庞	庞不其受年。（《合集》9771，典宾）	"庞"，或加两手形，是其异体；至于此字与龚的关系，待考。庞是地名，《合集》9538有"黍于庞"。需要注意的是，商王可以呼妇好在庞地征人（《合集》7283—7290），且该地是常见的驻地（《合集》7358—7359、《英藏》2422）。另外，卜辞还有"庞田"，如"在庞田封示，王弗悔"（《屯南》2409）。卜辞常见"妇庞"（如《合集》17393），还有"妇庞示十"（《合集》1582反），说明"庞"地与商王关系密切。	
	22	舟觑	丙子卜，贞：舟觑受年。（《合集》9772，师宾）	"舟觑"当是"地名+人名"格式，其中"舟"是地名。卜辞有"呼往于舟"（《英藏》749）、"惠壬出舟/惠癸出舟"（《屯南》4547），舟是地名。	
	23	妇妌	①贞：妇妌不受年。（《合集》9756，典宾）②贞：妇妌黍，受年。贞：不其受年。（《合集》5977+9974，典宾）	妇妌，也称"妇井"，卜辞有"呼妇井黍受年"（《英藏》810反）。卜辞有"井方"（《合集》1339、《合集》6796），似与"妇妌（妇井）"封地不同。妇妌是卜辞中重要的人物，其地位非常高。从卜辞上看，妇妌主要的事迹有：生育、呼先、御疾、农事①、进龟。妇妌又称妣戊妌（《屯南》4023），这就对应了出后母戊大方鼎的西北岗王陵区M260,② 有学者认为该墓是妇妌墓,③ 进而认为妇妌地位高于妇好,④ 但此问题需要认真	

---

① "呼妇妌田于𠆢"（《合集》10968+《合集》10562），"𠆢"可能是"谷"的简写。
② 中国社会科学院考古研究所安阳队：《殷墟259、260号墓发掘报告》，《考古学报》1987年第1期。
③ 李学勤：《谈新出现的妇妌爵》，《文博》2012年第3期。
④ 林嘉琳：《安阳殷墓中的女性》，载林嘉琳、孙岩主编《性别研究与中国考古学》，科学出版社2006年版，第73—104页；王迎：《安阳墓地制度与命妇关系的个例研究》，载王宇信、宋镇豪、孟宪武编《2004年安阳殷商文明国际学术研讨会论文集》，科学文献出版社2004年版，第490—497页。

续表

编号	地名	卜辞举例	考略	与田猎地关系
			思索。从卜辞看，妇妌卜辞较少涉及征战事，而多涉及农事；妇好卜辞则少见农事，而多见征战与祭祀事，所以妇好与妇妌的职能有所偏重：妇好的职能多集中于军事和祭祀，而妇妌的职能多集中于农业。不过尚不能判定侯家庄M260一定是妇妌墓，更不能据此判定妇妌地位高于妇好。	
24	菁	癸丑卜，殷贞：菁受年。贞：菁不其受年。二月。（《合集》9774，典宾）	菁是族名，卜辞有"呼菁𬭎[囗]"（《合集》4891），𬭎是私名。 菁还是人名，商王经常"令菁""呼菁"，如"令菁以文取大任亚"（《合集》4889）、"令菁以[囗]御方于[囗]"（《合集》4888）、"弜呼菁视戎"（《合集》4892）、"令菁以出友马[囗]"（《合集》8964）、"令翌比菁"（《合集》19545）。菁常参加田猎（《合集》1076），如"菁罙永获鹿"（《合集》1076正）。卜辞还有"令菁途某人"（《合集》6045），值得注意。菁还可以"以人"（《合集》1025），卜辞还有"菁仆"（《合集》569），说明"菁"是一个贵族家族。 菁可能还是地名，如"王弜卒入菁"（《合集》5174，此辞是残辞，还待考证）。	
25	罗	①贞：罗受年。贞：罗不其受年。（《合集》9774，典宾） ②罗受年。王占曰：罗其受年。 罗不其受年。（《合集》9774，典宾）	卜辞有"贞：令王族比[囗]罗堪王事/叀多子族令比[囗]罗堪王事/叀尹令比[囗]罗堪王事"（《合补》4152），此处的"罗"是私名，与作族讲的"罗"似乎不是一个人（或者，[囗]是职官？）。 罗是地名，卜辞有"王辈缶于罗"（《合集》6860—6863）、"至罗无祸"（《合集》21724—21733），似乎没有明确可以作族名讲的"罗"。	

具体地名

续表

编号	地名	卜辞举例	考略	与田猎地关系
具体地名				
26	囏	贞：囏受年。 贞：囏不其受年。（《合集》9774，典宾）	囏是地名，且位于商的边缘地区，所以卜辞中的"在囏"多与战争有关（《合集》6897—6899、《合集》6902、《合集》33025），代表性卜辞有"贞：宊启般在囏，呼次在之奠"（《合集》7361）。这种情况在一些"于囏"中也有所体现（如《合集》6892、《合集》6895）。卜辞中的"于囏"也与放牧有关（《合集》151、《合集》248、《合集》685）。另外，卜辞中有一些"呼众人先于囏"（《合集》40、《合集》41），有可能与囏地战争有关。 囏也是人名，卜辞有"王往省，从囏"（《合集》5119）。《英藏》679也有"从囏"。	
27	筈	贞：筈受年。（《合集》9776，师宾间）	筈一般作地名，卜辞中有"在筈"（如《合集》7682反）、"于筈"（如《合集》6945），且商王可以"令见取启曁十人于筈"（《合集》339）。卜辞还有"今秋舌其围筈"（《合集》6352），可见筈地应该属于商王所控制的区域，所以商王才会关心其是否为敌对方国所围。	
28	陮	乙卯卜，宾贞：陮受年。（《合集》9783，典宾）	卜辞中的"陮"很少，且多与农业有关。除了受年，还有"呼耤于陮受有年"（《合集》9504）。可知"陮"是商王直接管理的农业地。	

续表

	编号	地名	卜辞举例	考略	与田猎地关系
具体地名	29	辜	①□戌卜，宾贞：我受年。□□〔卜〕，宾贞：呼黍于辜，宜，受〔年〕。（《合集》9537，典宾）②乙卯卜，宾贞：辜受年。（《合集》9783，典宾）	辜是重要的地名，卜辞中有大量"王在辜"的记载。辜地还是重要的物资中转站，如"画来三十。在辜"（《合集》9194）。卜辞有"往自辜齊"（《合集》858），似乎表明辜地有廪。	辜是无名组与黄组卜辞中重要的田猎区，如《合集》33569"乙亥卜，贞：王其田辜，亡灾"、《合集》37532"辛酉卜，在辜，贞：王田，卒逐亡灾"、《合集》37579"戊子卜，贞：王田辜，往来亡灾"。作为田猎地，辜与盂、丧等地相距不远。
	30	禽	①田禽受年。（《合集》9784，典宾）②甲申卜，殻贞：在楚宜，田禽，受年。（《合集》8181，典宾）	从"田禽"可以看出"禽"是地名。但禽在卜辞中也是人名，如"呼禽取"（《合集》8846）、"丁巳卜，宾贞：令禽赐正食，乃令西史。三月"（《合集》9560）。	
	31	亚	甲午卜，𡧑贞：亚受年。甲午卜，𡧑贞：不其受年。（《合集》9788正，典宾）	亚字的意义成疑，卜辞有"亚侯"（《合集》32911）、"亚侯妇"（《屯南》502），是商王的外封诸侯。卜辞有亚带领众人步（《合集》25）、亚以众人保我（《合集》43）、"亚弜往庚在兹祭"（《合集》5864）、"翌乙出于亚"（《合集》13597）、"亚克兴有疾"（《合集》13754），可见"亚"是商王重要臣子。"亚"也是地名，卜辞有"于亚"（《合集》8597）。	在无名组卜辞中，《屯南》888有"惠亚田省，惠向田省"，其中"向"是著名的田猎地，王"省向"很可能是参与此地的田猎，如"□其省向，翌日□延射□鹿，擒"（《屯南》598）。"亚田"与"向田"对贞，则"亚"似乎也可以作无名组的田猎地。

续表

	编号	地名	卜辞举例	考略	与田猎地关系
具体地名	32	彗	乙巳卜，㱿贞：彗受年。（《合集》9789，典宾）	"彗"是人名，卜辞常见"令彗"（如《合集》553"令彗、章以黄执仆"、《合集》5452"令彗眔鸣以束尹比鬃㫃堪王事"、《英藏》564"惠彗令以戈人伐舌方"）。卜辞还常见"侑彗"（如《合集》3266、《合集》13422），是为"彗"进行的侑祭。 "彗"也是地名，卜辞有"在彗"（《合集》31579）、"彗土"（《合集》13420、《合集》13421）、"彗人"（《怀特》1595）。	
	33	冎	贞：冎不其受年。（《合集》9791，典宾）	冎是商王重要臣子，当属于白川静所谓殷之"雄族"。商王会令某人比冎，如《屯南》190"令王族比冎"。冎在商的西方，经常告某方有艰，如《合集》6063、《合集》6078；或者告猛兽，如"丁卯卜，在去，贞：冎告曰'兕来羞'，王惠今日衷，亡灾，擒。"（《合集》37392）商王会令冎带众伐某方，如《合集》31972；或者令其祭祀先王，如《合集》32028；或者"令冎途某人"，如《合集》6049。商王会关心冎会不会死（《合集》2341）。 冎也是地名，如常见的"于冎"（《合集》7337等）、"至于冎"（如《合集》6131等）、"五族戍冎"（《合集》28054）等。	
	34	苿	丁亥卜，亘贞：苿受年。（《合集》9792，典宾）	与"苿"有关的卜辞数量较少，无法确定其与商王的关系。卜辞有"取苿石，有从雨"（《合集》9552），指的是"苿"地之石，"苿"是地名。另外，卜辞还有"唯丁家苿"（《合集》13582）、"多子苿"（《合集》3247），不解。	

· 263 ·

续表

	编号	地名	卜辞举例	考略	与田猎地关系
具体地名	35	徵	贞：徵受年。 贞：徵不其受年。（《合集》9791，典宾）	此字被释为"徵"字①，或加"止"作徵。 "徵"是人名，商王求其"无咎"（《合集》3286、《合集》7075）。"徵"也常为商王御事（《合集》5448、《合集》27789）。卜辞还见"徵友某"（《合集》6057"允有来艰自西，徵友角告曰：'舌方出，侵我示䆒田七十人'"、《合集》6063"徵友唐"），一方面说明"徵"是一个大贵族，有自己的"友"和"田"；另一方面说明"徵"是位于西边的外服地区。舌方与徵常处于战争状态，卜辞有"舌方其鞏徵"（《合集》6366）。徵也是地名，如"往于徵"（《合集》5478、《合集》5479、《合集》7982）。	
	36	弜	丁亥卜，亘贞：弜受年。（《合集》9792，典宾）	"弜"的事迹有：①商王占卜其是否有咎（《合集》816）；②商王呼此人（《合集》405）；③疾病（《合集》13752）；④令蕾途弜（《合集》6045）。以上都是人名。"弜"似乎也是地名，卜辞有"御弜牛于不"（《屯南》2241），弜似乎还是向商王贡牛之地。	

---

① 裘锡圭：《古文字释读三则》，载《裘锡圭学术文集·金文及其他古文字卷》，复旦大学出版社2012年版，第424—433页；林沄：《释史墙盘铭中的"逖虘髟"》，载《林沄学术文集》，中国大百科全书出版社1998年版，第174—183页。

续表

	编号	地名	卜辞举例	考略	与田猎地关系
具体地名	37	画	戊午卜，古贞：画受年。贞：画受年。（《合集》9811，典宾）	卜辞中常见"子某"简称"某"①，画与子画的关系也当如是。②关于画与子画，卜辞常见：①对于商王室的贡纳，包括龟（如《合集》9227反、《合集》18905反）、牛（如《合集》9525正）、兕（如《合集》9172）等；②田猎，如"子画弗其获[兕]"（如《合集》10426正）；③战争，如"叀子画呼伐"（如《合集》6209）。另外，商王还会向祖先报告子画，如"于父丁告画其步"（《屯南》866）；商王会关心子画的健康，如"子画肩[兴]有[疾]"（《英藏》131）。值得注意的是，子画也有众，如"叀子画[以]众"（《英藏》2412）。可以看出，作为商王重要臣属的"子画"，与商王关系十分密切。画还可以作地名，如"令亢往于画"（《合集》10302正甲）、"王其焚画彔"（《屯南》2722）。从《合集》1075来看，画地可能位于王都的东方向。	画是无名组卜辞中的田猎地，《合集》28319有"戊王其田于画，擒大狐"、《合集》28348有"王其夙射画鹿☐暮射画鹿，擒"，可以为证。另外，《合集》10926有"☐狩画擒"，这里的"画"可能是人名，也可能是田猎地。
	38	沚	己卯〔卜〕，贞：沚不□受黍年。（《合集》18805，师宾间）	卜辞中常见大贵族"沚啟"，其中"沚"是族氏名，"啟"是私名。③商王经常比"沚"或"沚啟"，如《合集》7480。"沚"也常参与一些战争，如伐土方（《合集》6420、《英藏》581）、伐召方（《屯南》81）、害姜方（《合集》6623），且有"舌方弗敦沚"（《合集》6178、《合集》6278）。	

---

① 刘源：《殷墟甲骨卜辞与〈左传〉中"子某"之对比研究》，《第五届古文字与古代史国际学术研讨会论文集》，台北"中央研究院"历史语言研究所，2016年1月25—27日。
② 金祥恒：《说卜辞中的子画》，载宋镇豪主编《甲骨文献集成》（第二十四册），四川大学出版社2001年版，第295页。
③ 赵鹏：《殷墟甲骨文人名与断代的初步研究》，线装书局2008年版，第92—93页。

续表

	编号	地名	卜辞举例	考略	与田猎地关系
具体地名				沚还是地名,如"马方其征在沚"(《合集》6)、"使人于沚"(《合集》5530)、"王在沚卜"(《合集》24351、《合集》24349)。另外,卜辞还有"沚方"残辞(《屯南》4090,历二),不知其与"沚"的关系。	
	39	永	☑永受年。(《合集》9809,宾组)	永是宾组和黄组卜辞中重要贞人。在宾组卜辞中,永常常是骨臼刻辞的签署人,如《合集》6527臼、《合集》2354臼、《合集》6855臼、《合集》17555臼等。另外,宾组卜辞的"永"还参与:"令周比永止"(《合补》532)、"令永金子央于南"(《合集》6051)、"令永裒田于盖"(《合集》9476、《合集》9477)。商王常"令永",如《合集》8658、《合补》10394;永可以参与战争,如《合集》26905。除作人名,永还是地名,如《合集》828"在永"。黄组卜辞有一组卜辞: 壬寅卜,在呈𠂤贞:今日步永,亡灾。 癸卯卜,在永𠂤贞:今日步于。(《合集》41768) "永"是地名可以无疑。	
	40	亶	(正)庚辰卜,亘贞:亶受年。贞:亶不其受年。(反)王占曰:亶刘唯不☑(《合集》9810,典宾)	亶是人名,商王可以"呼亶"(《合集》4870)、"令亶执"(《合集》5946)、"令𢎥比亶"(《合集》9503正)。商王还会为"亶"占卜是否有疾(《合集》13757)。值得注意的是,亶也参与战争,如《合集》6571、《合集》6937、《合集》33074等;商王还令其"归田"(《合集》9504)。非王卜辞有"妇妥子曰亶"(《合集》21727),说明"亶"可能也有作私名的例子。与"永"地类似,《合集》41768有"亶𠂤"。	

续表

	编号	地名	卜辞举例	考略	与田猎地关系
	41	䵓	丑卜：弜田，惠䵓受年。（《合集》20653，师组）	"䵓"是人名，卜辞有"令䵓"（《合集》8648）、"乙酉卜，䵓㞢，今夕允㞢"（《合集》21395）。另外，卜辞有"贞：我受㚔"（《合集》9730），其中"㚔"是"䵓年"合文。	
具体地名	42	盂田	①壬寅卜：王其飘𡫳于盂田，有雨，受年。（《屯南》2254，无名）②☐受（?）盂田年☐（《合集》29112，无名）	盂是重要的地点、方国。盂地与农业的关系较为密切，常见"受年""受禾"，如《合集》28203、《合集》28230、《合集》28216、《合集》28231等，另外《合集》31198"秉于盂"似也与农业有关。作为地名，盂还有"奠"（《屯南》1092）。宾组卜辞还有盂方，如"令盂方归"（《合集》8690），暗示宾组里的盂方与商关系良好。在黄组卜辞中，盂方是被商王征伐的对象（如《合集》36511），《合补》13130有"征盂方伯"的记载，也是明证。可知作为方国的"盂"与作为黄组田猎地、农业地的"盂"不是一地。	作为地名，盂还是商王极为重要的田猎地，甲骨文中占卜"田盂"往来无灾比比皆是（如《合集》7428，《合集》37398还有田盂获白兕的记载）；且有为商王报告猎物的盂犬（《合集》27919、《合集》27907、《合集》27921），表明盂地有犬官。
	43	𩫖（娩）	贞：𩫖（娩）受年。（《英藏》808，典宾）	𩫖是地名，卜辞有"王人于𩫖"（《合集》7843—7844），卜辞有"𩫖人"（《合集》7851），商王为𩫖祈祷无咎（《合集》7850）和无艰（《合集》11460正）。证明𩫖地与商王关系密切。	
	44	丘商	贞辛丑卜，㱿贞：妇姘呼黍于丘商，受年。三。（《合集》9530，典宾，《英藏》813与此同文）	丘商是地名，卜辞有"甲午卜燎于丘商"（《合集》7838）、"㱿贞：𢦏于丘商/弜𢦏于丘商"（《缀续》517，《合集》9774与之类同）等。	

续表

	编号	地名	卜辞举例	考略	与田猎地关系
具体地名	45	皿	①贞：呼黍于皿，受年。（《合集》9536，典宾）②皿不其受年。（《合集》440，典宾）	皿①，一般释为"皿"。"皿"的字义较为复杂，一般用作牺牲法或时间连词，也有用作名词的，多表示神祇。"皿"也可用作地名，如"在皿"（《合集》8920反）、"田于皿"（《合集》10964）。另外，"有岁于皿會牛"（《合集》22092）中的"皿"似乎也是地名。值得注意的是，"皿"还是职官，卜辞有"令多皿出田"（《合集》10547）。"皿"的职能似乎与农业有关，《合集》9527有"呼王皿出黍"。	在无名组卜辞中，有"丧、皿、宫、宫"（《合集》31887），此虽然是习刻，但把"皿"与田猎地"丧""宫"并列，似乎暗示"皿"地也是田猎地。
	46	龙	于龙袞田。（《合集》33209，历二）	关于龙，卜辞有"龙方"，是商王的敌对方国，王伐龙方（《合集》6476、《合集》6583）、妇井伐龙方（《合集》6584）。龙方也简称龙（《合集》6585），卜辞有"追龙"（《合集》6593）、"令某以众伐龙"（《合集》31972）。除了作方国，"龙"可能还是一个与商王关系密切的独立地名和人名，商王会为龙地占卜是否有雨（《合集》13002）、"令众涉龙西北亡忧"（《合补》10412）。另外，卜辞还有"妇龙示"（《合集》17544），是来自龙地之妇。作为人名的龙，更多是与商王关系密切的记载，如"呼龙以羌"（《合集》272）、"师般取龙"（《合集》6587）、"王从龙"（《合集》902）。卜辞还见"呼龙田于某"（《合集》10558、《合集》10985、《合集》28021），是呼龙参与田猎。另外，商王会占卜"龙无咎"（《合集》4656）、赐龙"兵"（《屯南》942）。龙也参与农业活动，如"我在南奠从龙，受年"（《合集》9770）。	

---

① 裘锡圭：《释殷虚卜辞中的"皿""宫"等字》，载《裘锡圭学术文集·甲骨文卷》，复旦大学出版社2012年版，第391—403页。

续表

	编号	地名	卜辞举例	考略	与田猎地关系
具体地名				以上，"龙方"常与商人战争，而"龙"则多与商保持良好关系，或许"龙方"与"龙"不是一地。	
	47	龙圃	乙未卜，贞：黍在龙圃◇，受有年。二月。（《合集》9552，师宾）	"龙"地考释见上，"龙圃"即龙地之圃，不过也有学者认为"龙圃"是龙方之圃。①	
	48	◇	贞：我受◇年在◇。己巳卜，㱿贞：我受黍年［在］◇。（《合集》9946，宾一）	◇是地名，卜辞有"步◇"（如《合集》1708）、"在◇"（如《合集》8120），也有"呼宅◇丘"（《合集》8119）。"◇"也可能作人名，《合集》17065有"王从◇"，惜为残辞，不能确定此辞的"◇"是否为人名。"◇"与"◇"应该是一个字，卜辞有"今来岁我不其受年，在◇"（《合集》9668正）。关于"◇"，最关键的是此地常见于花东卜辞，是花东大贵族"子"经常活动的地区。	
	49	◇	□◇受年。（《合集》9796，典宾）	此字形，仅此一见。	
	50	夙	□夙受年。（《合集》9804，师宾）	卜辞中的"夙"主要表示时间。	
	51	名	□◇耤在名，受有年。（《合集》9503正，典宾）	"名"是著名的农业区，卜辞常见在此地"耤田"，如"耤于名"（《合集》9502甲）、"呼◇耤于名宫，不◇/弜呼耤于名宫，其◇"（《醉古》372）。值得注意的是，卜辞有"呼◇耤于明"（《合集》14正），明作"◇"，与作名的"◇"虽然字形不同，但依辞意可知此处的"◇"应该通"◇"② 。	作为地名，"名"地附近也可能存在田猎地，如"□呼狩，延次于名家"（《合集》7359+《合集》19616+《甲编》3496），狩猎之地与"名"相距不远。

---

① 孙亚冰、林欢：《商代地理与方国》，中国社会科学出版社2010年版，第287页。
② "明"与"名"可通假，参考《通假字汇释》（北京大学出版社2006年版）第421—422页。

续表

	编号	地名	卜辞举例	考略	与田猎地关系
具体地名				"名"也可作地名，如"王徝往省从名☐"（《合集》7269正，《合集》5118类同）。注意，卜辞还有"名任"（《合集》32048），似乎是在名地为"任"者。	
	52	宫	惠宫先，受又年。（《合集》28216+28224，无名）	"宫"是卜辞中较为常见的地名，但《合集》10986有"从宫"的残辞，依据文例，这条卜辞中的"宫"虽然依旧可以作地名，不过更可能是人名。另外，午组卜辞中有"戊戌卜，屮岁父戊牛一，于宫用不"（《合集》22045+15108），此"宫"有两种可能，其一是作宫室讲，其二是作地名讲。若是作地名，那么这条卜辞中的"宫"与王卜辞中"宫"的关系值得探究。	"宫"是商王经常前去的田猎地，如《合集》10987"……往从归逐，在宫"（宾出）、《合集》24462"王其田于宫，亡灾"（何一）、《合集》24463"王其田于宫，往来亡灾"（出二）中的"宫"皆可能是田猎地。到了无名组与黄组卜辞，商王前往"宫"地田猎的记载数以百计，这里就不一一列举了。
	53	丧田	其寻秦年♩，在丧田，又☐（《合集》28250，无名）	"丧"作田猎地的例子数以百计，这里需要强调丧也常作农业地，如常见的"省丧田"就可能是视察丧地农田的意思。另外，卜辞还有"于丧霝，☐大雨"（《合集》30031），可能是为农业占雨。卜辞处理"丧田"的技术是"藉"，如"弜藉丧旧田，不受佑"（《合集》29004）。	"丧"是无名组与黄组卜辞中最常见的田猎地之一，卜辞有"乙亥王卜，贞：田丧，往来亡灾。王占曰：吉。获兕七，雉三十"（《合集》37365+《合集》37364上），可以为证。

续表

	编号	地名	卜辞举例	考略	与田猎地关系
具体地名	54	🌿	乙卯〔卜〕，□贞：呼田于🌿，受年。十一月。（《合集》9556，典宾）	🌿是卜辞中的地名，如"惠今日往于🌿"（《合集》8063）、"王往于🌿"（《合集》8064）。	该地也是田猎地，宾组卜辞有"陷在🌿[麋]"（《合集》10912）、"往〔逐〕🌿鹿"（《合集》10954）等。
	55	萬	萬受年。（《合集》9812，师宾）	"萬"是地名，卜辞有"雍于萬"（《合集》7938）、"□自萬□"（《英藏》638反）等，可以为证。"萬"还是人名，如"呼逐比萬，获。王曰：其呼逐，获"（《合集》6477正）、"丁丑卜，𠂤贞：王呼萬戒 ß"（《合集》20253），"萬"可以帮助商王进行田猎活动。	"萬"是宾组卜辞中的田猎地，如"□午卜，殻贞：□逐鹿于萬，□"（《合集》10946）、"壬午卜：王其逐在萬鹿，获，允获五/壬午卜：王其获在萬鹿"（《合集》10951），其中的"萬"很明显都是田猎地。
	56	呎	〔乙〕酉卜：呎受〔年〕。乙酉卜：呎不其受〔年〕。（《合集》9803，师宾）	"呎"是族名或人名，如"呎"入龟（《合集》9360、《合集》9363、《合集》20036）。	
	57	ß	□贞：ß受年。□ß不其受年。（《合集》9800，典宾）	字形较为罕见。	
	58	黍	我奴人气在黍，不湄，受有年。（《合集》795，典宾）	"黍"是地名，卜辞有"□在黍卜"（《合集》24416）。《合集》9934有"癸卯卜，古贞：王于黍，侯受黍年。十三月/癸卯卜，古贞：王弜于黍，□侯受年"，此辞争议较大，似乎与"黍"地有关。	
	59	□	甲子卜，㱿贞：于翌乙丑屍□。乙丑允屍□，不遘雨。（《合集》9570，宾三）	李家浩先生将"屍"释为徙，卜辞中的"屍田"是换田的意思，那么"屍□"就是置换□地之田，可见"□"也有农业田地。	

· 271 ·

续表

	编号	地名	卜辞举例	考略	与田猎地关系
具体地名	60	童	☑王弜令受爱史衷田于童。（《屯南》650，无名组）	与"童"有关的卜辞较少，无法考释。	
	61	京	☑京受黍年。（《合集》9980，典宾） 贞：京受黍年。（《合集》9981，典宾）	"京"是地名，卜辞还有"奠于京"（《屯南》1111），似乎是为京置奠。京地的奠，又可以称为"京奠"（《合集》6）。京也是重要的农业区，常见衷田于此地（《合集》9473—9475、《合集》33209、《屯南》4251）。另外，"丙戌卜，贞：令犬延田于京"（《合集》4630，残田字，据《英藏》834补）、"勿令毕田于京"（《合集》10919）等辞中的"田于京"似乎也都是指在京地进行农业活动。	
	62	㇑（长）	正受禾。㇑受禾。（《合集》22246—22247，妇女）	此字与被释为"微"的"㇑"不同，不是一个字。关于"㇑"字，一般隶定为"兇"，林沄先生认为此字也可能释为"长"①。最近崎川隆先生依据花东M54出土长族铜器铭文判断此字确为"长"②。从字形上看，此字确实有可能是"长"字。 "长"是族名，卜辞有"其侑长子"（《合集》27641），花东M54之"亚长"也与此有关。王卜辞中有"长子"，金文有"亚长"，非王卜辞中有"长"，三者的关系值得深思。	

---

① 林沄：《说飘风》，载《林沄学术文集》，中国大百科全书出版社1998年版，第30—34页；《释史墙盘铭中的"逑虘髟"》，载《林沄学术文集》，中国大百科全书出版社1998年版，第174—183页。

② 崎川隆：《甲骨文"长"字字形的重新整理》，载吉林大学古籍研究所编《吉林大学古籍研究所建所30周年纪念论文集》，上海古籍出版社2014年版，第5—11页。

续表

	编号	地名	卜辞举例	考略	与田猎地关系
	63	余	己巳，子卜，贞：余受〔年〕。（《合集》21747，子组）	此"余"，是非王圆体类和劣体类卜辞主人的自称；"余受〔年〕"是针对其领地内农业收成的贞卜。	
	64	正	正受禾。长受禾。（《合集》22246—22247，妇女）	卜辞中的"正"较少用作人名和地名，"入正"（《合集》7620）、"自正"（《合集》7618、《合集》21734）当是地名。"呼刍正"（《合集》141）可能是在正地放牧，不过"刍正"也有可能是牧官。"正"可能为人名的卜辞有《合集》4805、《合集》5828、《合集》14588等。	
具体地名	65	绊方	癸巳卜，宾贞：令众人⿱⿰⿱入绊方衺田。贞：弜令众人。六月。（《合集》6，宾三）☒贞：王令多☒绊衺田。（《合集》33213，历二）	"绊方"曾经与商王为敌，如"癸巳☒：于一月伐绊眔召方，受佑"（《合集》33019）、"吾☒其以绊方"（《合集》8598）；甚至用绊方的首领进行祭祀，如"丁卯卜，贞：奚绊白䍃，用于丁"（《合集》1118）。无名卜辞有"惠可白⿱呼，𣪘绊方、𢼸方、繺方"（《合集》27990），"𢼸方""繺方"是黄组卜辞中商王所伐之"四封方"之一（《合集》36528反），所以无名组卜辞中的"绊方"也应该是商王的敌人。但是，卜辞还有"绊"族与"绊"地，如"☐卯卜：⿰入绊，有擒"（《合集》32836）、"壬戌〔卜〕，王：绊凵朕史"（《合集》5497），暗示"绊"族是商王臣属之一，不知其与"绊方"是否为异地同名？	

273

续表

	编号	地名	卜辞举例	考略	与田猎地关系
具体地名	66	敳侯	□卜，□贞：[今日]令**夒**衰[田]于敳侯。十二月。 □□[卜]，□贞：今日[令**夒**]衰田于敳侯。十二月。（《拼合》60，宾出）	"敳侯"是卜辞中较为常见的一个侯。师宾间卜辞常见商王令人"**臺**敳"（《合集》7018）、"**剪**敳"（如《合集》7020），表明"敳"地与商人的对立。但在宾组卜辞中，"敳"以与商王关系良好的族名出现，如"获羌"（如《合集》188正）、承担商王指派（如《合集》5786正、《合补》1725）；在宾出卜辞，"敳侯"可以向商王进贡羌人（如《合集》227）。	
	67	**㺸**侯	辛☒[贞]：王[令□]衰田[于]**㺸**[侯]。（《合集》34239，历二）	卜辞中较少与"**㺸**侯"有关的记载。	
	68	**哭**	癸亥贞：于**哭**衰田☒（《合集》33209，历二）	"**哭**"是族名，卜辞有"**哭**伯"（《合集》3401）。"**哭**"也是地名，在师宾间卜辞中为**崔**侯所伐（《合集》6839）。但在出组卜辞中，卜辞有"师**哭**"（《合集》22317、24249），且是商王的贞卜之地（《合集》26246）。可见，"**哭**"地位于商人军事扩展的前沿，由商人征服后开垦为新据点。	
	69	咙、**龓**	甲戌，贞：王令刚衰田于咙。 甲戌，贞：其告于父丁。（《屯南》499，历二） 王令衰田于**龓**。（《合集》33212，历二）	宋镇豪先生认为咙、**龓**为同一地名①，其说可从。在甲骨文中，与"咙"有关的材料较少。"咙"是地名，但也是族名或人名，卜辞有"**皋**比咙前"，可见"咙"是受商王指派的贵族。	

---

① 宋镇豪、玛利娅主编：《俄罗斯国立爱米塔什博物馆藏殷墟甲骨》（文字考释部分），上海古籍出版社2013年版，第156—157页。

续表

	编号	地名	卜辞举例	考略	与田猎地关系
具体地名	70	盖	戊辰卜，宾贞：令衷田于盖。（《合集》9476，宾三）	"盖"是地名，"盖"地也应该是子商的属地，如《合集》638有"以子商臣于盖"。"盖"地有牧官（《合集》13515+《史购》46正）。"盖"也是人名，卜辞有"呼盖"（《合集》18536），且有"令多马衛从盖"（《合集》5711），可以为证。	"盖"也是田猎地，如《合集》10967"弗其擒。十月。才在盖"。作为田猎地，商王在"盖"地设立过犬官，如"惠盖犬比，亡灾"（《屯南》4584），可以为证。
	71	虎	戊子卜，宾贞：令犬祉族衷田于［虎］。（《合集》9479，宾三）	在甲骨文中，"虎"一般用作本义，也有用作人名者，如"仓侯虎"（如《合集》14469正）。另外，也有部分"虎"可能用作族名，可能是居于虎地的族群。卜辞有"令虎积"（《合集》21327）、"虎入百"（《合集》9273反），这里的"虎"都是人名或族名，足以证明"虎"与商王关系良好。	
	72	䇂	王令束人于出衷田。王令疒人衷田于䇂。（《村中南》375，历二）	"䇂"地，卜辞较为少见。	
	73	芇	丁酉卜，在芇䤰，芦，弗悔。（《合集》37517，黄组）	"芇"是人名或族名，是宾组卜辞常见的贞人（如《合集》3933、16600），"芇"常常承担商王的事役（如《合集》3521正、《合集》20472），表明"芇"族与商王良好的关系。在花东卜辞中，"芇"还是入龟者（如《花东》20、83）。另外，"芇"还是地名，卜辞有"芇京"（《合集》24400），是指"芇"地的高地；卜辞还有"戍芇"（《缀集》10），是戍守于"芇"地的意思。	

续表

	编号	地名	卜辞举例	考略	与田猎地关系
具体地名	74	凡田	其作龙于凡田，有雨。惠庚焚，有〔雨〕。（《合集》29990，无名）	"作龙"，裘锡圭先生认为是在大旱之时作土龙以求雨之事①，此处的"凡田"应该是农业地。	无名组卜辞还有"王至于凡田，湄日亡灾/弜至凡田，其每"（《合集》29383）。无名组中"王其田于某地，往来无灾或湄日亡灾"一类卜辞很可能是田猎辞，可以证明"凡田"也是田猎地。
具体地名	75	黽	贞：呼戈人黽。（《合集》8400，典宾）	此字可隶定为"黽"，卜辞中较为少见。	无名组卜辞中，"王其田，在黽"（《合集》29351），可见"黽"是商王的田猎地。
存疑	76	䕭	辛酉卜，荀贞：在䕭雈。贞：在䕭雈。（《合集》9609，宾三）	"雈"，陈梦家先生认为是"获"（《综述》第535页），即《诗·豳风·七月》有"八月剥枣，十月获稻"之"获"（本书读为"刈"），那么"在䕭雈"可能与收获谷物有关。若此，"䕭"也是农业地名。	
存疑	77	雀	戊寅卜，方至不。之日出曰：方在雀㐭。（《合集》20485，师小字）	"雀"地有"㐭"（廩），可见"雀"有可能是农业地名。卜辞有"雀侯"（《合集》3321、3323、6839等），"雀㐭"或是属于"雀侯"的"㐭"。	

---

① 裘锡圭：《说卜辞的焚巫尪与作土龙》，载《裘锡圭学术文集·甲骨文卷》，复旦大学出版社2012年版，第194—205页。

续表

	编号	地名	卜辞举例	考略	与田猎地关系
存疑	78	唐麓	己□卜，古贞：彝（刈）在唐麓。（《合集》8015，典宾）	"刈"，有刈获、刈割的意思，可能与收获谷物有关，也可能是除草的意思。若是后者，也可能是农业生产中的开荒或中耕除草等活动。所以这条卜辞中的"唐麓"多半也是农业地名。	
	79	吕	□吕受年。（《合集》9795，典宾）	王卜辞中的"吕"字较罕见，《花东》490有"壬子卜：其将妣庚示吕，于东官用"，整理者认为"吕"即宫室之简体。若此，则《合集》9795"吕"前所缺之字当为某位神灵之名。	
	80	犬	辛酉卜，□贞：犬□受年。十一月。（《合集》9793，宾出）	《合集》9793"犬□受年"应该针对与"犬"有关之族名或地名，"犬□"疑是"犬延"。"犬延"是商王十分重视的贵族，卜辞见"犬延""来羌"（《合集》240）、"亡其工"（《合集》4633）、"衷田"（《合集》9479）、战争（《合集》33033）、祭祀大甲（《合集》32030）等。除"犬延"，卜辞还见"犬"族或犬国，如"犬侯"（《合集》6812、《合集》6813，"多子族比犬侯"）、"雀往征犬弗有擒"（《合集》6979）。"犬"还有作地名例，如"王惠比犬师弗悔无灾"（《屯南》2618）。卜辞中的"犬"更多可能是犬官，如：①"犬中告麋"（《合集》27902），②"呼犬䧹省从南"（《合集》10976正），③"犬见毕，示七屯"（《合集》6768），④"御犬于娥"（《合集》14789），⑤"王其田□犬无灾"（《合集》29391）、"王□卒入□犬无灾"（《合集》31097），⑥"犬登无咎"（《合集》4642—4644，祭祀），他们合称"多犬"（《合集》5663、10976正），是商王朝内服的犬官。	

续表

	编号	地名	卜辞举例	考略	与田猎地关系
存疑	81	亯	丁亥，贞今来岁受禾，在亯卜。（《苏德》58，历组）	"亯"，本是宗庙建筑①，卜辞有"名亯"（《醉古》372）。在卜辞中，"亯"可以是独立的地名，"亯"有"京"，如卜辞常见的"王田亯京，往来亡灾"（《合集》37589、《合集》37590 等），指商王去"亯京"狩猎。"丘绝高曰京"（《尔雅·释丘》），可见"亯京"是"亯"的高丘。"亯"也是人名，卜辞有"惠亯令"（《合集》26993）。早期卜辞有"子亯"（《合集》1936、《合集》3133、《合集》3134 等），似乎"亯"即由"子亯"所来。这里的"在亯卜"既可能是在"亯"地卜，也可能是在"亯"这种建筑内卜。相似的卜辞还有"今夕其星，在亯"（《英藏》729 正）。	
	82	阞	①其延耤年于阞。（《合集》28246，无名）②其耤禾于阞，惠☒（《合集》28247，无名）。	从辞例上说，"耤禾于阞"之"阞"很可能是神灵之名，如岳、河、上甲等。不过，卜辞中的"阞"一般是地名。"阞"地是著名的田猎地，商王经常"田阞"（如《合集》24457、《合集》28904 等）、"往于阞京"（如《合集》8039）；并占问在"阞"地是否擒鹿（如《合集》28345—28346）。所以，"耤禾于阞"也可能是为"阞"地"耤禾"。	
	83	求	于求黍，受年。（《法藏》23）	卜辞中的"求"一般用作本义，或用作"咎"。几乎不见用作地名者，所以此例中的"求"是否为地名，存疑。	

---

① 宋镇豪：《甲骨金文中所见的殷商建筑称名》，《甲骨文与殷商史》（新 3 辑），上海古籍出版社 2013 年版，第 25 页。

续表

	编号	地名	卜辞举例	考略	与田猎地关系
存疑	84	苜	贞☐苜受年。（《合集》9797，典宾）	"苜"多与否定词联用，一般认为是增强语气的词语（《诂林》621号）。卜辞中没有明确用作名词的例子，如"弜苜梁，受有年"（《乙编》7750）、"弜苜秦年"（《库方》1537）中的"苜"都用作语气词，所以《合集》9797中的"苜"是否是地名尚有疑问。	

参考文献

一　基本典籍

（唐）孔颖达疏，（清）阮元刻：《十三经注疏》（清嘉庆刊本），中华书局2009年版。

（东周）左丘明：《国语》，上海古籍出版社1978年版。

（汉）司马迁：《史记》（点校本二十四史修订本），中华书局2014年版。

（汉）班固：《汉书》（点校本），中华书局1962年版。

（汉）桓宽整理，王利器校注：《盐铁论校注》，中华书局1992年版。

（汉）宋衷著，秦嘉谟等辑：《世本八种》，中华书局2008年版。

（汉）崔寔著，石声汉校注：《四民月令校注》，中华书局2013年版。

（北魏）贾思勰著，缪启愉校释：《齐民要术校释》，农业出版社1982年版。

（唐）陆德明：《经典释文》，中华书局2006年版。

（宋）朱熹：《四书章句集注》，中华书局1983年版。

（元）大司农司编撰，缪启愉校释：《元刻农桑辑要校释》，农业出版社1988年版。

（元）王祯著，王毓瑚校：《王祯农书》，农业出版社1981年版。

（清）孙星衍：《尚书今古文注疏》，中华书局1986年版。

（清）洪亮吉：《春秋左传诂》，中华书局1987年版。

（清）王先谦：《诗三家义集疏》，中华书局1987年版。

（清）王先谦：《荀子集解》，中华书局1988年版。

（清）崔述著，顾颉刚编订：《崔东壁遗书》，上海古籍出版社2013年版。

（清）孙诒让：《周礼正义》，中华书局2013年版。

（清）段玉裁：《说文解字注》，中华书局2013年版。

（清）程瑶田撰，陈冠明等校点：《程瑶田全集》，黄山书社 2008 年版。

二 甲骨文、金文著录及相关工具书

1. 甲骨文著录及相关工具书

蔡哲茂：《甲骨缀合汇编》，花木兰出版社 2011 年版。

蔡哲茂：《甲骨缀合集》，乐学书局有限公司 1999 年版。

蔡哲茂：《甲骨缀合续集》，文津出版社 2004 年版。

陈年福主编：《殷墟甲骨文摹释全编》，线装书局 2010 年版。

东洋文库古代史研究委员会编：《东洋文库所藏甲骨文字》，日本财团法人东洋文库 1979 年版。

郭沫若主编，胡厚宣总编辑：《甲骨文合集》（13 册），中华书局 1979—1982 年版。

胡厚宣：《苏德美日所见甲骨集》，四川辞书出版社 1988 年版。

胡厚宣主编：《甲骨文合集释文》，中国社会科学出版社 1999 年版。

黄天树：《甲骨拼合集》，学苑出版社 2010 年版。

黄天树：《甲骨拼合续集》，学苑出版社 2011 年版。

黄天树：《甲骨拼合三集》，学苑出版社 2013 年版。

李宗焜：《甲骨文字编》，中华书局 2012 年版。

李学勤、齐文心、艾兰编著：《英国所藏甲骨集》，中华书局 1985 年版。

李孝定：《甲骨文字集释》，"中央研究院"历史语言研究所 1960 年版。

李钟淑、葛英会：《北京大学珍藏甲骨文字》，上海古籍出版社 2009 年版。

林宏明：《契合集》，万卷楼 2013 年版。

林宏明：《醉古集：甲骨的缀合与研究》，台湾书房 2008 年版。

刘钊：《新甲骨文编》（增订本），福建人民出版社 2014 年版。

彭邦炯、谢济、马季凡：《甲骨文合集补编》，语文出版社 1999 年版。

宋镇豪、赵鹏、马季凡：《中国社会科学院历史研究所藏甲骨集》，上海世纪出版集团 2011 年版。

宋镇豪主编：《俄罗斯国立爱米塔什博物馆藏殷墟甲骨》，上海古籍出版社 2013 年版。

宋镇豪主编：《甲骨文献集成》，四川大学出版社 2001 年版。

孙海波：《甲骨文编》，中华书局 1965 年版。

许进雄：《怀特氏收藏甲骨文集》，加拿大皇家安大略博物馆1979年版。
于省吾主编：《甲骨文字诂林》，中华书局1996年版。
姚孝遂主编：《殷墟甲骨刻辞类纂》，中华书局1989年版。
姚孝遂主编：《殷墟甲骨刻辞摹释总集》，中华书局1998年版。
周忠兵：《卡内基博物馆所藏甲骨研究》，上海人民出版社2015年版。
中国社会科学院考古研究所：《小屯南地甲骨》，中华书局1980年版。
中国社会科学院考古研究所：《殷墟花园庄东地甲骨》，云南人民出版社2003年版。
中国社会科学院考古研究所：《殷墟小屯村中村南甲骨》，云南人民出版社2012年版。

2. 金文著录及相关工具书

董莲池：《新金文编》，作家出版社2011年版。
刘雨、卢岩：《近出殷周金文集录》，中华书局2002年版。
刘雨、严志斌：《近出殷周金文集录二编》，中华书局2010年版。
容庚：《金文编》（四版），中华书局1985年版。
吴镇烽：《商周青铜器铭文暨图像集成》，上海古籍出版社2012年版。
吴镇烽：《商周青铜器铭文暨图像集成续编》，上海古籍出版社2016年版。
周法高：《金文诂林》，中国香港香港中文大学1975年版。
中国社会科学院考古研究所：《殷周金文集成》（修订增补本），中华书局2007年版。

三 考古报告、图录及简报

1. 考古报告

安阳市文物考古研究所：《安阳殷墟徐家桥郭家庄商代墓葬》，科学出版社2011年版。
安阳市文物考古研究所：《安阳殷墟戚家庄东商代墓地发掘报告》，中州古籍出版社2015年版。
宝鸡市考古工作队、陕西省考古研究院：《宝鸡关桃园》，文物出版社2007年版。
方辉主编：《大辛庄遗址研究·资料卷》，科学出版社2013年版。
方辉主编：《大辛庄遗址研究·研究卷》，科学出版社2013年版。

甘肃省文物考古研究所：《秦安大地湾：新石器时代遗址发掘报告》，文物出版社 2006 年版。

高去寻、杜正胜、李永迪：《大司空村：第二次发掘报告》，"中央研究院"历史语言研究所 2008 年版。

广西文物考古所：《百色革新桥》，文物出版社 2012 年版。

国务院三峡工程建设委员会办公室、国家文物局：《巴东楠木园》，科学出版社 2006 年版。

河北省文物研究所：《藁城台西商代遗址》，文物出版社 1985 年版。

河南省文物考古研究所：《郑州小双桥：1990—2000 年考古发掘报告》，科学出版社 2012 年版。

李济编辑：《安阳发掘报告》第一期至第四期，"中央研究院"历史语言研究所 1929—1933 年版。

梁思永遗稿，高去寻辑补：《侯家庄》大墓系列，"中央研究院"历史语言研究所。

刘士莪：《老牛坡》，陕西人民出版社 2002 年版。

裴文中：《山西襄汾县丁村旧石器时代遗址发掘报告》，科学出版社 1958 年版。

石璋如：《小屯》系列，"中央研究院"历史语言研究所。

浙江省文物考古研究所：《河姆渡——新石器时代遗址考古发掘报告》，文物出版社 2003 年版。

中国国家博物馆田野考古研究中心、山西省考古研究所、垣曲县博物馆：《垣曲商城（二）》，科学出版社 2015 年版。

中国科学院考古研究所：《辉县发掘报告》，科学出版社 1956 年版。

中国社会科学院考古研究所：《殷墟妇好墓》，文物出版社 1980 年版。

中国社会科学院考古研究所：《殷墟发掘报告：1958—1961》，文物出版社 1987 年版。

中国社会科学院考古研究所：《殷墟的发现与研究》，科学出版社 1994 年版。

中国社会科学院考古研究所：《安阳殷墟郭家庄商代墓葬》，中国大百科全书出版社 1998 年版。

中国社会科学院考古研究所：《滕州前掌大墓地》，文物出版社 2005 年版。

中国社会科学院考古研究所：《安阳殷墟花园庄东地商代墓葬》，科学出版社 2007 年版。

中国社会科学院考古研究所：《安阳殷墟小屯建筑遗存》，文物出版社 2010 年版。

中国社会科学院考古研究所：《安阳小屯》，世界图书出版公司北京公司 2012 年版。

中国社会科学院考古研究所：《安阳大司空——2004 年发掘报告》，文物出版社 2014 年版。

中国社会科学院考古研究所：《二里头：1999—2006》，文物出版社 2014 年版。

"中央研究院"历史语言研究所：《安阳发掘报告》（一期、二期、三期、四期），"中央研究院"历史语言研究所 1929—1933 年版。

2. 考古图录

李济：《殷虚器物·甲编·陶器》（上辑），"中央研究院"历史语言研究所 1956 年版。

中国青铜器全集编辑委员会编：《中国青铜器全集·第 2 卷·商（二）》，文物出版社 1997 年版。

中国青铜器全集编辑委员会编：《中国青铜器全集·第 3 卷·商（三）》，文物出版社 1997 年版。

中国社会科学院考古研究所：《殷墟青铜器》，文物出版社 1985 年版。

中国社会科学考古研究所、安阳市文物考古研究所：《殷墟新出土青铜器》，云南出版社 2008 年版。

3. 考古简报

安阳市博物馆：《安阳铁西刘家庄南殷代墓葬发掘简报》，《中原文物》1986 年第 3 期。

安阳市文物工作队：《1983—1986 年安阳刘家庄殷代墓葬发掘报告》，《华夏考古》1997 年第 2 期。

安阳市文物工作队：《1995—1996 年安阳刘家庄殷代遗址发掘报告》，《华夏考古》1997 年第 2 期。

安阳市文物工作队、安阳市博物馆：《安阳市梯家口村殷墓的发掘》，《华夏考古》1992 年第 1 期。

安阳市文物工作队：《安阳市殷代墓葬发掘简报》，《华夏考古》1995 年第 1 期。

安阳亦工亦农文物考古短训班、中国科学院考古研究所安阳发掘队：《安阳殷墟奴隶祭祀坑的发掘》，《考古》1977年第1期。

郭宝钧：《一九五〇年春殷墟发掘报告》，《中国考古学报》第五册，1951年版。

河南省文化局文物工作队：《1958年春河南安阳市大司空村殷代墓葬发掘简报》，《考古通讯》1958年第10期。

河南省文物考古研究院：《河南荥阳小胡村墓地商代墓葬发掘简报》，《华夏考古》2015年第1期。

济南市考古研究所：《济南市刘家庄遗址商代墓葬M121、M122发掘简报》，《中国历史博物馆馆刊》2016年第7期。

李晓峰、杨冬梅：《济南刘家庄商代青铜器》，《东南文化》2001年第3期。

祁延霈：《山东益都苏埠屯出土铜器调查记》，《中国考古学报》（第二册）1947年。

青州市博物馆：《青州市赵铺遗址的清理》，《海岱考古》（第一辑），山东大学出版社1989年版。

山东省博物馆：《山东益都苏埠屯第一号奴隶殉葬墓》，《文物》1972年第8期。

山东省文物考古研究所、青州市博物馆：《青州市苏埠屯商代墓发掘报告》，《海岱考古》（第一辑），山东大学出版社1989年版。

山东省博物馆：《山东长清出土的青铜器》，《文物》1964年第4期。

寿光县博物馆：《山东寿光县新发现一批纪国铜器》，《文物》1985年第3期。

殷墟孝民屯考古队：《河南安阳市孝民屯商代环状沟》，《考古》2007年第1期。

殷墟孝民屯考古队：《河南安阳市孝民屯商代墓葬2003—2004年发掘简报》，《考古》2007年第1期。

周到、刘东亚：《1957年秋安阳高楼庄殷代遗址发掘》，《考古》1963年第4期。

中国科学院考古研究所安阳发掘队：《1971年安阳后冈发掘简报》，《考古》1972年第3期。

中国科学院考古研究所安阳工作队：《1972年春安阳后冈发掘简报》，《考古》1972年第5期。

中国社会科学院考古研究所安阳工作队：《安阳殷墟刘家庄北1046号墓》，《考古学集刊》第15集，文物出版社2004年版。

中国社会科学院考古研究所安阳工作队：《河南安阳殷墟刘家庄北地殷墓与西周墓》，《考古》2005年第1期。

中国社会科学院考古研究所安阳工作队：《河南安阳市刘家庄北地2008年发掘简报》，《考古》2009年第7期。

中国社会科学院考古研究所安阳工作队：《河南安阳市刘家庄北地2010—2011年发掘简报》，《考古》2012年第12期。

中国社会科学院考古研究所安阳工作队：《河南安阳市殷墟孝民屯东南地商代墓葬1989—1990年的发掘》，《考古》2009年第9期。

中国社会科学院考古研究所安阳工作队：《1979年安阳后冈遗址发掘报告》，《考古学报》1985年第1期。

中国社会科学院考古研究所安阳队：《1991年安阳后冈殷墓的发掘》，《考古》1993年第10期。

中国社会科学院考古所安阳队：《1982—1984年安阳苗圃北地殷代遗址的发掘》，《考古学报》1991年第1期。

中国社会科学院考古研究所安阳队：《1984年秋安阳苗圃北地殷墓发掘简报》，《考古》1989年第2期。

中国社会科学院考古研究所安阳队：《殷墟259、260号墓发掘报告》，《考古学报》1987年第1期。

中国社会科学院考古研究所安阳工作队：《1969—1977年殷墟西区墓葬发掘报告》，《考古学报》1979年第1期。

中国社会科学院考古研究所安阳工作队：《安阳殷墟西区一七一三号墓的发掘》，《考古》1986年第8期。

中国社会科学院考古研究所安阳工作队：《1980—1982年安阳苗圃北地遗址发掘简报》，《考古》1986年第2期。

中国科学院考古研究所安阳发掘队：《1962年安阳大司空村发掘简报》，《考古》1964年第8期。

中国社会科学院考古研究所安阳工作队：《安阳大司空村东南的一座殷墓》，《考古》1988年第10期。

中国社会科学院考古研究所安阳工作队：《1986年安阳大司空村南地的两

座殷墓》，《考古》1989年第7期。

中国社会科学院考古研究所安阳工作队：《1980年河南安阳大司空村M539发掘简报》，《考古》1992年第6期。

中国社会科学院考古研究所安阳工作队：《1984—1988年安阳大司空村北地殷代墓葬发掘报告》，《考古学报》1994年第4期。

中国社会科学院考古研究所安阳工作队：《河南安阳市大司空村东地商代遗存2012—2015年的发掘》，《考古》2015年第12期。

中国社会科学院考古研究所安阳工作队：《1986—1987年安阳花园庄南地发掘报告》，《考古学报》1992年第1期。

中国社会科学院考古研究所安阳工作队：《1987年夏安阳郭家庄东南殷墓的发掘》，《考古》1988年第10期。

中国社会科学院考古研究所安阳工作队：《1987年秋安阳梅园庄南地殷墓的发掘》，《考古》1991年第2期。

中国社会科学院考古研究所安阳工作队：《2004—2005年殷墟小屯宗庙宫殿区的勘探和发掘》，《考古学报》2009年第2期。

中国社会科学院考古研究所安阳工作队：《安阳侯家庄北地一号墓发掘简报》，《考古学集刊》第二集，中国社会科学出版社1982年版。

中国社会科学院考古研究所安阳工作队：《安阳小屯村北的两座殷代墓》，《考古学报》1981年第4期。

中国社会科学院考古研究所安阳工作队：《1973年小屯南地发掘报告》，《考古学集刊》第九集，科学出版社1995年版。

中国社会科学院考古研究所安阳工作队：《安阳薛家庄东南殷墓发掘简报》，《考古》1986年第12期。

中国社会科学院考古研究所安阳工作队：《安阳殷墟三家庄东的发掘》，《考古》1983年第2期。

中国社会科学院考古研究所安阳工作队：《河南安阳梅园庄西的一座殷墓》，《考古》1992年第2期。

中国社会科学院考古研究所安阳工作队：《河南安阳高楼庄南发现一座殷墓》，《考古》1994年第5期。

中国社会科学院考古研究所安阳工作队：《河南安阳市郭家庄东南26号墓》，《考古》1998年第10期。

中国社会科学院考古研究所安阳工作队：《河南安阳市王裕口南地殷代遗

址的发掘》,《考古》2004年第5期。

中国社会科学院考古研究所安阳工作队:《河南安阳市殷墟小屯西地商代大墓发掘简报》,《考古》2009年第9期。

中国社会科学院考古研究所安阳工作队:《河南安阳市殷墟范家庄东北地的两座商墓》,《考古》2009年第9期。

中国社会科学院考古研究所安阳工作队:《河南安阳市王裕口村南地2009年发掘简报》,《考古》2012年第12期。

中国社会科学院考古研究所安阳工作队:《河南安阳市铁三路殷墟文化时期制骨作坊遗址》,《考古》2015年第8期。

中国社会科学院考古研究所安阳工作队:《河南安阳市殷墟新安庄西地2007年商代遗存发掘简报》,《考古》2016年第2期。

四　专著与研究文集

A

安阳县志编辑委员会:《安阳县志》,中国青年出版社1990年版。

B

北京大学历史系考古教研室商周组编:《商周考古》,文物出版社1979年版。

C

常玉芝:《商代周祭制度》,线装书局2009年版。

常玉芝:《商代史·卷八:商代宗教祭祀》,中国社会科学出版社2010年版。

陈光宇、宋镇豪编:《甲骨文与殷商史》(新六辑),上海古籍出版社2016年版。

陈剑:《甲骨金文考释论集》,线装书局2007年版。

陈絜:《商周姓氏制度研究》,商务印书馆2007年版。

陈梦家:《殷虚卜辞综述》,科学出版社1956年版。

陈梦家:《陈梦家学术论文集》,中华书局2016年版。

陈炜湛:《甲骨文田猎刻辞研究》,广西教育出版社1995年版。

陈星灿:《考古随笔》,文物出版社2002年版。

陈星灿:《考古随笔》(二),文物出版社2010年版。

陈振中:《先秦青铜生产工具》,厦门大学出版社 2004 年版。
陈振中:《青铜生产工具与中国奴隶制社会经济》,中国社会科学出版社 2007 年版。
常耀华:《殷墟甲骨非王卜辞研究》,线装书局 2006 年版。

D

德日进、杨钟健:《中国古生物志丙种第十二号·安阳殷墟之哺乳动物群》,"实业部"地质调查所 1936 年版。
丁山:《甲骨文所见氏族及其制度》,中华书局 1988 年版。
董作宾:《殷历谱》,"中央研究院"历史语言研究所 1945 年版。

F

范祥雍编:《古本竹书纪年辑校订补》,上海古籍出版社 2001 年版。
冯其庸、邓安生:《通假字汇释》,北京大学出版社 2006 年版。

G

郜向平:《商系墓葬研究》,科学出版社 2011 年版。
顾颉刚、刘起钎:《尚书校释译论》,中华书局 2005 年版。
郭沫若:《金文丛考》,人民出版社 1954 年版。
郭沫若:《两周金文辞大系图录考释》,科学出版社 1957 年版。
郭沫若:《殷契萃编》,科学出版社 1965 年版。
郭沫若:《卜辞通纂》,科学出版社 1982 年版。
郭沫若:《郭沫若全集·历史编·第一卷·中国古代社会研究》,人民出版社 1982 年版。
郭沫若:《郭沫若全集·考古编·第一卷·甲骨文字研究》,科学出版社 1982 年版。

H

何炳棣:《黄土与中国农业起源》,中国香港中文大学 1969 年版。
黄天树:《殷墟王卜辞的分类与断代》,科学出版社 2007 年版。
黄天树:《黄天树古文字论集》,学苑出版社 2006 年版。
黄天树:《黄天树甲骨文金文论集》,学苑出版社 2014 年版。
胡进驻:《殷墟晚商墓葬研究》,北京师范大学出版社 2010 年版。
胡厚宣:《殷墟发掘》,学习生活出版社 1955 年版。
胡厚宣:《甲骨学商史论丛初集》(外一种),湖北教育出版社 2002 年版。
胡厚宣主编:《甲骨文与殷商史》,上海古籍出版社 1983 年版。

胡厚宣主编：《甲骨探史录》，生活·读书·新知三联书店 1982 年版。
黄怀信、张懋镕、田旭东：《逸周书汇校集注》（修订本），上海古籍出版社 2007 年版。

  J

荆志淳、唐际根、高岛谦一编：《多维视域：商王朝与中国早期文明》，科学出版社 2009 年版。
J. G. 弗雷泽：《金枝》，汪培基译，商务印书馆 2013 年版。
江苏省地方志编纂委员会编：《江苏省志·地理志》，江苏古籍出版社 1999 年版。
具隆会：《甲骨文与殷商时代神灵崇拜研究》，中国社会科学出版社 2014 年版。

  L

李根蟠、卢勋：《中国南方少数民族原始农业形态》，农业出版社 1987 年版。
李济：《安阳》，苏秀菊、聂玉海译，中国社会科学出版社 1990 年版。
李济：《李济文集》（五卷本），上海人民出版社 2006 年版。
李伯谦：《中国青铜文化结构体系研究》，科学出版社 1998 年版。
李学勤：《殷代地理简论》，科学出版社 1959 年版。
李学勤、彭裕商：《殷墟甲骨分期研究》，上海古籍出版社 1996 年版。
李学勤：《李学勤文集》，上海辞书出版社 2005 年版。
李学勤主编：《清华大学藏战国竹简 2·系年》，中西书局 2011 年版。
李宗侗：《中国古代社会新研》，中华书局 2010 年版。
林沄：《林沄学术文集》，中国大百科全书出版社 1998 年版。
林沄：《商史三题》，"中央研究院"历史语言研究所 2018 年版。
刘风华：《殷墟村南系列甲骨卜辞整理与研究》，上海古籍出版社 2014 年版。
刘兴林：《先秦两汉农业与乡村聚落的考古学研究》，文物出版社 2017 年版。
刘义峰：《无名组卜辞的整理与研究》，金盾出版社 2014 年版。
刘源：《商周祭祖礼研究》，商务印书馆 2004 年版。
刘钊：《古文字考释丛稿》，岳麓书院 2005 年版。
刘钊：《古文字构形学》，福建人民出版社 2006 年版。

刘钊：《书馨集》，上海古籍出版社2013年版。
刘昭民：《中国历史上气候之变迁》，台湾商务印书馆1982年版。
罗振玉：《殷虚书契考释三种》，中华书局2006年版。

P

彭邦炯：《商史探微》，重庆出版社1988年版。
彭邦炯：《甲骨文农业资料考辨与研究》，吉林文史出版社1997年版。

Q

齐思和：《中国史探研》，中华书局1981年版。
齐航福：《殷墟花园庄东地甲骨刻辞类纂》，线装书局2011年版。
裘锡圭：《古文字论集》，中华书局1992年版。
裘锡圭：《裘锡圭学术文集》（六卷），复旦大学出版社2012年版。
崎川隆：《宾组甲骨分类研究》，上海人民出版社2011年版。

M

马非百：《管子轻重篇新诠》，中华书局1979年版。

R

饶宗颐：《殷代贞卜人物通考》，中国香港大学出版社1959年版。
饶宗颐主编：《甲骨文通检》第二分册《地名通检》，中国香港中文大学1994年版。

S

孙机：《汉代物质文化资料图说》上海古籍出版社2011年版。
孙诒让：《契文举例》，齐鲁书社1993年版。
孙亚冰、林欢：《商代地理与方国》，中国社会科学出版社2010年版。
沈培、黄天树、陈剑、郭永秉编：《中西学术名篇精度·裘锡圭卷》，中西书局2015年版。
宋镇豪主编：《甲骨学百年论著目》，语文出版社1999年版。
宋镇豪：《夏商社会生活史》，中国社会科学出版社2004年版。
宋镇豪：《商代史·卷七：商代社会生活与礼俗》，中国社会科学出版社2010年版。
宋镇豪编：《甲骨文与殷商史》（新一辑），线装书局2008年版。
宋镇豪编：《甲骨文与殷商史》（新二辑），上海古籍出版社2011年版。
宋镇豪编：《甲骨文与殷商史》（新三辑），上海古籍出版社2013年版。
宋镇豪编：《甲骨文与殷商史》（新四辑），上海古籍出版社2014年版宋镇豪编：《甲骨文与殷商史》（新五辑），上海古籍出版社2016年版。
宋新潮：《殷商文化区域研究》，陕西人民出版社1991年版。

T

唐际根：《考古与文化遗产论集》，科学出版社2008年版。
唐际根：《殷墟：一个王朝的背景》，科学出版社2009年版。
唐兰：《殷虚文字记》，中华书局1981年版。
唐兰：《天壤阁甲骨文存考释》，辅仁大学1939年版。

W

万国鼎辑释：《泛胜之书辑释》，中华书局1957年版。
王长丰：《殷周金文族徽研究》，上海古籍出版社2015年版。
王贵民：《商周制度考信》，河北出版传媒集团2014年版。
王国维：《观堂集林》，中华书局1959年版。
王国维：《古史新证》，清华大学出版社1994年版。
王绍武：《全新世气候变化》，气象出版社2011年版。
王襄：《簠室殷契征文》，天津博物院1925年版。
王震中：《中国文明起源的比较研究》，陕西人民出版社1994年版。
王震中：《中国古代文明的探索》，云南人民出版社2005年版。
王震中：《商族起源与先商社会变迁》，中国社会科学出版社2010年版。
王震中：《商代都邑》，中国社会科学出版社2010年版。
王震中：《中国古代国家的起源与王权的形成》，中国社会科学出版社2013年版。
王震中：《重建中国上古史的探索》，云南人民出版社2015年版。
王宇信：《甲骨学通论》，中国社会科学出版社1993年版。
王宇信、杨升南主编，《甲骨学一百年》，社会科学文献出版社1999年版。
王宇信、徐义华：《商代史·卷四：商代国家与社会》，中国社会科学出版社2011年版。
王子杨：《甲骨文字形态类组差异现象研究》，中西书局2013年版。
韦心滢：《殷代商王国政治地理结构研究》，上海古籍出版社2013年版。
温少峰、袁庭栋：《殷墟卜辞研究——科学技术篇》，四川省社会科学院出版社1983年版。

X

萧楠：《甲骨学论文集》，中华书局2010年版。

许倬云：《求古编》，新星出版社2006年版。
许维遹：《吕氏春秋集释》，中华书局2009年版。
徐元诰：《国语集解》，中华书局2002年版。

Y

严志斌：《商代青铜器铭文研究》，上海古籍出版社2013年版。
杨伯峻：《春秋左传注》（修订本），中华书局1981年版。
杨宽：《古史新探》，中华书局2016年版。
杨升南：《商代经济史》，贵州人民出版社1992年版。
杨升南：《甲骨文商史论丛》，线装书局2008年版。
杨升南、马季凡：《商代经济与科技》，中国社会科学出版社2010年版。
杨树达：《耐林庼甲文说》，上海群联出版社1954年版。
杨树达：《积微居小学述林》，中华书局1983年版。
姚孝遂、肖丁：《小屯南地甲骨考释》，中华书局1985年版。
姚萱：《殷墟花园庄东地甲骨卜辞的初步研究》，线装书局2006年版。
伊藤道治：《中国古代王朝的形成》，江蓝生译，中华书局2002年版。
于省吾：《甲骨文字释林》，中华书局1999年版。
袁珂校注：《山海经校注》，上海古籍出版社1980年版。
岳洪彬：《殷墟青铜礼器研究》，中国社会科学出版社2006年版。

Z

朱骏声：《说文通训定声》，武汉市古籍书店影印1983年版。
朱凤瀚编：《新出金文与西周历史》，上海古籍出版社2011年版。
朱凤瀚：《商周家族形态研究》（增订本），天津古籍出版社2004年版。
中国社会科学院考古研究所：《中国考古学·夏商卷》，中国社会科学出版社2003年版。
中国社会科学院考古研究所：《中国考古学·新石器时代卷》，中国社会科学出版社2010年版。
中国社会科学院考古研究所编：《殷墟与商文化：殷墟科学发掘80周年纪念文集》，科学出版社2011年版。
中国社会科学院考古研究所等：《丰镐考古八十年》，科学出版社2016年版。
张光直：《中国青铜时代》，生活·读书·新知三联书店2013年版。
张光直：《商文明》，生活·读书·新知三联书店2013年版。

张光直:《考古学专题六讲》,文物出版社1986年版。
张光直:《美术、神话与祭祀》,生活·读书·新知三联书店2013年版。
张政烺:《张政烺文集·甲骨金文与商周史研究》,中华书局2012年版。
钟柏生:《殷商卜辞地理论丛》,台湾艺文印书馆1989年版。
郑杰祥:《商代地理概论》,中州古籍出版社1994年版。
赵鹏:《殷墟甲骨文人名与断代的初步研究》,线装书局2008年版。
赵志军:《植物考古学:理论、方法和实践》,科学出版社2010年版。
周立三:《中国农业地理》,科学出版社2007年版。
周明镇、张玉萍:《中国象化石》,科学出版社1974年版。

五 研究性论文[①]

A

安志敏:《中国古代的石刀》,《考古学报》第10册,1955年版。

B

白云翔:《殷代西周是否大量使用青铜农具的考古学观察》,《农业考古》1985年第1期。

白云翔:《殷代西周是否大量使用青铜农具之考古学再观察》,《农业考古》1989年第1期。

C

曹鹏:《商代赣西土田探析》,《农业考古》2016年第1期。

曹兴山、赫明林、曹炳媛:《河西走廊地质记录中的新仙女木事件及其前后古地理环境演变》,《甘肃地质》2002年第1期。

陈剑:《说花园庄东地甲骨卜辞的"丁"——附:释"速"》,《故宫博物院院刊》2004年第4期。

陈剑:《甲骨文旧释"𦧅"和"𥃩"的两个字及金文"𩫖"字新释》,复旦大学出土文献与古文字研究中心编:《出土文献与古文字研究》(第一辑),复旦大学出版社2006年版。

陈絜:《"泰山田猎区"与商末东土地理》,《历史研究》2015年第5期。

陈絜:《商周东土开发与象之南迁不复》,《历史研究》2016年第5期。

[①] 凡是出自于"专著与研究文集"中的论文,都不再重复标出。

陈梦家：《甲骨断代学》（甲、乙、丙、丁篇），分别发表于《燕京学报》1951年第40期、《考古学报》1954年第2期、1953年、1951年。

陈全家：《内蒙古林西县井沟子西梁遗址出土的动物遗存》，《草原文物》2006年第2期。

陈微微、张居中、蔡全法：《河南新密古城寨城址出土植物遗存分析》，《华夏考古》2012年第1期。

陈文华：《试论我国农具史上的几个问题》，《考古学报》1981年第4期。

陈文华：《畬田新解》，《农业考古》1988年第2期。

陈旭：《商代农耕与农业生产状况》，《郑州大学学报》1982年第3期。

陈旭高、李永加：《稻作农业起源与传播学术研讨会暨中国考古学会植物考古专业委员会成立大会在余姚召开》，《农业考古》2014年第6期。

陈雪香：《从济南大辛庄遗址浮选结果看商代农业经济》，《东方考古》（第4集），科学出版社2008年版。

陈雪香、王良智、王青：《河南博爱县西金城遗址2006—2007年浮选结果分析》，《华夏考古》2010年第3期。

陈雪香、吴文婉：《多学科交叉研究古代植物遗存——农业起源与传播暨中国植物考古学新进展国际学术研讨会会议综述》，《中国农史》2013年第6期。

陈雪香、周广明、宫玮：《江西新干牛城2006—2008年度浮选植物遗存初步分析》，《江汉考古》2015年第3期。

陈振中：《殷周的钱、镈——青铜铲和锄》，《考古》1982年第3期。

陈振中：《殷代的铚艾》，《农业考古》1981年第1期。

陈振中：《殷周的铚艾——兼论殷周大量使用青铜农具》，《农业考古》1981年第1期。

D

董明星、张祥信、牛树银、庞其清、边鸿浩、张倩：《河北省石家庄地区晚更新世晚期古菱齿象—披毛犀动物群及其古气候》，《古地理学报》2011年第13卷第4期。

董作宾：《大龟四版考释》，李济主编：《安阳发掘报告》（第三期），"中央研究院"历史语言研究所1931年版。

董作宾：《甲骨文断代研究例》，"中央研究院"历史语言研究所主编：《庆祝蔡元培先生六十五岁论文集》，"中央研究院"历史语言研究所

1933年版。

董作宾:《安阳侯家庄出土之甲骨文字》,《田野考古报告》第一册,商务印书馆1936年版。

董作宾:《读魏特夫商代卜辞中的气象纪录》,《中国文化研究所集刊》1942年第3卷第1、2、3、4期合刊。

董作宾:《再谈殷代气候》,《中国文化研究所集刊》1946年第5卷。

F

范毓周:《殷代的蝗灾》,《农业考古》1983年第2期。

范毓周:《关于商代麦类作物的几个问题》,《中国农史》2002年第1期。

方修琦、侯光良:《中国全新世气温序列的集成重建》,《地理科学》2011年第4期。

房迎三:《苏皖北部新发现的淮河象化石及其生存环境》,邓涛、王原编:《第八届中国古脊椎动物学学术年会论文集》,海洋出版社2001年版,第177—182页。

傅稻镰等:《颍河中上游谷地植物考古调查的初步报告》,北京大学考古文博学院、河南省文物考古研究所编:《登封王城岗考古发现与研究(2002—2005)》(附录四),大象出版社2007年版。

冯时:《殷历岁首研究》,《考古学报》1990年第1期。

冯时:《"文邑"考》,《考古学报》2008年第3期。

G

凯利·克劳福德、赵志军、栾丰实、于海广、方辉、蔡凤书、文德安、李炅娥、加里·费曼、琳达·尼古拉斯:《山东日照市两城镇遗址龙山文化植物遗存的初步分析》,《考古》2004年第9期。

高汉玉、王任曹、陈云昌:《台西村商代遗址出土的纺织品》,《文物》1979年第6期。

郭旭东:《甲骨文中的求年、受年卜辞》,《农业考古》2006年第1期。

郭永秉:《谈古文字中的"要"字和从"要"之字》,中国古文字学会编:《古文字研究》(第二十八辑),中华书局2010年版。

H

韩建业:《殷墟西区墓地分析》,《考古》1997年第1期。

韩艳、赵国永:《近63年安阳市旱涝等级研究》,《安阳师范学院学报》2015年第5期。

何凡能、李柯、刘浩龙：《历史时期气候变化对中国古代农业影响研究的若干进展》，《地理研究》2010 年第 12 期。

何业恒：《中国竹鼠分布的变迁》，《湘潭大学学报》（哲学社会科学版）1980 年第 3 期。

何毓灵、岳洪彬：《洹北商城十年之回顾》，《中国国家博物馆馆刊》2011 年第 12 期。

侯光良、方修琦：《中国全新世分区气温序列集成重建及特征分析》，《古地理学报》2012 年第 14 卷第 2 期。

胡厚宣：《气候变迁与殷代气候之检讨》，《中国文化研究汇刊》1944 年第 4 卷 1 期。

胡厚宣：《殷代农作施肥说》，《历史研究》1955 年第 1 期。

胡厚宣：《殷代农作施肥说补证》，《文物》1963 年第 5 期。

胡厚宣：《再论殷代农作施肥问题》，《社会科学战线》1981 年第 1 期。

胡厚宣：《说贵田》，《历史研究》1957 年第 7 期。

胡厚宣：《八十五年来甲骨文材料之再统计》，《史学月刊》1984 年第 5 期。

胡厚宣：《殷卜辞中的上帝和王帝（上）》，《历史研究》1959 年第 9 期。

胡厚宣：《殷卜辞中的上帝和王帝（下）》，《历史研究》1959 年第 10 期。

胡厚宣：《中国奴隶社会的人殉和人祭》（上篇），《文物》1974 年第 7 期。

胡厚宣：《从甲骨文字看殷代农业的发展》，《中国农史》1986 年第 1 期。

胡厚宣：《卜辞同文例》，《中央研究院历史语言研究所集刊》第 9 本，"中央研究院"历史语言研究所 1947 年版。

黄铭崇：《商人服象——事实与想象》，http：//kam－a－tiam.typepad.com/blog/2017/09/商人服象事实与想象.html。

黄天树：《甲骨文中有关猎首风俗的记载》，《中国文化研究》2005 年第 2 期。

黄象洪、曹克清：《上海马桥、崧泽新石器时代遗址中的动物遗骸》，《古脊椎动物学报》1978 年第 1 期。

J

冀小军：《说金文甲骨中表祈求之义的𣎴字》，《湖北大学学报》1991 年第 1 期。

贾兰坡：《河南淅川县下王岗遗址中的动物群》，《文物》1977 年第 6 期。

靳桂云、方辉：《济南大辛庄商代遗址植硅体研究》，《东方考古》（第 4 集），科学出版社 2008 年版。

L

雷焕章：《商代晚期黄河以北地区的犀牛和水牛——从甲骨文中的和兕字谈起》，葛人译，《南方文物》2007 年第 4 期。

李家浩：《谈"斤"说"锛"》，《中国文字学报》（第四辑），商务印书馆 2012 年版。

李根蟠：《中国古代耕作制度的若干问题》，《古今农业》1989 年第 1 期。

李觅家、顾延生、刘红叶：《豫北平原全新世孢粉记录气候变化与古文化演替》，《吉林大学学报（地）》2016 年第 5 期。

李民：《〈尚书〉所见商代之农业》，《山西大学学报》1980 年第 4 期。

李学勤：《评陈梦家殷虚卜辞综述》，《考古学报》1957 年第 3 期。

李学勤：《论"妇好"墓的年代及有关问题》，《文物》1977 年第 11 期。

李学勤：《小屯南地甲骨与甲骨分期》，《文物》1981 年第 5 期。

李学勤：《力、耒和踏锄》，《农业考古》1990 年第 2 期。

李学勤：《释"改"》，宋文薰等主编：《石璋如院士百岁祝寿论文集：考古、历史、文化》，南天书局 2002 年版。

李学勤：《关于花园庄东地卜辞的所谓"丁"的一点看法》，《故宫博物院院刊》2004 年第 5 期。

李学勤：《商代夷方的名号和地望》，《中国史研究》2006 年第 4 期。

李学勤：《帝辛征夷方卜辞的扩大》，《中国史研究》2008 年第 1 期。

李冀、侯甬坚：《先秦时期中国北方野象种类探讨》，《地球环境学报》2010 年第 1 卷第 2 期。

李永迪：《史语所安阳大连坑发掘所见的王室手工业生产活动及其相关问题》，李永迪编：《纪念殷墟发掘八十周年学术研讨会论文集》，"中央研究院"历史语言研究所 2015 年版。

李有恒、韩德芬：《广西桂林甑皮岩遗址动物群》，《古脊椎动物学报》1978 年第 16 卷第 4 期。

李志文、孙丽、王丰年：《全新世中国东部亚热带地区气候变迁的古生物学证据》，《热带地理》2015 年第 2 期。

刘昶、方燕明：《河南禹州瓦店遗址出土植物遗存分析》，《南方文物》2010 年第 4 期。

刘莉、杨东亚、陈星灿：《中国家养水牛起源初探》，《考古学报》2006 年第 2 期。

刘莉、盖瑞·克劳福德、李炅娥、陈星灿、马萧林、李建和、张建华：《郑州大河村遗址仰韶文化"高粱"遗存的再研究》，《考古》2012 年第 1 期。

刘源：《花园庄卜辞中有关祭祀的两个问题》，张政烺先生九十华诞纪念文集编委会编：《揖芬集：张政烺先生九十华诞纪念集》，社会科学文献出版社 2002 年版。

刘源：《读殷墟村中南近出甲骨札记》，中国古文字研究会编：《古文字研究》（第 29 辑），中华书局 2012 年版。

刘兴林：《论商代农业的发展》，《中国农史》1995 年第 4 期。

刘兴林：《农田杂草考古研究的意义》，《古今农业》2016 年第 2 期。

林巳奈夫：《从商、西周时期动物纹饰中所见的六种野生动物》，陈起译，《南方文物》2013 年第 3 期。

林沄：《花东子卜辞所见人物研究》，陈昭容主编：《古文字与古代史》（第一辑），"中央研究院"历史语言研究所 2007 年版。

林小安：《"神不歆非类，民不祀非族"漫议》，《甲骨文与殷商史》（新三辑），上海古籍出版社 2013 年版。

隆定海：《关于农业生产组织结构的研究》，《经济问题》2006 年第 12 期。

楼劲：《汤祷传说的文本系统》，《中国社会科学院历史研究所学刊》（第六集），商务印书馆 2010 年版。

罗琨：《甲骨文"来"字辨析》，《中原文物》1990 年第 3 期。

罗琨：《殷商时期的羌和羌方》，《甲骨文与殷商史》（第三辑），上海古籍出版社 1991 年版。

M

蒙文通：《中国古代北方气候考略》，《史学杂志》1930 年第 2 卷 3—4 期合刊。

孟宪武、李贵昌：《殷墟四合院式建筑基址考察》，《中原文物》2004 年第 5 期。

孟宪武、李贵昌、李阳：《殷墟都城遗址中国家掌控下的手工业作坊》，《殷都学刊》2014 年第 4 期。

孟宪武：《试析殷墟墓地"异穴并葬"墓的性质》，《华夏考古》1993 年第

1 期。

孟蓬生：《释𡘿》，中国古文字学会编：《古文字研究》（第 25 辑），中华书局 2004 年版。

N

内田纯子：《殷墟西北冈 1001 号大墓出土雕花骨器的研究》，《中央研究院历史语言研究所集刊》，2013 年第 84 本第 4 分本。

宁镇疆：《周代"籍礼"补议——兼说商代无"籍田"及"籍礼"》，《中国史研究》2016 年版。

P

彭邦炯：《商人卜蠡说——兼说甲骨文的秋字》，《农业考古》1983 年第 2 期。

彭邦炯：《商代农业新探》，《农业考古》1988 年第 2 期。

彭邦炯：《商代农业新探》（续），《农业考古》1989 年第 1 期。

彭邦炯：《甲骨文农业资料选集考辨》（连载），《农业考古》，发表在 1988—1994 年，合 12 期。

彭明瀚：《浅议殷人的田祭》，《农业考古》1992 年第 3 期。

彭明瀚：《田字本义新释》，《考古与文物》1995 年第 1 期。

Q

崎川隆：《甲骨文"长"字字形的重新整理》，吉林大学古籍研究所编：《吉林大学古籍研究所建所 30 周年纪念论文集》，上海古籍出版社 2014 年版。

祁国琴：《福建闽侯县石山新石器时代遗址中出土的兽骨》，《古脊椎动物学报》1977 年第 15 卷第 4 期。

秦岭：《中国农业起源的植物考古研究与展望》，《考古学研究》（九），文物出版社 2012 年版。

曲英杰：《"工商食官"辨析》，《中国史研究》1985 年第 2 期。

R

任相宏：《岳石文化的农具》，《考古》1995 年第 10 期。

S

商艳涛：《西周金文中的族军》，《考古与文物》2009 年第 3 期。

沈培：《殷墟花园庄东地甲骨"登"字用为"登"证说》，《中国文字学报》（一），商务印书馆 2006 年版。

沈培：《甲骨文"巳"、"改"用法补议》，李宗焜主编：《古文字与古代史》（第四辑），"中央研究院"历史语言研究所 2015 年版。

施雅风、孔昭宸、王苏民等：《中国全新世大暖期气候与环境的基本特征》，施雅风主编：《中国全新世大暖期气候与环境》，海洋出版社 1992年版。

宋兆麟：《我国的原始农具》，《农业考古》1986 年第 1 期。

宋镇豪：《再论殷商王朝甲骨占卜制度》，《中国历史博物馆馆刊》1999 年第 1 期。

宋镇豪：《甲骨文中反映的农业礼俗》，《东方学报》第 71 册，日本京都大学人文科学研究所 1999 年版。

宋镇豪：《论商代的政治地理架构》，《中国社会科学院历史研究所学刊》（第一集），社会科学文献出版社 2001 年版。

宋镇豪：《五谷、六谷与九谷——谈谈甲骨文中的谷类作物》，《中国历史文物》2002 年第 4 期。

宋镇豪：《花东甲骨文小识》，《东方考古》（第四集），科学出版社 2008 年版。

宋镇豪：《商代军事制度研究》，《陕西历史博物馆馆刊》1995 年第 2 期。

宋镇豪：《商代的王畿、四土与四至》，《南方文物》1994 年第 1 期。

孙亚冰：《读〈村中南〉札记二则》，中国古文字研究会编：《古文字研究》（第 30 辑），中华书局 2014 年版。

宋艳波、燕生东：《阳信李屋遗址 2003 年出土动物遗存分析报告》，《海岱考古》（第八辑），科学出版社 2015 年版。

宋艳波等：《鲁北地区殷墟时期遗址出土的动物遗存》，《海岱考古》（第四辑），科学出版社 2011 年版。

孙机：《古文物中所见之犀牛》，《文物》1982 年第 8 期。

T

唐兰：《获白兕考》，《史学年报》1932 年第 4 期。

唐兰：《中国古代社会使用青铜农具的初步研究》，《故宫博物院院刊》1960 年第 2 期。

唐际根、荆志淳、岳洪彬等：《洹北商城与殷墟的路网水网》，《考古学报》2016 年第 3 期。

唐钰明：《屮、又考辨》，中国古文字研究会编：《古文字研究》（第十九

· 301 ·

辑），中华书局 1992 年版。

唐云明：《河北商代农业考古概述》，《农业考古》1982 年第 1 期。

陶大卫、吴倩、崔天兴、赵珍珍：《郑州望京楼遗址二里头文化时期植物资源的利用——来自石器残留淀粉粒的证据》，《第四纪研究》2016 年第 2 期。

W

王炳华：《新疆农业考古概述》，《农业考古》1983 年第 1 期。

王光镐：《正足不同源楚楚不同字补正》，《江汉考古》1985 年第 2 期。

王贵民：《商代农业概述》，《农业考古》1985 年第 2 期。

王贵民：《就甲骨文所见试说商代王室田庄》，《中国史研究》1980 年第 3 期。

王辉：《正、足、疋同源说》，《考古与文物》1981 年第 4 期。

王娟、张居中：《圣水牛的家养/野生属性初步研究》，《南方文物》2011 年第 3 期。

王祁：《殷墟文化分期及相关诸问题再研究》，《中国国家博物馆馆刊》2018 年第 11 期。

王祁、史云征：《河北邢台柏乡县赵村遗址出土植物遗存研究》，《华夏考古》2019 年第 1 期。

王祁、唐际根、岳洪彬、岳占伟：《安阳殷墟刘家庄北地、大司空村、新安庄三个遗址点出土晚商植物遗存研究》，《南方文物》2018 年第 3 期。

王青、李慧竹：《海岱地区的獐与史前环境变迁》，《东南文化》1994 年第 5 期。

王庆瑞、敦德勇：《甘肃东乡林家马家窑文化遗址出土的稷与大麻》，《考古》1984 年第 7 期。

王绍武、龚道溢：《全新世几个特征时期的中国气温》，《自然科学进展：国家重点实验室通讯》2000 年第 4 期。

王慎行：《卜辞所见羌人考》，《中原文物》1991 年第 1 期。

王树芝、岳洪彬、岳占伟：《殷商时期高分辨率的生态环境重建》，《南方文物》2016 年第 2 期。

王宜涛：《紫荆遗址动物群及其古环境意义》，《环境考古研究》（第 1 辑），科学出版社 1991 年版，第 96—99 页。

王永波：《獐牙器——原始自然崇拜的产物》，《北方文物》1988 年第

4 期。

王宇信、杨宝成：《殷墟象坑和"殷人服象"的再探讨》，胡厚宣主编：《甲骨探史录》，生活·读书·新知三联书店 1982 年版。

王子杨：《甲骨文"琴"（郁）的用法》，《文史》2016 年第 3 辑。

魏特夫：《商代卜辞中的气象纪录》，陈家芷译，《大学》1942 年第 1 卷第 1、2 期。

文焕然、何业恒、江应梁、高耀亭：《历史时期中国野象的初步研究》，《思想战线》1979 年第 6 期。

文焕然、何业恒、高耀亭：《中国野生犀牛的灭绝》，《湖北大学学报》（自科版）1981 年第 1 期。

吴振武：《说"苞""鬱"》，《中原文物》1990 年第 3 期。

吴振武：《"戡"字的形音义——为纪念殷墟甲骨文发现一百周年而作》，台湾师范大学国文系、"中央研究院"历史语言研究所编：《甲骨文发现一百周年学术研讨会论文集》，文史哲出版社 1998 年版。

吴文婉、张继华、靳桂云：《河南登封南洼遗址二里头到汉代聚落农业的植物考古证据》，《中原文物》2014 年第 1 期。又可参考正式报告《登封南洼——2004—2006 年田野考古报告》，科学出版社 2014 年版。

吴燕：《甲骨文"黍"字考》，《东南大学学报》2009 年第 S1 期。

X

谢明文：《释甲骨文中的"叔"字》，复旦大学出土文献与古文字研究中心网站，2012 年 10 月 31 日，http：//www.gwz.fudan.edu.cn/Web/Show/1957。

徐中舒：《耒耜考》，《国立中央研究院历史语言研究所集刊》1930 年，第 2 本第 1 分册。

徐中舒：《殷人服象及象之南迁》，《中央研究院历史语言研究所集刊》1930 年，第 2 本第 1 分册。

徐中舒：《论东亚大陆牛耕的起源》，《成都工商导报·学林副刊》1951 年 12 月 23 日。

徐中舒：《试论周代田制及其社会性质》，《四川大学学报》1955 年第 2 期。

Y

严文明：《喜读〈淅川下王岗〉》，《华夏考古》1990 年第 4 期。

杨树达：《耏林颀金文说》，《历史研究》1954年第6期。

杨杨：《田猎卜辞中的动物》，《郑州师范教育》2017年第1期。

杨玉璋、袁增箭、张家强等：《郑州东赵遗址炭化植物遗存记录的夏商时期农业特征及其发展过程》，《人类学学报》2017年第1期。

杨钟健、刘东生：《安阳殷墟之哺乳动物群补遗》，《中国考古学报》1949年第4册。

西代锡：《从甲骨文所见试论殷代的农业经济》，《湘潭大学社会科学学报》1982年第2期。

游修龄：《殷代的农作物栽培》，《浙江农学院学报》1957年第2期。

于省吾：《商代的穀类作物》，《吉林大学社会科学学报》1957年第1期。

于省吾：《从甲骨文看商代的农田垦殖》，《考古》1972年第4期。

于省吾：《殷代的交通工具和駉传制度》，《东北人民大学人文科学学报》1955年第2期。

袁靖、徐良高：《沣西出土动物骨骼研究报告》，《考古学报》2000年第2期。

袁靖、唐际根：《河南安阳市洹北花园庄遗址出土动物骨骼研究报告》，《考古》2000年第11期。

岳洪彬、岳占伟：《殷墟宫殿宗庙区内的墓葬群综合研究》，《三代考古》（六），科学出版社2015年版。

Z

张秉权：《殷代的农业与气象》，《中央研究院历史语言研究所集刊》第42本第2分本，"中央研究院"历史语言研究所1970年版。

张秉权：《商代卜辞中的气象纪录之商榷》，《学术季刊》1957年第6卷2期。

张秉权：《甲骨文所见人地同名考》，李方桂主编：《庆祝李济先生七十岁论文集》（下册），清华学报社1967年版。

张秉权：《卜龟腹甲的序数》，《中央研究院历史语言研究所》第28本上册，"中央研究院"历史语言研究所1956年版。

张秉权：《论成套卜辞》，中研院历史语言研究所编：《中研院历史语言研究所集刊外编第四种·庆祝董作宾先生六十五岁论文集》上册，"中央研究院"历史语言研究所1960年版。

张光裕：《㝬簋铭文与西周史事新证》，《文物》2009年第2期。

张军涛：《释甲骨文"斧枭"——兼论殷商大麻栽培技术》，《中国农史》2016年第5期。

张明华：《浙江菱湖—亚洲象臼齿的记述》，《古脊椎动物学报》1979年第2期。

张鸣环：《商周没有大量使用青铜农具吗？——与陈文华同志商榷》，《农业考古》1983年第2期。

张松林、高汉玉：《荥阳青台遗址出土丝麻织品观察与研究》，《中原文物》1999年第3期。

张惟捷：《殷商武丁时期人物"雀"史迹研究》，《中央研究院历史语言研究所集刊》第85本4分本，"中央研究院"历史语言研究所2014年版。

张席褆：《中国纳玛象化石新材料的研究及纳玛象系统分类的初步探讨》，《古脊椎动物学报》1964年第3期。

张雪莲、王金霞、冼自强、仇士华：《古人类食物结构研究》，《考古》2003年第2期。

张雪莲、仇士华、钟建、梁中合：《山东滕州市前掌大墓地出土人骨的碳氮稳定同位素分析》，《考古》2012年第9期。

张雪莲、徐广德、何毓灵、仇士华：《殷墟54号墓出土人骨的碳氮稳定同位素分析》，《考古》2017年第3期。

张雪明：《释"尼田"——与张政烺先生商榷》，《武汉大学学报》（人文科学版）1978年第4期。

张玉萍、宗冠福：《中国的古菱齿象属》，《古脊椎动物学报》1983年第4期。

赵平安：《"达"字两系说——兼释甲骨文所谓"途"和齐金文中所谓"造"字》，《新出简帛与古文字古文献研究》，商务印书馆2009年版。

赵世超：《殷周大量使用青铜农具说质疑——与陈振中同志等商榷》，《农业考古》1983年第2期。

赵志军：《从兴隆沟遗址浮选结果谈中国北方旱作农业起源问题》，南京师范大学文博系编：《东亚古物》（A卷），文物出版社2004年版。

赵志军：《两城镇与教场铺龙山时代农业生产特点的对比》，《东方考古》（第1集），科学出版社2004年版。

赵志军：《关于夏商周文明形成时期农业经济特点的一些思考》，《华夏考古》2005年第1期。

赵志军：《植物考古学及其新进展》，《考古》2005年第7期。
赵志军、方燕明：《登封王城岗遗址浮选结果及分析》，《华夏考古》2007年第2期。
赵志军：《中国古代农业的形成过程——浮选出土植物遗存证据》，《第四纪研究》2014年第34卷第1期。
赵志军：《小麦传入中国的研究——植物考古资料》，《南方文物》2015年第3期。
曾雄生：《食物的阶级性——以稻米与中国北方人的生活为例》，《中国农史》2016年第1期。
郑慧生：《"殷正建未"说》，《史学月刊》1984年第1期。
郑若葵：《殷墟"大邑商"族邑布局初探》，《中原文物》1995年第3期。
郑振香：《论殷墟文化分期及其相关问题》，《中国考古学研究》编委会编：《中国考古学研究》，文物出版社1986年版。
钟华、赵春青、魏继印、赵志军：《河南新密新砦遗址2014年浮选结果及分析》，《农业考古》2016年第1期。
朱凤瀚：《先秦时代的"里"——关于先秦基层地域组织之发展》，中国先秦史学会秘书处编：《先秦史研究》，云南民族出版社1987年版。
朱凤瀚：《商周时期的天神崇拜》，《中国社会科学》1993年第4期。
朱红林：《周代"工商食官"制度再研究》，《人文杂志》2004年第1期。
竺可桢：《中国历史上气候之变迁》，《东方杂志》1925年第22卷第3号。
竺可桢：《中国近五千年来气候变迁的初步研究》，《考古学报》1972年第1期。
朱彦民：《商代晚期中原地区生态环境的变迁》，《南开学报》（哲学社会科学版）2006年第5期。

六 学位论文

陈雪香：《海岱地区新石器至青铜时代农业稳定性考察——植物考古学的个案分析》，博士学位论文，山东大学，2007年。
陈逸文：《商代农业卜辞研究》，硕士学位论文，台湾"国立"政治大学，2007年。
丁思聪：《殷墟墓葬的用玉制度》，硕士学位论文，中国社会科学院研究生院，2013年。

宫玮：《济南大辛庄、刘家庄商代先民食物结构研究——植物大遗存与碳、氮稳定同位素结果》，硕士学位论文，山东大学，2016年。

贾世杰：《郑州商城炭化植物遗存研究》，硕士学位论文，中国科学技术大学，2011年。

蒋玉斌：《殷墟子卜辞的整理与研究》，博士学位论文，吉林大学边疆考古研究中心，2006年。

李冀：《先秦动物地理问题探索》，博士学位论文，陕西师范大学，2013年。

吴文婉：《中国北方地区裴李岗时代生业经济研究》，博士学位论文，山东大学，2014年。

钟华：《中原地区仰韶中期到龙山时期植物考古学研究》，博士学位论文，中国社会科学院研究生院，2016年。

七 英文文献

DY Yang, L Liu, X Chen, CF Speller, Wild or domesticated：DNA analysis of ancient water buffalo remains from north China, *Journal of Archaeological Science*, 2008, 35（10）, pp. 2778 – 2785.

Guiyun Jin, Wenwan Wu, Kesi Zhang, Zebing Wang, Xiaohong Wu, 8000 – Year old rice remains from the north edge of the Shandong Highlands, *Journal of Archaeological Science*, Vol. 51, 2014, pp. 34 – 42.

Hafsten U, A sub-decision of the Late Pleistocene period on a synchronous basis, intended for global and universal usage, *Palaeogeography Palaeoclimatology Palaeoecology*, 1970, 7, pp. 279 – 296.

Harris, D. R., *Agriculture, Cultivation and Domestication: Exploring the Conceptual Framework of Early Food Production*, Walnut Greek, California：Left Coast Press, 2007.

Lu Houyuan, Zhang Jianping, Liu Kam-biu et al, Earliest domestication of common millet（Panicum miliaceum）in East Asia extended to 10,000 years ago, *PNAS*, Vol. 106, No. 18, 2009, pp. 7367 – 7372.

Paul L-M. Serruys, Studies in the Language of the Shang Oracle Inscriptions,

T'oung Pao, Vol. 60, Livr. 1/3 (1974), pp. 12 – 120.

Paul L-M Serruys, Towards a Grammar of the Language of the Shang Bone Inscriptions,《中央研究院国际汉学会议论文集·语言文字组》,"中央研究院"1981年版,第313—364页。

P. E. McGovern, J. Zhang, J. Tang, Z. Zhang, G. R. Hall, R. A. Moreau, A. Nunez, E. D. Butrym, M. R. Richards, C – S. Wang, G. Cheng, Z. Zhao, and C. Wang, Fermented beverages of pre-and proto-historic China, *PNAS*, Vol. 101, No. 51, 2004, pp. 17593 – 17598.

Smith B. D. , Niche construction and the behavioral context of plant and animal domestication, *Evolutionary Anthropology*, Vol. 16, 2007, pp. 188 – 199.

Wang Jiajing, Li Liu, Terry Ball, Linjie Yu, Yuanqing Li, and Fulai Xing, Revealing a 5,000 y – oldbeer recipe in China, *PNAS*, Vol. 113, No. 23, 2016, pp. 6444 – 6448.

索　引

A

安金槐　42

B

白川静　204
白云翔　44，153
蚌铲　136，150
蚌镰　139，141，150，151，246
蚌铚　142，150
播种　6，115
博爱西金城遗址　246

C

仓廪　127，128，198
曹鹏　46
锸　134，172
铲　44，104，118，134，135，136，137，143，148，150，162，163，165，172，173，174，246
晁错　1
陈絜　25，26
陈梦家　41，65，66，67，68，69，82，83，104，124，125，130，142，192
陈炜湛　192
陈文华　43，44，111
陈星灿　32，137
陈旭　42
陈雪香　47，48，57，58
陈振中　44，168
程憬　37
出土概率　53，54，55，56，58，59，60，62
储藏　6，100，123，127，128，129，173

D

大豆　53，54，55，56，58，59，60，62，63，65，68，96，99，245
大麦　41，67，80，244
大司空遗址　53，54，55，56，128，129，135，163
稻　39，41，42，45，47，51，53，54，56，57，58，59，60，62，63，64，67，68，71，82，83，85，86，96，99，108，117，125，142，244，245
德日进　14，21，24，25，31，32
登封南洼遗址　47，57，59，60

登封王城岗遗址　47，57，60，246
点种棒　116
丁山　192
董作宾　7，14，15，16，103，110，192
度田　132，133，193

F

翻耕　100，108，110，111，112，114，
　115，116，117，134，173，186
范毓周　42，46
焚田　39
弗雷泽　189
浮选法　45，48，50
妇好墓　8，163，164，236
傅稻镰　47，57

G

告麦　81
耕前除草　101，108，117，118，173
耕作技术　38
谷物祭祀　99
骨铲　135，136，150，246
骨镰　141，150，151
骨铚　150，151
管子　1，108，141，154，166
灌溉　6，123
贵田　104
郭宝钧　153
郭家庄墓地　232
郭沫若　38，40，80，103，112，126，
　137，191
郭旭东　45，67，175
国语　36，108，118，123，128，139，

　160，161，169

H

邯郸磁县下七垣遗址　143
汉达文库　7，101，176
何兹全　38，39，40，41，42，43，45，46
胡厚宣　2，14，15，17，20，36，39，41，
　50，65，68，83，111，130，175，218
护苗　116
淮南子　36，160，166，188
换田　129，130，132
黄天树　7，73，80，176
蝗灾　42，119，120

J

耤田　110，111，112，113，114，115，
　134，173，175，192，193，204，206，
　221，222，223，224，225，226，238，
　240，241
济南大辛庄遗址　47，57，142，143，
　152，174
济南刘家庄遗址　59，215，216
稷　1，41，67，68，71，82，86，100，
　113，115，134，243，244
靳桂云　142

K

开荒　100，101，102，103，105，106，
　107，108，118，123，132，187，
　206，247
孔昭宸　11

L

雷焕章　32，33
耒　1，38，40，43，108，112，113，114，115，134，135，143，172，173，222
耒耜　1，38，40，112，113，134，161
犁　39，112，137，138
李冀　21，22，23
李民　42
李绍连　43
李学勤　7，43，111，191，197
里君　239
林沄　79
刘欣　43
刘兴林　45
陆懋德　40
罗琨　67，68，78，80
罗振玉　37，67，69，101

M

马元材　38
麦　37，41，43，46，51，53，54，56，58，59，60，63，65，67，68，71，77，78，79，80，81，84，85，99，108，110，244，245
蒙文通　10

N

南廪　127，128，193
内服　5，195，196，198，199，200，201，202，203，204，205，206，207，208，226，237，241
内蒙古敖汉兴隆沟遗址　246
倪政祥　40
牛城遗址　64
牛耕　38，39，40，43，137，138，173
农业地名　184，193，194，197，198，201，206，207，208
农业礼俗　46，113
农作物结构　50，51，53，54，55，57，60，61，62，63，64，84，85，86，98，99，245
农作物数量百分比　53

O

耦耕　40，111，112，115

P

彭邦炯　42，67，68，104，119，120，192，194，197
彭明瀚　43
裒田　3，41，43，48，103，104，105，106，107，131，132，133，170，187，192，193，198，201，206，207，208，216，217，218，219，220，221，225，226，241，247

Q

齐民要术　1，71，118，136，164
青州苏埠屯遗址　215，216
清华简　9，113
裘锡圭　2，43，50，65，66，67，68，69，

70，72，77，79，80，82，83，99，101，102，103，104，106，108，109，110，111，112，115，118，121，122，123，124，125，126，127，130，131，132，134，138，139，142，189，198，239

R

饶宗颐　104，191，222

S

三角形器　137
尚书　36，71，188，199，200，210，226，243，244
沈志忠　45
省廪　127，128
诗经　71，83，101，103，112，113，115，123，125，128，134，171，186
施雅风　11
石刀　124，133，139，140，141，143，144，145，146，147，148，149，152，173，246
石镰　139，141，142，144，147，148，149，150，151，152，241，246
石铚　142，148，149，150，152，174
史记　9，36，128，191
收割　43，74，78，108，123，124，125，126，127，133，134，138，139，141，142，143，146，147，148，149，152，173，246
收获　7，48，100，109，120，123，124，125，142，193
受禾　66，72，73，79，105，125，175，176，177，179，180，181，185，192，196，220
受年　45，66，72，73，74，75，76，77，78，81，82，110，112，113，116，121，122，124，131，170，175，176，177，178，179，180，181，182，183，184，185，190，191，192，193，194，195，196，197，199，200，201，202，203，204，205，206，207，208，217，222，223，240，243
菽　41，68
黍　37，41，46，51，53，54，55，56，58，59，60，61，62，63，64，66，67，68，69，70，71，73，74，75，76，77，78，79，81，82，83，84，85，96，99，105，109，114，116，117，121，123，124，125，126，139，170，173，180，193，194，201，202，203，205，208，219，220，223，224，225，238，239，243，244，245
司礼义　16
司礼义法则　16
耤　1，38，40，85，108，112，113，115，134，135，141，143，154，173，246
宋新潮　192
宋镇豪　2，46，50，65，66，67，68，69，74，80，83，106，128，129，199，200，244
粟作农业圈　61
孙常叙　40
孙亚冰　191
孙诒让　37，191

T

唐际根　4，229，231，235

唐兰　3,32,38,39,40,44,50,68,
　　82,153,158
唐云明　42
滕州前掌大遗址　63,215,216
同乐花园遗址点　51,52,53,54,55
铜锛　154,155,156,157,158,159,
　　160,161,169,174
铜甾　166,167,168
铜铲　44,162,163,164,165,166,
　　168,171,172,174
铜斧　154,157,158,159,160,161
铜镰　168,169,171,172
土田　42,43,46,132,221

W

外服　5,193,195,196,198,199,200,
　　201,203,205,206,207,208,
　　226,241
万国鼎　38,40
王贵民　42,67,68
王国维　137,191
王畿　115,196,199,200,201,241
王进峰　46
王克林　44
王陵区　8
王绍武　11,12
王襄　37,110,111
王星光　46
王宇信　25
王祯农书　118,136,139,140,142
王震中　4,5,192,199,200,227,237
韦心滢　192
魏特夫　14,15,20
温少峰　44,67,68

稳定同位素　47,48,62,63,99
吴其昌　38
吴文婉　57
吴燕　46,67
武安磁山遗址　246
武安赵窑遗址　137,143

X

西安老牛坡遗址　7,141,143,151
系年　9,113
夏麦陵　43
肖田　42,43,130
小麦　41,51,53,54,56,58,59,60,
　　63,65,67,77,78,79,80,99,245
小屯　4,7,8,51,135,139,140,146,
　　150,228,236
孝民屯遗址　229,235
荔田　112,175
新安庄遗址点　54,55
新密古城寨遗址　57,246
邢台东先贤遗址　143
邢台古鲁营遗址　143
邢台贾村遗址　143
徐云峰　42,46
徐中舒　10,25,38,40,104,112,134,
　　135

Y

盐铁论　1
偃师商城　247
杨升南　2,15,19,44,45,65,66,67,
　　68,69,72,74,78,80,83,108,115,
　　116,117,118,123,130,134,136,

138，164
杨树达 103
杨钟健 14，21，24，25，31
邑人 227
益都侯城 215，216
殷墟花东 M 54，63
殷墟西区 163，168，228，230，231，235，236，239
饮食结构 53，64
荥阳小胡村遗址 215，216
游修龄 68
酉代锡 42
于省吾 2，40，41，50，65，66，67，68，69，72，80，82，83，103，109，126，134
禹州瓦店遗址 246
袁庭栋 44，67，68，82

Z

张秉权 39，180，182
张军涛 46
张鸣环 44
张兴照 46
张雪莲 63
张雪明 42，43，130
张政烺 2，41，42，43，48，100，104，106，110，111，115，122，123，130，132，133，197，198，209
长清兴复河遗址 215，216
赵村遗址 51，55，56，58，60
赵峰 42
赵世超 44
赵志军 47，57
烝黍 99
郑杰祥 191
郑若葵 227
郑振香 3
郑州商城 246
治虫 116，118，173
铚艾 44，123
中耕除草 108，117，118，136，173
钟柏生 191
种植 6，66，74，76，82，100，108，110，115，116，117，126，173，175，187，193，203，206，223，224，226，241
周本雄 24
周昆叔 12，36
周原遗址 65
朱凤瀚 186，214，227
竺可桢 10，11，36
粢盛 113，134
邹衡 3
尊田 42，43，123，173，240
作畎 123，173

后　记

　　一本专著的完成，不仅仅是作者一人的功劳，还包含写作过程中良师益友的帮助。本书是在博士论文基础上修改而成的，它的产生更是有赖于师友们的帮助与辛劳。

　　我是2014年进入中国社会科学院研究生院的，在此之前，我在山东大学考古系学习植物考古。记得很清楚，2013年末到2014年初，我本来是想报考山东大学考古系的博士，但方辉老师让我的硕导陈雪香老师转告我，说中国社会科学院历史研究所王震中先生请方老师帮忙推荐一位有志学习先秦史的学生，方老师就问我有没有兴趣。我听后很激动，因为我的学术兴趣在中国上古史，而王老师正是此领域的学术大家，这无疑是一次实现学术梦想、进行学术转型的好机会。经过不懈努力，终于通过中国社会科学院研究生院博士入学考试的笔试与面试，得偿所愿，进入历史所学习先秦史。是以，我首先要感谢方辉、陈雪香二位老师，是他们的推荐，使我获得了进入这所历史悠久、实力雄厚的研究机构继续深造的契机，进而从事晚商农业史研究。

　　另外，本书所使用的河南安阳殷墟遗址、河北邢台赵村遗址的浮选材料，其挑选、鉴定、统计、拍照工作是我在山大植物考古实验室完成的，感谢方辉师与陈雪香师允许我使用山大考古系的设备，也感谢山大的师弟、师妹们在植物遗存鉴定过程中给予的帮助。

　　对我而言，中国社会科学院历史研究所是一座学术圣殿，我一直以为这里的老师们不仅学问深厚，且性格严肃，就如我们对郭沫若、顾颉刚、尹达、张政烺等先生们的书本印象一样。进入历史所后，我才知道我进入了一个温暖的大家庭，这个大家庭的成员们既潜心学术，也真挚热情。在这个大家庭中，对我影响最大的无疑是我的导师王震中老师。王师是所领导，又是学部委员，平时事务繁忙，但他总是尽量挤出时间，坚持每周上课，完整地讲授了为我和同门常淑敏设定的课程；并利用我们平时去所里查资料的空闲，与我们就每周读书问题进行深入交谈，引导我们学习如何读书、如何做学问。关于做学问的方法，王师不仅耳提面命，且以身作则，常将自己完成而未发表的论文拿出来供我们讨论，以期领悟论题选择、资料收集与分析、学术构思与写作等细节方面的技巧，这为我们踏入史学研究大门打下了很好的基础。就毕业论文的写作来说，老师从提纲、目录、文章结构到具体观点，都不断与我商讨，给我建议，且认真细致地修改了论文最后一稿。当然，老师不仅在学习上严厉督促我们，并且在生活上常常关照，我们一直很期盼吃到老师与师母包的饺子，老师常说，饺子是他的拿手好菜。感谢王师，无论在学问还是道德上，他都给我们树立了一个很好的标杆。

如果说中国社会科学院历史所是一个大家庭，那么先秦史研究室就是一个相对独立的小家庭，这里有引导我学习甲骨文的刘源老师，有经常为我解惑的孙亚冰、王泽文、赵鹏老师，有关心我们生活与学习的徐义华、马季凡老师和郜丽梅、郐晓娜师姐。他们是温润亲切的君子和师友，让我们这些在此读书的学子消退了陌生的感觉，很快地融入史学圈子。在这里，尤其感谢刘源、孙亚冰二位老师，刘老师不仅引导我学习古文字，且时刻关注我的成长，尽量给我提供学习的机会；孙老师也常常和我探讨论文，提供许多重要的建议。也要特别感谢赵鹏老师，她审阅和修改了本文的二稿。没有先秦史研究室的师友们，本书不会完成的这么顺利，感谢他们！

本书走的是考古与历史结合的道路，坚实的考古材料是顺利完成书稿的学术基础，我要感谢中国社会科学院考古研究所安阳工作站的诸位老师们。我曾于2014年、2015年、2016年三个暑假前往安阳工作站实习，有幸得到唐际根、岳洪彬、荆志淳、何毓灵、牛世山、岳占伟等老师的帮助，让我获取和使用安阳站的考古材料。这批材料也成为本文创新点之一。在此，我向诸位老师表示诚挚的感谢。

读博三年，不仅有幸遇到道德与学问并重的师长们，且结识了一群志同道合的同学们，如熊贤品、常淑敏、霍喆、陈美勋、谢悠扬、牛海茹、辛悦、肖威、丁思聪、汤毓赟、陈翔、郭荣臻、李丹妮等，他们一直关心着我的论文进度，与他们讨论学术问题是一个愉快兴奋的过程，常常能启发新思路或新想法。相信我们的友谊会随着这样一个为学术不断讨论、争

后　记

论的过程而不断加深。需要说明的是，本书对小臣的讨论受到了肖威师弟的影响，他提出小臣可能存在分级现象。

毕业论文答辩时，王老师为我和同门常淑敏邀请了朱凤瀚、袁广阔、岳洪彬、刘源、徐义华五位先生，作为答辩委员，他们对论文的修改提出了详细的修改意见，其中朱先生还将他详细审阅论文的记录交给我参阅，在此我向五位答辩委员致谢！

博士毕业后，我进入中国社会科学院考古研究所做博士后，师从著名考古学家陈星灿先生。陈师与王师一样，很关心我的论文修改进展，希望论文早日成书出版。在做博士后期间，我一方面撰写出站报告，一方面不忘在两位恩师指导下继续修改博士论文。历经半年时间，新修改的论文虽未必达到两位恩师的要求，但我自忖短时间内难有更新的认识，所以就将稿子投给《中国博士后文库》，希望评委们能提出新的修改意见。至于后来获评文库，那真是意外惊喜，这完全归功于两位恩师平时的严格要求。

还要感谢中国社会科学出版社郭鹏先生，他自我申请《博士后文库》起就给予我无私的关心，后来郭老师又担任本书的责任编辑，详细认真地修改了本书的种种错漏之处，可以说本书的最终样式离不开郭老师的努力。

最后我要感谢我的家人，在我修改书稿的日日夜夜，是他们给我支持，给我鼓励，让我能够有信心坚持走下去。

需要说明的是，对于以农为本的古代中国而言，农业史是一个范围极广、包罗万象的大课题，限于时间、篇幅及自身能力，本书只能讨论晚商农业史中几个与农业关系最为紧密的课题，且这些内容都还有继续深入讨论的余地。随着新材料的持续公布，以及古代史研究范式的变革，未来的晚商农业史依旧大有可为，我将在这方面继续努力！

王　祁
2018 年 10 月

征稿函附件2：

第七批《中国社会科学博士后文库》专家推荐表1

推荐专家姓名	王震中	行政职务	学部委员
研究专长	先秦史、早期国家和文明起源研究、夏商都邑研究	电话	13552698693
工作单位	中国社会科学院历史研究所	邮编	100010
推荐成果名称	晚商农业及其生产组织研究		
成果作者姓名	王祁		

（对书稿的学术创新、理论价值、现实意义、政治理论倾向及是否达到出版水平等方面做出全面评价，并指出其缺点或不足）

王祁申请博士后文库的书稿《晚商农业及其生产组织研究》是根据他获得过优秀毕业论文的博士学位论文修改而成的，是一部将商代考古、甲骨文、金文和文献相结合，对商代晚期的农业及其生产组织形态进行系统研究，并取得了重要进展和突破的优秀的书稿。书稿具有很强的学术前沿性和重要的学术价值。

第一，该书稿分别从商代农业史、商代农业考古、甲骨文三个方面进行了学术史梳理，厘清了近百年学术界在上述领域中的研究历史，评述得失，文献综述全面、系统，针对性强，并找出了有待研究的问题。

第二，该书稿利用植物考古材料，特别是王祁亲自对几处遗址进行的作物浮选资料，重建晚商时期农作物结构，得出商文化圈居民以粟为主要农作物的结论；并将这个结论与甲骨文中的农作物结构作对比，进而认为祭祀粮食和日用粮食是分开的，甲骨文中之所以重视黍是因为黍主要用于祭祀，这就很好解决了考古材料与卜辞材料的矛盾，是一大创新，也是该论文区别于其他农业史研究的特色之处。

第三，该书稿从农业生产和管理的角度，对于甲骨文中的"受年"卜辞（即甲骨文中对年成占卜的卜辞）进行了系统研究，提出许多新见解，如商王朝重视"受年"与商王是群巫之长有关；后期卜辞对农业关注度减弱，与商王世俗王权的增强有关；受年卜辞所涉及的农业生产地分属于国土结构中不同的区域层次及其与内服、外服的关系。

第四，尤为难能可贵的是，作者尝试对商代生产组织进行探索，提出了晚商农业生产组织是二元的，着重从王卜辞中与农事活动有关记载加以论述，进而论述晚商时期社会结构的二元说，即在殷墟之外以血缘的族组织为基础，而在殷墟商都地区，既存在小型的血缘组织，也存在超越血缘组织的地缘组织。这些都是很有启发意义的。

当然，限于甲骨文材料与考古材料的匮乏，该书稿对晚商都城之外区域的农业生产组织的研究仍待未来新材料的补充和修正。

综上，该书稿选题重要，资料丰富，采用多学科交叉方法，大大推进了这一领域的研究，在许多具体问题上都有所突破。书稿论点清晰，论据充分，论述合理，写作规范，结论客观可信，是在作者博士学位论文基础上有较大修改的优秀成果。书稿已经达到出版水平，所以我推荐这部书稿申请博士后文库。

签字：王震中
2017 年 11 月 6 日

说明：该推荐表由具有正高职称的同行专家填写。一旦推荐书稿入选《博士后文库》，推荐专家姓名及推荐意见将印入著作。

第七批《中国社会科学博士后文库》专家推荐表 2

推荐专家姓名	陈星灿	行政职务	所长
研究专长	新石器时代考古	电话	13501385307
工作单位	中国社会科学院考古研究所	邮编	100010
推荐成果名称	晚商农业及其生产组织研究		
成果作者姓名	王祁		

（对书稿的学术创新、理论价值、现实意义、政治理论倾向及是否达到出版水平等方面做出全面评价，并指出其缺点或不足）

近年来，随着商代史和商代考古研究的深入，农业史、农业考古（以植物考古为主）研究取得重要进展，有必要在新材料基础上对商代农业进行综合研究。王祁的《晚商农业及其生产组织研究》一书结合商代农业考古新发现和甲骨文、金文及传世文献，以晚商时期的农业与生产组织为研究内容，具有前沿性，也因此具有显而易见的学术意义。

该书稿有诸多创新之处。第一，书稿将甲骨文、传世文献材料与考古材料相结合，对史料中的晚商农作物种类及其耕作方式、晚商考古中发现的农具、农业考古（主要是大植物遗存，有些是第一手资料）进行了综合分析，在晚商农业方面得出了值得采信的研究成果。第二，书稿还对"受年"卜辞进行了系统梳理，提出商王朝重视"受年"与商王是群巫之长有关，商末商王世俗王权的增强是晚期卜辞较少关注农业的重要原因之一。并且，书稿系统梳理了甲骨文中农业地名与商代内服、外服的关系，并给出了判断内外服地名的标准，这是很有启发意义的。第三，书稿尝试对商代生产组织进行探索，提出了晚商农业生产组织是二元的，着重从王卜辞中与农事活动有关记载加以论述，强调王都地区地缘组织形态的存在，这是以往学术界较少提及的。

至于书稿的缺点和不足，主要体现在如何确定商代个体、家庭与家族生产方式的异同上，这是目前甲骨文和考古材料很难反映的，希望将来出土相关的考古材料。

总之，王祁的这部书稿论点清晰，论据充分，论述合理，写作规范，是一部优秀的学术专著。所以，我推荐这部书稿申请《中国社会科学博士后文库》。

签字：陈星灿

2017 年 11 月 10 日

说明：该推荐表由具有正高职称的同行专家填写。一旦推荐书稿入选《博士后文库》，推荐专家姓名及推荐意见将印入著作。